革

晚清改革趋势与溃败

马勇——著

新星出版社 NEW STAR PRESS

图书在版编目（CIP）数据

革命：晚清改革趋势与溃败 / 马勇著. --2版. --
北京：新星出版社，2020.4
（马勇讲史）
ISBN 978-7-5133-3696-3

Ⅰ.①革… Ⅱ.①马… Ⅲ.①辛亥革命-研究 Ⅳ.
①K257.07

中国版本图书馆 CIP 数据核字(2019)第 221175 号

革命：晚清改革趋势与溃败

马勇 著

策　　划：彭明哲
责任编辑：李文彧
责任印制：李珊珊
装帧设计：冷暖儿

出版发行：新星出版社
出 版 人：马汝军
社　　址：北京市西城区车公庄大街丙3号楼　100044
网　　址：www.newstarpress.com
电　　话：010-88310888
传　　真：010-65270449
法律顾问：北京市岳成律师事务所

读者服务：010-88310811　service@newstarpress.com
邮购地址：北京市西城区车公庄大街丙 3 号楼　100044

印　　刷：北京天恒嘉业印刷有限公司
开　　本：660mm × 970mm　1/16
印　　张：25.5
字　　数：323千字
版　　次：2020年4月第二版　2020年4月第一次印刷
书　　号：ISBN 978-7-5133-3696-3
定　　价：75.00元

新版序

假如不是因为“告别革命”的提出，我们这一代“生在新中国，长在红旗下”的学人，不会重新思索革命的起源、意义，更不可能反思革命在近代中国历史上的真实情形及其价值。

李泽厚、刘再复两位先生的讨论打开了近代中国的黑匣子。他们的本意或许不是讨论近代中国，而是当代政治。但是他们的讨论，以及1989年前后中国知识界关于革命与改良、激进与保守的讨论，都是我们这一代学人进一步思考的思想资源。我在那时发表的《辛亥革命：现代化的主观意图与客观效果》，在某种意义上说就是沿着这些反思路径重新检讨辛亥革命。

熟悉中国政治史的人都清楚，中国人素来不太赞成政治秩序持久动荡，不赞成连续不断的激进。西汉初年黄生与辕固生在景帝面前就“汤武革命”所进行的辩论，不论从哪一个角度立论，都会引发对刘汉政权合法性的质疑。景帝极为聪明地以取消问题解决问题，从而避免了刘汉王朝的尴尬。

取消问题并没有真正遏制住问题。后世中国几十年，几百年一次的王朝更迭，差不多都是延续革命的形式，推翻旧朝建立新朝，只是历来新朝统治者都极为聪明，不在革命合法性方面继续论证，甚者如康熙大帝，更为机智地适度赞美前朝，适度贬抑“贰臣”，期待以此避免接二连三的王朝更迭，政治革命。

当然，革命的发生本身又具有正当性、合法性，是人民无法剥夺的天赋权利，是王朝政治积久必衰、法久必弊的结果，也是“家天下”无法逃出的历史循环。因而，真正的儒家虽不主张动辄造反，但也不反对用暴力手段推翻那些腐败残忍的旧体制。用孟子的话说，“闻诛一夫纣矣，未闻弑君也。”诛杀独夫民贼，具有历史正当性。

辛亥革命也具有这样的性质，这样的意义。辛亥革命之所以发生，绝对不是孙中山后来所说的那样，是他们几位先知先觉者鼓吹的结果。如果凭借鼓吹就可以颠覆一个政权，那么就不会有牺牲，江山得来也不那么困难。辛亥革命的发生，是各种因素相激相荡的结果，这些因素有偶然，也有必然；有内因，也有外因；有中国因素，也有国际背景。

基于这一系列思考，我大约从上世纪九十年代初期就致力于辛亥革命的重新研究，试图重新解释革命与改良、保守与激进、缓进与突变，研究清末，研究民初，期望能够对这段历史给予一个更合乎事实，也更合乎历史逻辑、日常情理的新解释。这部《革命》就是我过去二十多年研读史料的思考。

在我看来，辛亥革命充满着高度偶发与不确定性，因为在那之前十年间，中国人至少从1901年开始，逐渐地相信君主立宪是中国政治发展的必由之路。人们的理由概括起来就是梁启超那时所提示的，中国不应选择法国、美国那样的共和革命，因为共和革命引发的秩序混乱，中国担受不起；但是，中国也不应该固守旧有的君主专制体制，君主专制体制已经被更多的主流国家所抛弃，因为这种体制注意了效率，牺牲了公平，引发更多问题。梁启超认为，中国的智慧是“叩其两端而执其中”，在激进的共和革命与不合时宜的君主专制之间选择，君主立宪就是这样的中间路线，既有君主至上之权力架构的形式，也可以最大限度维持社会秩序不致于遇事失范。政治家的竞争不再为了争夺大位，夺取最高权力，而是在形式至上的皇权体制下竞争政府事务主导权，而这种竞争又不是动员底层民众的国人起义，更不是武装斗争，而是通过政治立场的表达，施政理念的宣示，让民众通过投票和平解决。

君主立宪的提出，逐渐获得了中国知识阶层、政治官僚的认同。但历史留给清廷最高决策层的时间委实太短。1905 年，清廷最高层慑于日俄战争后世界格局之新态势，被迫同意派员出洋考察宪政；翌年，通过对东西洋宪政体制实地考察，清廷最高统治者慈禧太后、光绪帝终于明白无误地答应立即开始君主立宪的预备。

预备立宪的决定是严肃的、认真的，节奏也是紧凑的、合适的。1908 年，清廷宣布《钦定宪法大纲》。这是中国历史上第一个成文宪法，也是中国跨进近代国家的一个重要标志。

然而，让人想不到且唏嘘不已的是，《钦定宪法大纲》宣布之后几个月，光绪帝、慈禧太后在不到 24 小时的时间里先后辞世。先前几十年的威权架构随着他们的离世而渐行渐远，接替他们的摄政王载沣、隆裕太后、宣统帝的三人组，与几十年前的恭亲王奕䜣、慈禧太后、同治帝，以及稍后的慈禧太后、醇亲王载譞两个三人组相比，年龄偏大，但经验、胆略、决断却很不一样。当然更重要的是时移势易，历史条件不同了，先前两个三人组面对的毕竟只是没有政治权利的先富者，或者是刚刚兴起的资本家阶级，他们的弱小、乏力，即便有权利诉求的冲动，也没有争取政治权利的力量，一旦遇到政治高压、政治恐吓，他们只能妥协，只能退让，只能默不作声。

摄政王载沣所面对的情形则完全不一样了。1895 年开始登上政治舞台的中国资产阶级经过十几年的快速发展，即便出于对自己那些来之不易财富的保护，他们本能上也会要求政治权利分享，要求从法律制度层面保障他们的基本权利。如果阅读那几年各省谘议局、资政院会议记录，就可以清楚知道摄政王载沣、隆裕太后面对的问题，慈禧太后、光绪帝都没有真正面对过，更何况摄政他们的政治历炼根本没有办法与慈禧太后相比呢？于是，辛亥，1911 年 10 月 10 日，一个局部的小小的军人哗变，竟然燃起熊熊烈火，颠覆了一个具有两百多年历史的大帝国。从国力、从新军的实力、从那时的国际背景等任何一个因素看，一个正在宪政改革轨道上的帝国，都不致于走到历史的终点。

历史的偶然性也寓于必然性之中。中国人认识到自己旧有体制有问题需要适度调整、改革，已经很早了，魏源、徐继畬、冯桂芬、郭嵩焘、马建忠、郑观应、康有为、梁启超、严复等一大批睁眼看世界的人，或体制内，或体制外，他们的著述也不少，呼声也不小，为什么清廷统治者持续性拖延，长时期不予理会呢？他们真的那么自信吗，他们真的相信清帝国的政治架构无需调整就可以一世二世以至万世吗？

中国老话有“咎由自取”一词。每读晚清史，读至清帝国的终结，我总会替晚清政治统治者感到惋惜，假如不是他们一拖再拖，而是顺应世界潮流，适时变革，何至于失国丧邦，向隅而泣？

是为序。

马勇

2019 年 11 月 2 日星期六

目　录

第十章 ╱帝制终结：紫禁城的黄昏

附　录 ╱走出传统，步入现代，重构中国社会

小引

1911年的辛亥革命，是中国五千年历史上的重大事件。这个事件的意义是结束了两千年的帝制，赶跑了皇帝，建立了共和，是全面现代化的起点，是现代民族国家重建的开始。

辛亥革命的目标是刻意模仿美利坚合众国，是要建立美国式的政治架构；辛亥革命的政治手段，是刻意模仿120年前的法国大革命，是要以暴力手段打碎一个旧世界，建设一个新中国。辛亥革命的前半场确实是按照法国大革命的剧本在演出，孙中山等先行者经过十几年艰辛奋斗，终于将“一个人的革命”演化成全民族觉醒，只是当武昌起义爆发后，特别是当清政府阵前换将，起用袁世凯执掌朝政，南北对峙一下子由满汉之间的种族冲突变成了汉人之间的对决，孙中山多年来倡导的民族革命立马失去合法性和正当性。

更重要也更吊诡的是，南北对决的主力其实都是清政府在过去十几年自己培养的新式军队，孙中山等革命党人心目中的满汉冲突，直接演变为具有现代思想倾向的南北两支新式军队之间的对决。大家都是自己人，一切好商量。于是辛亥革命后半场放弃了法国大革命的老套，不再追究满洲贵族的政治责任，更没有将那个可怜的小皇帝像路易十六那样送上断头台。在经过短暂和谈后，南北握手言欢，清帝退位，五族共和，小朝廷继续留在宫中称孤道寡，由民国奉养，大清王朝列祖列宗梦寐以求的万世一系竟然以这种特殊形式实现。

对于辛亥革命这个结果，见仁见智，许多人觉得这场革命在列强和资产阶级介入后变质，革命归于失败。其实，从大历史视角进行观察，辛亥革命实在是对法国大革命的超越。这场革命不仅推翻了帝制，建立了共和，而且避免了一场内战一场血腥，这是中国智慧的最高体现，是不战而屈人之兵的完胜，既合乎国际社会的期待，也合乎中国人民的根本利益。

第一章　革命改良二重唱

1911 年 1 月 30 日是中国旧历辛亥年正月初一。所谓辛亥年，就是从这一天开始。像往常一样，辛亥年的大年初一照旧平淡无奇，该拜年的拜年，该上香的上香，京城内外一派节日气象。太阳照常升起，老百姓的日子还是那样不咸不淡，并没有什么值得记住的地方。这一天唯一值得后来历史学家反复强调的，只是发生在武昌的一件事情，即湖北革命党人蒋翊武、詹大悲、刘复基等人将先前已经存在的“振武学社”更名为“文学社”。他们以研究文学为幌子，在湖北新军中宣传革命，后来又与共进社一起成为武昌首义的发难者、领导者。文学社的成立对辛亥来说，具有极其强烈的象征意义，但究竟是象征着革命高潮的到来，还是象征着革命危机，或象征着革命进入低谷，其实还是一个值得讨论的问题。

一个人的革命

说文学社的成立意味着革命高潮的到来，有一定的道理，因为也就是过了十个月的时间，文学社确实和共进社发起了一场改变中国历史走向的大革命。这是从后来的历史反推过来的看法，而按照当时的感觉，文学社的成立，其实标志着孙中山倡导的民族主义革命已经陷入低谷，因为在过去的几年间，随着清廷立宪运动按部就班稳步推进，革命眼见着就真的没有希望了，革命者开始发急了，发毛了，于是开始一系列更惨烈的暴力革命，试图打开一个缺口，挽救革命。要弄清楚这个过程或道理，还是让我们简单回溯一下革命的发生和发展。

晚清的民族主义革命思想起源并不是太早。经过几百年的民族融合，特别是面对西方“新异族”的出现，汉族知识分子久已认同了满洲人这个“老异族”，久已没有传统中国士大夫“非我族类，其心必异”那样的心理紧张。汉族知识分子在“我大清王朝”体制下活得也比较滋润，特别是在慈禧太后当国这近半个世纪中，满洲贵族集团只是在名义上享有大清帝国的所有权，而经营权、管理权都几乎交给了汉族高官，清廷虽然在中央部院等一些重要岗位上设置满汉双首长制，但满大臣基本上是尸位素餐，饱食终日，无所用心，只要不是涉及、侵害满洲贵族集团的利益，满大臣一般都很放手地让汉大臣尽心出力地工作。

汉族特别是汉族知识分子阶层已经被清廷的“联合执政”统一战线弄得神魂颠倒，不分东西，即便是后来反满意识强烈的孙中山，其最初阶段也不是要反满，而是要参与联合政权，希望在联合政府中谋得一个职务，哪怕这个职务只是一个小小的幕僚角色。

1894 年 6 月，医生出身的孙中山关闭了自己的诊所和药房，又通过关系找到上海名流郑观应、王韬、罗丰禄等人写了几张条子，北上天津找到当朝汉族第一高官李鸿章，希望能够在李的幕府中谋得一个职务。

为此，孙中山精心撰写了一篇建议书，对清政府怎样才能摆脱困境、重建辉煌提出了自己的看法。

正如许多研究者所指出的那样，在这份上书中，孙中山提出了富强治国的四大纲领，即人能尽其才，地能尽其利，物能尽其用，货能畅其流。孙中山认为，这四个方面是现代西方各国富强之大经，治国之根本，是大清国继续发展应该遵行的道理，而不是只知道坚船利炮。

孙中山的这些意见，在他自己看来或许是有意义有价值的，但是不要忘了，他期望中的读者是李鸿章，那么从李鸿章立场看，这四点建议似乎就显得很小儿科了，李鸿章对这四点不是一般的知道，而是知道得比这还要深。李鸿章的幕僚早在十年前就向他讲述过西方走向强盛的根本原因，在大清高官群体中早已知道人尽其才、地尽其利、物尽其用、货畅其流的道理，甚至知道民主，知道议院，知道立宪。即便拿孙中山的这四条建议与康有为六七年前提出的“变成法”、“通下情”、“慎左右”的建议相比较，[①]虽然说不上是理论上的倒退与弱化，但其思想主旨似乎还没有康有为式的政治意识，而更多地则与早期改良主义者如冯桂芬、王韬以及郑观应等人的主张相仿或相同，并没有多少独到见解。[②]

李鸿章当然还知道，孙中山这样的上书在大清国并不是唯一的孤证或特例，在过去两百年中，没有功名的读书人，除了花钱捐官，一个最重要的途径就是不厌其烦坚持不懈地上书，万一哪一天哪份上书打动了某一位高官，那就“山重水复疑无路，柳暗花明又一村”了，这样的终南捷径，在那个年代太正常了，孙中山这样做，康有为也这样做。

在李鸿章看来非常正常的一件事情，但在上书者，在孙中山看来却是一件非常不一样的大事。孙中山此时不论多么有名，他的名也只限于

---

① 《上清帝第一书（1888 年 12 月）》,《康有为政论集》，中华书局，1981，第 61 页。

② ［美］史扶邻:《孙中山与中国革命的起源》，中国社会科学出版社，1981，第 32 页。

他的那些年轻朋友中，还是典型的“名不见经传”。而李鸿章是什么人？那可是直隶总督兼北洋大臣，是皇太后和皇上当时最为信赖的心腹大臣，是大清国的栋梁。

李鸿章拥有非常重要的地位，孙中山当然是知道的，而且孙中山还知道，李鸿章不同于一般的老官僚，李鸿章门下有一大批具有真才实学的门生或幕僚，孙中山不过就是想到这个幕府中去充当师爷，期待有朝一日获得一个实缺。

孙中山对这次上书看得很重，在某种意义上说，那简直就是背水一战，孤注一掷，孙中山为此放弃了药房和诊所，那可是他的吃饭买卖，而他本人已经拖家带口，需要收入需要工作，他将所有的希望都押在了李鸿章身上。

1894 年 6 月下旬，孙中山信心满满前往天津，和他同行的还有好朋友陆皓东。到了天津，他们手持沪港两地一些重量级政治文化名人写的介绍信拜见李鸿章的亲信幕僚罗丰禄、徐秋畦等人，述说了自己的想法和要求。

罗丰禄、徐秋畦收下了这些政治文化名流的信及孙中山的上书，答应尽量帮忙满足孙中山。

孙中山的上书很快交给了李鸿章，李鸿章似乎也就孙中山在这封上书中提出的要求作了批示和安排。孙中山在这份上书中强调农政之兴尤为今日中国之要务，表示愿意出国考察农业，以便拯救农业、农村和农民。

对于孙中山的这个要求，李鸿章欣然答应，大约还真的以为孙中山是个讲究实际的实干家，李鸿章责成罗丰禄代领农桑会出国筹款护照一本交给孙中山。至于接见面谈的事情，李鸿章推托实在太忙，也就不见算了。

李鸿章不愿意见孙中山，或者说是罗丰禄、徐秋畦等人根本就没有安排见，这在后来看当然是一个不得了的大事情，但在当年，其实真的不算一回事。尽管孙中山有这么多社会贤达写的推荐信，可他毕竟是一名不名的年轻人，不说李鸿章是大清国屈指可数的当朝大臣，仅其 71 岁的年龄，不见 20 来岁的年轻人闲聊一通，似乎也没有什么不可以。

当然，李鸿章不见孙中山最直接的原因是军务繁忙。这一点是孙中山最大的不满和不理解。但实事求是地说，李鸿章此时真忙得不可开交。是年 4 月，朝鲜东学党起义爆发，紧接着中日之间为是否派兵前往朝鲜镇压发生持续不断的争执。到了 6 月初，李鸿章听信袁世凯所谓日本“志在商民，似无他意”的错误判断，决意“遣兵代剿”，令丁汝昌、叶志超等率领军队跨过鸭绿江，出兵朝鲜。

李鸿章的决策正中日本人的圈套，日本遂借机出兵朝鲜，并迫使清政府同意由中日两国共同监督朝鲜改革内政的方案。到了 6 月下旬，也就是孙中山、陆皓东抵达天津的时候，正是中日交涉最为紧要的关头，中日双方虽然尚未兵戎相见，但由于利益攸关，战争大有一触即发之势。此后不到一个月，战争就真的爆发了。正是在这种情势下，即便李鸿章借口军务繁忙，拒绝延见孙中山这一平民百姓，[①]似乎也在情理之中。

今天心平气和地看来是情理之中的事，但在孙中山当年却不这样看。因为他把这次投靠看得太重了，他不仅关闭了药房，斩断了退路，而且又通过那么多朋友郑重介绍，结果只拿来一纸护照。这些事实不能不对孙中山造成强大的精神压力，使他觉得李鸿章太不够意思，他怎好意思拿着这张护照去见那些真诚帮助他的朋友呢？

中国圣贤一直告诫当权者要礼贤下士，对那些地位比较低的读书人要格外尊重，绝不能居高临下，盛气凌人。中国圣贤为什么这样反复告

---

① 《中国革命运动二十六年组织史》，商务印书馆，1948，第 14 页。

诚呢？道理很简单，尽管这些读书人还处在比较低的层面，没有功名没有地位，但是他们的内心却异常丰富异常脆弱，经不起任何蔑视、轻视、忽视，或白眼。否则，其后果就不堪设想无法预测。近代中国几个来自下层的革命者，差不多都有相似经历，如果不是李鸿章阴差阳错错过了与孙中山见上一面，如果能够把他安置在自己的幕府中，那么中国近代的历史必将改写；如果北大校长蒋梦麟能够接受李大钊的建议，给北大图书馆管理员毛润之增加几块大洋，相信毛先生大概也就在那儿安心整理图书抄抄目录卡片；如果胡适之、张申府当年不是那么以北大名教授的身份无视毛先生的存在，而是像北大讲师梁漱溟那样以相对比较平等的身份寒暄几句，估计后来的历史都会重写，历史的走向都会因这些偶然性而改变。

然而，历史无法假设。机缘巧合使李鸿章没有接见提携孙中山，李鸿章的这一失误不仅导致了孙中山由李的崇拜者转变为反对者，更为重要的是，孙中山由此被冷落转而变得对整个体制彻底失望，他由先前真诚地想进入体制谋取发展，转而决绝地要推翻这种体制。他不仅不再相信李鸿章不再相信清政府，而且不再相信清廷统治者有能力有诚心带领中国继续前进。对于康有为、梁启超同时代人提出的改良维新方案不屑一顾，对于严复所张扬的达尔文进化论和物竞天择适者生存的丛林法则，孙中山也不再感兴趣，他此后的所有思想所有行动，都集中到一点，那就是要唤醒民众，推翻清朝，推翻这个异族政权，重建汉族人的中国。

基于这种认识，孙中山开始了他“一个人的革命”历程，他先从朋友圈子做起，联络同志，争取同道。1894 年 11 月，在檀香山组织兴中会，确立“驱逐鞑虏，恢复中国，创立合众政府”的政治诉求。翌年 2 月，又在香港成立兴中会。很快就策划武装起义，试图以暴力手段夺取政权，至少是制造政治影响。只是那时清政府虽然面临内外交困的窘境，但其政治统治的合法性并没有受到普遍质疑，特别是清政府在内外压力促动下一次又一次地启动政治变革，也为其政治统治的改善、加强和巩固赢得了机会赢得了时间，所以孙中山的革命理想很长时间只是一个理想，革命理论也在很长时间只是同志之间信奉的理论，并没有产生全国性的影响，更没有左右中国政治走向的能力。尽管后来的研究将孙中山的革命经历考察得非常详细，但实事求是地说，孙中山的革命思想在 1904 年之前并没有转化为政治实践的契机和可能。

清政府 1901 年开始启动新政后，国内的政治管制开始松动，孙中山以暴力手段推翻清朝，重建汉族人的国家这样极端的政治理想几乎没有任何生存的空间，所以在那之后，孙中山的主要活动范围实际上一直囿于海外华人和留学生的圈子里。

然而到了 1904 年，新政的动力在逐渐衰减，清廷面对政治改革“深水区”，一时还拿不定主意是渡过，还是止步。就在这短暂的犹豫徘徊之间，孙中山的革命思想在汉族知识分子中获得了空间和发展机遇，至少一部分汉族知识分子开始相信孙中山的政治判断，相信清廷在涉及自己根本利益，在涉及满洲贵族集团根本利益等问题上，与汉族人还是有区别的，满洲贵族集团永远不可能将包括汉族人在内的全体中国人的利益作为自己的利益。于是汉族人的离心离德开始出现，于是清廷又获得了一股新的改革动力，看来只有进一步加大政治改革的力度，只有自己主动地变，才能摆脱“被革命”、“被推翻”的危险。

革命与改良赛跑

清政府之所以在 1904 年或稍前对政治改革发生了犹豫和徘徊，除了许多复杂原因外，还有一个直接背景是清政府对改革目标发生游弋，不知道中国究竟应该选择一种怎样的模式。

在1895年之后的历次政治改革中，清政府几乎每一次都在紧扣“维新”这个主题，预设的目标和榜样，也几乎没有离开过东邻日本。新政重启后，清政府的所谓官制改革、所谓仿行立宪等，在在刻意模仿日本明治维新。具体如商部之设，就来自载振对日本商政的考察和制度移植。日本明治维新在中国官绅的记忆中，已经走出近代第一阶段的不屑一顾、不以为然，转至由衷钦佩、真诚模仿。经过几年短暂时间，制度移植使古老中国焕发出勃勃生机。

如果我们不是太健忘的话，我们一定还记得近代中国很长一段时间以俄为师，师法俄国。当胶州湾事件发生后，严复一方面对沙俄乘人之危谋取不义深表不满，另一方面希望中国执政者要虚心学习俄国，尤其是要学习沙皇彼得大帝发奋为雄，以俄皇大彼得之心为心，大彼得之政为政，屈九重之驾，观列国之风，内兴文治，外修武备，求他人之所以文明，以去吾之粗鄙；求他人之所以强盛，以救吾之微弱；求他人之所以开化，以革吾之拘泥谫陋。[①] 显然，严复以俄为师的思想并不是他个人的冥思苦想，而是俄国在过去两百年里，在彼得大帝领导下，从一个落后贫穷国家发展成强大军事帝国。

俄国人的道路和其成就始终被中国进步知识分子所关注所乐道，康有为1898年向清廷所提出的政治改革建议，其实就是参照俄国和日本两个国家的历史经验归纳出来的。他的《日本变政考》主要研究日本明治维新的经验，而其《俄大彼得变政记》，就是沙皇俄国发展史。

日本是典型的东方国家，通过明治维新实现华丽转身，成为位于世界东方的西方国家，日本的经验深深吸引了中国人，只是日本在实现这些现代化目标过程中，在许多中国人看来，似乎也付出了非常沉重的代价，日本的民族性似乎受到严重戕害，这在具有“以夏变夷”悠久思想

---

① 《中俄交谊论》，《严复集》（2），中华书局，1986，第477页。

传统的中国读书人看来，似乎并不是最佳选择。

反观俄国，俄国是横跨亚欧两大洲的国家，说它是亚洲国家，它又具有欧洲人的许多习性；说它是欧洲国家，它又具有许多亚洲人的特征。更重要的是，在许多中国读书人看来，俄国人在迈向现代化、西方化的过程中，并没有像日本人那样实现华丽转身，但它同样实现了建设一个强大国家的基本目标。更重要的是，由于俄罗斯没有像日本那样彻底西方化，而是保留了浓厚的历史遗迹，保留了自己的民族根性，这才是当时最吸引中国的地方。中国人始终像张之洞不厌其烦所唠叨的那样：既想要西方的现代化，又想要中国的传统。中国终于在俄国人那里找到了知音和先例。这就是中国在新政获取一些进步后迟疑不前的思想文化原因。

清政府执政者此时稍微倾向于俄国模式，还有另外一个原因，那就是日本明治维新通过君主立宪，还是比较明显地限制了天皇的权力，天皇虽然是日本国最高权威和一切权力的来源，但日本天皇与俄国沙皇相比，在行使权力的时候还是受到了某些限制。中国尚没有走到这一步，但无论如何，作为最高统治者，慈禧太后和光绪帝本能地不希望像日本那样通过立宪限制住自己的权力，而是倾向于俄国的高度集权，倾向于沙皇的大权独揽。沙俄的这种政治模式并不必从自私的层面去分析，事实上在一个落后的国家要发展经济，要走上现代化道路，可能并非只有一条民主、立宪的道路，可能并非一定要限制最高领导人的权力；真实的情况或许相反，要一个能将总量有限且分散的社会资源集中起来高效使用，又能接受了现代社会市场经济、商品经济的理念和运行规则的统治者的话，集权统治可能是更好的选择，更有助于提高行政效率。如果从善意角度去理解，清廷统治者在新政启动后不几年稍有迟疑，可能与究竟是选择日本还是选择俄国的发展模式有着很大关系，而且清廷统治者内心实际上是倾向于俄国模式的。

当然，要说俄国人与中国人的心理疙瘩，丝毫不比中国与日本人之间小。在近代中国历史上，俄国人始终是中国发展中一个重要因素，而且每每是中国人吃亏。更奇怪的是，中国人吃亏之后反而更加佩服俄国人。俄国人在《马关条约》签订后确实帮过中国人的忙，它和德国、法国一起，让中国多出了几千万两银子将辽东半岛赎了回来，这就是历史上所说的“三国干涉还辽”。

三国干涉还辽确实给了大清王朝不小的面子，因为辽东半岛毕竟是大清国的龙兴之地，这块土地如果像台湾一样割让给了日本，其后果确实不堪设想。然而，这块热土回归中国并没有多久，就在1898年春天被俄国人据为己有，理由是中国政府已经同意德国人在胶州湾修建一个海军基地，那么为了维护远东均势，俄国人必须占领旅顺和大连湾。

这还不算。到了1900年，义和团战争爆发，俄国一方面与列强一致行动，攫取关内利益，企图染指英国等西方国家在长城以内乃至长江流域的利益；另一方面避开列强单独行动，趁着中原大乱，清廷无暇眷顾且不得不在很多方面有求于俄国人的时候，出兵占领了东三省，将原本与俄国领土相邻的东三省变成了俄国人的殖民地。

俄国将东三省据为己有，是清政府一块挥之不去的心病。自1900年开始，清政府想尽一切办法就此与俄国人交涉，希望俄国人看在中俄友谊的分上，将东三省还给中国。然而俄国人就是有办法，就是一拖再拖地赖在那里不走。

东三省问题并不是一个单纯的双边问题，俄国人强占东三省打破了列强在远东的均势，影响了各大国特别是英、美、日等在华利益，而尤以日本为甚，因为日本在明治维新开始就制定有东亚大陆扩张政策，其重要路径就是通过朝鲜进入中国东北地区，进而向亚洲腹地扩展。所以，日本在一开始就坚决支持清政府对俄交涉，并通过各种方式向俄国施加压力。

日俄两国在列强的唆使下进行了复杂艰难的谈判，但由于利益冲突，谈判始终没有结果，最后终于引发一场战争。这场发生在中国东北的日俄战争，最难堪的是中国，清政府莫名其妙地接受列强建议，宣布局外中立。因为战争毕竟发生在你的土地上，那里有你的父老乡亲和财产家园。

清政府在最初阶段确实有帮助日本从东三省赶走俄国的想法，然而一来是日本的拒绝、列强的劝说，二来是清政府本身的利益考量。

俄国人在事实上占据了东三省，东三省的人民、财产都是清政府放在俄国人手中的抵押物。战争尚未爆发时，清政府内部就很担心，一旦日俄决裂，中国就面临非常困难的处境，中国如果与日本接近，不要说结盟、联合作战，那么俄国人就很可能像1900年的海兰泡惨案一样，在东三省大规模屠杀无辜。东三省的生命财产这时确实成了一个问题。这是问题的一个方面。

问题的另一个方面是，清政府如果不宣布局外中立，那么战火就极有可能无法控制，极有可能烧到关内，而关内一旦受到日俄战火的牵连，不仅中国利益受损，还势必会影响到列强在华北、在长江领域乃至华南的利益。这显然是列强不愿意看到的。

列强和日本都不愿意中国公开站在日本的一边对俄国宣战，而清政府也不可能站在日本的对立面俄国人一边，中国政府所能够作出的唯一选择就是按照列强的指点，追随列强宣布局外中立，以此最大限度维护中国利益，保护东三省的生命财产。日俄两国相互宣战后，英、美、法、德等国很快宣布中立，并明确建议中国政府也这样做，甚至照会日俄两国尊重中国局外中立的立场，不要侵害中国的国家利益。

列强的压力，中国的现实处境，在在迫使清政府只能如此。2月12日，清政府照会各国宣布中立，并谕令各省督抚按照局外中立的原则去处理与日俄两国相关事务，表示日俄两国均为中国友好邻邦，只是一时失和不得已而用兵，所以中国应该从大局出发，局外中立，不去偏袒任何一方。

日本对于这场战争已有足够准备，说打就打。在宣战的第二天，日本军队出其不意偷袭停泊在旅顺口外的俄国舰队，毫无准备的俄国舰队损失惨重。此后一段时间，双方反复争夺制海权，俄国舰队的控制力逐渐减弱。与此同时，日本军队开始登陆作战，在朝鲜，在辽东半岛，重创俄军主力。随后，日军长驱直入，经辽阳大战、沙河大战、奉天大战，日军是连续进攻，而俄军则节节败退。到了1905年3月，俄国军队死伤惨重，已有不堪支持的迹象，陆战败局已定。5月底，两国海军再经对马海峡一战，俄国远程赶来增援的第二太平洋舰队被日本海军一举歼灭。俄国人虽然还没有告饶投降，但实际上已经没有力量继续支持这场战争。当然，日本此时也已捉襟见肘，人力物力财力似乎都到了山穷水尽的地步。

在交战双方都需要停下来的时候，列强也不希望远东局面继续混乱，不可收拾。6月，美国总统罗斯福出面调停。8月日俄两国代表在美国朴茨茅斯开始谈判。9月5日，双方签订议和条约，规定俄国将旅大租借地以及该租借地内的一切权益、公产等转让给日本；将长春（宽城子）至旅顺间的铁路连同其支路、利权、煤矿等无偿转让给日本。很显然，这个议和条约无视中国政府的主权和历次声明，俄国人只是将东三省的权益转交给了日本，而不是还给中国。

俄国之所以在朴茨茅斯议和中做出如此大让步，除了俄国力量经过日本打击后日趋衰竭外，又与其国内形势的急剧变化有关。而其国内局势的急剧变化，又深刻影响了中国国内。

在日俄战争进行过程中，俄国军队虽然拥有较日本军队更加先进的装备，但在战场上却几乎一直处于劣势，俄国军人的自信心自尊心严重受创，这引起俄国国内军政各界强烈震撼和严重不满，一般民众也对沙皇的领导能力、战略战术表示不满和深深忧虑。俄国国内形势开始动荡。1904 年 12 月，圣彼得堡发生大规模的罢工事件。翌年 1 月下旬，又有东正教神职人员发动工人到冬宫外广场和平游行，要求沙皇进行社会改革并终止日俄战争，帮助劳工阶级和社会底层。

和平示威引发暴力冲突，军警的血腥镇压唤醒更多劳动者和社会底层起来抗争，他们不再相信沙皇的领导和许诺，一连串的罢工、示威，在全俄各地接连发生。

面对国内的动荡，沙皇政府给予积极善意的回应。1905 年 1 月 18 日，沙皇宣布改组政府，撤换了内政部长，并组织一个调查委员会，调查各地罢工原因及事实真相。2 月 17 日，沙皇尼古拉二世做出更大让步，宣布准许成立咨政团体，包容各种宗教，开放言论自由，以及减少农民赎回土地的费用。

沙皇的让步进一步唤醒了俄罗斯人的政治意识，1905 年 5 月，来自全国各地的 300 多名自治会代表在莫斯科集会，要求成立一个国家层级的议会。6 月，沙皇允许召集成立人民代表会议。12 月，沙俄政府颁布选举办法，第一届国家杜马预定于 1906 年春天经选举产生。

俄国因日俄战争发生的 1905 年政治革命，是后来政治变动特别是十月革命的预演，不仅改变了世界历史的进程，而且对中国也产生非常重要的影响。

日俄战争深刻改变了远东的政治格局，但其后果却使中国人深深失望，正如许多人老早就预料到的那样，清政府的局外中立政策可能会使中国在这场豺与狼的战争中两面不讨好，两面都受伤。中国在战争爆发之初或许有不得不局外中立的理由，但在战争进行到一定阶段后，中国实在应该有所改变，应以收回东三省的主权为自己的行动方针。

俄国人在 1900 年乘着中国的危机抢占东三省，本来就引起中国人特别是知识分子的痛恶和反感，只是中国人在义和团战争结束后所面临的困难实在太多，并没有来得及与俄国人较真。中国政府在与俄国进行交涉时，俄国人原本答应分批分期逐步从东三省撤离，如果这个步骤得以实现，中国与俄国因东三省事件而发生的裂痕或许能够弥补。然而，令人失望的是，俄国政府实在不愿将已经吃到嘴里的肉再吐出来，它在1903年以一个并非恰当的理由拒绝了第二批撤兵，这不仅惹恼了日本，引发一场日俄战争，而且在中国人心中留下很坏的印象。中国人为此发动了一场声势浩大的拒俄运动，要求清政府坚定立场，坚决不能承认俄国人的无理要求，北京、上海、武汉等地的学生集会抗议，罢课示威，在日本的中国留学生甚至组成了“拒俄义勇队”，每日操练不懈，准备随时回国参加拒俄战争，将俄国人从东三省驱逐出去。只是中国人尚未来得及与俄国人在战场上一决雌雄，日本人为了自己在朝鲜在亚洲的利益，先向俄国人叫起板来。

一场大战，嚣张的俄国佬不仅败在日本这个小国的手里，而且俄国内部所发生的革命给世界带来了前所未有的冲击和震动。先前还是“一个人的革命”，经过俄国1905年革命的刺激，孙中山的革命理想逐渐被更多的人所接受。

1905年，孙中山的革命影响日趋扩大，他在比利时、德国、法国等地的中国留学生中间先后建立了革命团体，这些团体也通过各种方式与国内的革命组织建立了联系，革命者的组织网络大致形成。同年8月20日，各个革命团体负责人在日本东京举行集会，决定将各个分散的革命组织整合成一个有统一领导和严密组织系统的同盟会，会议选举孙中山为总理，黄兴为执行部庶务。

同盟会的成立无疑是1905年中国政治生活中的大事件，对于清政府来说，标志着先前分散的反政府力量终于在海外集结起来了，这无疑加剧了清政府的政治危机，怎样才能消弭孙中山、黄兴这些政治反对派的革命，确保大清王朝的政治统治不发生沙皇俄国那样的政治变动，或者怎样才能够像沙皇俄国那样主动变动，以化解孙中山、黄兴等人政治革命的压力，都成为清政府未来政治运作中的一个重要选项。这是日俄战争、俄国1905年革命带给中国的巨大影响之一，革命与改良开始赛跑。

革命暂时领先

日俄战争带给中国的另外一个巨大影响，是在战争爆发不久就开始的一种新认识，即随着战争的爆发，随着俄国军队节节败退，日本军队高歌猛进，中国知识分子群体和开明官僚很快敏锐意识到政治变动对于中国未来的重要性，意识到俄国人的失败，不是武器不如日本人，而是制度使然；是俄国的君主专制机制严重束缚了俄国军队的手脚，而日本的君主立宪体制则使日本军队放开了手脚，自由发挥。君主立宪与君主专制的利弊得失通过日俄战争一清二楚地摆在中国人面前，摆在大清王朝统治者面前。不再需要辩论，不再需要论证，制度优劣既然如此，那么中国怎么办，也就不言而喻。

其实，随着1901年新政的开启，国内政治环境也开始改善，清政府虽然在政治改革方面一度裹足不前，但政治上的宽松还是为进一步改革提供了条件和可能，国内知识界在那时应该说没有什么不敢讨论的，从君主专制走上或者说改制变为君主立宪，也并不是非常重要的政治禁区，所以在1904年之前的国内知识界，也对君主立宪的可能性有过相当多的讨论，以回应梁启超等立宪党人在海外的呼吁。

在风云变幻的近代中国，梁启超素以“善变”而知名于世。对其变，褒之者誉其紧随时代，贬之者责其看风使舵，罪莫大焉；就连梁启超本人亦往往“以今日之我非昨日之我”自嘲，弦外之意，肯定现在，否定既往。只是从政治史的立场看，梁启超的每一次思想转变大致都能紧扣时代脉搏，提出与众不同的方案。

清政府1901年新政诏书发布后，敏感的梁启超就在流亡途中感到这可能是中国政治发生大变化的一个重要契机，因此他很快捐弃前嫌，不再计较清政府两年前残酷杀害六君子的罪恶，开始帮助清政府尽快走上一条正确道路。几个月之后，梁启超在其主编的《清议报》第八十一期上，以“爱国者”的名义发表《立宪法议》，详细评述世界上正在实行的各种政治体制，这就是君主立宪、君主专制和民主立宪，君主立宪和民主立宪均为立宪政体，立宪政体的权力具有相当有限性，专制政体具有无限性。从表面上看，无限性的权力似乎对君主很有利，君主可以动用一切资源去实现自己的目的。其实从实际运作程序看，无限性、不受任何制约的君主，恰恰是将自己推上权力要冲，中间没有丝毫可供缓和的中间地带，成功了固然是你君主的贡献，而失败了，则由君主承担全部责任。各级官吏都是君主的仆人，只领取皇上发给的俸禄，无所用心无所事事。这是一种很不经济很不合算的政治体制。

梁启超指出，就三种政治体制比较而言，人类目前最理想的政治形态无疑是君主立宪。因为民主立宪施政方略变化太快，选举总统时耗费巨大，竞争激烈，虽然形成了一个庞大的竞选经济，但是由于这种经济形态只是消耗不创造，至少在那个时代还不是一种理想的经济形态。至于君主立宪与君主专制相比较，那不言而喻，君主立宪远优于君主专制。

君主专制将人民与君主截然分为两个对立且不易调和的阶级，在这种体制下，君主视民众如草芥，人民视君主如寇仇，人民的日子不好过，君主的地位也时刻处在危险之中。这就是君主专制体制最大的问题。

至于君主立宪则不然。在君主立宪体制下，皇位的继承皆有一定之规，不仅权奸没有篡位的可能，即便是列在君主继承序列中的人也只好耐心等待，有的甚至一直没有继承的机会，也只好认命，而不会发生君主专制体制下的弑君之类的情形。这是因为君主立宪体制下，君主的权力受到宪法的制约，君主虽然地位崇高，享有至上尊严，但君主的权力受到宪法和议院的约束，君主发号施令和大臣的任免，皆须经议院同意，这既最大限度保证了政治决策的最小失误，也有效遏制了任何政治野心家对大位的觊觎和争夺。更重要的是，君主立宪体制真正打通了君与民之间的隔膜与对立，人民比较容易地向议院表达自己的意见，而议院中的议员在本质上说也必须代表他的选民的利益，为选民说话。

根据梁启超的分析，从君主专制向君主立宪过渡是历史的必然，也是中国不能自外的唯一出路。中国当然不会也不能立即就过渡到君主立宪的政治形态，但是中国必须要为这个政治形态的实现准备条件，创造条件，制定路线图、规划图，争取在十年或稍长一点的时间内实现君主立宪的政治理想，这样就能够为中国寻找、创建一个可靠牢固的政治体制。这大概就是后来“预备立宪”政治构想的最初形态。

梁启超不仅为中国政治发展开出一剂药方，而且天才般地设计出预备立宪的大致步骤：第一，皇上颁诏，定中国为君主立宪帝国；第二，派遣大臣三人赴东西洋考察各国宪政和法律；第三，考察完毕，在宫中创设法制局，起草宪法；第四，翻译出版各国宪法及相关著作；第五，公布宪法草案，征求全国各阶层意见；第六，自下诏定政体始，以二十年为期，达成宪法之治。清政府后来的所谓预备立宪确实在很大程度上参照了梁启超的这个方案。

不过，如果就思想渊源说，梁启超的君主立宪思想固然是受西方政治现实和思想影响，但在更大程度上则与义和团战争之后国内外风起云涌的革命思潮有关。经过1898年的政治波折，1900年的政治动荡，孙中山一系的革命党人更加不愿相信清政府有能力带领中国重新出发，步入世界一体化的进程，他们在国内外利用一切机会扩大革命的宣传，甚至争取与康有为、梁启超等政治流亡者进行合作，推翻清朝，重建中国。

孙中山的争取曾经使梁启超有点心动，这一方面因为孙中山的道理可能说服了梁启超，另一方面则是清政府在 1898 年之后的一系列表现确实令人失望。然而梁启超的思想行动在很大程度上受制于乃师康有为，而康有为从自己的政治信誉着想，非常顽固地坚持政治改良主义的立场，拒斥革命，以为革命的破坏主义根本不可取，中国未来必须走上君主立宪的既定道路。

康有为的政治立场深刻影响了梁启超，而革命势力在孙中山等人领导下如火如荼，正是在这样一种非常复杂的政治环境中，康有为的政治策略就是用革命的危险劝说清政府放弃君主专制，走上君主立宪；反过来，则是用君主立宪的理论和实践去抵制革命的发生。

其实，在当时中国思想界，真正弄明白革命与立宪之间本质区别的并不多：一是因为这两种主张在本质上都是爱国、反专制，即便是康梁的保皇也带有某种革命的味道，并不是一味守旧，一味维护旧制度。所以在很多人的心目中，革命与改良至少在 1905 年之前并不被视为两个截然分途的政治派别，而是视为一个有别于清政府的政治阵营；只是这个阵营中较激进的求革命，稍温和者主立宪而已。这种政治分野的朦胧，自然有助于立宪和革命思潮的扩张。

二是因为立宪与革命在此时尚不构成对立的两极，但立宪的政治主张此时却与清政府的既定立场发生严重偏移，至少在清政府政治统治者那里，他们需要新政，需要经济重振，需要法制重建，需要教育改革，需要建设一支强大的现代化军队，当然也需要适度的政治体制改革；而且从统治者的立场说，他们从来没有停止过政治体制改革，只是他们从来也没有想过从君主专制向君主立宪进行过渡。所以，君主立宪在 1904 年之前尽管并不是一个被清廷禁止讨论的话题，但至少是清廷不太欢迎的政治主张。

清廷要变法而不要立宪的政治倾向，理所当然地受到思想界的批判，君主立宪的积极鼓吹者杨度在写给汪康年的信中指出，世界潮流已经向着民主的方向大踏步前进，世界上已经出现不少的民主国家，即便是那些依然坚持君主制的国家，也逐步从君主专制变成君主立宪，将君主的权力通过宪法予以适当限制。只是中国目前依然不识时务，继续奉行君权无限的君主专制体制，人民的学术、身家、财产皆受制于专制制度而无由提振，无法发达。清政府不明白这个道理而空言变法，无论怎样变来变去，也无法取得真正的效果。杨度的结论是，居今日而欲救中国，仍然不敢谈论君主立宪，不敢将君主的权力通过宪法进行制约，那么这种变法也就是空有其名，不如不谈。

对于清政府要新政不要进行政治体制改革的做法，中国思想界有许多不同的批评，这些批评在认同清政府改革倾向的同时主要表达一种不满足，认为真正的改革真正的新政，一定要从政治变革做起，因为中国的问题不在于经济不在于外交不在于军事，主要还是中国在政治上没办法，西方不能以平等兄弟之国待我。这才是问题的关键。所以他们重拾先前政治改良主义设议院、制宪法、伸民权、开民智的主张，并逐步将议论的重心集中在制定宪法这个至关重要的问题上，以为成文宪法是中国政治发展的基本保障，只有从宪法上确认君主立宪政体，才能真正调动起激发出中国人的政治热情，激活中国人的政治智慧。他们还真诚地向统治者说法，告诉他们君主立宪体制从表面上看是对君主无限大的权力进行约束，似乎是皇权的减弱，但其本质是为了皇权的永固，保证皇权统治历千年而不变。如此，就能够上下相安，君民一体，联合大群以防外患之来，中国政治实现华丽转身，成为国际社会与各大国享有同等地位的重要成员。用天津《大公报》1903 年 8 月 18 日庆贺光绪帝寿辰的祝词说，就是“一人有庆，万寿无疆；宪法早立，国祚绵长”。

制定宪法，伸张民权，实行君主立宪，至少在 1903 年逐渐成为除革命党人之外的国人共识，上海一些比较积极比较热心于政治变革的知识界人士甚至在那年6月召开国民议会，康有为的门徒龙泽厚提议不妨乘机向清政府发起一场请愿运动，促成清政府早日立宪。至此，君主立宪成为一部分中国人的政治信仰和政治追求，先前流行多年的维新派这个政治概念逐渐被立宪派所取代，立宪党人逐渐集结，逐渐成熟，逐渐成为中国政治生活中一支非常重要的政治力量。

如果不发生其他意外，相信清政府开启的新政也能够缓慢地向政治变革转变，君主专制也能够逐步追随世界潮流向君主立宪的政治体制和平演变，平稳过渡，因为中国实在没有其他的道路可走。革命、共和、民主，虽然已有一部分人在坚定地追求，但这部分人不仅人数少、力量弱，而且其革命理由、论证逻辑，似乎还不是那么能够让人心悦诚服，至少在日俄战争爆发前如此。

日俄战争加剧了俄国国内的政治矛盾，促动了俄国人的政治改革热情，而俄国人的政治动向影响了中国人的情绪，激活了中国人政治改革的激情，革命派从俄国人那里获取了信心、信念和力量，而改良派也就是刚刚成型的立宪派也从俄国人的变动中看出了政治危险，那就是中国政治如果不能发生自主的变动，不能向君主立宪政体迈出关键一步，那么世界政治的多米诺骨牌很有可能会深刻影响中国的政治稳定，逼迫中国从事政治改革。那样的话，政治改革的结果就很难预料，究竟是革命共和民主，还是君主立宪，恐怕就不是清政府和满洲贵族集团一个方面所能决定的了。

还有一个不待论证的情形是，君主立宪的“小日本”在战场上连连得手，而君主专制的“大俄国”则节节败退，捉襟见肘，败象已露；这显然不是俄国的军事指挥系统出了问题，而是俄国的政治体制在起着决定性作用。这对中国国内先前久已存在的立宪思潮立宪热情，无疑起到了非常强烈的刺激作用。

先前几年逐渐倾向君主立宪的知识分子对日俄战争格外关切，他们一直期待着君主立宪的小日本战胜君主专制的大俄国，相信立宪胜于专制是世界政治发展的必然规律，日俄之间的战争不是单纯的军事力量之间的较量，而是政治竞争，是制度竞争，是君主专制与君主立宪两种政治制度之间的战争。

战争开局就证明他们的这个判断是大体正确的。中国的立宪党人开始相信，君主立宪政治体制并不是白种人的专利，日本的成功和在战场上的节节胜利，表明国家的强弱之分并不在人种，而在于制度。日本虽然国小人少，但君主立宪政治体制激发了一般民众的爱国热情，所以士气高涨，战无不胜；而俄国虽然国大人多，但君主专制体制使一般民众对这场战争不仅冷漠，而且庆幸，庆幸俄国人终于有机会乘独裁君主的外部危机去解决内部问题，逼迫沙皇在一系列政治问题上让步。这就是两种制度所带来的不同后果。

中国的立宪倡导者当然不是为了日本的胜利而欢呼，而是为了中国自身的政治问题而期望，期望用日本的成功打动政府，促动政府尽早觉悟，走上日本君主立宪的路。也就是说，假如日本能够在这次军事力量对比悬殊的战争中一举战胜俄国，那么体制优势就不证而明，就不怕清廷统治者再犹豫徘徊不敢走上君主立宪的路；反之，如果是俄国胜而日本败，那么清政府统治者的必然判断一定是认为中国之所以贫而弱，并不是中国没有走上君主立宪的路，而是君主专制体制还没有充分发挥应有的功能。即便一般民众恐怕也会在立宪还是专制问题上动摇，以为黄种人灭、白种人兴，或许真的是天之定理，即便发愤爱国之日本都不足以抗衡、改变这个定理，那么远较日本落后的中国就更不必说了，中国的前途就更不堪问了。

立宪倡导者的担心并不是没有道理，因为从中国外交路线进行分析，清政府虽然知道日本的可怕，但更惧怕国大民众的俄国，所以多年来不论俄国人怎样在中国的政治危机中坐收渔人之利，怎样毫无愧色地乘着义和团战争将东三省收至囊中，清政府不是乐意奉送，就是点头默认，因为清政府很长时间都是以俄国作为外交援手，希望中俄结盟化解中国的外部危机。正是这一不可动摇的亲俄路线才促使日本向俄国发难，至少日本在表面上是为中国打抱不平时，反而遇到清政府的冷漠和不合作，假如清政府当时执意参战，执意站在日本方面一起去“解放东三省”，收复失地，那么清政府的政治结局肯定会是另外一个样子。

清政府之所以宣布局外中立，这一莫名其妙的决定除了日本的拒绝外，更多的是清政府出于政治上的考虑。清政府至少是最高统治层此时尚无分权的任何思想准备，根本没有将君主立宪作为一个可能的选项，所以清政府既希望日本人将俄国人赶走，收复失地，巩固统治基础；同时也希望俄国人胜，这样清政府就有了进一步加强君主专制的理由和机会。因为在他们的判断中，中国近代以来出现的一系列问题不是君主专制太过严厉，而是地方主义在一系列巨变中逐步坐大。假如俄国人胜了，清政府就可以光明正大利用这个机会加强君主权威，建设更加强有力的中央政府。

日俄战争的进展并没有按照清政府统治者的期待发展，相反，强大的俄国军队就像十年前貌似强大的中国军队一样不堪一击，至 1905 年 5 月，俄国舰队经对马海峡一战全军覆没，小日本战胜大俄国已经成为不可更改的事实。这一事实极大激发了中国立宪政治倡导者的热情信心和理念，使他们毫不动摇地认定日俄战争就是立宪战胜了专制，中国不应该继续在君主专制的老路上徘徊，中国的唯一出路就是向日本学习，尽快走上君主立宪的康庄大道。否则，中国继续坚持君主专制的政治老路，不仅要被世界潮流所抛弃，而且极有可能在未来的某一天重蹈俄国人的覆辙。日俄之战使中国国内政治力量的对比发生急剧变化，放弃君主专制，转而拥护君主立宪的人明显多了起来。

与立宪运动同时高涨的还有革命运动，孙中山领导的革命运动也在这时风生水起，对清政府的政治统治构成极大威胁。为了促动清政府走上政治变革的路，走上君主立宪的路，立宪倡导者没少向清政府夸大描述革命的危机和后果，他们不断提示清政府，孙中山的革命手段当然是不足取的，其后果也肯定是很严重的，但是，孙中山等人的革命理由和动机不能说不合理，不能说不正当，因为他们所揭示的那些问题是确实存在的。所以，立宪主义者一方面反对清政府对革命力量的镇压和不妥协；一方面又向革命党人施加影响，不支持不同意革命党人用暴力手段推翻清政府，认为革命或许能够铲除专制主义发生的土壤，但其后果太过严重，中国极有可能在这场革命中损伤元气，引起列强干预甚至瓜分中国。中国的唯一出路就是全国人民团结起来，一起努力，促使并帮助清政府实行根本的政治改革，重建君主立宪的政治体制，将国家公诸国民，一切平等，满汉不分，制定宪法，开设议院，实行民权，限制君权，实行责任内阁。

日俄战争的胜利促动了中国敏感的政治神经，革命运动的高涨促动了立宪主义异军突起，左右逢源。立宪主义的追随者迅速增加，上自勋戚大臣，下逮校舍学子，靡不曰立宪立宪，一人唱之，百口和之，终于形成立宪主义的大合唱，终于为中国走上立宪道路形成了一个众声喧哗的舆论环境。各种各样的立宪刊物相继发刊，先于政府的各种立宪团体也在这个有利的气氛中相继成立，一时间，立宪成为中国人的口头禅，立宪政治成为中国人除了革命之外最重要的政治诉求。

立宪反超革命

在日俄战争之前很多年，至少可以说在1898年政治变革过程中，中国已有很多人认识到君主立宪取代君主专制的必然性，然而由于各方面条件不具备和各种机缘巧合，中国一而再再而三地错过了主动走上君主立宪道路的机会。现在，君主立宪的日本战胜了君主专制的俄国，这给中国留下一个无须试验无须证明的成功典范，中国再也没有理由和借口不改革自己的体制，不走上君主立宪的道路了。

知识界和许多开明官僚在日俄战争前就已经意识到君主立宪可能是中国未来政治变革的不二法门，但是怎样才能促动清政府尽早觉悟，主动改革，各方面的意见并不一致，但有一点是非常重要的，就是要尽可能地多策动地方大员和中央政要赞同立宪，这样才能化解清廷最高统治者的内心恐惧，才能使之心甘情愿地放弃君主专制体制下的部分权力。

日俄战争爆发前夕，中国的政治危机和外交危机就非常严重，朝廷和许多大员的重心都放在怎样化解危机上，这显然是一种头痛医头脚痛医脚的政治短视，是一种政治被动。只有署云贵总督丁振铎、云南巡抚林绍年不这样看，他们认为中国的外交危机只是一种表象，最根本的问题还在中国的政治体制上。要想挽救或者说彻底化解中国的外交危机，就必须尽早主动地进行政治体制改革，尽早将中国的政治体制与世界接轨，与各国同步，否则中国继续因循守旧，不思进取，不进行政治体制改革，那么可能在不远的将来，中国想变法都不再有机会。1904 年 1 月 19 日，丁振铎、林绍年将这些意见报告给朝廷，期望清廷能够汲取先前几十年的经验教训，自改革而不是他改革，主动公开联合日本与俄国开战，这样不仅能够通过这场战争达到收复失地的目的，而且也可以在这个过程中逐渐改变自己的政治体制。

在丁振铎、林绍年联衔上奏前后，一些驻外使臣也联衔建言，希望朝廷利用此次机遇，大幅度推动中国的政治改革，一举完成君主立宪体制的重建。

然而，清廷大约此时根本没有这方面的考虑，根本没有准备放弃君主专制的威权体制，所以朝廷对这些建议不仅不愿采纳，反而以为这些建议实际上是为革命张目，或者说在本质上就是革命。

清廷不愿意在这个时候节外生枝去进行什么政治体制改革，但国际形势的变化特别是日本军队在战场上连连得手，迫使清政府不能不开始考虑战后远东政治秩序安排。许多要员非常担心日本在赶走了俄国人之后一定会赖在东三省不走，那样中国的局外中立就是两面不讨好，两面落空。安徽巡抚诚勋建议朝廷不要指望日本会在战后将东三省平和地交给中国，中国不可能有力量坐享其成，即便日本真的在列强压力下不得不这样做，但中国必将在这个交易中付出沉痛代价。

江浙地区的立宪主义者对日俄战争的动态高度关注，战争刚爆发，南洋公学总理张鹤龄就敏感意识到这可能是中国政治转折的契机，他遂与同僚张美翊，以及已离开南洋公学到商务印书馆任职的张元济、张之洞的重要幕僚赵凤昌、盛宣怀的重要幕僚吕景端等人紧急磋商，以为中国局外中立的外交选择即便在当初有不得已的苦衷，但随着战争的进展，也到了需要检讨需要改变的时候了，他们建议盛宣怀与湖北巡抚端方、办理商约大臣吕海寰等联名奏请朝廷注意调整外交方针，不要使中国在战后被边缘化，什么也得不到。

盛宣怀等要员接受了这个建议，3 月 9 日，盛宣怀、吕海寰、端方，以及两江总督魏光焘、署两广总督岑春煊等联名上奏，建议清廷考虑放弃局外中立的外交政策，乘着美国政府宣布保全中国土地主权的难得机会，迅速派遣亲重大臣，以考求新政为名，出访欧美有外交关系的各个国家，表明中国政府关于东三省的原则立场，东三省为中国固有领土，不得误认为中国已失之地。战后归还中国后，中国政府将以维持远东均势为前提，保证将东三省向各国开放，利益均沾。至于内政，盛宣怀等人建议清廷要选择几件有关新政的大事切实进行，痛除旧习，以动天下之观听。内政配合着外交，将来善后会议召开时，中国或许能够有机会参与其中，或许能够有助于东三省问题的彻底解决。

按照这个建议，派遣新政考察大臣奔赴东西洋各国主要是掩人耳目，真实目的是与各国沟通协商，为战后东三省问题的顺利解决铺路，也就是希望列强支持中国能够自然地参加战后议和会议，成为日俄战争利害攸关的一方。然而清廷对于这个建议并没有很快接纳，其中的原因比较复杂，既有人事方面的纠葛，也有条件不太成熟的考虑。清政府暂时还不愿放弃局外中立的立场，因而也就不必派员奔赴东西洋了。

江浙地区立宪主义者的这个建议从表面上看是为了战后议和，不过其本质或建议者的思想深处无疑是为了新政，为了借这次战争的机会推动中国的政治改革。然而这个建议被朝廷轻而易举地化解了，于是他们一不做二不休，干脆直接策动封疆大吏、中枢大员合词再请，建议朝廷在日俄战争结束前，趁此机会，先定国是，宣布中外，再派专使出访各国，或许能够达到不被边缘化的目的。张美翊等人为此曾联络两广总督岑春煊的幕僚联合发动，然而不知什么原因，这个动议竟然再也没有下文。

国内大员及立宪主义者的动议被阻止了，但并不表明没有人敢于继续尝试。稍后，驻外大臣孙宝琦联合驻俄大臣胡惟德、驻英大臣张德彝以及驻比利时大臣杨兆鋆等于 3 月 22 日联衔上奏，请求朝廷尽早变法，以救危局。至 4 月，孙宝琦又单独上书政务处，详尽分析中国所处国际环境及其应对策略，强调日俄之间的这场战争必将以日本的胜利、俄国的惨败而结束，日本的胜利是体制的胜利，制度的胜利，日本仅仅实行几十年的君主宪政体制，极大地激发了国民的爱国情怀。反观中国，孙宝琦认为中国之所以自庚子以来，维新改革的政策不可谓不多，但效果递减；反复督励臣工发愤为雄，重建辉煌，然而百官玩世依然，天下精神萎靡不振，其根本在于并没有找到一条整治中国问题的药方，中国问题的关键就在政治上要有办法，而政治上有办法，一言以蔽之，就是要与世界同步，向各国看齐，将君主专制威权政体尽快转变为各国一致的君主立宪政体，制定宪法，改革体制，参照各国成例，变政务处为议院上院、都察院为议院下院，各省府县设公议堂，从上至下完成立宪政体的制度建构。

孙宝琦是近代中国政坛上一个非常复杂的人物，他的父亲官至太子少保，他本人是李鸿章的门生，又与庆亲王奕劻、显臣盛宣怀、袁世凯及张佩伦等相继结成儿女亲家。他的弟弟孙宝瑄是两广总督李瀚章的乘龙快婿，具有非常强烈的政治异端倾向，与体制内外的政治反对派和政治异见者关系密切。像章太炎、梁启超、谭嗣同、汪康年、夏曾佑、张元济、严复等，都是孙宝瑄的至交好友。正是这样一种背景，使孙宝瑄对政治的观察非常敏锐，他在乃兄孙宝琦出使法国前，曾草拟一立宪方案，请孙宝琦代为上奏，孙宝琦疑而不敢上，担心超越时代发展，引出麻烦。不料其到了法国后，实地考察了近代西方各国政治制度，认识到西方国家之所以能够上下一心，日兴月盛者，皆因为有宪法制度作保证。所以，中国要想后来居上，要想真正变成一个现代国家，就必须在制度改革上下功夫。

遗憾的是，孙宝琦的上书并没有被政务处转奏上去，只是不知什么缘故，却在当时最负盛名的《东方杂志》上全文发表，许多报纸杂志或摘要或评论，这反而比上奏清廷影响更大，朝野震动，立宪呼声骤然成为国内舆论中的最强音。

用一般性的宣传去转变人们的观念是重要的，但鉴于中国政治的特殊性，中国政治要想获得大进展，关键还是那些从事政治的人，所以孙宝琦在上奏清廷要求立宪的同时，也利用各方面的关系影响那些方面大员，致函端方、张之洞等，希望他们能够利用自己的政治身份，将立宪的意思合疏上陈，说服朝廷，引导国中。

具有类似想法的当然还有很多，比较重要且发挥过积极作用的主要有张謇。张謇是当年脚踏实地从事实业的状元，不肯为官，却热心于教育救国、实业救国和政治改良，他在1903年赴日本考察教育，实地感受了日本君主立宪带来的生机与活力，归国后就开始注意与同具立宪思想倾向的汤寿潜、张元济、赵凤昌、张美翊等人研究立宪问题，并设法运动湖广总督张之洞、两江总督魏光焘共同进行。

1904 年 5 月 8 日，张之洞入京觐见后途经南京，与魏光焘议定联衔上奏立宪，并面召张謇详谈奏折起草的思路。稍后，张謇与江浙地区立宪主义者蒯光典、赵凤昌、沈曾植等详加讨论，最后由张謇与蒯光典参考其他督抚立宪奏稿，反复斟酌，数易其稿。大意谓日俄战争后，中国必有极大危险，欲加预防，只有实行立宪。这个奏折并没有什么出格的言论，不过老成持重的张之洞还是表示犹豫，指示张謇向直隶总督兼北洋大臣袁世凯探探口风和朝廷的态度，然后再定怎样处理。

张謇与袁世凯当然是老熟人了，而且还不是一般的老熟人。张謇早年在庆军幕府当差时，曾受提督吴长庆委托，教授袁世凯读书。吴长庆去世后，张謇似乎瞧不起袁世凯的所作所为，断然与之绝交，至此已二十年。现在张之洞委托他去打探袁世凯的口风，张謇也就只好捐弃前嫌，先是通过袁世凯的心腹幕僚杨士琦了解袁的最新政治见解，又于 6 月 26 日致函袁世凯，劝其仿效日本政治家伊藤、板垣诸人，共成宪法，朝廷立宪，巍然成尊主庇民盛世伟业。

对于张謇的建议，袁世凯也确实慎重考虑，不过他确实知道朝廷目前的情形和为难，知道现在的条件还不太成熟，所以他在回信中并没有否定中国走上立宪政体的可能性，只是表示目前时机还不是很成熟。听了袁世凯的分析，张之洞、魏光焘也就打消了立即奏请立宪的想法。几年前“江楚会奏变法三折”的历史盛景并没有再次出现。

江浙地区立宪主义者当然并不会因为袁世凯的分析完全放弃自己的行动，张謇、汤寿潜、张美翊、许鼎霖、张元济、吕景端、夏瑞卿等连日会商，最后决定另辟蹊径，由张美翊利用与当朝军机大臣兼外务部尚书瞿鸿禨的师生关系，上了一份说帖，建议瞿鸿禨利用自己在朝廷中的特殊地位，争取在年内慈圣万寿圣节时候，促动朝廷颁发诏令数条，一面调查宪法，一面制定中国立宪的方案、步骤，如此则满汉、新旧的隔膜一扫刮绝，人心既定，凡事可为，气象一新，必为环球所许。

瞿鸿禨是晚清政治中一个非常关键的重要人物，他收到这封说帖后的具体反应我们虽然不太清楚，但据说他一方面很快就派其弟前往上海找到鼓吹立宪政治的重要人物赵凤昌，嘱赵代为选购各国宪法方面的书籍以作为参考；另一方面，瞿鸿禨也利用近臣身份，秘密向慈禧太后面奏派员出洋考察宪政，他个人甚至准备亲自前往，实地考察东西洋各国宪政，为中国将来的政治改革做准备。

赵凤昌对瞿鸿禨的嘱托也非常上心，一方面抓紧选购各出版机构出版的各国宪法文本及其相关读物；一方面受张謇委托加紧印制《日本宪法义解》一书，以便送给朝廷和各方面的达官贵人。据说，慈禧太后读到《日本宪法义解》等书后就表示，日本有宪法，于国家甚好。似乎有意回应各方面的呼应，准备讨论君主立宪的可能性及具体步骤。立宪政治终于在最高层看到了一丝曙光，撕开了一条缝隙。

在 1904 年，立宪主义者和开明官绅通过各种方式上通下达，沟通串联，想方设法去影响朝廷，促使中国能够利用日俄战争契机，改变国体，实现立宪政治。至于各家报纸杂志，也在这个时候营造氛围，反复宣扬的道理只有一个，那就是中国目前的危机主要在国是不定，定国是的关键就在立宪法，实现宪政。至于驻外公使，如驻英公使汪大燮、驻美公使梁诚等，也先后奏请朝廷顺应世界潮流，宣布立宪。而朝廷各部院大员、各省督抚，在这种政治气氛下，也是不甘人后，纷纷上奏，请求变法。

从朝廷的立场说，清政府在过去的几十年所从事的改革并不少，但这些改革从来都有一个重要的政策底线，那就是以加强和巩固满洲贵族统治集团的统治地位为唯一原则，一切有利于这个原则的都会接受，而这个接受一般说来总是要有一个外部契机，或者说要有一个比较合理的外部理由。到了是年8月，日俄战争的结局越来越明朗，战后究竟应该采取什么样的战略和策略，也确实到了一个必须讨论必须确定的时候了。8月2日，清廷谕令疆臣各抒对策。

稍后，各省督抚五花八门的建议案纷纷上报，有的主张联日拒俄，有的主张联德联美，有的主张调停日俄，只有林绍年继续先前的建议，坚持认为最重要的改革莫过于将君主专制改为君主立宪，署四川总督锡良建议委派重臣游历欧美各国，联络感情，以方便在稍后的善后议和中相互呼应。

清廷当然希望接受锡良这样的建议，派员前往东西洋各国加强沟通与联络，然而这个建议并不被各国所接受。迫于无奈，清廷不得不回到盛宣怀等大员3月9日的建议上，表面上派员前往东西洋各国考察宪政，调查各国政治，以便归国后从事变法，实际上则是让这些大员在考察宪政的同时，加强与各国之间的沟通，争取各国在东三省问题上对中国的支持和同情。考察宪政是东西洋各国普遍欢迎也是普遍要求过的事情，只有如此才能突破列强在东三省问题上对中国的孤立。所以清廷是在不得已的情形下第一次讨论派员出洋考察宪政问题，尽管没有就此做出什么样的决定，但却意味着宪政运动可能有了新的机会。

据说，提出将宪政考察与东三省善后外交合二为一的是汤寿潜，汤寿潜是瞿鸿禨的弟子，也是江浙地区最著名的立宪主义者之一。他认为，东西洋各立宪国侈然以文明自负，大清如果能够表示对西洋这种文明有所输入，那么必然获得这些国家的欢迎。只要这些考察大员获得了西方国家的欢迎，那么顺水推舟，暗中商及日俄战争善后和中国利益，是最自然不过的事情。而且由于中国大员是以考察宪政的名义出访的，即便漏掉俄国，俄国也不会怪罪，因为俄国毕竟不是立宪国家。

汤寿潜的这个建议合情合理，自然受到瞿鸿禨的重视，而瞿鸿禨此时为慈禧太后身边的大红人，当然也就有机会将这些看法向太后详述，因而促成太后思想的变化。太后思想的变化又深刻影响了瞿鸿禨，瞿鸿禨对立宪的事情更加热心，他不时召见一些具有新思想新观念的人讨论立宪的可能与步骤，户部主事陈黻宸也就在瞿鸿禨召见后提出一个具体方案，强调中国以一个不立宪的国家居于群立宪国之间，不待仔细分析，就知道其结局肯定不妙。所以居今日而言外交，言内政，唯立宪二字强于百万之师。中国只要做到与东西洋各国一致走上立宪道路，许多困难大概都能迎刃而解。

是否立宪在当时已经明显构成中国的外交障碍，美国政府在邀请日俄两国协商战争善后时，对于中国希望参加的迫切心情视而不见，根本不予考虑，中国被完全排除在讨论东三省前途的会议之外，这不能不使清廷感到格外焦虑格外尴尬。1905 年 6 月 23 日，清廷以日俄和议有开议之说，命各衙门及各督抚筹划应如何因应，及将来接收东三省应如何善后办法。稍后，又将同样的问题责成各出使大臣筹划。

这个问题两年来已有很多讨论，稍微头脑清醒智力健全的人都认为不能就事论事谈东三省，必须将立宪与东三省问题捆绑在一起，才能理出问题思路，找到解决办法。所以从这个意义上说，清廷的问题还是那个问题，那么答案自然还只能是那个答案。7 月 2 日，直隶总督兼北洋大臣袁世凯与两江总督周馥、湖广总督张之洞联衔回奏，建议清廷明确宣布于十二年后实行立宪政体。袁世凯在此之前曾派员前往日本考察宪政，前后用了三个月的时间，已经积累了许多直观的经验和理论，并将这些经验和理论通过各种管道向最高当局和权贵们灌输，着力强调的一点就是实行立宪无损于皇室，无碍于皇权，且能使君权永固，万世不替。

稍后，周馥又单独奏请实行立法、行法、执法三权分立和地方自治的立宪政体。两广总督岑春煊也接受出使美国大臣梁诚的建议，奏请清廷唯有立宪，方可救亡，东三省问题的关键不在日俄，而在中国能否径仿东西洋政治，与民更始，改革政体。封疆大吏、中枢要员在这次回奏中差不多都站到了立宪一边。

封疆大吏、中枢大员们的建议特别是立宪有百利而无一弊的说法，深深感动了政治高层，经过几天慎重讨论，7 月 16 日决定遣派载泽、戴鸿慈、端方、徐世昌分赴东西洋各国考求一切政治，以期择善而从。27 日，增派农工商部左丞绍英随同出洋考察各国政治。

五大臣考察阵容不仅庞大，而且他们五个人的政治地位、思想倾向也非常值得注意。载泽是宗室贵胄，留心时事，素号开通；戴鸿慈在中央部院任职甚久，经验丰富，颇讲新政，深知立宪可以救国；至于端方，奋发有为，于内政外交尤有心得，是满洲贵族集团中的政治新秀。所以，五大臣阵容分量重、责任大，自然引起国内外各方面的注意，特别是西方一些民主国家普遍认为，清政府此次派员出洋考察是为了学习日本、美国和重要的欧洲国家的宪法、政治制度和经济体系，中国终于下决心将西方行之有效的政治体制、宪法体制和经济体制移植过来了。

根据安排，由载泽、戴鸿慈和绍英率领的一路考察俄国、美国、意大利等国，由徐世昌、端方带队的另一路主要考察英国、德国、法国和比利时等。两个庞大的考察团很快组织起来了，经费的筹措也在南北洋大臣、各地督抚，特别是直隶、湖北、江苏等省支持下迅速解决。各地人士真是有力出力，有钱出钱，都在真诚期待中国能够尽早政治民主化，连边远的新疆这样的省份也为考察团认筹一万两库银。由此可见中国人的政治热情。

当然也有人不愿清政府立即推动政治民主化，实行宪政的，所以当五大臣准备出洋考察的当天，就在正阳门火车站发生一起自杀性攻击事件。

9月24日上午，考察政治五大臣率领大批随员从京城出发，京师各界官绅、学生以及大小官员，甚至还有各国驻华公使均前往壮行，因为这毕竟是中国政治生活中的一件大事，标志着中国政治从此开始转轨，开始向世界靠拢。正阳门火车站锣鼓喧天，歌声嘹亮，冠盖云集，观者如潮，人山人海，一片欢腾。十一时许，五大臣与送行各界依依惜别，登上专列，火车汽笛长鸣，准备开动，突然，一颗炸弹在五大臣乘坐的专列上爆炸，一声巨响如晴天霹雳，哭喊声、嘶叫声、警察的汽笛哨声一声紧似一声，谁也不知道究竟发生了什么事，人们只能按照本能四处奔逃。

惊魂稍定，方才知道是革命党人的自杀性攻击，这个攻击实行者就是安徽桐城人吴樾。吴樾是大学者吴汝纶的堂侄，1902年追随吴汝纶前往保定高等学堂读书，只是他的思想并没有停留在吴汝纶的规范中。

吴樾在随后的几年里，接触了许多革命党人，像陈天华、杨笃生、赵声、蔡元培、章炳麟、秋瑾、陈独秀等激烈革命者都成了他的朋友。通过他们，吴樾阅读了许多革命书刊，如《革命军》《警钟报》《自由血》《黄帝魂》《扬州十日记》《嘉定屠城记》等，吴樾的思想为之一变，由信仰立宪转而支持革命，参与革命，而且成为其中最激烈的人物，是"北方暗杀团"的重要成员，也是光复会的重要成员。

"北方暗杀团"和光复会的政治诉求都是推翻清朝，恢复汉族人的国家，所以他们的暗杀对象始终锁定在满洲贵族和清廷中拥有政治实权的汉族高官，比如慈禧太后、铁良、袁世凯、张之洞、岑春煊等。他们在国际无政府主义思潮感染下，相信杀一儆百以儆效尤的政治效果，因此找准一切机会发动暗杀。他们之所以如此反感清廷主导的立宪运动，主要是因为立宪运动的发起和开局确实改变了中国的政治生态，立宪的呼声逐步获得了国人首肯，甚至康有为、梁启超等保皇党人都欣喜若狂，准备重返清廷政治中心。相比之下，只有革命党人在这一片立宪叫嚣声中日趋没落，至少暂时处于革命低潮，处境困难，被严重边缘化。革命党人如欲重振，如欲重回或走上中国政治中心，就必须设法阻止清廷主导的立宪运动，因此他们革命党人一方面从理论上批评清廷是假立宪真独裁，是对人民的欺骗；一方面出重拳，惩治那些立宪运动的骨干和领袖。

在正阳门火车站这次自杀性攻击中，吴樾当场牺牲，另有两个人当场死亡，不过五大臣并没有受到根本威胁，载泽、徐世昌受轻伤，绍英的伤势稍重。

吴樾后来被誉为革命英雄，同盟会后来在《民报》的增刊中将吴樾的遗著全部发表；民国成立后，政府对其遗骸给予隆重安葬。不过，在吴樾发动自杀性攻击的当时，除了同盟会一系革命党人，国内外舆论并不看好这件事。相反，国内外舆论对于吴樾刺杀五大臣普遍给予谴责，以为五大臣出洋考察政治是为立宪做准备，关系中国政治前途，但凡稍具爱国心的中国人都应该郑重其事祝其成功，而不应使用这种自杀性恐怖袭击手段阻遏中国政治民主化的进程。

不过，也正如当时许多媒体所分析的那样，吴樾的临门一脚，虽然出乎许多人的预料，很难体察其内心深处的真实想法，但这个非常之举所得到的效果，可能与吴樾的期待根本相反，或许并不是坏事而是好事。因为这颗炸弹一响，实不啻以反对党宗旨大声疾呼于政府，使政府知道立宪对于大清国，对于皇室，是一件有利之举，因此不可不竭力以达成，不可不尽快去实现。

吴樾的炸弹不仅没有阻止清政府实行立宪的步伐，反而坚定了清政府实行立宪的决心和信心，正如端方在致上海报界的一份电报中所说，这个炸弹表明确实有人反对宪政，反过来也充分证明，从速实行宪政已经到了刻不容缓的程度。

第二章　构建现代政治文明

清政府立宪决心并没有因为吴樾的炸弹而改变，除了国内外的支持外，还有一个重要背景就是日俄战争中的失败者俄国于此时幡然醒悟，突然加快立宪改革的步伐。这在某种程度上启发了中国人，也触动了朝廷。

迈出宪政第一步

沙皇尼古拉二世在国内政治压力下，于1905年10月17日宣布承认俄罗斯人民享有言论、出版、结社、集会、信仰、人身自由和参政的权利，同意着手进行政治体制改革，制定宪法，扩大选举范围，召开国家杜马，上下一心，讲求自立之策。

俄国的消息深刻影响了清廷决策者。10月27日，慈禧太后和光绪帝面谕军机大臣时强调，派员出洋考察各国政治是当务之急，绝不会因为反对势力阻挠而终止，务必饬令各考察大臣克服困难，速即前往，不可任意延误。11月2日，沙皇尼古拉二世宣布立宪。两天后，即11月4日，端方等出洋考察各国政治诸大臣电商袁世凯、张之洞、周馥，拟联衔奏请朝廷明降御旨，宣布立宪。袁世凯当即电复同意。6日，沙皇尼古拉二世宣布释放所有被关押的政治犯。

俄国这一系列重要政治举措为清政府提供了良好的范例，唤起清政府后来居上急起直追的信心和勇气。11月18日，清廷谕令政务处王大臣筹定宪法大纲，这一方面是先前立宪主义者一直强调的重要政治举措，一方面显然来自俄国政府宣布立宪的刺激。

中国国情还是与俄国有所不同。不管怎么说，俄国毗邻欧洲，对于立宪政治不是不知，而是不为；而对中国来说，几千年的政治传统中，似乎根本没有近代立宪政治的根基和因子，所以中国要想走上立宪道路，就只有向西方学习这一条路。11月25日，清廷谕令政务处王大臣设立考察政治馆，延揽人才，斟酌选择各国政治与中国体制相宜者变通损益，纂定成书，随时进呈，候旨裁定。

作为立宪政治的总设计机关，考察政治馆两年后改组为宪政编查馆，直接归军机处王大臣管理，除了继续关注外国政治有益于中国政治发展的内容外，兼管调查中国各省政治，下设庶务处、编制局、统计局、官报局等，在整个立宪运动中发挥了非常重要的作用，尤其是在信息搜集分析和制度设计方面，发挥了不可取代的功能。

清廷正式宣布考察政治的决定后，获得了国内外社会各界广泛认同，舆论普遍认为这是朝廷对立宪政治认识的大转变，不管这种转变的背后原因是什么，不管这个压力是来自俄国的宪政改革，还是国内的立宪呼声，或是革命流亡者的暴力威胁。舆论认为，派遣王公大臣到东西洋考察立宪政治，势必改变中国人的政治常识，提振臣民对朝廷的信心信任和信赖，一旦中国踏上立宪政治坦途，中国的政治面貌、国人精神，都势必有一番新气象。中国人特别是知识界真诚欢迎和支持朝廷这一重大转变。列强也对清廷的这个重要宣示表示欢迎，以为清政府在经历了无数挫折磨难之后终于如大梦方醒，东方这条睡龙终于在日俄战争的促动下发生了改变。

走向君主立宪毕竟是中国历史的大转变，绝非像许多革命者所揭露的那样是清廷尤其是慈禧太后延缓革命阻挠革命的儿戏，清廷对这前无古人的重大转变始终抱着谨慎态度，慈禧太后和光绪帝始终不愿以个人情感好恶去左右着这个运动的进程。清廷之所以耗费巨资委派王公大臣前往东西洋各国实地考察，其实就是要取得直观经验以为佐证，然后再决定如何进行。

吴樾的炸弹没有阻止住清廷立宪的步伐，反而在某种程度上推动了这一运动的加快进行，只是为了防止类似事件再次发生，清廷的规划略有调整，且不再像先前那样大事张扬。10 月 8 日，清政府为了加强京师乃至全国的社会治安，仿照东西洋各国盛行已久的警察制度，创设巡警部，任命徐世昌为巡警部首任尚书。这样，徐世昌出洋考察政治的任务自然无法继续。至于五大臣中的绍英，由于伤势过重，恢复缓慢，自然也不宜继续远涉重洋，考察宪政。几经调整，10 月 26 日，清廷决定改派山东布政使尚其亨和顺天府丞李盛铎会同载泽、戴鸿慈、端方前往各国考察政治。

经过一番调整和慎重准备，考察政治五大臣重新出发，只是鉴于前次教训，五大臣离开京师时，分两拨进行，分期起程，不坐专车，也不再举行隆重的欢送仪式。

12 月 7 日，由户部侍郎戴鸿慈、湖南巡抚端方率领的出洋考察政治代表团第一路 40 余人仍由正阳门火车站上车，至秦皇岛转兵轮“海圻”号前往上海。19 日下午，搭乘美国太平洋邮船公司巨型油轮“西伯利亚”号向日本驶去。这个考察团的随员中还有各省派来随行考察的官员，此外还顺带前往美国留学的八名学生，其中就有后来成大名的陈焕章。

戴鸿慈、端方这一队在经过日本时稍事停留，参观访问，翌年 1 月 5 日抵达美国。2 月 16 日离开美国，取道英、法，转赴德国。3 月 24 日，戴鸿慈、端方受到德国皇帝的接见。德皇在谈到中国变法时，强烈建议中国要以练兵为先，至于政治措施，宜自审国势，各当事机，贵有独具之精神，不在徒摹形式。德皇的建议给考察团留下了深刻印象。接着，戴鸿慈、端方一行又考察了奥地利、俄国、意大利，并游历了丹麦、瑞典、挪威、荷兰及瑞士等。

由载泽、尚其亨、李盛铎率领的另一个考察团于 1905 年 12 月 11 日自北京出发，翌年 1 月 14 日从上海乘法国轮船“克利刀连”号扬帆起程。这个考察团也是先到日本，然后再转赴欧洲英、法、比利时诸国。一路上也是前呼后拥，浩浩荡荡。

经过两天航行，载泽一行于 1906 年 1 月 16 日抵达日本神户。出于地缘政治的考虑，日本朝野确实期待中国的政治发展能够在某种程度上与日本同步，所以日本朝野各界对中国宪政考察团的到来给予真诚欢迎，竭诚期待中国的觉醒，期待通过政治改革的中国能够与日本携手共进。1 月 22 日，代表团抵达东京。25 日，载泽、尚其亨、李盛铎一行觐见日本天皇，这是代表团在日本受到的最高规格礼遇。在此前后，代表团与日本政府现职各大员、故臣元老以及有关专家就日本立法原理、原则，政治沿革和损益等，相互交流，从容讨论。

参与日本政治变革全程的老一代政治家伊藤博文既向载泽等人详细讲解日本宪法，又对考察大臣所提出的一些疑问给予详尽解释，诸如在君主立宪政体下官吏任免、军队统领以及宣战、媾和、签约、发布命令等等权限究竟应该如何规范等。此外，伊藤博文根据日本经验，反复提醒载泽等人，中国在未来的政治变革中无论如何不要让君权旁落，君主立宪的要旨不仅是用宪法约束君主至上的无限权力，而且要通过宪法授予君主必要的权责，成功的君主立宪国必须做到主权集中于君主一人之身，不可旁落于臣民。伊藤博文的这个告诫给载泽留下深刻的印象。

日本的经验和热忱赢得了考察大臣的好感，而且从两国国情上说，日本的国情及其维新举措确实要比欧美诸国更合乎中国的需求。所以，载泽等人对日本的经验和制度格外推崇，他们将仿照日本推行宪政列为考察欧美日诸国的最终结论和优先选项。

此次出洋考察的主要目标就是宪政，所以考察团每到一国，对于议院的参观和议会制度的考察变成了首要任务。久之，考察团成员对于日本和西方诸国议会制度有了新的认识，但其重点似乎还是先前的期待，即以明治维新为范本进行政治改革。

载泽、尚其亨、李盛铎率领的这个考察团在结束了对日本宪政的考察后，于2月13日离开横滨赴美国。但鉴于考察团对日本经验的高度重视，他们决定将随员钱恂留在日本继续考察，系统总结归纳日本立宪经验，以便中国在未来的政治变革中参考。

5月8日，载泽、尚其亨、李盛铎一行抵达英国。5月15日，抵达法国。最后到达比利时。6月6日，长达半年的考察宣告结束，李盛铎因为被任命为驻比利时大臣，不再随团回国，就地上任。

经过漫长的考察游历，考察各国政治大臣载泽、尚其亨以及其他随员于1906年7月12日回到上海。7月23日返回北京。

另一路的戴鸿慈、端方等于7月21日返回上海。张謇、汤寿潜、赵凤昌等江浙地区绝对的立宪主义者先后四次与考察团会面，建议考察团速奏清廷尽快立宪，不可推宕。端方、戴鸿慈也真的在上海致电各省督抚，征求他们对立宪特别是立宪期限的意见。8月6日，戴鸿慈、端方一行抵达天津，又在那里与直隶总督兼北洋大臣袁世凯讨论预备立宪及官制改革诸问题。天津学生8万多人集体上书端方、戴鸿慈，请他们速奏朝廷宣布立宪，颁布宪法，更改官制，重定法律。8月10日，端方、戴鸿慈离开天津回京复命。

在考察期间，五大臣中的李盛铎出任驻比利时公使，端方于1906年1月5日由湖南巡抚晋升为闽浙总督，戴鸿慈则于1906年2月18日由户部侍郎晋升为礼部尚书。这多少也说明清廷对考察团的肯定和重视。

两个考察团在半年多的时间里游历了14个国家，他们调查考察的范围非常广泛，所到之处自然首先参观东西洋各国的新政设施，诸如议院、行政机关；学校、警察、监狱、工厂、农场、银行、商会、邮局，以及博物院、戏院、浴池、教会、动植物园等，也都是他们参观考察的对象，由此获取直观经验。在理念和理论上，考察团所到之处，不厌其烦地听取各国政治家、学者等详细讲解各国宪政原理及其与他国的不同点，调查收集各国各种语言的宪政资料、法律制度，尽可能多地带回国内，以便将来在实践中参考。

五大臣出洋考察对后来的政治变迁有着非常重要的影响，不要说他们几个人在西方现实的熏染下，思想发生重要转变，不再将立宪看成那么可怕的事情，而且在他们的影响下，慈禧太后、光绪帝的思想也有很大改变，确实意识到了中国的未来大概只能走上世界一体化的道路，即便是为了皇权永固，万世一系，也必须有所改革有所进步，不可继续抱残守缺，食古不化，坐井观天，夜郎自大，尊己卑人，坚守君主专制体制；而必须像东西洋各国那样，创建适合自己国情的新制度，以制度创新应对日新月异的新世界，以内政革新创新去化解外交上的新问题新矛盾，只要国内政治上有办法，外交上就有办法。而内政上之有办法，就是其政体能不能跟上世界形势的变化，与时俱进，不断创新。东西洋各国之所以在过去若干年超越中国而前进，日趋强盛，其根本原因根本动力只有一个，那就是他们普遍采用了立宪政体；而中国之所以在过去的若干年里一败再败，日趋衰落，任人欺凌，主要的或者说唯一的原因就是中国依然固守专制政体。所以他们的结论只有一个，那就是，在目前“霸国主义时代”，中国要想生存，要想发展，要想富国强兵，除了与世界同步，采用立宪政体外，别无他途他术。

一个时代开始

考察各国政治大臣先后归国后，对国内日趋激动的宪政思潮起到非常重要的催化作用，各地的立宪主义者通过各种方式敦促出使大臣尽快奏请朝廷从速立宪，不再耽搁和拖延。各出使大臣在各方压力、激励和敦促下，也充分意识到中国不立宪的祸害真的不小，发自内心期待朝廷能够真的觉醒，与世界同步，尽早走上立宪道路，尽早迈出第一步。

载泽在出访期间感触非常大，他在英国时就曾激动地表示过回国后将会有所建议，一定会竭尽全力推动立宪以及财政改革、地方自治等。归国后，他利用7月24日召见的机会，向朝廷详细汇报在国外的见闻感受，无保留地回答各种疑问疑虑。7月25日，载泽上了一份奏折，强调东西洋各国莫不以宪法为纲领，而中国先前数年新政之所以未能卓见成效，其根本原因就是没有能够在政治体制上进行适当改革，没有寻找到适合中国国情的政治体制。从所考察的各国情况看，载泽比较倾向于向日本学习，认为日本是以立宪精神实行中央集权主义。其要旨就是伊藤博文当面告诉他的，君主依然享有至上权力，主权依然集中于君主一人，而不会旁落于臣民。载泽认为，这个体制最合乎中国现在的需求，而不是英国的虚君共和或其他民主国家的共和制。载泽建议政治高层破群疑以决大计，秉独断而定一尊，明发御旨，布告立宪，酌定若干年为实行之期。在此期间，认真研究各国宪法，拟订宪法草案，广兴教育，改良法律，整理财政，实行地方自治，以为立宪预备。

另一路出访大臣戴鸿慈和端方，也在稍后的召见中详陈出访见闻，以为中国之所以长时期积贫积弱，最根本的原因就是专制，中国要想走上富强道路，就必须与东西洋各国一致，重建立宪政体。他们反复强调立宪改制利国利民，可造国祚之灵长，无损君上之权柄。不过，他们也在建议中承认，中国目前似乎还不到立即颁布宪法的时候，因为中国固有制度与立宪政体的要求相差太远，贸然仿行，只会徒增困扰。他们建议朝廷参照日本的经验，预定立宪之年，详细编制逐年应做之事，认真准备，认真进行，这样经过 15 年至 20 年的过渡，中国必定能够成为一个真正意义上的立宪国家，召议员，开国会，实行一切立宪政治。至于立宪预备的入手处，他们建议从厘定官制开始。至于逐年准备的事宜，大致要包括这样几个方面：一是逐步破除一切畛域，举国臣民立于同等法制之下，在法律、权利、义务面前人人平等；二是在中央预设临时议政机关，在地方酌设议会，为将来完全立宪做准备；三是充分吸收外国的长处，在学术、教育、法律、制度诸方面，集中外之长，以谋国家与人民安全发达；四是逐步区分皇室与政府的关系和各自责任，皇室经费和政府经费要分开；五是通过地方自治的试验，逐步确定中央与地方的各自权限；六是参照各国经验，逐步实行财政的预决算制度。

总而言之，在出访东西洋各国考察政治诸大臣看来，君主立宪政体利于君、利于民，不利于官，是到目前为止人类所发现的最不坏的制度。他们不仅从整体上以立宪有利于皇位永固、有利于外患渐轻、有利于消弭内乱这样“三个有利于”奏闻朝廷，而且还具体分析欧美日各主要立宪国家的权力构成及权力中心，以为美国是以工商立国的国家，纯任民权，其制度与中国不能强同；英国固然法良意美，但其设官分职，颇有复杂拘执之处，自非中国政体所宜，弃短用长，尚需抉择。与中国国情相似且其体制易于采择的，在诸考察大臣看来只有日本。日本虽万机决于公论，而大政仍出自君裁，以立宪之精神实行中央集权之主义，其政俗尤与中国相近。所以比较而言，诸考察大臣愿意向清廷推荐的，也就是说，他们估计清廷最愿意接受的，恐怕只有日本的体制。因此1905年的出洋考察，诸大臣虽然遍游各国，但其重心始终放在东邻日本。

考察政治诸大臣的建议充分考虑了皇权的重要性，他们的解释或许能够说服最高政治当局，但很难彻底说服那些反对者和怀疑者，因为所谓君主立宪毕竟在本质上是要以宪法的形式去约束、限制君主的权力，怎能说这个制度是利于君利于民呢？在他们看来，君与民从来就是对立的两极，利于君就不利于民，利于民就不利于君。所以，这些反对者怀疑者反复质疑中国立宪的必要性，认为中国走上君主立宪的道路，可能是看错了病吃错了药，中国长时期积贫积弱的症结可能并不在君主专制，恰恰相反，问题的关键在君主的权力长时期被削弱。他们甚至向最高统治层暗示，鼓吹君主立宪的人可能藏有一个大阴谋，因为这个新体制不仅妨碍君权，而且势必是利于汉而不利于满，与那些革命党人的主张在本质上相一致。

清廷原本就对立宪政治心存疑虑，之所以派大员出国考察东西洋各国宪政，其实是因为东三省问题而起，并不是发自清廷政治统治的内部需要，所以在反对呼声日高时，清廷最高层总是表现为退缩，赞成者和反对者以清廷为支点发生跷跷板的效应。清廷的犹豫徘徊使赞成立宪的人们深感失望，考察政治大臣镇国公载泽也愤怒异常，于8月23日向朝廷递交了一份密折，批驳揭露反对者的肮脏心灵，强调立宪政治的根本就是利于国利于民，而最不利于官，所以这些既得利益的官僚总是本能地反对。盖宪法既定，在外各督抚，在内各大臣其权势总不如往昔之重，其利必不如往昔之优，于是设为疑似之词，故作异同之论，以阻挠于无形。这些人的心思当然不是有爱于朝廷，有爱于国家，而是负隅顽抗竭尽全力保护自己的私权私利而已。载泽重申君主立宪的“三个有利于”，即有利于皇权永固，有利于外患渐轻，有利于内乱的消弭。这已被东西洋各国立宪历史所证明，是无须怀疑的事实。至于反对者散布的立宪是利于汉而不利于满，载泽认为这个说法非常荒唐不值一驳，现代世界竞争加剧，合中国全体之力都不一定能够迎头赶上，追逐世界潮流，岂有四海一家自分畛域的道理？现在的中国必须彻底破除满汉畛域，民族和解，为国家建万年久长之祚，而不能再像过去那样仅为一家一人之谋，而弃国家整体利益于不顾。

载泽的密折围绕着巩固君权进行分析，强调立宪政治对君权无损，对皇室有利，对国家有利，在很大程度上化解了两宫内心深处的忧虑。清廷最高政治层原本就对立宪政治、专制政治并没有太多太深的成见，他们所关心的不外乎君权神圣不可侵犯不可损害，服制不可更改，辫发不能薙，典礼不可废。除此之外，不论慈禧太后，还是光绪帝，当然都知道历千年而不变的道理：从来没有万世一系一成不变的法律制度，由君主专制向君主立宪转变大概真的是世界潮流，不可抗拒。

在载泽上密折的前后，封疆大吏和中枢大员也不断向朝廷施加压力，吁请朝廷顺应潮流，勇于改革，宣布立宪。8 月 12 日，直隶总督兼北洋大臣袁世凯奏请立宪预备，宜使中央五品以上官吏参与政务，为上议院基础，使各州县名望绅商参与地方政务，为地方自治基础。

各方面不断强化的政治压力，以及载泽等王公大臣力挽狂澜的透辟分析，终于使朝廷痛下决心，于载泽呈递密折的第三天即 8 月 25 日毅然决然宣布按照预先计划继续进行，加派醇亲王载沣、军机大臣、政务大臣、大学士及北洋大臣袁世凯等会议考察政治大臣回京后向朝廷递交的十份文件，选择其中可行者，拟订方案，请旨办理。

朝廷之所以在这份御旨中命令袁世凯参与此事，大概是因为此时袁世凯也有重要建言，已俨然成为立宪政治的重要推动者之一。考察政治大臣戴鸿慈、端方等此时上的《奏请改定官制以为立宪预备》折，据说就是他们与袁世凯密商后由袁的重要幕僚张一麟起草的。这份奏折规范了预备立宪的政治路线图，建议朝廷以日本为榜样，宣布以15年或20年为期，达成完全立宪。至于这15年或20年中间的重要准备，奏折建议先从组织内阁作为突破点，也就是将皇室与政府进行必要的区隔，以维护皇室至上尊严。而组织内阁的入手处，奏折建议从改革官制开始。这大致描绘了一幅不伤筋动骨而又能实现君主立宪政治目的的和平改革路线图，因而获得两宫嘉许，遂急召袁世凯进京与王公大臣会商。

8月26日，袁世凯抵京。27日，袁世凯遂与醇亲王载沣以及军机大臣、政务大臣、大学士等就考察政治大臣所提出的十份文件进行两天密集讨论。在大的原则上，各位与会者一致赞成朝廷宣布预备立宪，只是在实施步骤轻重缓急等技术性层面，各位大臣的看法稍有差别。激进如袁世凯、徐世昌、张百熙及庆亲王奕劻等人主张从速实施宪政；略微保守的孙家鼐、铁良、荣庆等强调不要操之过急，力主稳步推进。至于预备立宪入手处，与会者大致同意袁世凯等主流意见，以为应该从官制改革入手，为将来实现完全立宪准备一个良好的制度架构。

高层会商的结果及时向朝廷做了详细汇报，两宫迅速同意了会商结果。1906年9月1日，皇上钦奉皇太后懿旨，宣布我大清王朝自开国以来，列圣相承，谟烈昭垂，无不因时损益，著为宪典。现在各国交往频繁，联系日密，政治、法度等，皆有彼此相因之势。而中国政令积久相仍，日处阽危，受患迫切，非广求智识，更订法制，上无以承祖宗缔造之心，下无以慰臣庶平治之望。出于此种考虑，朝廷先前派员出国考察各国宪政实况。现在各考察大臣回国陈奏，深以为国势不振，主要是由于上下相暌，内外相隔，官不知所以保民，民不知所以卫国。而各国之所以富强，主要是由于实行宪政，取决公论，君民一体，呼吸相通，博采众长，明定政体，以及筹备财政，经划政务，无不公之于黎民百姓。鉴于这些分析，朝廷认为唯有及时详细甄核，仿行宪政，大权统于朝廷，庶政公诸舆论，以立国家万年有道之基。不过，现在的中国各项条件还是没有办法与各立宪国家相比，规制未备，民智未开，如果操切从事，徒饰空文，就很难对国民而昭大信。所以经过慎重考虑，朝廷决定在宣布预备立宪的同时，强调廓清积弊，明定责成，从官制改革入手，亟应先将官制分别议定，次第更张，并将各项法律详慎厘定。同时，广兴教育，清理财政，整顿武备，普设巡警，使绅民明悉国政，以为预备立宪基础。御旨最后要求内外臣工切实振兴，力求成效，俟数年后规模粗具，查看情形，参用各国成法，妥议立宪实行期限，再行宣布天下，视进步之迟速，顶期限之远近。御旨要求各省将军督抚晓谕士庶人等，发愤为学，各明忠君爱国之义，合群进化之理，不要以私见害公益，也不要以小愤而败大谋。尊崇秩序，保守和平，逐步养成预备立宪体制下的国民。

清廷的政治宣示当然有许多保留，不过这个政治宣示毕竟意味着争论数年的君主立宪终于有了一个开始，大清王朝乃至整个中国历史由此发生一次巨大转折，传统中国向现代中国迈出非常重要的一步，因而受到中国社会各界的热情欢迎。9 月 3 日，北京学界隆重开会庆祝朝廷宣布立宪，张灯结彩，锣鼓喧天，热烈庆贺。稍后，上海，直隶的天津、保定等通都大邑甚至僻壤遐陬，商界、报界、教育界无不开会庆祝，山呼万岁，对朝廷立宪举措给予充分肯定和深情期待。流亡海外的保皇党人也因此而捐弃前嫌，以为自己多年来倡导的宪政终于被清廷所接受，他们多年的奋斗与痛苦终于换来了一个不错的结果。为了与清廷立宪相呼应，流亡海外的保皇党人和国内的立宪党人遥相呼应，相继建立许多立宪团体，最著名的有康有为的国民宪政会、梁启超的政闻社，以及国内江浙地区的预备立宪公会、湖北的宪政筹备会、湖南的宪政公会、广东的自治会等。这些团体的共同目标一方面认同清廷的立宪举措，以为此举为中国历史上前所未有之盛举，先前数百年或数千年专制之局至此终结，且必将开此后数百年或数千年立宪之幕，一夜之间恍若隔世。慈禧太后、光绪帝由此获得空前殊荣，其政治声望达到顶峰。另一方面，这些立宪团体的相继成立，还肩负着重要功能，那就是以民间力量、社会力量促进清廷从口头的宣示走向实际的政治运作，要求清政府尽早召开具有制定法律、监督政府权力的国会，建立有实际权力的责任内阁等。他们期待中国历史的新篇章不要只流于形式和文字，而要有真实的内容和制度，真正拉近中国与世界的距离。

重建中央与地方权力系统

清廷1906年开始的预备立宪，是中国政治史上的重大事件，过去基于革命史观，总是比较恶意怀疑清政府的诚意，以为清政府特别是慈禧太后对权力的酷爱，不可能真的同意放权让权，再加上后来突发事件的影响，这些判断长时期左右了人们对清末政治史的认识。其实，实事求是地讨论晚清政治史，清廷之所以走上君主立宪的政治道路，当然有不得已的苦衷和不得不如此的国内外背景和现实压力，但是正如所有家天下的君主所认识的那样，朕即天下朕即国家，天下者为我的天下，国家者为我的国家，没有任何一个人会看着自己的天下国家一天天坏下去而无动于衷，所以即便从非常自私的观点看，清末君主立宪的诚意并不值得怀疑，因为君主立宪的宗旨已经说得很明白，这个政治体制是利于君利于民而不利于官。

朝廷在宣布预备立宪的第二天，即1906年9月2日，就动真格地宣布成立编纂官制馆，特派镇国公载泽以及世续、那桐、荣庆、载振、奎俊、铁良、张百熙、戴鸿慈、葛宝华、徐世昌、陆润庠、寿耆、袁世凯等酌古准今，上稽大清王朝法度之精，旁采列邦规制之善，折中至当，屏除成见，悉心妥订，共同编纂。又命端方、张之洞、升允、锡良、周馥、岑春煊等选派司道大员来京，随同参议。并加派庆亲王奕劻、孙家鼐、瞿鸿禨总司核定，候旨遵行，以昭郑重。

两天后（9月4日），官制编纂大臣举行第一次会议，讨论相关事宜。紧接着，清政府于9月6日下令成立官制编制馆，以孙宝琦、杨士琦为提调，金邦平、张一麟、汪荣宝、曹汝霖为起草委员。陆宗舆、邓邦述、熙彦、吴廷燮、郭曾炘、黄瑞祖、周树模、钱能训等为各课委员，参与具体政策的讨论和制定。六部及财政处、练兵处等亦派有专人参与相关问题的讨论、政策制定等。

经过一段时间的调查、讨论和研究，并参照东西洋立宪各国的成例，官制编纂大臣们针对当时官制中的混乱之处进行仔细排查，认为此次官制编纂最重要事项就是要理顺中央官制权限不分、职任不明、名实不符等弊病。9月18日，载泽等编纂官制大臣上厘定官制宗旨折，建议从五个方面入手重建中央层面的官制。

一、此次厘定官制，遵旨为立宪预备，应参仿君主立宪国官制厘定。

二、厘定官制因旧制精义寖失，名实不符，或事无专责至先推诿，或人无专事致多废弛。故此次厘定要旨，总使官无尸位，事有专司，以期名副责成，尽心职守。

三、立宪国通例，俱分立法、行政、司法为三权，各不相侵，互相维持，用意最善。三权分立而君主大权统之。现在议院遽难成立，先从行政、司法厘定，当采君主立宪国制度，以仰合大权统于朝廷的谕旨。

四、钦差官、阁部大臣、京卿以上各官，作为特简官；各阁院所属三四品人员，作为清简官；各阁院所属五品至七品人员，作为奏补官，八九品人员，作为委任官。

五、厘定官制之后，原衙门人员，不无更动，或致闲散，拟在京另设集贤、资政各院，妥筹位置，分别量移，仍优予俸禄。

很显然，这些原则虽与1898年康有为提出的方案有许多相似性，比如特简官、清简官、奏补官、委任官的区分，集贤、资政各院的设置，但是一个最明显的不同，此次官制改革的宗旨是在稳定的前提下先易后难稳步推进，并不企求一次性解决所有问题。9 月 27 日，侍读学士柯劭忞奏请朝廷在厘定官制时不可一切更张，完全推倒重来。28 日，御史蔡金台建议朝廷在厘定官制时应将阁部督抚州县之权给予适当限制。30 日，铁良与袁世凯在官制改革问题上的冲突公开化。大致说，袁世凯主张大改，主张取消军机处，设立责任内阁，裁撤合并一些衙门；而铁良主张小改，反对建立责任内阁，主张在官制改革中削减督抚权力，集权于中央，主张设立陆军部统辖全国军队，限制官吏兼职等。10 月 1 日，御史赵启霖建议朝廷在官制改革中分步进行，逐渐变更，先中央后地方，待中央层面的改革大致完成后，再进行地方官制改革。鉴于这一系列建议和当时的实际情况，清廷在改革之初就明确分步实施先易后难的大原则，明确划出中央官制改革中“五不议”的范围，即军机处不议，内务府不议，八旗事不议，翰林院事不议，太监事不议，以此减弱改革压力和阻力。

尽管有如此明白的政策限制，但在讨论过程中还是出现许多争论和问题，特别是对许多裁撤合并的机构究竟怎样处理，对于那些因机构裁撤而自动下岗的人员如何安置等，也都引起许多无休止的争论。其实争论的本质问题就是能否实行责任内阁制，赞成的人以为这是君主立宪的关键，是使君主摆脱日常事务，使君主立于从不犯错永远正确的至上地位；而反对的人则以为责任内阁在本质上是剥夺削弱君主的权力，是率天下士大夫背叛朝廷，不如正在实行的军机处体制能够保证皇权有效执行，保障皇权的至上尊严，更重要的是能够方便国家动员，能够使朝廷有力量有办法动员一切力量做大事。

从来的改革乃至一切政策的制定都是各方力量妥协的产物，原本计划通过此次官制改革一步到位，达成君主立宪体制的想法，终于在反对力量的压力下有所收缩。原本准备以军机处为基础改制为内阁体制的想法几经折腾已经严重变质，不再具有君主立宪政体下责任内阁的意义；仿照日本内阁体制设置的内阁总理大臣、左右副大臣也就不必再提。改革后的中央部院设置为外务部、民政部、财政部、陆军部、法部、学部、农工商部、交通部、理藩院、吏部等。另外，由于议院暂时没有设立条件，所以改政务处为资政院，礼部为典礼院，大理寺为大理院，都察院仍旧，增设集贤院、审计院、行政裁判院和军咨府等。

总司核定大臣奕劻、孙家鼐和瞿鸿禨等对这个方案反复核查，最后又决定将财政部改为度支部，交通部改为邮传部，取消典礼院，恢复礼部，将行政裁判院、集贤院删除。11 月 2 日，这个方案报给了朝廷，并详细说明这个方案与君主立宪主旨相近，对于清除过去中央官制中的积弊应该很有帮助。

对于君主立宪体制下不能没有的内阁体制，这个方案采取变通办法，建议改今日军机大臣为办理政务大臣，各部尚书均为参预政务大臣，大学士仍办内阁事务。虽名称略异，而规制则同。中央行政机关分之为各部，合之皆为政府。各部尚书入则同参阁议，出则各治部务。如是则中央集权之势成，政策统一之效著。

中央官制改革方案得到了朝廷的高度重视，又几经讨论反复斟酌，朝廷于 11 月 6 日发布厘定中央官制改革方案的谕旨，对先前一切讨论有所尊重有所采纳，当然也有所抛弃或调整。谕旨宣布，此次中央官制改革的指导思想是专责成，清积弊，求实是，去浮文，期于厘百工而熙庶绩。根据这个指导思想，御旨内阁、军机处一仍其旧，其理由为，军机处为行政总汇，雍正年间本由内阁分设，取其内接近庭，每日入值承旨，办事较为密速，相乘至今，尚无流弊，所以不必刻意废除，为了改革而改革。

谕旨强调，内阁、军机处一切规制不必改动，其各部尚书均命充任参预政务大臣，轮班值日，听候召对。至于中央各部院，外务部、吏部，均照旧；巡警只是民政事业的一部分，所以命巡警部改为民政部；户部改为度支部，以财政处并入；礼部以太常、光禄、鸿胪三寺并入；学部仍旧；兵部改为陆军部，以练兵处、太仆寺并入；另行设立海军部及军咨府，在其未设立之前，其职权归陆军部；刑部改为法部，专任司法；大理寺改为大理院，专掌裁判；工部并入商部，改为农工商部；轮船、铁路、电线、邮政应设专司，定名为邮传部；理藩院改为理藩部。这就是改革后中央各部院行政架构的大致框架。不难看出有新有旧，具有非常明显的过渡特征。

至于中央各部院行政主脑的职权、职数，1906 年的改革方案也有很好的规划，谕旨强调，除外务部情况特殊，各部均设尚书 1 人，侍郎 2 人，不分满汉；都察院本纠察行政之官，职在指陈缺失，伸理冤滞，改为中都御史 1 人，副都御使 2 人；六科给事中改为给事中。与御史各员缺均暂如旧。

至于新增设的机构，首推资政院和审计院。资政院的功能是博采群言，为将来开设议院作准备；审计院的功能为核查经费，为政府行政开支把关。

还有宗人府、内阁、翰林院、钦天监、銮仪卫、内务府、太医院、各旗营、侍卫处、步军统领衙门、顺天府、仓场衙门等，谕旨决定在此次改革中暂不涉及，一仍其旧。

谕旨发布的同一天，清廷便就参照新章程对中央人事作了调整，宣布奕劻、瞿鸿禨仍留在军机处，世续补为军机大臣，林绍年以侍郎用，在军机大臣上学习行走。鹿传霖、荣庆、徐世昌、铁良均开去军机大臣，专管部务。

第二天，清廷又宣布了改组后中央各部院尚书。外务部情况比较特殊，仍按照旧的体制运行，以奕劻为管部总理大臣，那桐为会办大臣，瞿鸿禨为会办大臣兼尚书。其余各部院尚书名单为：鹿传霖长吏部，徐世昌长民政，溥颋长度支，溥良长礼部，荣庆长学部，铁良长陆军，戴鸿慈长法部，载振长农工商，张百熙长邮传，寿耆长理藩部，陆宝忠为都察院都御使。

从清廷批准的改革方案看，此次中央行政机构的改革大体上遵循稳步推进的方针，既没有推倒重来，又没有形式主义走过场。这个方案的亮点在于清廷终于迈出宪政的步伐，终于在行政架构上向立宪政体靠拢，确认三权分立的原则，尤其是新增设的资政院和审计院，确实是在为未来君主立宪完全达成做着扎扎实实的准备，为三权分立的真正实现创造条件。至于不被人们充分关注的军事管理体制改革，更是过去十多年同类改革的集大成，是一次非常重要的体制创新，陆军部、海军部的创设，使中国传统军种发生了重大变化，顺应了世界潮流；至于新创设的军咨府，更是一个非常重要的军事机构，其功能类似于日本军队的大本营或参谋本部。这些建议在甲午战后就有人提出，在1898年差一点变成事实，不幸都因种种原因而中止。现在重新提出并一举创设，应该说是体制上的一次重要创新，是中国政府、中国军队管理体制向世界各国看齐的一个重要步骤，军政、军令开始分开，中国的国家体制确实迈出了关键性的步伐。

当然，也有许多人对清廷的这个改革方案非常不满意，以为清廷宣布的最终方案非常令人失望，几乎所有的改革仍是本来面目，军机处继续为权力中枢，礼部仍旧保存，至于许多中央部院的改革，说到底也不过是更换一个更加时髦的名字而已，职权未变，本质未变，于是这些不满者以为这次所谓的中央官制改革不过是一个“弥缝主义”而已，是“伪改革”，徒为表面之变更，而无内容实质之变动，只是承袭了立宪国的皮相而遗漏其精神，是龙头蛇尾因循守旧的假改革。

更有激烈反对者，以为清廷的所谓改革不过是借改革之名而收缩中央大权而已，巩固满洲贵族集团的集权统治而已。他们的一个重要论据是，改革后的中央部院均各设尚书 1 人，废除了改革前各部院尚书 2 人，满汉各 1 人的成例。而从改革后 11 个中央部院共 13 个尚书构成实际情况看，满人占了 7 个，蒙古人 1 个，汉人只有 5 个。相比之下，改革前满汉尚书是一对一，现在却明显减少了汉尚书的名额。这一点确实为后来的政治纷争埋下了种子，潜伏着危机。

改定中央官制只是 1906 年官制改革的一个环节，官制改革的另外一个重要环节是地方官制的改定与重建。

清代的地方官制情况各地不一，并未在全国范围内实行统一的地方制度，而是因地制宜予以变通。大体上说，在中原腹地，继承元明以来的行省制度，实行统一管理和统一制度。至此次改革之前，大致实行省道府县四个层级。省的最高行政机构为督抚衙门，最高行政长官为总督为巡抚，之下大概实行类似于三权分立的体制，有专司政务的布政使（全称承宣布政使司，简称藩司），专司治安的臬司（提刑按察使司），专司司法、检察的按察使。另有中央政府直接任命和管理的学政，负责省内教育。省以下为道，道置道员，俗称道台，亦称观察。道员的职责是协助督抚及藩司、臬司等省级层面管理属地政务事务，并监督府县，课农桑，兴贤能，励风俗，简军实，固封守，其地位职守都介于省与府县之间。道以下有府，府的行政长官为知府。府以下设县，县有知县。

除中原腹地行省制度外，在东三省、蒙古、西藏等周边地区，清政府实行更为宽松的特别制度，其中东三省为龙兴之地，制度最为特殊。至于京师，继承明朝制度略有调整，设置顺天府，作为中央直属的特别行政区，是首都最高行政机关；顺天府尹为正三品，且一般由尚书、侍郎等层级的中央大臣兼任。顺天府虽在直隶总督的辖区内，但其府尹与直隶总督不存在隶属关系。

清代的地方制度，中间有过几次改革和调整，特别是对于督抚同城现象，早在洋务运动之末就有一些批评。1895 年开始的“维新时代”曾尝试着解决这些问题，比如裁撤同城督抚之一，比如湖南新政中尝试成立保卫局等。只是后来政治突然变化，许多新政措施不得不中止。1901 年新政开始后，地方行政管理体制的改革再一次提上日程，其要点及核心就是怎样增加地方的权限，怎样减少管理层级，减少官员人数，提高行政效率。

至 1906 年宣布预备立宪后，地方行政改革再次引起了各方面的重视。这一次的改革要点当然是为地方自治和宪政体制的实行准备条件，为将来实施宪政奠定基础。1906 年 11 月 5 日，官制编制馆拟定的外省官制改革方案公布，电请各省督抚裁酌。第二天，朝廷责成奕劻等官制编制王大臣陆续编订各省地方官制，并会同各省督抚筹备地方自治。

对于中央官制编制馆的方案，各省督抚都进行了仔细的研讨，对各种方案进行比较和加减，然后通过相关渠道上报中央。各省督抚的大致意思是，全国幅员广阔，人口众多，各地风俗不一，发展也不平衡，所以制度的制定应该充分考虑到各地的特殊情况，本着宪政的精神和原则进行，允许有先后有迟早，不必强制一律，强制推行。

各地督抚的建议合情合理，所以清政府在 1907 年初决定参照各地在人才、经费、民智等各种因素不平衡的实际情况，分阶段逐步推行，先从东三省这一根本重点尝试着试点，待取得一些初步经验后逐步推广。

东三省为大清王朝的龙兴之地，尽管自 1900 年先后被俄国和日本占有，但这块热土一直被朝廷视为特别区域，一直实行比较特殊的政治架构和统治政策。东三省的最高长官为将军，由满族或蒙古族人担任，在吉林将军和黑龙江将军的署下，参照中央政府的政治架构，分设有户、礼、兵、刑、工五司。在陪都盛京，也就是后来的沈阳，其体制又稍有不同，因为这里才是真正的龙兴之地，1625 年清太祖把都城自辽阳迁至沈阳，并着手在那里修建了皇宫，所以清太宗皇太极于 1634 年将沈阳改为盛京。1644 年大清王朝迁都北京后，就将盛京定位为留都，实行特殊的行政体制，陆续设立户、礼、兵、刑、工五部，各部设侍郎，置内大臣为总管，留守盛京。稍后，又改内大臣为镇守昂邦章京。至康熙元年（1662），改镇守昂邦章京为镇守辽东等地地方将军。1657 年，朝廷以“奉天承运”之意在沈阳设奉天府，沈阳又名奉天，原镇守辽东等处地方将军改称镇守奉天等处地方将军。乾隆十二年改称盛京将军，主要负责当地军政事务，兼管奉天府尹事务大臣，监督府尹。奉天府的设置参照了京师特别行政区顺天府的行政架构和功能，甚至在某种程度上说，其体制的崇严较顺天府有过之而无不及。

按照清廷最初设计，东三省为其最根本的根据地，所以并不允许关内人民迁至该地，而是实行封禁政策，除原有居民外，就是驻防在那里的八旗。因此东三省的政治架构除了体制崇严，之所以设置为将军，继续保留军事化、半军事化的政治框架，主要是因为那里的政务实在简单，除了极少量的居民有民政需求外，就是管理那些八旗。只是到了后来，随着流民不断流入，土地开垦不断扩大，商业发达，城市兴起，非军事人口不断增加，于是清政府不得不在一些经济发达地区陆续设立地方行政机构，以加强社会管理，维护社会秩序。

日俄战争后，东三省的情形更加混乱，俄国人据有北满，日本人据有南满，新旧体制冲突加剧，各种各样的社会冲突时有发生，东三省已经不是原来意义上的龙兴之地，更非原来封禁状态下的独立王国，因此改革东三省的管理体制，就成了非常迫切的问题。盛京将军赵尔巽奏请朝廷派员勘察东三省的实际情形，制订改革方案。朝廷采纳了这个建议，于 1906 年 10 月派遣载振和徐世昌前往东三省实地考察，研究改革方案。1907 年初，载振、徐世昌回到北京，东三省行政体制改革由此逐步推进。4 月 20 日，清廷下令东三省改制，将盛京将军改为东三省总督，兼管东三省将军事务，随时分驻三省行台，奉天、吉林、黑龙江各设巡抚一职，分掌各省事务。朝廷同时宣布以徐世昌为东三省总督，并授为钦差大臣。以唐绍仪为奉天巡抚，朱家宝代理吉林巡抚，段芝贵以布政使衔代理黑龙江巡抚。并责成徐世昌等拟定东三省的新官制报中央批准后实行。

5 月 22 日，新任东三省总督徐世昌等将东三省官制及督抚办事纲要上报朝廷并获得批准。根据这个方案，东三省的行政体制不同于内地，继续实行特别政策，三省各设行省公署，取消了督抚、藩、臬各署，公署内设承宣厅、咨议厅，以左右参赞充任。又设置交涉、旗务、民政、提学、度支、劝业、蒙务等 7 个司，分司各类事务。行省公署另设督练处，主持军政；设提法司，主管刑法。总督为东三省最高行政军政长官，三省巡抚为次官，各加副都统衔。八旗事务的处置权在东三省总督和三省巡抚。

经过这一次改革，东三省的行政体制发生了很大变化，虽然表面上依然实行特殊的行政体制，继续保留着一些特别权力，但其体制已经趋于与内地大体一致，并赋予一些近代化的特征，使行政效率获得了很大提升，为全国地方行政体制改革提供了范例和经验。

东三省的改革受到了各方面的关注，特别是在中央官制改革以及预备立宪这样的大背景下，东三省的这些改革更加引人注目。1907 年 7 月 7 日，奕劻、孙家鼐等参照东三省的行政体制，奏请朝廷颁行地方体制改革章程。根据他们拟订的方案，各省按察使一律改为提法使，增设巡警道和劝业道，府州县有辖境的同知、通判改为州县，有属县的直隶厅改为直隶州，裁撤分守分巡各道，酌留兵备道，分设审判道，增易佐治员。

根据这个方案，各省督抚设会议厅，定期召集司道以下官员讨论本地各项紧要事务、重要且涉及本地事项，还要定期不定期邀请当地乡绅一起讨论，听取各方面的意见，增加决策的民主性，扩大一般民众对当地事务的参与权力，培养民众的参与意识。

至于在府州县层级，由于取消了佐贰杂职，一律以佐治员代替，分掌巡警、教育、农工商、交通、监狱和税收等事宜，而这些佐治员必须通过相关考试予以录取，这在很大程度上有助于这些佐治员也就是后来的公务员的专业化、职业化、中立化，不必受到现实政治更多干预，有助于行政效率的提升。同时，还应该注意的是，这个改革方案中，规定府州县这个层级必须创造条件，分期分批设立议事会、董事会等各种各样的民意机构，允许各地尝试地方自治，为地方民主政治的完全实行准备条件。

基于预备立宪的考虑，这次地方改制方案还注意到了三权分立意识的培养，特别是趋向于司法独立，为社会公平提供一道有力的保障线。方案要求各省设提法司，置提法使，专责司法行政，监督各级审判，并规定设立高等、地方和初级审判厅，从而使地方司法行政与审判实践逐步分离，为司法真正独立奠定了基础，提供了可能。

或许是因为这个将要通行全国的地方改制方案稍过激进，朝廷担心如果一旦全面推开将无法控制，社会失控，于是几经酌商，谕令将这个方案由东三省先行开办，直隶、江苏择地试办，其余各省体察各自情形，分年分地，请旨办理，逐渐推广，争取用十五年的时间使全国的地方行政体制趋于统一,一律实行新体制新制度。

对于地方行政体制的改革，清政府还是采取了比较稳妥的立场，因而也被许多人批评为比较保守，不过从长远立场去观察，这个地方行政改革毕竟迈出非常关键的一步，使大清王朝踏上了一条近代化改革的不归路。因为这个改革虽然缓慢，但其本质却异常激进，不论是中央政府层面，还是地方行政，其改革都不外乎是立宪政体下的技术问题，注意到从立宪政治体制下行政、立法、司法三权分立的视角进行制度设计和制度创新，使各级各类政府机构向专业化、职能化、技术化和政治中立化方向迈出了一大步，逐步形成职业性能比较高的行政管理体制。这是中国行政管理体制现代化的开端，一般民众的政治参与能力和参与热情在这一过程中获得了很大提升。

以政治改革反制革命

1907 年 7 月 7 日，清廷颁布外省官制改革方案，就在这个月的 28 日，清廷重臣袁世凯又向朝廷上了一份非常重要的秘密奏折，建议朝廷赶紧实行预备立宪，并开列了应办必办的十件大事：昭大信、举人才、振国势、融满汉、行赏罚、明党派、建政府（采内阁合议制度）、设资政院（州县设议事会，省设咨议局）、办地方自治、普及教育。同一天，袁世凯还向清廷建议派遣大臣分赴德国和日本，会同出使大臣，详细考察两国宪法，为早日实行预备立宪进行实实在在的准备。

袁世凯的政治危机感一方面来源于各地立宪运动的不断高涨，他不希望清政府被各地立宪运动牵着鼻子走，被动进行，而主张主动进行，这样才能掌控时局。另一方面，袁世凯的危机感主要来自体制外的革命压力，以为孙中山和他领导的革命党虽然还没有进入社会中心，但是清政府如果不能主动改革，那么这股革命势力和革命思潮迟早会成为中国社会的中心议题和中心力量，清政府只有主动立宪，主动变革，才是消弭革命的良药。毫无疑问，袁世凯的这个认识是真切的。

孙中山和他领导的革命党人经过差不多十年的奋斗，确实已经成为中国政治生活中一股不容继续忽视的重要力量。尽管革命党也曾因清政府的新政、预备立宪等政治改革的开启而一度陷入低谷，但最终却因为清政府无法有效推动这些政治改革，政治改革总是在一些关键性问题上止步不前，因而又往往为孙中山的革命，为革命党人势力的扩大提供了可能和空间，于是有同盟会的成立和革命力量的大集结。

同盟会的成立当然是中国政治生活中的大事变，它的直接动因在某种程度上说就是清政府政治变革裹足不前和俄国政治改革的强烈刺激。俄国人政治变革运动不仅改变了俄国的政治生态，而且彻底唤醒了亚洲，唤醒了中国。先前被压迫被奴役的阶级终于觉醒了，终于要求新的生活，要求为争取人的起码权利，为争取民主的斗争。这预示着革命高潮的到来。

仅从国内情形看，国内的革命思潮和运动在新政开始后确实一度陷入低潮和困境，清政府的政治改革确实给相当多的中国人带来希望、期待和憧憬，善良的中国人在两害相权中总是觉得革命还是不得已的最后举措，希望清政府的主动变革能够有效调整国内各阶层的利益，化解各阶层各阶级之间的冲突。然而，正像任何政府一样，清政府始终是一个被动的变革主体，它的每次大的变革，总是发生在重大危机之后，一旦通过变革化解了危机，变革的动力也就减弱乃至消失，那么不满的怨言、反对的力量必然再次集结，再次爆发。20世纪初年的中国政治几乎始终没有逃脱这个循环往复的政治周期。

同盟会并不是在一片空白上开始的，它的真正意义其实是对先前许多政治组织政治力量的整合，这些政治组织先前可能具有不同的政治诉求，但在大的方向上差不多都不满意清政府的政治统治，不相信清政府政治变革的诚意。这些政治组织主要有孙中山的兴中会，黄兴等人领导的华兴会，蔡元培等人领导的光复会等。

兴中会成立于1894年末，原本只是孙中山等少数人的政治团体，其政治诉求为“驱除鞑虏，恢复中国，创立合众政府”。在孙中山的卓越领导下，兴中会发展神速，经过短短十年时间，孙中山和他的兴中会不仅在江湖上威名远扬，而且经过一系列武装起义和系统的政治宣传，成为清政府的心头之患。

与孙中山兴中会力量相当地位相符的政治团体首推华兴会。华兴会成立于1904年初，其主要成员有黄兴、宋教仁、刘揆一、陈天华、刘道

一、张继、秦毓鎏、章士钊及周震麟等，黄兴为会长。华兴会的政治诉求也与兴中会相似，就是“驱除鞑虏，恢复中华”，就是要以清政府为敌，就是要推翻清政府。

在同盟会中起到重要作用的政治团体还有光复会。光复会成立于1904年冬，其主要成员基本来自江浙地区，领袖及其骨干力量主要有陶成章、蔡元培、章炳麟、徐锡麟及秋瑾等。光复会的政治诉求也是反对清政府，同样将清政府看做异族政府，视汉族过去几百年为被殖民状态，其政治誓词为“光复汉族，还我河山，以身许国，功成身退”。显然其关键词就是“光复”二字。

这几个政治组织的主要领袖，在过去的若干年中通过各种各样的政治手段和政治机会，建立了各自的政治声望和政治地位，清政府对他们的每一次打压、每一次驱逐、每一次关押，都使他们在江湖上、在社会上，甚至在国际政治舞台上的声望再上一个台阶，成为列强观察中国问题的一个视角，甚至渐渐成为列强对中国未来的一种期待、一个选项。所以这些反对清政府的政治组织尽管在国内受到严厉打压严格查禁，但他们在外国，甚至就在被外国殖民的中国土地香港、澳门和台湾，都享有充分的政治自由。

同盟会成立正是清政府政治改革步入深水区、逐渐陷入困境的时候，清政府内部虽然有许多人期待中国能够像日本一样实现君主立宪，放弃君主专制，而革命党人在孙中山的影响下，却走得更远，他们一方面不相信清政府的改革诚意，另一方面不相信君主立宪是解决中国问题的良药，而用超越的姿态建议中国未来政治发展应该取法乎上，应该抛弃不合时宜不合中国国情的君主立宪，直接选择地球上最文明的政治法律制度，也就是民主共和；号召推翻满洲人的异族统治，恢复汉民族的国家，重建一个属于中华的共和国，这就是“驱除鞑虏，恢复中华，建立民国，平均地权”。

孙中山的政治理念和政治远见成为同盟会内部各个政治团体的共同认识，也成为同盟会超速发展的强大动力。在同盟会总部于东京成立后不久，就在国内、在南洋、在美洲、在欧洲，相继建立了一系列支部，吸收整合国内外各类进步人士尤其是青年知识分子。同盟会的队伍迅速壮大，人员遍及国内及世界各地。

同盟会的迅速发展当然引起了清政府的高度关注和被动应对，清政府在继续打压革命势力的同时，也确实因革命的压力而加大政治改革的力度和进程。只是革命党人既然不认为君主立宪是中国政治的最好选择和唯一道路，所以无论清政府的政治变革走到哪一步，都很难说服这些革命党人。

孙中山在1905年底创刊的《民报》中第一次公开提出民族、民权和民生“三大主义”，较为系统全面地阐释了中国革命所要达成的目标、所要采纳的方式和途径。革命党人普遍不能相信清政府的立宪，主要是基于清政府过去的政治诚信记录，正如朱执信在《民报》创刊号中所发表文章标题揭示的那样，“满政府虽欲立宪而不能”。之所以不能，就是统治者的本性使他们不可能主动放弃或约束自己的权力，不可能放弃甚至减少自己的政治利益和物质待遇。所以中国的进步不能寄希望于清政府，更不能在君主专制和君主立宪上徘徊反复，错过了中国发展的良机。正如陈天华在同一期创刊号中的文章标题所说，“中国宜改创民主政体”。而这个民主政体显然不是清政府已有政治架构通过改良可以实现的，而是要推倒重来，重新建构：就是要驱逐鞑虏，恢复中华；就是要推翻满洲贵族对政权的垄断，恢复汉民族的国家。

满洲贵族集团当然不能代表整个中国的利益，甚至也不能代表所有的满洲人。满洲贵族集团其实就是一个特殊的利益阶层，是大清王朝的既得利益者，所以他们对政治改革天生的具有一种排斥性，他们的利益决定他们只能选择保守的政治立场。孙中山在三民主义理论框架中所展示的民族主义诉求在后人看来可能狭隘了一些，但在当年确实击中了清政府的政治要害和软肋。至于民权和民生，这两大主义是民族主义实现之后的应有之义，革命党人之所以不再相信君主立宪，就是认为君主立宪不论怎样开明，无论怎样以宪政的力量约束皇权，都不如没有皇权来得干脆来得彻底。中国只有建立了人民当家做主的民主共和体制，就不是对至上的无限的皇权进行形式主义的约束，而是从根本上否定了任何政治家终身统治的合法性；一切政治领导人都要接受人民的选择，为人民服务，对人民负责，接受人民的监督；这些统治者一旦超越了人民的授权，任意胡作非为，那么人民就有权力将他们赶下台。

孙中山的三民主义理论很快赢得了国内外民众的欢迎和信仰，当然也在清政府内部激起阵阵涟漪。清政府之所以在 1906 年之后加快政治改革的步伐，在很大程度上是因为革命理论和革命声势的刺激。

革命当然不是一件好玩的事情，革命当然会付出血流成河的代价，所以革命和三民主义的理论一方面赢得了民众，另一方面诱发了中国社会原本存在的革命恐惧症。先前与清政府内部保守势力结仇的康有为、梁启超不计前嫌，在新政开始后逐渐认同了清政府的政治改革举措，以为清政府真的回到了正确道路；尽管清政府开出的十五年预备立宪时限可能真的长了点，但君主立宪确实是一条合乎中国实际的政治解决方案，足以解决中国问题。因此他们对孙中山和革命党人鼓吹的革命理论和三民主义理论坚决反对。康有为于 1907 年 11 月 4 日写信给梁启超，表示他个人从不担心中国被外国所吞并，而深为忧虑革命所引发的内乱。向来以为中国如果不发生内乱，则无论怎样不进步，也依然是世界一霸；如果内乱，则必然发生印度等国的情形，必然导致国无宁日甚至走向灭亡。康有为指出，未来中国发展的关键不是立宪与不立宪，而是革与不革，中国的最大危险主要就来自革命所导致的内乱。

康有为反对革命的言论深刻影响了他的门徒，梁启超在他主编的

《新民丛报》中竭尽全力对革命党人的革命理论进行全面批判，以为中国现在还不到实行共和民主的时候，中国国情决定中国只能走上缓进的改良道路。梁启超的批评引起革命党人的强烈反弹，于是一场以革命还是改良为主题的激烈论战在《民报》和《新民丛报》中展开。

这场辩论持续了很长时间，辩论主题也时有调整，辩论的结果是互不相让，革命派以为自己的理论逐步深入人心赢得人心，有效扩大了革命势力的阵容；而康梁等改良主义者也始终不愿认输，也以为自己的理论和主张才是治世之良药。其实，实事求是地说，双方的自我评估都有道理，改良主义的主张温和平和，因而容易被人们所接受；面革命派的理论虽然激烈激进令人恐怖，但清政府的不争气，却使革命派的那些预言不幸而言中。所以在论战的早期，改良派略胜一筹，到了后来，随着清政府一天天失去人心，许多先前主张立宪主张和平改革的人却反戈一击，成为激烈的革命者。

革命思潮的传播和革命运动的高涨，使清政府政治高层甚感恐惧，头脑清醒如袁世凯者，大都明白建议清政府迅速决策，加快预备立宪的进度，尽快制定和颁布新宪法，以君主立宪抵消革命对中国的冲击。

袁世凯上奏这个秘密建议是在 1907 年 7 月 28 日。几天后，清廷重臣张之洞于 8 月 7 日致电军机处转奏朝廷，痛陈革命党横行天下，人心惶忧，建议朝廷布告天下，化除满汉畛域，所有立宪、议会等事俱以此为基础，自然推行无滞。恳请朝廷处以镇静，固不宜为因循旧习所误，也不要为浮言张皇所摇。张之洞的这个建议迅即被朝廷采纳，朝廷命张之洞迅速来京陛见，有面询事件。

构筑现代政治文明的根基

各位重臣的赤胆忠心当然不难被朝廷所理解，清廷遂于 8 月 13 日下令将考察政治馆改组为宪政编查馆，直属军机处，由军机大臣总理其事，性质类似于立宪国家责任内阁的法制局，主要承担奉旨交议有关宪政折件；承拟军机大臣交付调查各件；调查各国宪法，编订宪法草案；考核法律馆所拟定各种法典草案及各部院、各省所订单行法及行政法规；调查各国统计，汇集全国统计表及各国比较统计表等。稍后，清廷谕令各省成立调查局，考察本省民情风俗历史现状，随时汇报宪政编查馆。中央各部院也相继成立统计处。1907 年 10 月，宪政编查馆奉命创办《政治官报》，刊登政府有关预备立宪御旨、批折、宫门抄，以及相关法律法令、条约合同等，旨在行政公开，信息公开，增加政治生活透明度。

按照清廷设想，新改组的宪政编查馆仅为法律法案编制机构，并不具有议会功能。而按照清廷的政治日程，正式议会的设立还有漫长时间，要经过一个相当长的预备过程。这个预备过程当然是为了使国民养成立宪的习惯，培养社会立宪的基础，而要达成这个目的，又必须设置一个具有过渡性质的政治机构，这就是清廷于 9 月 20 日下令设立的资政院。

资政院是完全立宪后正式议会的预备机构，只是预备立宪的一个重要举措，是清政府仿照东西洋立宪各国法规体制而设立的中央咨议机关。其主要功能与宪政编查馆相配合，宪政编查馆主编纂，资政院主审定，显然是一个准议会组织。

清廷宣布设立资政院是在 1907 年 9 月 20 日，但是各项筹备似乎并没有很快提上日程，受命会同军机大臣共同拟定资政院详细院章的资政院总裁溥伦和孙家鼐，不知什么原因直至 1908 年 7 月 8 日方才将这个院章草案上报朝廷，这显然已经严重落后于政治实践，因为当时非常活跃的立宪主义者不再期望过渡形态的资政院还能发挥什么功能，而是要求清政府在最短的时间内尽快召开正式国会。以清政府为主导的政治改革越来越显得被动与无奈。

中央层面的政治改革或许只能是碎步前进，无法一步到位，而地方上的立宪运动，在经历了几年的酝酿和各地不同程度的试验后，大致上可以放开手脚稳步推进。于是清政府于 1907 年 10 月 19 日下令各省督抚可以视各自情形设立各省咨议局，选拔那些公正明达的官绅参与此事，以期将各省咨议局办成地方舆论的中心：一方面能够指陈各省政治举措的利弊得失，筹划地方治安，将各省应兴应革之事详加讨论，形成决策，减少失误；另一方面期望各省咨议局能够为中央资政院储备人才，以便将来资政院选举议员，可由各省咨议局公推递升。

其实，各省立宪团体在那几年已有很大发展，已经为各省咨议局的成立准备了足够的条件。1908 年 7 月 22 日，清政府公布各省咨议局章程 12 章 62 条，另行颁布咨议局议员选举章程 115 条，限各省根据这些文件在一年内办齐。

按照各省咨议局章程的规定，咨议局议员的选举有多种方式，但是享有选举权的人一般条件为本省籍贯，必须年满 25 岁，且为男子，妇女尚不能享有选举权。至于非本省籍贯，必须寄居本省满 10 年，或在寄居地有一万元以上的营业资本或不动产。此外，还有一些附加条件。

至于被选举资格，章程也有严格规定，尤其重视被选举人的品行及诚信记录、文化程度、生活习惯，比如是否有不良嗜好如吸食鸦片、财产是否清白等。对于本省官吏或幕友、常备军人、巡警、僧道、牧师以及小学教员等，章程规定暂停其被选举权。

咨议局议员资格的认定当然比较严厉，于是有资格获选的人并不是很多，这些规定其实来自东西洋各立宪国家，在许多方面参照了美国联邦参议员的选举和资格认定，是一种比较理想的制度引进和制度创新。只是稍有不同的是，东西方各国地方议会均为地方权力机关，享有充分的立法权和监督权，而清政府规范的各省咨议局则是议会政治的过渡形态，不是咨议局去监督和控制地方政府，而是地方政府中的督抚有权监督、控制咨议局。咨议局议决事件，督抚若不以为然，可令咨议局复议。复议后督抚仍有异议，仍可不执行。咨议局并不享有强制督抚必须执行的权力。甚至督抚有权监督、召集、停止，甚至解散咨议局。由此看来，咨议局仅仅是地方民主政治的一种过渡，是督抚主导下的民主政治形态，还不具有西方国家地方议会的功能和特征，不是地方上的权力机关。只是各省咨议局的相继设立为本省政治民主运动提供了空间和可能，为那些立宪主义者提供了合法的政治活动场所，对后来的政治变动准备了多个选项。

按照清廷最高政治层的最初构想，君主立宪既然是中国发展的必由之路，那么就应该积极筹备，准备实行，只是这个筹备的时间可能会很长，所以从一开始就将之定性为“预备立宪”，而不是立即立宪，至于完全的立宪时间，清政府在最初时期只是给出一个大概期限，说是15年或20年。

然而随着以同盟会为主体的革命运动日趋高涨，国内的政治动荡日趋加剧。1907年7月6日，安徽巡警学堂监督徐锡麟在公开场合枪击安徽巡抚恩铭，将清政府的政治危机推向一个小高潮，引起许多大臣的重视。袁世凯、张之洞等不约而同建议清廷加快立宪步伐，期望以立宪抵消革命，消弭革命。而加快立宪步伐最重要的标志，就是尽早公开宪法。国内的立宪党人，流亡海外的保皇党人及华侨，也通过各种各样的方式向清廷施加压力，促使清廷公布宪法，实行君主立宪。

国内外的压力深刻影响了清廷的决策，1907年9月9日，清廷接受各方面建议，命外务部侍郎汪大燮、邮传部侍郎于式枚、学部侍郎达寿分任出使英、德、日本考察宪政大臣，分别前往各国考察宪政尤其是宪法。

汪大燮曾任留日学生监督、驻英公使，两年前升任外务部侍郎，具有广阔的国际视野，见多识广，既熟悉国际大势和外交关系，更对英国宪政有相当独特的研究和认知。他在这次考察后向朝廷递交了《英国宪政要义》《国会通典》等14种宪政著作，对于中国宪政进程也有比较重要的贡献。

于式枚出身于北洋，充任李鸿章幕僚多年，1896年参加过康有为发起的保国会，也算是具有新思想的新人物，然而他在出使德国专门考察宪政和宪法后，却得出与其考察目标完全相反的结论。他在1908年6月18日递交的考察报告中指出，宪法自在中国，无须求之外洋，中国不必像东西洋各国一样，形式主义地走上立宪道路。他认为，各国宪法条文有很多是中国固有的成文法，有的虽为中国所没有，但无须模仿，也没有必要引进。各国立宪，大都由于底层百姓的要求，求而不得就要争，争而不得就要乱。国政归于一则臣民无非分之想，国政散于众则臣民必有竞争之心。立宪的最高境界不过是日本的明治维新，搞得不好反而成了法国大革命，扰乱社会几十年甚至更久远。于式枚的结论是中国不必模仿东西洋各国匆匆忙忙走上君主立宪的路，中国应该按照自己的实际情况决定下一步的政治路线图，但其要点是不要发生法国式的大革命。于式枚的观点在当年确实令人吃惊和称奇，只是后来中国的政治发展恰恰向着于式枚最不愿看到的路上走去。

在1907年三个出使考察宪政大臣的眼里，真正对后来的政治发展起过直接作用和重要影响的是达寿。达寿在日本得到许多宪法专家的热情帮助和耐心指导，对日本宪法及其宪政制度、宪政实践等进行了系统分析和仔细归纳，对于君主立宪的真义、内涵都有比较深刻比较有新意的解读，是近代中国君主立宪理论“汉化”的重要人物。

达寿回国后组织编写有《日本宪法论》《议院说明》等著作，并于1908年8月7日奏请朝廷实行君主立宪，颁布钦定宪法，宣布国会预定年限，建议宪政预备，不可过迟。并请先立内阁，统一中央行政机关。达寿认为，在目前世界政治格局中，国家强弱和地位高下，端赖其政治体制能否改良，能否跟上世界潮流，不自外于世界一体化。假如一个国家执意与世界潮流相对抗，那么必招阴谋，惹来麻烦；如果执意与国内民意相违背，那么必将被人民所抛弃，终成暴动，或被武力所推翻。达寿还指出，遵循世界潮流将君主专制改为君主立宪并不是一件多么可怕的事情，所谓君主立宪，无非是君主将某些权力交还给人民，但同时也赋予人民纳税、兵役等义务，人民有权参与国家大事的讨论，这并不会对皇权构成实质性的威胁，相反却会增加政府在国际交往中的力量。达寿建议清廷采纳日本的钦定宪法体制，因为这种体制充分保证了君主权力的有效与完整，君主是军队的最高统帅，其神圣不可侵犯是宪法的原则，所有臣民只能在法律框架内行使权力，国务大臣的权限表面上看很大，但他是对君主负责而不是对议会负责，议会的功能就是行使立法权和预算议决权。

日本与中国同属亚洲，同文同种，一衣带水，在社会结构、民族心理、文化背景与文化传统等方面，都有许多相似相近之处，日本过去曾经将中国的汉唐制度移植过去，只是到了近代，日本在西方的压力下，较中国先走一步，成功地脱离亚洲加入西方，再一次将一个外来制度成功移植过去。日本的经验在过去十几年中一直被中国知识分子津津乐道，知识界认为从日本进行制度移植一来可以减少制度变异的压力和冲击，可以照着日本的步骤走而不必从头试验；二来日本的制度设计充分照顾到了东方文化背景下君主权力的有效性和完整性，这既符合清政府的利益，也能为一般民众所接受。清政府期望君主权力在宪法体制下不要受到无端损害与约束，而一般民众担心君主权力的削弱可能会引起国内纷争与社会混乱。正是在如此复杂的政治背景和文化心理促使下，清政府最终选择了向日本学习，终于踏上君主立宪的路，1908 年 8 月 27 日，清廷正式批准颁行《钦定宪法大纲》，一个新的时代似乎从此开始。

清政府颁布了《钦定宪法大纲》，确实意味着一个时代的开始，标志着两千年的帝制时代的调整，中国向立宪政体迈出了重要一步。然而，可能由于中国人在过去被压抑的太久了，统治者在政治上的任何让步，不是使被统治者获得满足，恰恰相反，而是被统治者提出更高要求的开始。中国人不习惯在政治上的讨价还价、妥协、让步和良性互动，统治者和被统治者的政治相持一旦被打破，总是陷入一种恶性互动或新的政治冲突之中。

《钦定宪法大纲》的颁布，获得了国内外立宪党人的一片喝彩，以为此举必将开辟一个新时代，极大拉近中国与世界各国的政治差距。不过，对于这份具有划时代意义的重要文献，革命党人却提出严厉的批评和强烈的质疑，以为清廷这一系列政治举措不过是掩饰国民的耳目，讨好洋人而已。钦定宪法不但没有带给中国真正意义上的光明，反而使原先的政治黑暗更加黑暗。

革命党人对清政府立宪政治的批判，当然有足够的政治理由，不过也应该看到，就像1905年前后革命一度陷入低潮一样，清政府立宪政治的加快和实现，一方面是革命对清政府所形成的政治压力所导致的结果，是为了压制、消弭革命对中国政治，特别是对清政府政治统治所构成的压力；另一方面，正如许多要求清政府加快立宪步伐的人所期待的那样，加快立宪一定能够抵消革命的压力，实现立宪就一定能够将革命这个洪水猛兽重新关到笼子里。这当然意味着革命与立宪是跷跷板的两端，立宪起则革命低，革命起则立宪低。从这个意义上反观革命党人对立宪政治所谓欺骗性的批判和指责，可能更多具有一种宣传的成分，并不一定是清政府的本意。

当然，清政府的立宪也确实有其不彻底性，也确实有许多不能令人满意之处，尤其是《钦定宪法大纲》的制度设计，只是注意借鉴日本立宪政体对君主权力尊严的保护和维护，而对于人民所享有的权利确实未免有所漠视有所冷淡。革命党人不愿意讨论《钦定宪法大纲》的任何可能性，而立宪党人在讨论这部宪法草案时，除了不满意，就是抱怨，清廷的诚意在这部宪法草案公布之后反而受到非常广泛的质疑。这是清廷先前无论如何没有想到的。

清政府公布的这份《钦定宪法大纲》总计23条，共分“君上大权”和“臣民权利义务”两大部分。这部宪法草案主要参照日本帝国政府1889年的宪法，但删去了日本宪法中对君主权力的限制约束方面的相关条款，充分体现“大权统于朝廷”的立法宗旨，一厢情愿地规定大清帝国的皇帝统治大清帝国万世一系，永永尊戴，君上神圣尊严不可侵犯，皇帝有权颁布法律，发交议案，召集及解散议会，设官制禄，黜陟百司，编订军制，统率陆海军，宣战媾和及订立条约，宣告戒严，爵赏恩赦，总揽司法及在紧急情况下发布具有法律效力的诏令。宪法草案还规定了君主享有用人之权，但凡国交之事，一切军事等，都不必交付议院讨论决定，君主皆可专断。如此制度设计，所谓立宪也真的只是一个名义上的，专制君主所拥有的权力在这个立宪政体中依然如故，所以清政府颁布这个宪法草案并没有想象的难度。

至于臣民的权利和义务，这份宪法草案确实做得也不够。草案只是以附则的形式规定臣民有纳税、兵役以及遵守法律的义务，享有在法律范围内的言论、著作、集会、结社以及担任公职的权利和自由。至于人民本应该享有的选举权和被选举权，这部草案竟然没有触及，而将臣民的权利与义务放在附则中规定，也显然在重申君主与臣民在本质上的不平等。

《钦定宪法大纲》另外一个重要缺陷或者说不能令人满意的地方，是没有给议会政治留下足够的空间，议会只是君主手中的一个议事机构，既没有独立的立法权、审议权和决策权，更不要说对君主权力的制衡与约束，一般立宪国家议会所享有的权利，在这部法律中几乎都被君主所取代。草案规定皇室的经费由国库中提支，但同时又规定议会不得置议。凡此，均为这部重要文献为时人为后人所诟病处。

不过从历史主义的观点看，这部有着极大缺陷的宪法草案对于中国来说还是具有非凡的历史意义，因为这毕竟是中国历史上第一次规定皇帝什么事能做、什么事不能做，第一次将皇帝从来不受任何约束的无限权力有限化，第一次将一般百姓从来不知道的宫廷秘密政治公开化，第一次规定皇帝必须在这个宪法的框架内进行活动，第一次将司法权与行政权分离，这显然是对“朕即国家”、“朕即法律”皇权意识的否定。《钦定宪法大纲》确实没有给中国人带来一个理想的美好的立宪国家制度设计，没有明白无误地宣布三权分立的原则，但是这个宪法将一部分司法权、立法权从皇帝的权力中剥离出来，这无疑也是对先前君主一元权力架构的颠覆，是向完全意义上的君主立宪政体缓慢靠拢。人们完全应该相信，在当时政治气氛中，中国如果真的采纳了这个具有明显过渡形态的立宪制度，经过若干年的磨合与试验，中国的政治架构必然会随着实践中的问题解决而逐步改进，逐步完善。

至于臣民的权利与义务，《钦定宪法大纲》当然还有改善的空间，不过仍然从历史主义的观点看，这部宪法草案毕竟是中国历史上第一次用宪法的形式确认了臣民的权利，与先前的历史形态相比，无论如何都应该说是一个空前的巨大进步。臣民权利的内涵和细目，公平地说也与当时东西洋立宪各国的规定相差不大，只是在文字表述上略有不同而已。至于人民的选举权和被选举权，在《钦定宪法大纲》中确实没有明白无误的宣示，但在其附属的《选举法要领》中，确有明白规定。这些规定与东西洋各立宪国家相差也不是很大，至于其间财产及地域方面的限制，也是立宪各国的通例，并不是专门针对某一部分人群。

总而言之，《钦定宪法大纲》虽然具有这样那样的问题，虽然表明清政府立宪的步子还不够大胆不够快，但这个碎步慢跑式的进步还是值得肯定和鼓励，无论如何不能以清政府缺乏立宪诚意去解释。清政府的立宪诚意真的不必怀疑，因为这样大的国体政体变动绝不是儿戏，绝不像革命党人所猜疑的那样只是为了阻止革命，糊弄人民，拖延中国的进步。假如从同情与理解的立场上去观察，就能感觉到清政府在表明自己立宪诚意的同时，也明白宣布此次政改的政策底线和分年步骤。

宪政编查馆资政院王大臣在会奏《钦定宪法大纲》的同时，还上了一份《九年预备立宪逐年推行筹备事宜清单》，逐年开列每年应该完成的事项。按照这个清单，预备立宪从颁布《钦定宪法大纲》的光绪三十四年开始，这一年需要办的事项还有筹办各省咨议局，颁布城镇乡自治章程、户口调查章程、清理财政章程，设立变通旗制处，筹办八旗生计，融合满汉，编辑简易识字课本、国民必读课本，修改新刑律，编订民律、商律、刑事民事诉讼律等法典。对于这些必须完成的事项，清单还列出责任部门，如军机处、民政部、度支部等。

第二年，《九年预备立宪逐年推行筹备事宜清单》规定各省一律进行咨议局选举；颁布资政院章程，进行资政院选举；筹办城镇乡地方自治，设立自治研究所；颁布厅州县地方自治章程；调查各省人口总数、岁出入总数；厘定京师官制，编订文官考试章程、任用章程、官俸章程；颁布法院编制法；筹办各省省城及商埠等处各级审判厅；核定新刑律；颁布简易识字课本、国民必读课本；厅州县巡警也必须在这一年粗具规模。

预备立宪的第三年，按照计划要做的事项有：召集资政院议员开院；续办城镇乡地方自治，筹办厅州县地方自治；汇报各省人口总数，编订户籍法；复查各省岁出入总数；厘定地方税章程，试办各省预决算制度；厘定各省官制，颁布文官考试章程、任用章程、官俸章程；限年内各省省城及商埠等处一律成立各级审判厅；颁布新刑律；推广厅州县简易识字学塾；限厅州县巡警年内完备。

按照《九年预备立宪逐年推行筹备事宜清单》规划，第四年应做事项有：续办城镇乡地方自治、厅州县地方自治；调查各省人口总数，会查全国岁出入确数；编订会计法，颁布地方税章程，厘定国家税章程；实行文官考试章程、任用章程、官俸章程；筹办直省府厅州县城治各级审判厅；创设乡镇简易识字学塾；筹办乡镇巡警；核定民律、商旅、刑事民事诉讼律等法典。

第五年应做必做事项有：限年内城镇乡地方自治粗具规模，续办厅州县地方自治；汇报各省人口总数，颁布户籍法、国家税章程、新定内外官制；限直省府厅州县城治各级审判厅年内粗具规模；推广乡镇简易识字学塾、乡镇巡警。

第六年，实行户籍法；试办全国预算；设立行政审判院；直省府厅州县城治各级审判厅一律成立，筹办乡镇初级审判厅；实行新刑律，颁布新定民律、商律、刑事民事诉讼律等法典；城镇乡地方自治一律成立，厅州县地方自治、乡镇巡警年内粗具规模。

第七年，试办全国预算，颁布会计法；试办新定内外官制；厅州县地方自治一律成立；乡镇初级审判厅年内粗具规模；人民识字义者，应达到人口总数的百分之一。

第八年，确定皇室经费；变通旗制；设立审计院，实行会计法；乡镇初级审判厅一律成立，乡镇巡警一律完备；实行民律、商律、民事刑事诉讼律等法典；人民识字义者，应达到人口总数的五十分之一。

预备立宪的最后一年，也即预设中的光绪四十二年，公元 1916 年，按照《九年预备立宪逐年推行筹备事宜清单》，这一年要宣布宪法，宣布皇室大典；颁布议院法、上下议院议员选举法，举行上下议院议员选举；确定预算决算，制定明年确当预算案，预备向议院提议；实行新定内外官制；设弼德院顾问大臣；人民识字义者，在这一年应该达到人口总数的二十分之一。

如果我们不带任何先入为主政治偏见的话，应该承认这个立宪日程表是可行的，因为这个政治日程表中既规划了筹备立宪的总体目标，详细方案、责任目标，逐年应办必办事项，还有详细的责任机构。至于内容，政治上涉及咨议局的筹备和开办，资政院的选举和开院，地方自治和户籍调查。经济上涉及国税、地税的划分及制度保障，会计法的实行，皇室经费的确定，审计院的设立，预决算制度的实行。在教育文化方面，重点是普及提高国民识字率，为普选奠定基础。更重要的是，立宪政治就是法制政治，因此清廷在逐年筹备事项中更注意法律制度的建设，注意将先前已经开始的法律、司法、官制制度改革进一步深化，注意新刑律、商律、民事诉讼律制定和颁布。

清廷九年立宪日程设计是详细且大体可行的，真的逐年推广逐步实行，那么到了 1916 年，中国必将进入一个新的时代，必将与东西洋各立宪国家处于同一发展状态。然而，清廷的这一改革进程设计不被国人所认同，更没有在随后的日子里获得认真执行，清政府在风雨飘摇中度过了此后短短的三四年，就在一片倒彩声中黯然退出历史舞台，君主立宪的政治规划被更加美好的制度设计所取代，中国跨上了另外一趟班车。

清政府制定的立宪目标和立宪步骤是经过认真审慎研究的，也是刻意模仿日本的。只是日本在明治维新开始后，用了整整 22 年的时间才走出立宪政治的预备过程，于 1890 年宣布召开国会。而清政府肯定是迫于革命的压力和政治危机，迫于立宪党人化解革命危机的焦灼情绪，在其自身就存在着一种焦虑，一种时不我待的感觉，所以清政府的立宪计划就没有照搬日本的政治日程，而是极大缩短了立宪政治的准备过程，宣布用九年的时间走完日本用了 22 年方才走完的路。这个速度及步骤，是世界近代宪政史上还不曾有的。然而，清政府的这一决定用后来的眼光进行检讨，还真的应验了中国的一句老话：欲速则不达。

中国是一个农业大国，农业人口占全国人口的大多数，传统的中国农业社会就是日出而作日落而息，识字人口少，文盲多，因为传统农业没有对文化对知识的需求，没有需求就没有动力。清政府在规划立宪步骤时，肯定意识到了这个国情实际，因此在规划中格外重视识字率的提升，要求各地大办教育，严格执行脱盲计划，识字率在第七年要达到百分之一，第八年达到五十分之一，第九年达到二十分之一。如果说第七年达到百分之一还可信的话，那么此后两年的脱盲速度，就带有一种玩笑成分。从后来的教育实践乃至20世纪中国历史上几次扫盲运动的效果看，这个设计肯定脱离了中国社会实际。

识字率的提升带有虚夸的成分，问题还不是太大，而是其他各项实际事业比如地方自治的迅速推广，就不是一般的虚夸，不是数字游戏，而是对地方对全国政治进程起到非常重要的刺激。根据清廷的规划，地方自治成为立宪的重要内容和标志，全国的地方自治由中央政府用行政命令的方式自上而下进行，而不是地方上根据本地的实际需求自发进行。况且全国的地方自治甚至没有像戊戌年间那样允许湖南这样的个别地方先行试验，取得经验全面推广，而是由中央政府通过统一的规划，逐年按照规划硬性进行。按照九年立宪规划，到了1911年，全国大部分城乡都相继成立了地方自治机关，比如直隶成立自治研究所99处，四川成立地方自治会100处、镇会143处、乡会67处，东三省规划成立城镇乡地方自治区域46处，至此成立了24处。如此快速且大规模地推进地方自治，除了形式主义地表明立宪决心外，又有多少实在内容呢？更重要的是，形式主义地方自治严重影响了立宪的声誉，使许多人觉得所谓立宪不过如此，轰轰烈烈的政治运动只是政治家的嘉年华，与普通老百姓的实际生活并无多少关联。

清廷对政治改革的突然加速有着许多复杂的背景和原因，革命的压力是一个方面，立宪党人的期待、不满和逐渐疏远可能也是清政府必须要考虑的民意基础。清政府此时的政治基础就是各地和海外的立宪党人，这些立宪主义者出于对革命过程、后果的恐惧，愿意支持清政府通过立宪的手段改变现状，实现革命所能达到的同样目的。所以在某种程度上说，清政府之所以在颁布《钦定宪法大纲》时，将原本估计要用15年至20年时间才能完成的立宪预备过程缩短为九年，除了清政府自身的好大喜功外，未尝不是国内外立宪主义者强烈要求的结果。

1908年6月30日，预备立宪公会郑孝胥、张謇、汤寿潜电请清廷速开国会，以2年为限；7月3日，政闻社致电宪政编查馆，呼吁清政府务必在三年内召集国会开会；7月11日，预备立宪公会郑孝胥、张謇、汤寿潜等再次电请清政府，重申2年内召集国会开会的请求；12日，河南代表胡汝霖、杨懋源等也向清廷提交召开国会的请愿书；21日，江苏国会请愿代表雷奋、孟昭常，安徽代表许承尧、方皋等专程赴京，29日向清廷递交尽快召开国会的请愿书，而请愿书的领衔者为学界领袖缪荃荪、蒯光典等；7月25日，政闻社社员、法部主事陈景仁向清廷提交了一份建议书，一是要求清政府务必在3年内开国会，二是要求清政府将反对立宪的考察宪政大臣、邮传部侍郎于式枚革职以谢天下；8月6日，山东代表于洪起及八旗吉林士民也相继向清廷递交召开国会请愿书；8月11日，各省代表联名上书宪政编查馆，呼吁清政府尽快召开国会，满足各界对立宪的期待。这些“各省代表”其实就是预备立宪公会的各省同志；8月20日，浙江代表叶景莱等向清政府呈递国会请愿书。

正是在这一系列压力下，资政院于1908年7月8日向清廷提交了拟定的资政院院章；7月22日，清政府颁行各省咨议局章程及议员选举章程，限令各省一年内一律举办；8月7日，出使考察宪政大臣达寿建议清廷改立宪政体，钦定宪法；8月10日，会议政务处正式提出新内阁组织问题。至同年8月27日，情况大变，宪政编查馆资政院王大臣奕劻、溥伦等进呈宪法、议院选举各纲要及议院未开之前逐年应行筹备事宜。清廷诏命将这些文件刊刻分发在京各衙门、在外各督抚府尹司道，悬挂堂上，责成以限举办。每届6个月，将筹办成绩，胪列奏闻。自本年起，务必在第九年将各项筹备事宜，一律办齐。届时即行颁布宪法，召集议会。这显然是屈从于各方面压力改变先前既定方针，缩短预备年限，争取提前实现完全立宪，建立完全意义上的君主立宪政体。

第三章　民主政治的春天

清廷于1908年在匆忙中宣布九年立宪，或许真的存在许多问题，不过清廷的宣布确实在一定程度上和一段时间内平息了国内外的不满，尤其是平息了接二连三的国会请愿运动，使国内政治重新回到比较平稳缓和的轨道上来。然而，出乎所有人的预料，一个不曾预想的偶发事件，不仅彻底葬送了清政府的预备立宪，而且连清政府本身也在这个偶发事件的打击下成为历史陈迹。

后权威时代：摄政王和他的嫂子

经过几年发展，孙中山领导的中国革命已经不再是“一个人的战斗”，特别是随着清政府应对各种政治危机和突发事件的无能和连连失策，国内外对清政府的不满日益剧增，为了变被动为主动，清政府最高政治层在经过一系列事变打击后，终于做出“以改良消弭革命”的决断，期待在保持满洲贵族利益集团执政地位不变的前提下，从事包括政治改革在内的全面制度变革和体制创新，重新回到 1898 年政治变革的轨道，重新唤起中国民族资产阶级对政治的热情、期待和参与。应该承认，经过短短几年变革，清政府的政治构架、经济政策、法律体制等都发生了巨大变化，君主立宪政体的确立也是指日可待，那几年的中国应该说是 20 世纪少有的黄金岁月，国家的政治经济形势一天比一天好，国际地位与日俱增，许多外国人包括来自发达国家的外国人，也以能够在中国谋个差使为荣。“以改良消弭革命”的手段确实在某种程度上阻断了革命的机会。许多先前拥护革命的人，也开始怀疑革命的意义和可能，认同改良或许是中国最好出路的判断，积极介入国内政治事务，甚至连那些流亡国外的政治异见者也开始分化，革命与改良的论战就是最好的说明。

清政府主导的政治改良确实蒸蒸日上，仿行立宪、议会政治、召开国会等政治议题确实吸引了国人的注意力向心力，特别是随着政治开放，政治体制重建，中国经济在那几年也出现许多不曾有的新因素，民族资本、私人资本在国家经济生活中的份额日益加重。不过，清政府在经济高速增长过程中严重忽略了社会分配不公和贫富差距无限扩大，没有注意下层民众在政治发展经济增长过程中并没有得到相应好处，反而失去了许多，于是在那几年中，各地民变、群体性事件层出不穷。这些民变，除极少数是革命党人策划发动外，绝大多数都是因为社会不公司法不公而在局部地区自发产生的，各个事件之间并没有相互的牵连和串通，没有共同的政治诉求，所有的诉求都非常具体非常微小，绝大多数都是因为经济的原因而发生，且在政治上对清政府高度认同，反贪官不反皇帝，期待清政府痛下决心解决社会不公司法不公这一系列问题。可惜的是，清政府没有尊重民间意识，无视忽视社会下层弱势群体的利益诉求和微弱的反抗声音，结果各地民变相互激荡相互影响，局部骚乱逐步扩大规模，先前被严格控制和打压的秘密结社通过各种各样方式死灰复燃，并逐步介入各地民变，连年不断逐年增多的民变逐步成为反体制革命者可以操控的工具。统治者无法照旧统治下去，统治者的政治危机终于酿成革命高潮。

各地连年不断规模大小不一的群体性事件严重威胁着清朝的政治统治，为革命高潮的到来积蓄着能量。但这一切当然并不意味着革命高潮立即到来，更不会有谁想到一个王朝的灭亡。然而到了1908年11月，光绪帝和慈禧太后在24小时之内相继去世，这一谁也没有提前预料的突发事件改变了中国历史的进程，引发此后一系列重大政治变故。

光绪帝享年38岁，但是并没有留下皇子。他的病重和突然去世给大清帝国出了一个不大不小的难题，好在有慈禧太后做主，循惯例在光绪帝逝世前一天即1908年11月13日宣布懿旨，选择与光绪帝血缘关系最近的溥仪作为政治接班人。

溥仪是道光帝的曾孙，是醇亲王载沣的长子，而醇亲王载沣为老醇亲王奕譞第五子，也就是光绪帝的亲弟弟。从这层关系说，溥仪也就是光绪帝的亲侄子，这与光绪帝当年过继给同治帝为接班人的情形非常相似。这在某种程度上保证了清廷大位传承的合法性，因为在没有直接血统传承人的情况下，这也就是最近的血缘关系了，属于皇帝自己的家人。

而且从慈禧太后方面说，溥仪的祖母为慈禧太后的亲妹妹，其母亲苏完瓜尔佳氏为晚清重要政治人物荣禄之女，而荣禄为慈禧太后最为仰赖的重臣，其女苏完瓜尔佳氏也被慈禧太后收为养女，她与载沣的婚姻也是慈禧太后一手包办，且将载沣先前已定婚约强行解除。所以选择溥仪为光绪帝的继承人不仅合乎大行皇帝的利益和遗愿，也合乎慈禧太后的期待和心情，在他们都没有亲生子女可以继承的情况下，最好的选择也只有找血缘最近的人。

小皇帝溥仪生于1906年2月7日，此时满打满算不过2周岁半稍多些，不足3周岁。这样的小皇帝当然只能像光绪帝当年那样，接到宫中，并在上书房读书，刻意培养，待其年长至十七八岁时亲政。光绪帝那时接受教育时，是由慈禧太后代替他垂帘听政，处理政务。现在，由于光绪帝到了生命垂危状态，慈禧太后也重病缠身，肯定将不久于人世。于是清廷的权力架构一时间出现了大问题。几经商榷，清廷在慈禧太后弥留之际发布懿旨，宣布由光绪帝的弟弟、小皇帝的生身父亲、醇亲王载沣出任摄政王。所有军国政事，悉秉予之训示，裁度施行。等到嗣皇帝溥仪年岁渐长，学业有成，再由嗣皇帝亲裁政事。摄政王的功能大约相当于光绪帝年幼时代为处理政务的慈禧太后。

或许是出于更加谨慎的考虑，慈禧太后在将大清国的政治权力一并交给摄政王的同时，也为摄政王载沣设置了一个限制，除了小皇帝年长之后需要将权力交出外，慈禧太后于11月15日弥留之际发布最后一道懿旨，宣布摄政王为监国，所有军国政事，悉秉予之训示，裁度施行。此后大清国所有军政要务，均由摄政王裁定。不过遇有重大事件，必须请大行皇帝光绪帝的皇后，也就是隆裕皇太后懿旨，由摄政王随时面请施行。而这个隆裕皇太后就是摄政王的亲嫂子。一代政治强人慈禧太后和光绪帝之后的帝国权力架构，与慈禧太后当年登上权力顶峰时如出一辙，均为叔嫂联合，嫂子拥有最后决定权或者说最后否决权，而日常事务则由年轻能干的小叔子负责执行打理。这个权力架构自有其意义，不过从后来的实践看，这一次可没有半个世纪之前的那一次幸运顺利。摄政王载沣不是恭亲王奕䜣，隆裕皇太后也不是慈禧太后，尽管他们接手时候年龄相仿，甚至隆裕皇太后的年龄比慈禧太后接手时大了十几岁。

摄政王当然不是清廷权力架构中的常设位置，不过作为暂时性的措施，在清代两百多年历史上也不乏先例。因为自清朝建立，至小皇帝溥仪即位，十二帝中共有五个小皇帝，接近于半数。开国之君顺治帝福临和同治帝载淳都是6岁即位，康熙帝玄烨8岁即位，光绪帝4岁即位。虽说现在选的这个小皇帝即位时年龄最小，但这并不表明在清朝历史上开创了先例。先前4个小皇帝除了同治帝稍逊风骚外，都可算是一代明君。他们在即位最初阶段，也都是由摄政王或顾命大臣之类的人襄赞政务，处理国政。

近的例子有咸丰帝弥留之际任命的顾命八大臣，又称赞襄政务大臣，只是这八大臣在听命于咸丰帝的同时，太过无视东西两宫皇太后的存在，把顾命当主政，于是被两宫皇太后设计裁制。

远的例子有清初第一位辅政大臣多尔衮，而且他当年所享有的名分就是“摄政王”。摄政王多尔衮是努尔哈赤第14子，皇太极的弟弟，他本身就是清朝开国元勋之一，对大清王朝定鼎中原立下汗马功劳，且是皇室中的近亲。所以他在清初辅政时，大权独揽，对清初政治发展文治武功定国开基等都做出了巨大贡献。

从这些个成例进行推测，处于弥留之际的慈禧太后和光绪帝大概是期望载沣能够像他的前辈那样，以摄政王的名义协助小皇帝治理国家，使大清王朝的基业不致因慈禧太后、光绪帝的突然去世而受损中断。

根据调整后的清廷权力架构，摄政王载沣是大清王朝实际上的最高领导人，接替了老政治家慈禧太后的角色，名分上甚至比清初摄政王多尔衮还要高些。多尔衮摄政而不监国，载沣除了摄政还被慈禧太后特别任命为监国，在小皇帝成年之前名正言顺地处理政务，有权裁定军国大事，有权任命罢斥中外大臣。这显然比清初摄政王多尔衮的威权更尊贵。

不过从实际效果看，清末的摄政王确实没有办法与清初摄政王多尔衮相提并论，多尔衮协助幼主入主中原，奠定了大清王朝200年基业；而载沣却是亲手葬送大清王朝的人，是大清王朝的终结者。这也是清朝历史一个令人遐想的巧合，仅有的两个摄政王，一头一尾，却带给清朝不一样的结局。

摄政王载沣生于1883年，此时年仅26岁。按理说，慈禧太后1861年底与东太后一起开始主持朝政时，也就是摄政王载沣此时的年龄，26岁。两宫皇太后在议政王奕䜣辅佐下，整顿吏治，重用汉族出身有真才实学的高官，依靠曾国藩、左宗棠、李鸿章等，先后镇压了太平天国、捻军、苗民、回民起义和一系列骚乱，缓解了大清王朝的内部危机，赢得了一个难得的和平发展环境，开始了向西方学习的艰难路程，中国的经济和实力获得了恢复和很大的提升，虽说还不能与历史上的盛世相媲美，但“同治中兴”的美誉不管怎么说也是一个小阳春，是个小盛世。

现在，清廷在慈禧太后生命垂危之际又推出了一个摄政王，其目的不言而喻，就是希望摄政王载沣能够像摄政王多尔衮和慈禧太后那样，在没有皇帝名分时候能够以“监国”的身份尽心尽力，领导大清王朝度过这段最困难的时期，继承光绪帝和慈禧太后已经开启的政治改革未竟之业，重建大清王朝的辉煌。

然而遗憾的是，摄政王载沣没有老摄政王多尔衮那样的政治资历和功勋，没有慈禧太后的智慧和决断，生养深宫的摄政王载沣虽然是晚清王爷中走向世界的第一人，具有一定的国际视野，但他确实不具备足够的政治权威、政治智慧，且刚愎自用，既不能像慈禧太后那样团结满汉大臣为我所用，也不能有效巩固满洲贵族执政团队的地位。

更重要的是，摄政王的性格偏于柔弱，比较善良，缺少心机，缺少决断，所以在他接手帝国事务之后，中国实际上进入一个“后权威时代”，摄政王和他的执政团队的智慧较他们的前一代少了一点，狠劲也差了一点。这对于后来蓬勃兴起的民主运动自然是一件好事，但毫无疑问，对于清帝国的安危可能存在许多问题，是一种弱势的权力架构。

放虎归山：袁世凯归隐

由于摄政王是光绪帝的亲弟弟，他或许听信了1898年袁世凯告密的政治传言，或许自己的无能使他顿生忌妒之心，总而言之，他掌握政权之后的第一件事就是将“治世之能臣，乱世之奸雄”的袁世凯开缺回籍。这不仅极大伤害了汉族士大夫的尊严，挑起了民族主义情结，而且实在是放虎归山，为后来的政治发展留下诸多选项。紧接着，摄政王的执政团队连连决策失误，什么铁路国有，与民争利，国进民退，一系列昏招伤害动摇了国民经济的基础，使原本大致和谐的经济体制变得混乱不堪，民间资本、民族资本、私人资本在这一系列混乱中损失巨大，这些资本所有者对清政府对摄政王载沣逐渐失去信心。这是摄政王载沣在经济层面不可原谅的失误。至于在政治层面，慈禧太后和光绪帝生前已大致确定了中国政治民主化的路线图和时间表，然而他们的相继突然去世和摄政王的无能，使这个时间表开始出现混乱，民主的呼声日趋高涨，摄政王顶不住压力开始让步，由于让步太小，又激起社会不满，于是国会请愿运动一波接着一波，政治变革的日程表也就在这不断增强的压力下变来变去。

与此同时，摄政王最不应该犯的错误是推出了一个皇族内阁，以相信自家孩子的幼稚理由阻断了社会和解、民族和解、民主重建的任何可能。汉族士大夫、民族资产阶级在这一过程中普遍感到失望，他们觉得清政府过去几年的所有许诺都在是骗人。摄政王用自己的手将这些政治同盟者推向了政治反对面，革命党的势力突然间获得极大发展，甚至在清军中也有了政治变革的要求和呼声，原本维护清朝统治的军事力量最终埋葬了这个王朝。武昌城内的一个偶发事件终于引发一个王朝的颠覆。

清初的摄政王多尔衮帮助小皇帝创建了一个庞大帝国，清末的摄政王载沣代替小皇帝葬送了这个庞大的帝国。历史的巧合有时真的令人不可思议不可捉摸。

摄政王确实不是一个心胸开阔的成熟政治家，当然也不是一个老辣的权谋者，作为光绪帝的亲弟弟，他或许真的相信康有为制造和反复宣传的一个故事，以为1898年秋天中国政治的急速变化或许就是袁世凯的叛变，是袁世凯出卖了光绪帝。这个说法当然没有足够的材料支持，不过摄政王载沣在接管权力之后确实将袁世凯视为政治上的最大危险，想着法的准备整治袁世凯，甚至一度产生过要置袁世凯于死地的想法。只是摄政王载沣缺少决断，多了一点点妇人之心，结果放虎归山，养痈为患，咎由自取。

作为清廷政治的新核心，摄政王载沣在慈禧太后和光绪帝的多年关照和栽培下，不至于幼稚到相信康有为的造谣和宣传，他当然清楚1898年中国政治转折的关键点，知道袁世凯是有密可告但其并没有告，其在康有为这些改良派和清政府方面都是道德无缺，假如袁世凯当年真的像康有为所指责的那样不堪，那么就很难理解其在这之后的升迁和不断被重用。

问题在于，康有为在外面的宣传使社会上对摄政王载沣掌控清廷政治权力后的政治走向有诸多猜测，舆论上一般相信摄政王载沣一定会为他的哥哥光绪帝报仇雪耻，整治袁世凯。其实这只是外界的揣测，并不代表历史的真实。

摄政王载沣与袁世凯之间确实有矛盾，只是这个矛盾并不那么幼稚和简单。按照一般规律，新主人上台后总是要从平反冤假错案开始，大赦天下，提升心腹，收拾人心，重振王朝新气象。这是中国历代王朝政治中政随人亡的一般规律。在比较平和的情形下，摄政王载沣掌控权力后，正确的选择应该是尽量向流亡在国外的康有为、梁启超等人开放政权，像民国初年新政府所做的那样，因为不管康有为在1898年做了多少对不起太皇太后和光绪帝的事情，其在国外流亡的这些年毕竟始终以保皇为号召，毕竟没有与革命党联手对付清政府。现在慈禧太后不在了，康有为、梁启超等人回国参政的可能性至少在理论上出现了，如果摄政王此时顺应潮流，从这些方面入手，相信在民族和解、民主重建、民生提升这几个方面一定能够在先前君主立宪改革的基础上再出发，宣统元年的情形一定是另外一个样子。

然而摄政王没有按照这种历史惯例和常规进行，他在太皇太后去世后不久，就利用手中的权力拿太皇太后当年的宠臣重臣袁世凯开刀，结果适得其反，人心丢失了一大半。

摄政王之所以拿袁世凯开刀，当然不是他认为袁世凯有负于他的哥哥光绪帝，那些民间传言和演绎并没有扎实的根据。摄政王之所以拿袁世凯开刀，主要的还是袁世凯在政治上的坐大，功高震主，已经严重影响了清政府的政治安全，是清廷内部少壮派无论如何都不能继续无视和容忍的。

我们知道，袁世凯是继李鸿章之后汉大臣中的第一人，甚至在某种程度上他的手腕远较乃师李鸿章更厉害。他不仅拥有清政府的绝大多数权力，更重要的是，袁世凯对财富本身的潇洒与大方，使他在清廷内部攀缘结交了许多重要关系。在大清国，谁都知道袁世凯是慈禧太后的大红人，是清政府倚重仰赖的重臣。

袁世凯炙手可热，天下无敌，在强权人物慈禧太后和光绪帝的掌控下，当然没有问题。因为只要主子有本事有权谋，再能干的奴才只能是奴才，无论如何不会变为主子。有本事的奴才会得到主子的青睐，这种青睐不过是让奴才多管些事多出些力，丝毫不意味着主子准备把这个家交给这个奴才。奴才就是奴才，主子随时可以将这个能干的奴才功夫废除，因为只要抽掉这个奴才的活动平台，再有本事的奴才也没有办法。所以袁世凯在慈禧太后、光绪帝的时代，无论拥有多大权力，都是在给大清国办事，慈禧太后和光绪帝从来没有感到袁世凯对他们会有什么威胁。

现在的情况不同了。现在是弱势的摄政王执政，而摄政王在过去几年中，就屡屡与强势的袁世凯冲突，且每每被袁世凯打败，他们之间的相互怨恨已经积累很久，现在终于找到了爆发的突破口。

摄政王与袁世凯之间的怨恨，主要还是因为以袁世凯为代表的汉族高官尤其是军事高官的崛起，不仅损害了满洲贵族集团的利益，而且在很大程度上确实也要威胁到摄政王的政治统治。因为在慈禧太后的默许、纵容和支持下，清廷在过去几年的政治改革中，确实准备走上行政中立的政治道路，确实准备像东西方立宪各国一样，最大限度地消弭人们生而不平等的出身问题，所有的人享有生而平等的政治权利，除了君主之外的政治职位对所有人开放，不再以出身决定一个人的升迁罢黜。清廷的这个政治选择当然有孙中山革命党人“驱逐鞑虏，恢复中华”的政治压力，但从本质上说也表明清廷和满洲贵族中大多数人开始觉悟。行政中立的原则既没有表明汉族人的优越，也没有再规定满洲贵族的政治优先权；但是毫无疑问的是，由于满洲贵族在政治架构中永远只能是一个非常小的比例，因为永远只是一个非常小的团体。所以这个政策在表面上并不是要损害满洲贵族的利益，但在客观效果上肯定对满洲贵族不利。这也是后来之所以出现一个令人奇怪的“皇族内阁”的根本原因。

清廷的行政改革在客观上符合汉族官僚的利益，然而实在说来，在慈禧太后、光绪帝主导的新政和预备立宪政治改革过程中，汉族高官尤其是袁世凯大概还没有为汉族人谋私利的主动意识。这大概有两方面的原因：一是汉人孙中山领导的革命党一直在海外鼓吹种族革命和民族革命，民族分野在当时的国内政治界已经成为一个非常敏感的政治问题，袁世凯等汉族高官既然已经获得了政治上的一定发言权，他们是无论如何不会有意识地将自己与孙中山的革命党联系在一起的，至少不愿让自己的政治主张成为满洲贵族保守派攻击的把柄。二是汉族官僚不论在高中低哪一个层面，都占有绝对的多数，既然已经占据绝对的多数，他们更没有必要在这方面挑起满洲贵族集团中保守派的怨恨。基于这两个原因，以袁世凯为代表的汉族高官无论在当年的政治改革中怎样竭力争夺，竭力地出风头、抢镜头，他们都没有引起清廷最高政治层的反感，慈禧太后、光绪帝很坦然很欣赏地看着袁世凯等汉族高官拼命工作，相信他们绝不是为汉族人的私利而工作，而是为大清国的久远利益。

慈禧太后、光绪帝的判断是对的，但是满洲贵族中的保守势力特别是那些少壮派，他们眼见原本自己可以不劳而获、可以不才而得的位置权力都被这些能干的汉人抢走之后，其心中的恨意真的是难以言说。于是他们与汉族高官与袁世凯的钩心斗角相互倾轧终于从潜流而到公开化。这就从事实上验证了孙中山在海外所宣传的满汉冲突。

1906 年 9 月，袁世凯奉命进京参与中央官制改革的讨论，在他的授意下，编纂官制局提调孙宝琦、杨士琦等人认为中央官制改革的关键是行政中立的原则，在那时尚没有党派冲突的前提下，他们认为影响行政中立的关键在于官僚身份的认定及出身，他们建议取消军机处，设立责任内阁，将来的责任内阁主要的是对议会负责。这样就可以保证行政中立，但显然削弱了朝廷对行政的控制，当然也削弱了满洲贵族统治集团对政府的控制，因而也就激起了满洲贵族统治集团的普遍反对。

满洲贵族统治集团中的少壮派大概认为，袁世凯等人的这些建议具有非常险恶的用心，无疑像孙中山等反满革命倡导者所鼓吹的那样，反对满洲贵族对中国的统治。他们与孙中山的区别只在于，孙中山是用武力用暴动的方式从外部攻击大清王朝，而袁世凯等人则是用改革的名义，用和平的手段从内部瓦解大清王朝的政治统治。于是这些少壮派针锋相对地反对废除军机处、设立责任内阁的建议，反而参照立宪国家行政中立和军队国家化的原则，提出设立陆军部，统辖全国军队，将各地督抚的军权统统收归中央。这个主张从理论上说当然没有什么问题，只是结合当时政治背景看，显然是针对袁世凯这样大权在握的督抚，是假借立宪的名义削弱汉族高官对军事权力的掌控。换言之，即便袁世凯这样的汉族高官可能在心里并没有像孙中山那样老是想着汉族、满人之类的身份区别，但在满人的眼里，大概已有非我族类，其心必异的意思了。据说，在这次讨论中，袁世凯等汉族高官与满人高官之间舌剑唇枪，相持不下，气氛高度紧张。

孙中山等人在外面的宣传肯定影响了满洲贵族集团中相当一部分人，这部分人真的开始怀疑汉族人与满洲人的离心离德，不过在清廷最高统治层，比如慈禧太后和光绪帝的心目中，他们的判断可能并不像那些少壮派，他们认为既然身份认同已经成为政治变革中的大问题大障碍，那么就应该解决这些问题，让这些问题不再成为政治改革进程中的大问题大障碍。所以在稍后的讨论中，清廷一方面比较明确地否定现在就立即废除军机处设立责任内阁的建议；另一方面宣布废除过去中央各部双首长制，即宣布废除满尚书、汉尚书的区分，在新官制方案中实行满汉平等的原则，中央政府任命的新尚书不再区分满汉，只是在最初一批新尚书名单中，还是满洲贵族出身的高官占了多数，汉人所占的比例反而不如满汉双首长制时多，这当然使许多汉族官僚感到郁闷。

除此外，满洲贵族统治集团中的少壮派对袁世凯等人揽权深感不满或者说不安，他们想着法要求清政府通过改革的方式去剥夺汉人高官对权力的占有，他们不再像慈禧太后、恭亲王奕䜣等当年对汉族出身的高官如曾国藩、李鸿章等人那样信任和仰赖，反而接受孙中山的宣传，以为满汉之间处于利益冲突之中。他们要求限制官吏的兼差，这在客观效果上当然是要打击袁世凯这样能干的汉族官僚。所以到了1906年年底，原本热情推动政治改革的袁世凯反而成为“被改革”的对象，于是他自觉请求清政府免去他的所有兼差，并主动交出北洋军队的统帅权，支持设立陆军部。他似乎期待以此换取满洲贵族统治集团中少壮派的信任。

袁世凯的退让并没有换来满洲贵族统治集团中少壮派的信任，他和少壮派之间的较量角逐和暗中较劲越演越烈。当然，袁世凯大致处于被动状态，少壮派则采取咄咄逼人的进攻态势。他们暗中煽动言官、御史捕风捉影、栽赃诬陷、交章弹劾袁世凯权重势高，贪私误国，甚至恶意预言袁世凯迟早要像历史上的曹操、刘裕那样，篡位夺权。仅 1907 年，据说举报袁世凯的信件就有五六封之多。

清流们的攻击当然没有影响慈禧太后对袁世凯的信任，慈禧太后、光绪帝和此时主持朝政的庆亲王奕劻当然知道袁世凯究竟是个什么样的人，他们对袁世凯的信任不仅没有因为满洲贵族少壮派和清流们的攻击而稍减，反而愈加信任袁世凯。1907 年 9 月，清廷调任袁世凯为军机大臣兼外务部尚书，与刚刚调任来的湖广总督张之洞及庆亲王奕劻一起主持中央政府日常事务，成为慈禧太后和中央政府最信任也最离不开的重要人物，即便在为光绪帝选择皇位继承人以及选择摄政王载沣这样重大问题上，慈禧太后也曾认真听取袁世凯的意见，这是满洲贵族统治集团过去所不曾有过的。

慈禧太后对袁世凯的信任并非表面，袁世凯对清廷对皇上对慈禧太后的忠诚也是真诚的，只是慈禧太后和皇上的突然去世，反而使太皇太后的这种信任成为袁世凯的政治包袱和压力。

本来，在慈禧太后向袁世凯征询皇位继承人问题时，袁世凯竭力认同由 3 岁的溥仪继承皇位，支持载沣为摄政王为监国，他这样做的目的可能会有多方面的考量，但毫无疑问的是，袁世凯期望自己的真诚拥戴能够化解他与满洲贵族统治集团中少壮派的矛盾，大家能够携起手来帮助摄政王载沣领导国家渡过这段最困难的时期。

然而遗憾的是，袁世凯的拥戴并没有换来满洲贵族统治集团中少壮派的理解和和解，这些少壮派集中在摄政王周围，不断向摄政王施加压力，要求处死袁世凯，以防止袁世凯利用手中曾经拥有的军权发动政变，篡夺大清王朝的统治权。

国家刚刚遭受慈禧太后、光绪帝两位主要领导人大丧这样重大打击，如果立即就对慈禧太后十分信任的大臣下手，绝非国家之福，弄不好就会社稷动荡，甚者引起内乱。因为不仅孙中山等革命党人在外面虎视眈眈，在寻找一切机会；即便是袁世凯曾经统率的北洋新军，也绝非满洲贵族统治集团中的少壮派说拿来就能拿来的，即便能拿来，也不一定就听任指挥的，甚至可以起来推翻清廷。

果不其然，当满洲贵族统治集团中少壮派军人密谋收拾袁世凯的时候，袁世凯在北洋系的政治盟友和追随者就在保定府发动了一场小小的兵变，弄点颜色给摄政王和那些少壮派看看，结果摄政王就没有完全答应少壮派的要求，而是于 1909 年 1 月 2 日将袁世凯开缺回籍养病了事。谁知道这不仅使袁世凯对这些不中用的满洲少壮派瞧不起，而且可能连带着对摄政王的大清王朝产生了不信任不堪辅助的政治心理。袁世凯大约从此时开始与满洲贵族统治集团离心离德，摄政王用自己的手为大清王朝制造了最强有力的敌人。

袁世凯开缺回籍的原因当然不是那么简单，可能还有许多人们至今并不明白的背景与原因，甚至是当时国际大环境的产物，是列强在远东竞争的必然结果。

袁世凯是慈禧太后在生命最后岁月中最为信赖的重臣，他与汉大臣张之洞分享着中央政府日常运作的权力，张的主要职责在内政，而袁世凯以外务部尚书的身份主管着大清帝国的外交事务，与外务部管部大臣庆亲王奕劻密切合作。

经过几十年的发展，特别是《马关条约》之后的大发展，列强在中国的投资越来越大，在中国经济生活中所占的份额也越来越突出，中外之间的交往越来越密切，中国的内政越来越多地受制于外交，外交博弈成为清政府当年最重要的一门功课。这也是袁世凯在政治上地位凸显的一个重要原因。

从列强的视角看，英国在甲午战争之前原本与中国关系最为友好，两国的贸易往来文化往来也是列强中最为突出的一家，然而在甲午战争中，英国先是借给了中国高升号运兵船，中国可能有拉英国人下水的意思。然而当高升号出事之后，英国人不仅不愿与日本人翻脸，反而越来越倾向于日本，中英关系渐行渐远。英国与日本在 1902 年缔结同盟条约，这也是日本稍后敢于与俄国发生正面冲突的背景。

在欧洲，英国是德国的宿敌，中英关系的疏远导致了中德关系的亲近，特别是在《马关条约》谈判过程中，德国人拉着俄国人、法国人，多多少少为中国说了一些好话，帮过中国一些忙，尤其是三国干涉还辽，不管怎么说还是很让中国人感激的。

日俄战争的结果使英日同盟在远东占尽了上风，远东的战略格局因英日同盟而被打破。英日同盟对远东的垄断当然不符合后起大国德国和美国的利益，所以为了抵制英日同盟，德国人于 1906 年动议组建中美德三国同盟。

德国人的三国同盟建议引起清廷高度重视和兴趣，只是清廷考虑到英国和日本对这个三国同盟可能产生的激烈反弹，因而迟迟不敢回应德国人的建议。

中国的自我孤立鼓励了英国和日本，几经折腾，日本竟然与俄国握手言欢，稍后甚至出现了英、法、日、俄四国同盟的雏形，他们联合统治着远东，使德国还有美国都感到格外失落，于是德国人再度推动中美德同盟，美国人对此也变得非常积极。

对于德美两国的建议，此时主持中国外交事务的袁世凯高度认同，认为这是中国走出外交困境的一个重要机会，中国如果能够与德国、美国结盟，一定能够在亚洲遏制日本，甚至牵制俄国、英国和法国。基于这一系列判断，清廷批准了袁世凯的方案，于1908年秋派遣唐绍仪出访美国，推动中美德三国同盟的建立。

为了防止不必要的干扰，中国对三国同盟的消息严格保密，然而日本和英国的谍报网委实强大，日本人和英国人还是在唐绍仪出访前就获悉了中国政府的计划。日本人当然不希望中国与美国、德国结盟，所以日本一方面加快与美国的秘密谈判，以重大让步阻止美国与中国结盟。1908年11月30日，日美两国换文，宣布维持中国独立，保全中国领土，机会均等，维持现状。日本一方面以重大让步换取美国默认日本对东三省享有的特殊权利，阻止了中美结盟；另一方面略施小计将唐绍仪的代表团拖在日本动弹不得。日本人下决心破坏袁世凯的布局，下决心要用美国人的力量清除对日本最具威胁的袁世凯。

待唐绍仪率领的代表团于12月1日抵达美国时，所有情形都发生了变化。一来美日达成了新的协议，美国人似乎对日本更感兴趣；二来中国政治局面发生大变化，慈禧太后和光绪帝相继去世，美国人弄不清这件事的真相，虽然对康有为、梁启超等人一直宣扬的那些故事略有怀疑，但毕竟无法证实，他们担心与袁世凯走得太近可能会带来被动，毕竟摄政王载沣是已故光绪帝的亲弟弟，如果摄政王真的像康有为所说的那样要为兄长报仇，那么美国就很可能在远东的角逐中再度被动。基于自认为比较审慎的考虑，美国政府当然不愿对唐绍仪过分热情，中美德同盟因此迅速降温。

唐绍仪的外交失败当然是日本人的阴谋，日本人的目的当然也是要收拾如日中天的袁世凯，担心袁世凯将中美德三国结成一个紧密同盟，吃亏的肯定是日本。因为袁世凯之所以急于与美国和德国达成同盟，主要的目的就是抵制日本对东北的蚕食与控制。现在，唐绍仪的外交失败了，在东北对日本的抵制也就无从谈起了，清政府内部的亲日派再度抬头，他们期望以和平的手段阻止日本向中国的渗透，所以袁世凯的命运也就由此注定了，他不下台怎么可能呢？①

摄政王载沣没有按照满洲贵族统治集团中强硬的少壮派的要求处死袁世凯，使清廷避免了一场政治危机；但是由于将袁世凯放虎归山，实际上也为自己制造了敌人，为后续政治的发展埋下了伏笔。

民主初步的乱象与秩序

正如许多研究者久已指出的那样，摄政王载沣或许不是一个英明的政治家，不是一个有胆略有智慧有权术的政客，但他确实是一个好人。是当时满洲贵族统治集团中最有世界眼光的贵族，他知道世界趋势的大概，平生喜读西方典籍，接受了不少新思想，所以他对慈禧太后和光绪帝多年来竭力推动的君主立宪政治改革发自内心地拥护，并竭尽全力地继承和推动。他之所以将新皇帝的年号选定为“宣统”，据说就是要新皇帝继承先帝光绪爷的遗志，推动中国的进步与发展，做个有作为有贡献的明君和圣主。

从当年的政治格局和人事布局看，摄政王载沣是国内外立宪党人和进步势力所期望的政治领袖，相信摄政王在接管了清政府的政治权力后，一定会沿着政治改革走过的道路继续前行。国内外立宪党人之所以对摄政王有着如此高的期待，是因为摄政王在过去若干年确实表现优异，是大清王朝政治变革运动中一个比较重要的赞助者。

早在 1906 年，尚未进入清廷政治统治高层的载沣就真诚拥护预备

---

① 袁世凯罢官肯定有不同寻常的国际因素，这一点我们过去的研究是不够的。过去的研究太过看重摄政王的复仇，现在看来这大概是一个假问题。关于国际背景的研究可以参见美国学者李约翰著《清帝逊位与列强》，孙瑞芹、陈泽宪译，中华书局，1982，第 26 页。

立宪的动议，以为预备立宪可能就是中国强盛和大清王朝万世一系皇权永固的关键。随着预备立宪运动的进展，各省代表纷纷请愿，要求开国会，行宪政。此时已担任军机大臣的载沣不是虚与委蛇，消极应付，而是真诚相信清廷如果能够对人民的这些要求给予积极回应，那么必定能够推动中国的政治进步，启上下隔阂之弊。他建议清廷及早制定选举规则，及早宣布召集国会的时间或期限，万不可以人民程度不及为词婉拒，那样的话，势必失去民心，失去政治上的凭借。

摄政王在政治上的认识是清醒的，态度是坚定的，他在新皇帝即位后多次公开重申政府先前宣布的九年立宪不变，以宣统八年达成完全立宪作为大清王朝最近期的施政目标。要求各级官吏激发忠义，淬砺精神，不准观望迁延，贻误事机，九年内应行预备的各项立宪事宜，均应次第举办，努力实现，务使有计划的政治能够按照计划达成，宪政成立，朝野乂安。

清廷宣布九年立宪就是一种有计划的政治，有计划的政治就是要遵守诺言，逐步实现。摄政王接手大清王朝政治权力后，确实是按照这个计划逐步推行，要求各地各级官吏只能按照这个计划往前走。他曾一度考虑过加快立宪的步子，尽量缩短召开国会的年限，但是后来随着国内政治形势的变化，摄政王还是放弃了这个想法，期待继续坚守朝野已经达成共识的九年立宪规划。

在将袁世凯开缺回籍的同一天（1909 年 1 月 2 日），摄政王载沣下令于宪政编查馆内设立专科，专门考核九年限内议院未开以前逐年应行筹办进行事宜。这个举措至少是从姿态上表明清廷对预备立宪的诚意和决心，并有意无意消解袁世凯是预备立宪主导的传言，表明清政府有计划的立宪政治并不会因为袁世凯的离开而中断，甚至可能会因此而加快。

摄政王载沣与清廷最高统治层此时立宪的决心与信心是不必怀疑

的，在这种情势下，清廷虽然没有宣布加快立宪的步伐，但对各地立宪步骤的督促确实在加强在提升。1 月 6 日，宪政编查馆电令各省督抚迅速依限举行咨议局应办事宜，强调各省一定要按照九年计划逐年有进展有变化。

咨议局是预备立宪过程中的一个重要机构，它既是为未来完全国会储备人才，也是地方民主政治、地方自治的议政机构，是地方的议会。所以清廷在立宪筹备过程中始终抓住这个关键，多次督促各省一定要按照九年计划及时完成咨议局的选举。

根据九年规划，1908 年为各省咨议局的筹办年，第二年就是各省咨议局的选举年，各省咨议局都要在这一年完成选举，并正式开始活动，一方面为中央资政院储备人才，一方面从实质上推动地方民主政治的发展。所以在这一年，清廷的工作重心就是不断敦促各地举行咨议局选举，解决选举中的纠纷，纠正选举中的弊病。

摄政王载沣和清政府的诚意、决心，深深打动了各地立宪党人，使各地立宪党人觉得一定要踏踏实实按照九年立宪规划去执行，一定要在 1909 年将各省咨议局选举完成，于是各地立宪党人除了积极参与各省督抚召集的官方筹办活动外，也利用清政府提供的政治空间，自行建立各种各样的政治组织，主动参与各省咨议局的筹备活动。以江苏省为例，江苏的立宪党人在 1908 年秋就组织了咨议局调查会，通告全省人民自行预备，协助官府，对全省劝学所、商会等城乡中介组织的情况进行详细调查，根据清政府颁布的选举办法，认定选举人被选举人资格，编制选举人名册。江苏民间力量的主动有力推动了立宪运动的发展，确实有助于以官方为主导的民主政治的进程，对相邻各省也起到很好的示范作用。

与江苏情况稍有不同，直隶地区也是当年筹办咨议局活动比较好的地区，只是直隶的活动并不是依靠民间力量进行推动，而是完全由官方为主。这可能与袁世凯在直隶的多年经营有关。由官府为主导进行筹备，当然更显得有条理有秩序，各项筹备更充分。

按照清廷的指示，各省咨议局应由官绅双方共同筹办，官方与民间应该处于一种良性互动状态，双方的力量缺一不可，因为如果没有民间社会的自觉，一切选举都不过是走形式；而如果没有官府的协助、主导，民间力量也很难发动全省人民热情投入。

清政府对各省咨议局的选举抓得很紧，进入1909年之后三番五次地发电报发指示，敦促各省不得以任何借口无端拖延，必须按照九年规划按期完成，对于进展顺利、正常的一些省份，清廷给予表彰，而对那些因各种原因滞后的省份，清政府也不客气地通报批评，敦促他们后来居上迎头赶上，无论如何不能拖了全国的后腿。稍后根据实际情况，强调全国除新疆因情况确实比较特殊，可以延后举办咨议局选举外，其他各省必须一律依限选举依限成立。

1909年确实是一个充满希望的年份。在清政府的劝诱引导敦促下，在各省立宪党人不惧艰辛反复动员下，从来没有过选举经验的中国人终于被动员起来了，他们开始对自己的政治权利产生兴趣了，开始对一人一票的民主制度争先恐后趋之若鹜了。根据事后统计，发动比较充分的地区比如江苏，投票率高达三分之二，这可是并不强制并无补助的自由选举，而且又是中国历史上的第一次，能够达到这个比例应该说是非常不错的了。

当然，由于是民主初步，在许多发动不充分的地方，特别是在那些偏远的乡村，人民对自由选举的理念还根本不知道，甚至还有许多人为生活所迫而不愿牺牲那半天时间。至于在选民登记过程中，由于人民对这个程序不了解，总以为财产之类的登记是为了官府将来征收各种赋税提供方便，因而在内心深处予以抵制，从而导致投票率下降。与此相反的情形还有，某些对票选有过研究和了解的投机分子，在乡民并不了解的情形下，劝诱乡民按照自己的意思将票投给某一个人，有的甚至冒领选票，公然行贿，胡乱投票，结果有些劣迹斑斑的地痞流氓即便没有当选，也获得了不少的票。凡此，皆为民主初步时期难以彻底避免的情形，清政府也及时给予纠正和指导，坚决打击各地贿选或操纵选举的弊政。

好在1909年各省咨议局选举总体上是好的，更重要的是，中国终于走出民主政治的第一步，如果按照这条路走下去，中国的民主生态一定会改善，民主选举一定会逐步走向成熟。在各地选举中，被选举出来的人大致上反映了人民的意愿，而且那些当选议员也差不多个个自命不凡，许多人曾经留学日本，或者毕业于国内新式学堂，大致代表了那个时代的社会良知和社会脊梁。他们中有些人有过从政的经历，具有问政议政的能力，大都雄心勃勃，很有点西方立宪国家职业政治家的味道。他们中的许多人确实准备代表民意从事政治活动，准备在民主政治中显露身手，做出一番事业。

至1909年10月14日，全国22个行省中除新疆经中央同意缓办外，21个行省都如期完成了咨议局的选举，各省咨议局如期成立，如期开议，中国政治就此发生重大转折，各省督抚的权力在某种程度上说开始受到了一定的约束，标志着人民通过票选的方式开始参与国家政治生活。这是中国民主政治的新起点，是中国一个新时代的开始。

各省咨议局的选举和成立给中国人一种新的希望，人们越来越意识到咨议局的成败不仅关系到各省民主政治的发展，地方经济社会事务的得失，而且关系到整个国家的兴亡衰败。所以为了帮助咨议局议员了解把握各省形势和民意民情，各省士绅在咨议局成立前后还成立许多辅助组织，比如江苏、山东等省的咨议局研究会，浙江、直隶、福建、吉林、江西等省的议案预备会、人民建议协会等。政闻社也在东京成立咨议局事务调查会，专门调查日本欧美各国中央与地方政务情形，以及内地各省相关事宜，相互比较，进行分析，以供各省咨议局议员参考。这些辅助组织为咨议局准备了许多议题和议案，期望咨议局议员能够在咨议局开会时有效发声。

在各省咨议局第一届会议开始后，议员们确实做出了许多贡献，他们积极参政议政，对地方政治经济发展、社会改革等各方面事务都提出了许多很好的议案，在监督官吏、澄清吏治等方面，议员们更是功不可没，其实际效果远远超过过去的监察纠察体制，对于行政官吏起到了相当的震慑作用。在经济建设方面，由于议员都是本地人，最了解各地发展实情，因而他们提出的各项议案都比较务实比较可行比较切合各地发展实际，比如江苏省的围垦、直隶的纺纱、吉林的矿产等兴办案，都对后来当地经济发展起到过不可估量的促动作用。许多地方的咨议局会议开得非常好，据一些外国观察家说，甚至达到了成熟的民主国家所能达到的程度，议员们从容不迫文质彬彬激烈而有秩序地讨论着各种议案，充满诚意、善意、严肃而礼让的美德。

咨议局的发展和活跃或许合乎各地的利益，是各地民主政治蓬勃兴起的象征，也应该是清政府特别是摄政王载沣的真诚期待，清廷在最初发起立宪运动时，就清楚地知道这些结果，并且一直本着这些原则去督促去进行。但是也不必否认的是，当各省咨议局发展到一定阶段，也有一些人看出来，各省咨议局这样发展下去，肯定会损害清政府的利益，肯定会挑起地方与中央政府之间的冲突。特别是各省咨议局极想抱成一团的愿望，意味着迟早要推动满清王朝的终结，因为各省咨议局所遵循的民治民享的原则，从本质上不合乎清政府的政治传统，不合乎清政府的政治利益。[①]

---

① ［澳］骆惠敏编《清末民初政情内幕——〈泰晤士报〉驻北京记者、袁世凯政治顾问乔·厄·莫理循书信集》上，刘桂梁等译，知识出版社，1986，第650页。

或许清政府真的是希望一种鸟笼民主，希望建设的是一种有计划可控制的民主，而不是一种不可控的民主；而中国的民主政治或许是被压抑得太久，一旦放开，总是超越主导者划定的界限，总是向着完全意义标准上猛冲。所以当各省咨议局经过短暂的可控制发展后，就像脱了缰绳的野马不再听从中央政府的管控，而是按照自己的意志往前冲。

1909 年 10 月，各省咨议局同时开幕，中国政治民主化要向前迈出一大步，然而就在这一大步迈出的同时，各省立宪党人却不满意已获得的这些权利，以为清政府对地方民主政治的约束已严重阻碍了中国政治的发展，各地方限于一隅的民主政治并不能给中国带来新的希望，只有整个中国共同进步，只有尽早召开正式国会，只有全国人民一起参与全国政治，才能真正推动中国的政治进步，挽回时局，化解沉疴，推动中国迈向立宪政治。

立宪党人之所以在中国民主政治迈出一大步的时候发出这样的感慨，是因为就在各省咨议局将要开会的时候，却传来中日两国政府于 9 月 4 日在北京达成《中韩界务条款》(又称《间岛协约》) 的消息。根据这个条约，日本承认延边地区为中国领土，以此换取日本在东三省扩展修筑铁路开采矿山的权利，并取得了干预东北地方司法等事务的条约权利，这标志着日本殖民主义势力在东三省急剧膨胀，当然使兴致勃勃的立宪党人突然间觉得很泄气很扫兴。

突然而至的外交危机再次引发国内的政治变动。10 月 13 日，也就是各省咨议局开幕的前一天，江苏咨议局议长张謇会同江苏巡抚瑞澂以及立宪党人雷奋、孟昭常、杨廷栋、许鼎霖等商量，建议由苏抚瑞澂联合各省督抚一起要求清政府尽早组织责任内阁，由张謇出面联合各省咨议局一致要求清政府尽早召开国会，并委派杨廷栋、方还、孟昭常等分别前往各省联络，约请各省咨议局在第一届常会闭幕后派员到上海会商统一方针，确定下一步行动计划。他们确实希望能够利用咨议局这个平台，推动清政府加快民主进程。

11月初，张謇亲往杭州，与浙江巡抚增韫直接会晤，增韫明确表示在推动政治民主化方面愿与江苏巡抚瑞澂保持一致，取同一态度。紧接着，张謇又会晤浙江立宪党人的领袖汤寿潜、王清穆等，劝说各方联合起来，一起为政府分忧解愁，拯救危难，化解困局，他们确定共同上书，请求清政府更改先前的九年规划，提前召开国会。假如改变九年规划确实有困难，他们建议根据已经变化了的形势，在九年规划中增加临时国会一项。这显然是一个新的动议。

张謇等人的呼吁和多方串联，引起各省立宪党人的高度关切，各省咨议局也开始觉得九年立宪的期限可能真的有点过长，过渡期的资政院由于不是民意机构，无法代表民意，无法监督政府，因而他们也开始倾向于接受张謇等人的建议，设法要求清政府更改先前的九年规划，提前召开正式国会。各省代表陆续向上海汇集，准备在那里当面商量下一步的计划。

12月18日开始，云集上海的16省共51名代表在预备立宪公会事务所连续召开“请愿国会代表团谈话会”，公推福建咨议局副议长刘崇佑为主席，孟昭常、林长民为书记。他们在连续会议中详细讨论了进京请愿的目的、方法，并制定了相应的规矩，要求所有进京代表听从指挥，一致行动，他们先是要求清政府在两年内召开正式国会，在明年，也就是1910年先召集一次临时国会。但是到了12月30日最后一次会议时，各省代表又对请愿书做了最后修改，要求清政府在一年内召集国会。

1910年年初，各省请愿代表陆续抵达北京，很快在琉璃厂设立专门的事务所。1月14日，各省代表召开谈话会，议决进行次序和方式方法，并重申了请愿时应该遵守的纪律。16日，各省请愿代表列队前往都察院呈递请愿书，从内政、外交等各方面分析中国目前所处的危险局势，要求清政府根据已经变化了情况适度更改先前的九年立宪规划，尽早成立责任内阁，负起全国之责，以强力处理外交和内政事务，使皇室处于安然无恙稳固之地。

国会请愿代表都是各省政治新秀，具有非同寻常的政治能量，他们在请愿书递交之后的那些天四处活动，在充分发动各界民众起来共同进行的同时，更利用各自的人脉，遍谒军机大臣、政府要员，诱导他们说服清廷最高统治者改变九年立宪的既定方针，速开国会。

在请愿代表的努力和整个社会氛围的感染下，一些军政大员开始改变了态度，先前就力主中国走上宪政之路的军机大臣戴鸿慈，虽然认为中国不经过充分的预备就贸然走上宪政实践，可能具有很大的政治风险；但他在代表们的殷切期待下，也转变态度，表示愿意为早日召开国会尽力。庆亲王奕劻也认为，既然中国走上立宪道路是既定方针，那么早几天晚几天也就没有什么本质上的不同，所以他对国会请愿代表深表同情，给予理解和支持。

提前召开国会的建议或许并不是一个好建议，但是当国民情绪被充分煽动起来之后，政府一味压制只能是适得其反，驻外公使和一些督抚如孙宝琦、程德全、陈昭常、丁宝铨、袁树勋等对国会请愿运动看法不一，不过他们大体上赞成清政府应该考虑请愿代表的要求，给予善意的积极的回应，即便不能如请愿代表所愿立即召集国会，也要使这些代表真正充分理解清政府的用心和真诚。曾经担任过驻日公使和出洋考察宪政大臣的李盛铎，对日本明治维新的历史有着深刻理解，他甚至这样告诉清政府：现在这一批国会请愿代表绝对不能小视，他们都是各地的政治精英和社区领袖，享有很高的政治威望和政治号召力，甚至其影响力也不限于一地，其言论更可鼓动于一时。这些人就像日本明治维新初期的士族，用得好，可以为善，足以辅助皇上创盛世伟业；用得不好，或者政府对不能立即召集国会的理由解释不充分，这些人失意而归，那么他们就不能理解朝廷的苦心和用意。就会怀疑朝廷的真诚，那么就可能会导致另外的结果。李盛铎说，欧洲社会的政治变动多起于中等社会，也就是社会的中间阶层，现在这些请愿代表和他们所代表的那个阶层，其实就是中国的中间社会，政府如果不能妥善处理，那么这件事情可能会给中国带来意想不到的后果。

李盛铎的分析深刻且犀利，但他的这个分析并没有被清政府衮衮诸公所接受，军机大臣世续、鹿传霖等人对请愿代表的动机做了非常恶毒的揣测；而摄政王载沣虽然看到了这些请愿代表的政治能量，看到了大势所趋，但是由于政治统治层无法统一意见，而清廷在立宪准备上可能也确实做得不够，因而摄政王载沣于1910年1月30日颁发谕旨，抽象肯定请愿代表的爱国热忱，具体强调因为国民程度尚未获得适度提升，各项筹备还不完全，如果强行召集国会，恐怕徒增纷扰，甚至会为宪政前程留下阴影。不过，摄政王明确重申，宪政必立，议院必开，朝廷之所以慎重筹划，以九年为期，就是要根据国情，分清轻重缓急先后之序，届时达成一个值得中国人夸耀的真正的立宪体制。

清廷不会轻易接受立即召集国会的建议，是请愿代表早就预料到的结果，所以在这个结果尚未出现之前，就在北京成立了国会请愿同志会，筹措资金，征集签名，宣传造势，摆开不达目的誓不罢休的姿态。因此当清廷明确拒绝了请愿要求后，他们迅速布置第二次请愿活动，很快征集到30万人的签名。

在做了充分准备和声势浩大的舆论宣传后，国会请愿代表团于1910年5月再集京师，然后展开密集活动，为第二次请愿进行最后准备。

6月16日上午八时许，各省请愿代表齐集都察院，由领衔者依次向左副都御史陈名侃递交代表直隶咨议局议员、直隶和旗籍绅民、各省政治团体、各省商会、教育会，以及澳洲华侨等民意的10份请愿书。这些请愿书的内容各有侧重，各有特色，各自承担着不同的功能。咨议局的请愿书只要针对清廷不愿立即召开国会的理由进行辩驳和正面阐释，强调国民程度并不是政府想象的那样低，立即召集国会并不会引起政治上的动荡；商会的请愿书则从世界经济大势分析中国没有国会所遇到的难处和中国商人在国际上的不平等待遇；各省政治团体的请愿书侧重于分析九年立宪预备的不恰当，认为只要认真筹备，九年规划中的事情只要一年就可以完成。总而言之，这十份请愿书一致要求清政府对人民的呼吁给予积极的正面的回应，一定想办法在一年内召开正式国会。

第二次国会请愿活动在全国闹得动静太大了，动静太大有好处也有坏处。好处是动员了民众，扩大了影响，坏处是使官府中的人开始感到害怕，担心政府如果真的顺应这个所谓民意，予以让步，提前召集国会，那么可能会引起一场多米诺骨牌效应，即便不如此，至少也会给将来的政治发展开了一个不好的先例，有计划的政治总会被打乱，朝廷的政治威信无疑会受到极大伤害。基于这一系列的考量，清政府还是于1910年6月27日毫不犹豫地拒绝了第二次国会请愿要求。

清政府拒绝了第二次国会请愿，不过清政府政治高层特别是摄政王载沣对民众的力量还是感到极大震动，至少是摄政王发自内心不愿与民众为敌。摄政王看到一年来各地抗捐抗税类的群体事件此伏彼起，各种各样的骚乱，还有孙中山革命党组织的武装暴动，在在影响着清政府的政治统治，清政府现在的统治基础就是这些立宪党人，如果清政府再将这些立宪党人推到敌对方面，那不仅是立宪党人的悲哀，而且可能是大清王朝的末日。所以摄政王在拒绝提前召开国会的同时，并不主张对国会请愿运动进行镇压，他反复交代在向请愿代表说明不能提前召开国会的理由时，一定要注意方式方法，注意措辞，注意以理服人，注意保护请愿代表的政治热情。

就政治认同而言，大多数的立宪党人当然主张以清政府为合法政府，为立宪的基础和主体，实行君主立宪只是用宪法的形式约束君主的权力，并不是剥夺君主的权力。这是国会请愿运动的主旨。当然，清政府一再拒绝了这些请求，久而久之，也就必然会使一部分原本赞成支持清政府走上立宪道路的人感到有点不耐烦，以为清政府主政者是典型的叶公好龙，清政府之所以反复强调九年之期，其实就是拒绝中国走上立宪道路。因而，这批激进的立宪党人渐渐与清政府疏远，渐渐与革命党人亲近，认同甚至用革命党人的理论要挟清政府。

其实，从清政府特别是从摄政王的立场看，有计划的政治就是坚持已经达成的共识，有计划有步骤地去执行这个共识。九年预备立宪是先前经过相关各方共同认定的政治日程表，现在并没有发生重大的外部事件，就不能因某些人的要求说改就改。清政府真的这样做，恐怕也会被批评者视若儿戏，也是一种政治上的不严肃。所以说，摄政王坚持九年立宪计划，并不表明他在故意拖延立宪的实现，而是在坚持一种原则，坚持一种理想，而这种坚持本身就是一个负责任的政府负责任的政治家必须做的，这本身就是宪政的一部分。摄政王反复强调，朝廷从来都是希望宪政早日达成的，只是考虑到国家至重、宪政至繁，缓急先后之间，为治乱安危所系，必须慎思而后动，必须坚持一种定见一种原则。宪政不是只有国会一端，而是一个复杂的政治工程，以中国幅员之广、财政之艰，再加上连年自然灾害不断，地方治安也有许多问题，此时贸然前行，放弃先前的既定计划，可能也并不是一种最合适的政治选择。他希望国会请愿代表能够换位思考，能够站在政府的立场上考虑政治选择，不要继续剑走偏锋。现在资政院就要正式开院了，资政院虽然只是一种过渡形态，但这个形态对于养成完全的议会政治可能还是非常必要的，这个过渡形态的制度设计在当年也有过充分的论证，大家都应该继续坚守，待九年期满，国会自然成立，完全宪政必然实现。

清政府和摄政王的解释没有说服这些请愿代表，请愿代表中的激进者认为清政府只是一味敷衍，一味拖延时间，缺乏预备立宪的诚意。他们中的一部分人开始向革命党人靠拢，至少开始有意利用革命党人的政治压力迫使清政府就范，梁启超就反复鼓吹这个道理，表示清政府如果不能接受和平召开国会的请愿，那么就很可能引发全国性的兵变，而这个兵变也并不尽是革命党人的煽动，而是政府拒绝和平改革使然。而另外一部分人则继续坚持请愿运动，根本不在意清廷拒绝的理由，下决心发动规模更大的第三次请愿运动，表示不达目的誓不罢休。

经过充分酝酿和切实准备，再加上国内外舆论的影响，比如梁启超接连不断发表的政治檄文，在很大程度上激励了请愿代表的政治勇气，滞留在北京的各省国会请愿代表相继成立一些政治组织，准备发动更大规模更大范围的政治请愿，决心继续向清政府施压。

清政府最高统治层中的主流派虽然拒绝了第二次国会请愿，但并没有无视这些请愿代表的爱国热忱，不仅没有采取强制措施将这些人清除出北京，而且对请愿代表的政治要求也曾给予适度的善意回应。8 月 17 日，清廷突然宣布改组军机处，将公认守旧的军机大臣世续，以及世续的政治追随者、军机大臣上行走吴郁生免职，提升略具新思想的管理军咨府事务大臣贝勒毓朗、邮传部尚书徐世昌为军机大臣。至 8 月 27 日，另一位被公认守旧的军机大臣鹿传霖病逝。旧人物出局，新人物入选，为政治变动打开了想象空间。滞留北京的请愿代表，一时间愈发亢奋，以为朝廷对提前召开国会的态度可能会因人事变动而改变，因此他们进一步加大活动力度。

与此同时，中国的外交又传来不好的消息，这也为第三次国会请愿的发动注入了新的力量。外交危机再次成为国内政治改革的动力。

1910 年 7 月 4 日，日俄两国在圣彼得堡签订第二次《日俄协定》，如同 1907 年的第一次协定一样，是背着中国瓜分东三省，并由先前互不干涉对方在东三省的特殊利益，发展为互相支持各自在其特殊利益范围内的活动，这种协定近似于共同防御同盟，既有日俄共同抵抗其他列强蚕食东三省的意思，也当然有无视中国政府在东三省的主权用意。

第二次日俄密约无疑强化了日本在东三省，特别是在东三省南部的地位。或许是因为这个条约的鼓励，日本政府再接再厉，又于8月22日逼迫朝鲜订立合并条约，规定朝鲜完全而且永远地把全国的一切统治权交给日本。就这样，日本正式宣布吞并朝鲜。

国内外的政治变动为国会请愿运动提供了新动力新资源，8月12日，各省咨议局联合会在北京成立，除甘肃、新疆没有代表外，共有20个省的咨议局共50名代表参加了会议。汤化龙当选为主席，蒲殿俊为副主席，孙洪伊、杨廷栋、刘崇佑、雷奋、周树标、王法琴、吴赐龄、汪龙光、孟森等为审查员，其中孟森还被推为审查长。

从表面上看，咨议局联合会只是各省咨议局的一个协商联络机关，并不是政治结社，但从其后来所发挥的政治功能看，却是一个非常重要的指挥机关。它不仅有效协调了各省咨议局与各省督抚及中央政府的关系，而且因其成员身份的特殊性，成为此后请愿运动的领导指挥机关，深刻影响了此后政治运动的进程。

街头政治：国会请愿的后果

九年立宪是慈禧太后和光绪帝在世时制定的政治日程表，也是当时国内立宪党人的共识，现在国内外形势变了，那么是否意味着这个政治日程表就一定要变呢？这就是1910年中国国内最大的政治纠纷，而这场纠纷不仅耗尽了清政府的政治威信，而且使中国的民主道路走上了一个非常奇怪的道路。此后的政治家，特别是那些不堪的政客，一旦遇到不合乎自己利益的事情，就对先前的政治约定不予承认，对有计划的政治实施无计划的破坏，中国人在20世纪上半叶几乎很难建立起多少政治共识。

现在，各省咨议局联合会成立了，请愿代表有了总协调，有了与清政府进行斗争的总指挥，决定当资政院开会时提出速开国会的议案；国会请愿代表团成立了，国会请愿更有了一个合法的理由和依据。

面对国内外的政治变化，国会请愿代表团于1910年8月15日通过几项决议，根据日俄新约和日本吞并朝鲜的政治现实，准备向将要召开的资政院请愿，要求提前召集国会。他们甚至要求咨议局联合会，如果清政府再不答应提前召集国会，那么各省咨议局就应该出面抗捐抗税；如果清政府依然不答应这个要求，那么各省咨议局应该同时解散。

根据九年立宪政治日程表，正式国会的过渡形态资政院于1910年10月3日正式开院。这是一个准议会性质的机构，具有明显的过渡特征。资政院的议员包括宗室王公世爵16人，满汉世爵12人，外藩王公世爵14人，宗室觉罗6人，各部院长官32人，硕学通儒及纳税多额者各10人等，总计100人，均由皇帝钦选。民选议员亦是100人，主要由各省咨议局推选。资政院代行议会的职能，负责议定政府财政的收入与支出，制定法规，弹劾大臣，但由于不是完全议会，因而在本质上只是皇帝的御用机构。

资政院并不拥有很大的独立的权力，但对国会请愿代表团来说，却是一个哭诉的对象。当资政院召开的那一天，国会请愿代表团向全国人民发布了一个通告，宣布将向资政院、会议政务处、摄政王监国等请愿，目标只有一个，就是请政府立即召开正式国会，立即采取措施，以救国亡，抵制日俄对中国的蚕食。

10月7日上午，孙洪伊等请愿代表整装待发，突然有学生赵振清、牛广生等17人向请愿代表递交了一份请愿书，并拿出利刃，准备以自杀为请愿代表饯行。自杀的事情在请愿代表阻止下没有发生，但这两位学生还是趁人不备，各自从身上割下一块肉，以表达对请愿代表支持到底的决心。第二天，同样的故事在北京再次发生，青年学生张成珍、张云湖等将自己的血书送交代表团，激励请愿代表不达目的誓不罢休。

学生的悲情和社会舆论的激荡深深影响了请愿代表团和咨议局联合会的每一个成员，他们在那些天里不辞辛劳来回奔波，将陈情书、请愿书送至摄政王府、资政院，并利用各种各样的渠道拜访军机大臣和政府要员。他们的辛苦与悲情终于打动了那些王公大臣和政府要员，终于换来了执政者的首肯与认同。庆亲王奕劻当面表示他个人高度认同速开国会的要求，并表示在方便时他也会促成朝廷尽快做出决定。10月22日，资政院通过速开国会的议案。消息传来，当然使请愿代表备感振奋。

在清政府的政治架构中，资政院的制度设计原本只是过渡的，只是为了培养人民的参政意识，引导人民有计划有秩序逐步加大对政治的参与。清廷之所以同意这样做，当然最终目的是期望达成完全立宪，建立一个更合理的政治体制。现在，既然作为御用机构的资政院都通过了速开国会的议案，那么摄政王又怎能继续反对呢？10月25日，摄政王在接见请愿代表孙洪伊等人时表示，他虽然继续认为立宪过程应该遵循先前的约定，有序进行，有序参与，但如果资政院有了新决定，他个人一定会尊重资政院的决定，决不会固守立场，冥顽不化。

可能是中国目前所处形势确实在急剧恶化，可能是有人善意利用了政治悲情。10月20日，东三省总督锡良向清廷报告了日俄两国对东三省的威逼，建议清政府倾全国之力以谋东三省。所以到了摄政王接见孙洪伊，答应不会过分为难请愿代表的同一天（10月25日），锡良又与湖广总督瑞澂、两广总督袁树勋、云贵总督李经羲、伊犁将军广福、江苏巡抚程德全、安徽巡抚朱家宝、山东巡抚孙宝琦、山西巡抚丁宝铨、河南巡抚宝棻、新疆巡抚联魁、江西巡抚冯汝骙、湖南巡抚杨文鼎、广西巡抚张鸣岐、贵州巡抚庞鸿书等联名致电清政府，要求立即组织内阁，定明年开设国会。同一天，直隶总督陈夔龙也单衔奏请朝廷先行组织责任内阁，以拯救时局。

26 日，资政院通过速开国会折稿，奏请朝廷顺应民意，速开国会。27 日，陕西巡抚恩寿奏请朝廷先立责任内阁，再定召集国会的日期。

各位封疆大臣这一系列政治举动一方面是对国会请愿运动的支持，另一方面当然也是对清政府对摄政王载沣施加政治压力。这一系列关键性举动，在某种程度上说，真的改变了中国历史进程。

国会请愿代表团的热忱曾经深深打动过摄政王，但这种打动总不如他的那些“众爱卿”的建议更容易使他动容。这个名单囊括了当时中国大多数督抚，既然大多数督抚都这样认为，那还能叫摄政王一人怎样继续拒绝呢？ 10 月 28 日，摄政王载沣以顺直各省咨议局及各省人民代表等陈请的速开国会，和东三省总督锡良等督抚大员联衔奏请的组织内阁、钦颁宪法、开设议院，兹命将这些建议提交会议政务处及王大臣讨论，决定方针，预备召见。

11 月 3 日，摄政王载沣如约召见会议政务处王大臣等，垂询讨论对国会请愿代表团、各省咨议局联合会，特别是对锡良等督抚大员奏请钦颁宪法、组织内阁、速开国会等建议的处理意见。各位政府要员、王公大臣充分表达了各自的看法，大部分人认为应该对各方面的要求给予积极回应，在注意继续保持政治秩序持续稳定的同时，应该尽量缩短正式国会的筹备时间。

各省督抚和这些王公大臣的看法对摄政王发生了积极影响，摄政王在会议政务处王大臣会议第二天（11 月 4 日）郑重宣布将先前九年立宪的政治规划缩短为五年，即于宣统五年（1913 年）实行开设议院。在正式国会召开前的两年，摄政王宣布将加紧进行各项准备，先将官制厘定，预行组织内阁，编订宪法。很显然，摄政王对各方面的要求给予了尽可能的积极回应，他认为这些调整折中至当，所以他要求各省请愿代表即日散归，不得继续滞留北京，继续进行什么请愿活动，朝廷绝不会再对此做出什么调整，万不能再议更张，希望国民按照这个计划次第进行，进行有序参与。

清政府的这个决定应该说是给请愿代表的积极回应，也充分考虑到了中国政治实际，之所以选择1913年为正式国会的召集日期，只要是因为那时也正好赶上资政院重新选举，朝廷利用这短短两年的时间加紧准备，届时一定能够实现宪政目标，满足人民的期待。

应该相信，清政府对立宪的态度是真诚的。11月12日，清廷令民政部、度支部、法部、学部等主管衙门将关于宪法范围内必须提前赶办事项，均于召集议员以前一律完备；又令各省督抚将开设议院以前地方应行赶办事项，切实进行；12月6日，又以提前开设议院，令宪政编查馆将预备立宪逐年筹备事项，缩短年限，切实进行。凡此，都可认为是清政府最高统治层在对1913年的立宪进行认真准备，因为1913年可是转眼就到。

正式国会的召开缩短了3年，较之请愿代表要求的1911年仅差两年时间，所以清政府的这个修正后的决定公布后，请愿代表中的许多人特别是江浙地区的代表感到满意和满足，表示将按照清政府的要求，劝说请愿人员尽早离开北京，以便让政府有时间有精力尽心准备。

然而也有许多人认为政府既然做出了让步，为什么不能一步到位，还要这样讨价还价呢？他们从单纯的形式逻辑层面对清政府的诚意提出质疑，以为既然有计划的九年立宪规划可以修改，那么为什么不参照请愿者的要求宣布立即召集国会呢？政府诸公为什么还要拿那些与宪政无干的问题作为延缓宪政的借口呢？朝廷既然强调之所以修改九年立宪的政治规划，是接受了各省多数督抚的建议，那么为什么不能接受各省督抚的意见，明年召开国会呢？这些质疑，当然也不能说没有任何道理。

有了这么多的疑问和困惑，这些代表决定继续留在北京，并决定相继发动第四次请愿，迫使清政府答应立即召集国会的要求。这些代表以东三省籍为主，这肯定与东三省的外交危机、亡国危险相关。

清廷的强硬姿态并没有吓阻东三省的人民，因为他们的切身感受就是如果不能立开国会，那就是国将不国。所以东三省请愿代表很快集中到奉天向东三省总督锡良请愿，要求锡良再次向朝廷建议立开国会。

12 月 2 日，奉天学界赴京请愿团 30 余人前往省咨议局，与议长吴景濂等会商进京事宜。谈论中，激昂的学生金毓绂拔刀断指，李德权持刀割股，书写血书，场面感人，极具悲情，深深感动了吴景濂以及副议长袁金铠等人。4 日上午，奉天省城学生 5000 多人列队向督署游行请愿，要求东三省总督锡良再为冯妇，代他们向政府要求明年就开国会。锡良在学生真情感染下答应代奏。锡良的态度又影响了请愿者。6 日，全省范围的大请愿再度发生，来自全省各地 1 万多人齐集咨议局门前，开始向总督衙门行进，咨议局议长吴景濂等相继加入。至总督府，游行人数增至 2 万余人。在各界代表再三哀求下，锡良答应代大家向朝廷表达意见。第二天，锡良将奉天绅民要求明年开国会的请求转递朝廷，建议朝廷不必再计较如此区区 2 年，应该顺应民意，与民更始。

锡良的奏请和东三省代表的要求使朝廷非常为难，清廷经过缜密研究，以为如果同意这些请求即开国会，必定给中国带来更大困扰，于是清廷于 12 月 24 日命民政部、步军统领衙门将东三省要求速开国会的请愿代表，押送回籍，劝说大家不要留在北京继续闹了，大家都应该回到自己的岗位上埋头工作。同时宣布严禁学生干预国政，如果有人胆敢违抗，各省督抚在开导劝说的同时，有权自行处置，予以弹压，查拿严办。

一场有计划的政治变革开始变味，和平请愿的氛围中开始弥漫了一些血腥味。天津、吉林、江西、四川、湖北等地的学生请愿运动在政府强力压制下归于失败，以奉天、直隶为中心的全国第四次国会请愿运动终于在 1911 年初烟消云散。

按照九年预备立宪规划，清政府主导的政治改革，应该说在1910年大多数时间都处在稳步推进的状态，所取得的效果，应该说比预想的还要好。各省咨议局在其第二届会议上表现普遍优异，与各省督抚主导的地方行政系统俨然成为分权制衡的重要一方，各省督抚提出的许多议案特别是各省预算案，大都受到咨议局的严格审查和讨论，许多省虽然勉强通过，但大都进行了重大修改。这都应该看做中国民主政治的进步，中国如果沿着这条道路持续走下去，一定会从民主初步走向民主的成熟形态。

在中央政府层面的资政院，是九年立宪过程中的过渡机构，具有正式议会的部分功能，只是资政院的构成，由于其议员并不完全由选举产生，相当一部分议员名义上是由中央政府即皇上钦定，因而资政院的法律效力就受到人们的质疑，以为资政院不过是皇权主义的橡皮图章，是民主政治的点缀。各省立宪党人之所以联合起来进行国会请愿，要求清政府尽早召集正式国会，就是对资政院议员构成表示不满，因为在正式国会召集后，即便依然还会有钦定议员，有皇室宗亲，但这个数量一定不会很多，民选议员一定是正式国会的主导。这是国会请愿运动的主旨。

其实，从民主政治的一般进程来说，总要有一个过渡时期。就从当时中国的情况看，中央政府层面的三权分立大概确实不易立即实行。过去君主专制政体下的三权分立发生冲突毕竟由皇权中心进行协调，现在要实行君主立宪了，君主也只是中央政府层面的行政主导，而不再是国家权力的至上，君主要受制于宪法，君主也就没有权力没有能力去协调中央政府层面的三权分立中的矛盾和冲突。怎样重新架构中央政府层面的三权分立，使三个权力处在一个大体平衡、大致协调的状态，应该说是九年立宪筹备中的一个重要问题。资政院的架构，应该说是这个探索中的重要一环。

资政院尚不是完全的国会，只是在皇权指导下领导下的一个过渡性临时性的立法机构，当年清廷预备立宪制度设计者之所以提出这样的政治架构，其目的只是要培养锻炼议员的议政能力，为成立两院制的完全国会储备人才，积累经验。

至于资政院立法权的不完全，这也是其过渡特征决定的。在完全立宪国家，重要法律法规都要经过议会的审定和通过，君主的颁布只是形式上的，君主在一般情况下，没有否决议会通过法案的权力。现在，中国的制度设计，既然是从君主专制向君主立宪过渡，那么只能适应这个过渡，两面兼顾。从君主的方面说，既要肩负着辅导议员增加议政能力，也要逐步适应分权趋势，逐步放弃许多先前所享有的政治权利；而从议员方面说，虽然与完全议会形态下的议员所享有的权利有差距，但毕竟是中国政治的重大进步，既要忠实履行自己的权力，又要在这个过渡期接受皇权的辅导，逐步养成民主的习性，最终脱离皇权的约束，成为与皇权分立且相互制衡的一极。

作为过渡期的议会，资政院要做且能做的事情其实还是很多的，比如国家财政的预算、决算，税法的制定，公债的发放，重要法律的制定与审议等，这都是资政院分内事务，并不受到来自皇权中心的制约。皇权中心在某种程度上也渴望资政院能够成长壮大成一个议事中心，已与清朝固有体制中的行政中心军机处相抗衡，所以资政院从一开始就拥有向行政部门问责的权力，有弹劾军机大臣、行政大臣的权力，甚至拥有评判各省咨议局与行政当局即各省督抚冲突、异议的权力。所以，从这个意义上说，资政院也不是简单的御用机关、橡皮图章、表决工具，更不是皇权专制主义的点缀或摆设或捧场机构，而是一个拥有相当权力的不完全形态的过渡议会。

明白了资政院的过渡性质，就应该容忍这种过渡性质的不完美；知道了不完美，才能在实际过程中逐步克服，逐渐走向完美。这应该是资政院在其过渡时代的趋势。资政院在存在的短暂几年中，也确实是这样做的，确实有助于中国政治民主的进程，发挥了许多正面的作用。对于国人民主政治习性的养成，对于民主政治程序的制定和完善，起到了不可替代的作用。这是应该肯定的。

第四章　革命在危机中

慈禧太后、光绪帝之后建立的“后权威时代”政治架构，为中国民主政治的大发展提供了外部条件，相对弱势的摄政王和他的执政团队，相对弱势的中央权力建构，都是那几年民主政治蓬勃发展的外在因素。当然，这对大清国本身来说并不是一件坏事，毕竟中国人的思路、情绪都被调整到了清帝国主导的政治变革上了，毕竟革命的阴影、威胁，都因立宪运动风起云涌而在逐渐消解了。如果不出意外，再有几年时间，当君主立宪完全实现时，大清国的政治安全也就没有什么问题。这是对清帝国而言。然而对于革命者来说，清政府主导的君主立宪顺利发展，蓬勃发展，其实真的是一种威胁，革命在清政府宣布要立宪了之后一直向下滑，到了 1911 年初，革命实际上已经处在危机之中，革命队伍严重萎缩，人心涣散，前途渺茫，除了孙中山、黄兴等已在清廷挂了号的老牌革命家无法加入政治变革的主流中，许多原本处在革命的非主流地位，或原本并不坚定的革命者，纷纷离开了革命转向了改良，加入立宪运动的主流中。

孙中山：浪迹天涯

革命面临的危机与清政府主导的立宪运动相向而行，清政府的立宪运动顺利地走，革命危机就加深。只有清政府的立宪运动出现挫折出现问题，革命才有转机，才有机会。

实事求是地说，孙中山领导的中国革命在1905年之前真的是艰难发展。孙中山经过十年奋斗，经历无数挫折，方才结束“一个人的革命”，方才唤醒一大批有识之士。到了1905年，各路各自发生的革命力量在东京集结，成立同盟会，中国革命终于达到高潮，是过去十年发展的顶点或者说高峰。而孙中山也在这时被先前分散的革命组织一致确认为中国革命的领袖。

新成立的同盟会接受了孙中山先前提出的政治纲领，即“驱逐鞑虏，恢复中华，创立民国，平均地权”；决定将黄兴、宋教仁华兴会领袖先前创办的《二十世纪之支那》改组为《民报》，升格为中国同盟会机关报。更重要的是，新成立的同盟会设想成立一个“影子政府”，接受孙中山的建议，创设行政、立法、司法三个部，这实际上是参照三权分立的原则构建未来新政府的框架；而同盟会选举孙中山为总理，其隐含的意义也是未来政府的构想。显而易见，同盟会不再是一般意义的革命团体，而是以夺取政权，创建一个新国家为其根本宗旨。

同盟会的宗旨是革命，是要建立一个新型政府，而不是推翻清廷我来干的改朝换代，因而在成立之后获得了中国社会各个阶层的好感和支持，革命队伍也就比较迅猛地发展着。根据同盟会成立之初的规划，同盟会准备在国内外分设至少九个支部，分别归属东京同盟会总部的领导，国内的五个支部按照区位分别为东、西、南、北、中。东部支部设于上海，辖区为江苏、浙江和安徽等省；西部支部设在重庆，辖区为贵州、新疆、西藏、四川、甘肃等省区；南部支部设在香港，辖区为云南、广东、广西、福建等；北部支部设在烟台，辖区为直隶、陕西、山西、山东、蒙古、东三省等；中部支部设在汉口，辖区为河南、湖南、湖北、江西等。设在外国的支部有四个，即设在新加坡的南洋支部，设在布鲁塞尔的欧洲支部，设在旧金山的美洲支部，设在火鲁奴奴的檀岛支部。按照同盟会章程，国内五个支部下面还有各省区分会。很显然，同盟会期望用新的方式将全国联结起来，这当然不是旧时代的造反，不是单纯的改朝换代，而是一场革命，是要以一种新的政治架构改变中国。

根据同盟会各领袖达成的共识，同盟会成立后要在短时期内有个大的发展，队伍要有个大的扩充，要为新的更大规模的武装斗争准备力量，于是包括孙中山在内的同盟会领导人都将精力放在发展队伍上，国内外支部、分会相继建立，同盟会的规模在不太长的时间里获得了很大发展。香港、越南、新加坡、南洋等分会先后建立，至于国内，广西、湖南、湖北、陕西、福建等省也先后建立了同盟会组织，这些组织有的是从先前革命团体改组而来，如香港同盟会分会的前身就是香港兴中会，湖北同盟会分会的主体就是先前一直比较活跃的革命组织日知会，湖南同盟会的基础主要是先前华兴会的班底。

正如我们已经知道的那样，同盟会的成立是因为日俄战争的刺激；而日俄战争的刺激也使清廷有了一个比较重要的觉醒，所以，当同盟会成立大发展的时候，清廷主导的政治变革也在兴起，革命与改良从来没有像此时这样在同一竞技场上赛跑。1905 年至 1906 年所谓革命与改良的论战，实际上就是革命党与清政府之间在中国政治发展道路上的冲突在思想文化上的展现，而这两者之间又总是呈现出跷跷板的形态，革命发展顺利了，很可能就是改良遇到了挫折；革命发展遇到挫折了，很可能就是因为改良进入了比较顺利的路段。

大致上说，革命危机初现几乎与清廷主导的政治改革同步。当清廷决心接受中外大臣的建议，决定派遣五大臣出洋考察宪政时，革命党人的政治危机其实就已经发生。革命党人当时和后来都喜欢说清廷主导的政治变革是一场骗局一场梦，清廷在政治变革、宪政发展等方面缺乏诚意，理由是任何统治者都不可能自动地收缩自己的权利，这是人性使然。

革命党人对清廷的批评在一段时间和一部分人中间确实发挥了作用，但是应该看到的是，革命党人本身对于清廷的政治变革其实充满着恐惧，最不希望清廷的政治变革能够成功，而是希望清廷继续烂下去，然后被革命一举推翻。所以当清廷下决心派遣五大臣出洋考察宪政，举国上下深受鼓舞，一片欢腾，充满希望的时候，革命党人相当恐惧，相当担心，于是发生吴樾不惜牺牲的自杀性攻击。

在过去的研究中，我们许多人以为吴樾的自杀性攻击表明革命高潮的到来，这显然是不对的，是不合逻辑的，吴樾的行为只是在表明革命已经不再有希望有未来，所以破釜沉舟鱼死网破孤注一掷。

吴樾后来被誉为革命英雄，同盟会也在后来将他的遗著在《民报》等刊物中发表。“中华民国”成立后，吴樾的遗骸也被给予隆重安葬，像邹容、徐锡麟、秋瑾一样，给予很高的历史地位。

当然，中国历史上像吴樾、徐锡麟、秋瑾这样的刺客，特别是具有政治理想的刺客实在太少了，他们确实是中国革命的先驱者，不过从民主政治的立场上看，他们力主用暴力的革命的手段去推翻一个政权，拒绝原有政权通过政治变革创新制度，无疑又显得太蛮横了些。所以当吴樾发动自杀性攻击的当时，除了革命党人对吴樾的精神表示敬佩外，国内外一切具有良知，对中国具有真诚同情的人，其实并不认同吴樾的做法，普遍给予谴责，以为吴樾和革命党人对清政府的绝对不合作不妥协，是对国家的不负责。

国内外舆论原本对清廷的立宪并不都看好，各种各样的风言风语在那之前并不少，但当吴樾事件发生后，国内外舆论几乎一边倒地同情清政府，支持清政府在君主立宪的道路上走下去，谴责革命党人不应该以革命恐怖手段去绑架政府绑架人民，不应该用这种手段去阻遏中国政治民主化的进程。

正如许多观察家分析的那样，吴樾的临门一脚，虽然出乎一般人情之外，很难体察吴樾内心深处的真实想法，但是这个非常之举所取得的效果，可能正与吴樾的期待、革命党人的期待相反，或许并不是坏事而是好事。先前犹豫不定在革命与改良两者之间游弋的人，经过此次事变终于确定了一个立场，而这个立场就是倾向于支持清廷主导的立宪，反而至少是疏远了孙中山和革命党。

这也是人性使然。因为正像近代以来许多思想家所指出的那样，革命从来都是一种不得已的手段，只是到了朝廷实在昏庸得不可救药，人民才会起来革命。革命是人民的天赋权利，但不能轻易使用，朝廷既然愿意进行变革，那么不论你有多少理由，都应该暂时停下革命的打算，让朝廷进行这样的政治变革。革命总比改良带来的破坏多且大，这就是 1905 年至 1906 年革命与改良论争中的一个重要焦点。

吴樾的炸弹唤醒了朝廷，从此后，清廷不再像 1898 年、1901 年之后几次起步，几次犹豫，几次停止，而是坚定了立宪的信心，坚定了向东西洋各国看齐的信念。吴樾的炸弹反而使革命党人陷入孤立，革命前景由此蒙上一层阴影。

君主立宪在五大臣出洋考察前后逐渐成为中国政治生活的主流，革命渐渐边缘化，革命者的队伍在日趋萎缩，更多的知识青年投身于政治主流，参加朝廷主导的政治变革中去了，只有那些意志坚定的革命领袖仍在坚持革命立场。不过，这在一定程度上也可以看作他们不得不如此的选择，因为他们中出于各种原因无法介入朝廷主导的政治变革，或者早被朝廷打入另类打入政治异己，而他们又无法轻易放弃自己的政治立场，或者说无法转身投靠朝廷，于是这些革命者只好在海外继续坚守，静以待变。

实事求是地说，清廷的立宪运动对海内外的中国知识界有着非常强烈的吸引力。按照梁漱溟的说法，他们坚信梁启超、康有为等人为中国问题所开的君主立宪的处方是解决中国问题的灵丹妙药，认为梁启超所提倡、鼓吹的国会制度、责任内阁、选举制度、预算制度、国库制度、审计制度，乃至银行、货币等问题，都是中国未来应该实行的优良制度，中国如果按照梁启超一班人的规划进行改革，就必然能够像西方国家一样，建设一个近代国家。

君主立宪的稳步进行深刻影响了国内外知识界，革命突然之间陷入空前的低落状态。而且更厉害的是，清政府在稳定了国内局面之后，开始利用自己的政治、外交上的优势地位，于1906年底翌年初要求日本政府不要继续庇护孙中山等中国政府通缉的要犯，因为这些政治流亡者一直试图用暴力推翻中国政府。

日本政府对于孙中山的庇护、支持已有很久的历史了。根据可信史料，孙中山发誓推翻清廷第一年，就和日本政府建立了联系，此后这些年，孙中山往来日本如入无人之境，但是到了这个时候，或许是因为日本政府在东三省问题上有求于中国政府，或许是因为清政府主导的立宪运动顺利进行使日本政府看到了新的希望，所以也就决然抛弃孙中山。

日本政府当然也没有完全接受中国政府的要求，将孙中山"驱逐"出境，而是两边下注，既不愿意就此得罪中国政府，也不愿意与孙中山和革命党人过分为难，谁知道十年后二十年后是一种什么样的情形呢？所以日本政府不愿用强制手段去压迫孙中山，而是通过与孙中山、革命党人关系密切的日本人头山满劝说孙主动出境，并由外务省和一家商业机构分别提供1.8万元经费资助。对于日本政府来说，这种两边下注的讨好做法谁也不得罪，清政府那儿可以交代，毕竟你要求让孙中山走，他走了；孙中山这里也好说话，你看，实在没办法，暂时避避吧，反正日本的大门朝你开，将来环境改变了，孙先生还可以回来。

拿了日本人的这笔资助，而且人家日本人又说得这么诚恳，孙中山也就不得不离开日本了。这件事在过去的分析架构中，一般认为是清政府与日本政府勾结镇压革命，其实，如果从革命与改良二重唱的视角进行观察，就是改良压倒了至少是暂时压倒了革命，革命就这样陷入了低潮。

孙中山被日本政府礼送出境还只是革命低潮的开始，由此而发生的革命党人内部的冲突乃至决裂，更是意味着随着清政府立宪运动的深入，革命逐渐陷入了绝境。

章太炎：弹尽粮绝

据说日本人向孙中山提供资助的事情，《民报》主编章太炎当时就知道，而且在章太炎的概念中，日本人提供的这笔钱似乎就是给他章炳麟办《民报》的，事情的真相究竟是否这样现在无法证明了，但是章太炎当时确实这样提出过要求，这也算是光明磊落，只是章太炎当时似乎并不知道日本外务省和商业机构究竟资助了多少。

孙中山也并不是一个爱财如命的人，他或许并不知道日本人的资助有明确的用途，其中专门有一部分是用来资助章太炎和《民报》的。但他确实将资助款中的两千元交给了章太炎，至于其余款项及其用途，孙中山没有告诉章太炎。然而没过多久，章太炎通过其他渠道知道了日本人的资助数额，知道孙中山眼见着《民报》如此困难，却将这些原本资助给《民报》的款项截留。不管这个消息的真实性如何，章太炎确实很愤怒，并由此引发同盟会内部的大分裂。

过去的研究就事论事，以为章太炎是借机闹事，是闹分裂，为孙中山抱不平，以为孙中山并没有将这些款子据为己有，而是全部用在了革命上。其实，现在仔细想想，章太炎之所以不管不顾这样闹，不就是因为《民报》经费没有了吗？而《民报》在创办时经费并不成问题，为什么现在成了问题呢？这才是问题的关键。而这个关键。就在于清政府主导的立宪运动进展顺利，海外华侨华人开始转身信赖支持清政府，因为渐进的改良总是要优越于暴烈的革命，所以向同盟会向《民报》捐款的就越来越少。根据章太炎的描述，那一段时间，《民报》真的困难到办不下去，他们这些编辑出版人员连吃饭都成问题了，哪里还有心思去办什么刊物呢？那一段时间，章太炎自己也拿出相当精力办些讲习班，给其他刊物写点文章，这多少可以补助经济上的困难。

《民报》和同盟会之所以出现这样的困难，除了清政府立宪运动进展顺利外，当然还有另外一个背景，即日俄战争后，列强在远东的格局发生了巨大变化，英日同盟引起了德国、美国等国家的关注，也不符合他们的利益，远东的战略均势被英日同盟所打破，所以德国人就于1906年希望组建一个中美德三国同盟去对抗英日同盟。

对于三国同盟构想，清政府显得非常有兴趣，特别是主持外交事务的袁世凯对此更加热心，以为这是中国走上国际舞台一个比较不错的选择，所以愿意积极推动，遂于1908年秋派遣唐绍仪出访美国，探讨三国联盟具体事宜。

出访美国，日本或许是必经之地。或许是中国外交当局自以为聪明，最危险的地方最安全，为了迷惑日本和英国，唐绍仪的代表团没有直奔美国，而是途经日本，并准备在那里短暂逗留。不料，英日两国的谍报系统太厉害了，他们对中美德三国情况了如指掌，对唐绍仪代表团的活动也一清二楚，日本人蓄意要破坏中美德三国新同盟的建立，因而略施小计就将唐绍仪和他的代表团拖在日本动弹不得。

1908年10月11日，唐绍仪一行抵达东京。第一天即与日本外相小村寿太郎及首相桂太郎会晤，商谈中日邦交。18日，唐绍仪再与日本外相进行谈判，涉及许多具体问题，重申中国政府的要求，希望日本政府不要伤害中日邦交，不要支持在日本的中国革命党，查封在那里出版的《民报》等刊物。

对于在日本出版的反政府反体制刊物，清政府多年来一直很恼火，但在过去多次抗议多次请求都无效，日本政府总是以言论自由出版自由为理由进行推诿，实际上是日本政府在中国政治前景不太明朗时两边下注。一年前，1907 年 9 月 4 日，清朝外务部照会日本政府，要求禁止《民报》《洞庭波》《天义报》《复报》等刊物在日本出版流通。

对于中国政府的建议日本外交当局为了讨好清政府，以便在正在交涉中的东北问题上获取更多利益，倾向于建议政府改变先前容忍甚至帮助革命党人在日本出版报刊的既定政策，给清政府一个人情一个面子，设法查禁至少须严格限制革命党人在日本的出版物。但日本政府并没有完全批准外交当局的建议，理由是中国政府并没有在东三省交涉问题上满足日本政府的要求，所以日本并没有像中国政府所要求的那样立即查封《民报》等革命刊物，只是加强了对这些刊物的检查和监控。

一年后的情形不一样，中美德要结盟了，那对日本来说，可能就是一场噩梦。所以当唐绍仪和他的代表团前往美国途经日本时，唐绍仪再次提出类似要求，日本政府为了稳住唐绍仪，拖住唐绍仪，在这一系列问题上似乎一点都不再含糊，革命党和那些革命刊物的苦日子终于开始了。

在唐绍仪与日本外相谈判的第二天，1908 年 10 月 19 日，日本警察总监龟井英三郎根据内务大臣平田东助签署的命令，封禁《民报》，其理由是《民报》第 24 号中的《革命之心理》和《本社简章》等，违背了日本《新闻纸条例》第 33 条，即不得做败坏风俗、危害秩序的宣传，要求停止发行和销售。

这些理由当然并不构成真正的理由，所有的罪名不过莫须有或子虚乌有。《革命之心理》只是在批评一些革命志士那些不健康的心理状态，以为革命者必须建立良好的革命心理，才能像俄国的虚无党或印度志士那样，为民族独立、社会进步而奋斗而献身。

日本政府当然也不是就事论事要查禁革命党人的刊物，他们这一次除了查禁《民报》外，还查禁了《天义报》《衡报》《四川》《云南》等刊物，从这一系列措施看，日本政府的举动主要还是要和清政府进行交换，至少是以此些微让步拖住唐绍仪和他的代表团。

面对日本政府的无理查禁，《民报》发行人兼编辑人章太炎奋起抗争。10 月 20 日，章太炎到《民报》所在地警察署领取查禁命令书时，当即表示抗议，并很快提交抗议书，强调《民报》所说，毫无涉及日本的事情，但说革命，也没有无政府、虚无党一派的议论，这是《民报》始终如一的主张。章太炎明白指出，日本政府之所以这样蛮横，其实不过就是为了讨好清政府，满足唐绍仪的要挟而已。

第二天（21 日），章太炎向日本内务大臣发出一封抗议信，强调《民报》简章中的所谓“六大主义”在发表前经内务省认可，现在内务省并没有将这项认可撤回，为什么突然下令不许刊登这些内容呢？内务省如果认为《民报》扰乱了日本社会秩序，那么就直接将我们驱逐出境好了。

23 日，警察署长向章太炎展示了内务省命令原件，并做了解释，承认日本政府之所以这样做，主要是因为外交，而不是因为法律。对于警长的解释，章太炎依然表示无法接受，他在当天再次致信内务大臣和对日本记者的谈话中，直截了当揭露日本政府这样做就是因为唐绍仪此次途经日本，将以清美同盟威胁日本，又以间岛领土、抚顺煤矿、新法铁道等权益问题与日本进行交换。章太炎认为，日本政府为了那点私利背信弃义，是肮脏的卑鄙的，非官吏之行为，乃娼妓之行为，因此他章炳麟作为《民报》编辑人兼发行人宁为玉碎不为瓦全，绝不会接受日本政府这种荒唐的命令。

日本政府出于外交需要做出这样的决定，在一时半刻是不可能改变的。为了应对这种突如其来的变化，章太炎于10月25日与黄兴、宋教仁等进行充分讨论，最后决定将《民报》迁往他国，而迁移之前，应该筹集一些款项起诉日本当局，无论胜负，也要打这样一场道义上的官司。

根据这些讨论，章太炎在第二天（26日）第三次致信日本内务大臣平田东助，揭露日本政府在政治上的虚伪和狡诈，既然为了讨好清政府而查封《民报》等革命刊物，那就直接查禁直接说明原因好了，完全不必采取这种栽赃的方法污蔑《民报》，胁迫《民报》改变宗旨，本报编辑人兼发行人虽然只是一介草莽，但素不受权术笼络。你们内务省如果有意督过之，封禁、驱逐，那就直接下命令好了，不必再让那些纵横之士腾其游说，越描越黑了。

日本政府不仅查禁了《民报》等革命刊物，而且禁止日本新闻界就这些事情发布消息。为了粉碎日本政府的新闻封锁，章太炎以“中国革命党”的名义写了一份《报告〈民报〉24号停止情形》的传单邮寄各方，并请人译成英文向海内外广为散发。章太炎在这份传单中揭露日本政府与清政府相互勾结查封《民报》，揭露日本政府之所以这样做就是为了从清政府那里获取更多的权益。

章太炎的这些传单在中国留学生中引起极大反响，由于日本政府不许报纸刊登这方面的任何消息，留学生就想办法将这份传单到处散发，动员更多的中国人起来支持章太炎的抗争。他们痛斥日本政府迫害《民报》的卑劣行径不仅是为了从清国攫取更多的非法利益，而且违背了良性，违背了现代国家新闻自由的起码原则。他们警告日本政府如果顽固坚持这种反对革命的新闻主张，那么它必将在清日贸易上蒙受巨大损失，中国同盟会有力量有办法动员国内各阶级各阶层抵制日货，中国人一定有办法抵消日本因查禁《民报》等革命刊物而从清政府那里获取的特殊利益。

对于章太炎的不依不饶，日本政府很头痛，因为按照日本的法律法令及内务省的原先审查，《民报》毕竟没有什么问题，据说日本政府希望拿出一笔钱，满足章太炎先前想到印度出家当和尚的愿望。章太炎确实曾有这样的念头，但在如此背景下，他当然不屑于接受日本人的这种资助。

软硬兼施打消不了章太炎的反抗情绪和意志，章太炎终于和日本政府在东京地方法院打开了一场官司。11 月 26 日，日本方面以清国革命一旦爆发，日本人起而仿效，那就必定要导致严重后果为由，要求东京地方法院判处《民报》为犯罪。章太炎的律师为《民报》做了无罪辩护，强调清国革命是否真的对日本有害，这是一个政治或外交问题。而法庭所应讨论的只是法律问题，所以控方的指控根本不能成立。

章太炎也在自我辩护中指出，扰乱治安必须要有证据，我们《民报》如果有手枪，如果藏有刺客，或许可以认为《民报》有扰乱治安的嫌疑，而这些东西在《民报》都没有，《民报》所有，不过是一笔一墨，几句文字，如何能在日本扰乱治安？

至于说到革命，章太炎在自我辩护中强调，《民报》所说的革命，只是针对清国内部情形发言，从来没有说要革日本政府的命。《民报》所有的文字言论，即便能够鼓动人煽惑人，煽惑的也只是中国人，而非日本人；鼓动的也只是中国人，而非日本人。这怎么就危害了日本的秩序呢？而且，言论自由、出版自由，是一切文明国家最起码的政治原则，你们日本号称是近代文明国家，怎么就这样自食其言、以言治罪了呢？还有，《民报》言革命，是因为中国从来不讳言革命，汤武革命，应天顺人，这是中国圣贤代代相传的至理名言，怎么到日本就成了罪状呢？中国的法律造反有罪，革命无罪，在中国文明史上从来没有因革命而判处有罪的，你们日本号称文明国家，怎么就这样不能自圆其说、维护正义呢？

章太炎的咄咄逼人使裁判长哑口无言，但是权力毕竟还在人家法院手里，裁判长尽管无法辩驳，但照样于12月12日判处《民报》禁止发行，并判处章太炎罚款115元。政治、外交的压力还是使日本政府屈从了清政府的要求，《民报》也就结束了自己的历史使命。

《民报》被查封是中国革命史上的重大事件，这个事件的意义在过去一直被认为是革命形势的高涨，引起了日本政府的反对。这其实是不正确的。日本对中国的革命从来没有坚决反对过，一直与中国的革命者保持或多或少的联系。查封《民报》的主要原因，还是要从清政府方面去寻找，当清政府踏上君主立宪的道路，向东西洋各国靠拢后，东西洋各国对清政府的态度就发生了转变，于是对反对清政府的革命党，也就不像过去那样宽容了。特别是日本政府当时有求于清政府，所以就接受了唐绍仪的请求，下令查封了《民报》和其他反对清政府的革命刊物。

鉴于日本政府态度的变化，章太炎、黄兴、宋教仁等认为《民报》既然被查封了，在日本复刊继续出版的希望肯定是不大了，要想让《民报》继续发挥作用，只有将《民报》转移至美国或其他地方才有可能。所以，对于法院判决的罚款，章太炎拒绝交纳。而日本政府也不依不饶，竟然于1909年3月13日动用警察拘留了章太炎，要让他以劳役抵偿这笔罚金。最后还是章太炎的学生想办法，凑了一笔钱，代交罚款，将章太炎保释出来。

要将《民报》迁往美国或其他地方出版，就需要一笔钱。而大约在两年前的1907年初，孙中山就因清政府施压，被日本政府礼送出境。日本政府为此提供了7000元资助，在章太炎参加的欢送宴会上，日本商人铃木九五郎赠送了1万元。孙中山从这些费用中提取2000元作为

《民报》的经费，其余的怎样用，孙中山没有向各位同志进行解释。这一点，我们在叙述孙中山的时候已经指出。

章太炎并不知道日本政府提供的7000元资助，但他知道日本商人的1万元。他认为，日本商人的这1万元是对《民报》的资助，而孙中山过手之后竟然只剩下2000元。当孙中山带着胡汉民等同盟会干部离开日本后，这件事在留在日本的同盟会成员中引起激烈争论。一部分人弄清日本政府提供的资助后，认为孙中山被日本政府所收买，有损于同盟会的威望，张继破口大骂，声称在革命之前必先革革命党的命；刘师培建议同盟会罢免孙中山的总理职务，因为孙这样做已经丧失了担任总理的资格。章太炎将《民报》社悬挂的孙中山画像撕了下来，批上“卖《民报》之孙文应即撤去”等字样，并将这些东西寄往香港，在同盟会成员中广为传播。

这些矛盾的出现是因为孙中山没有就经费使用问题说清楚，不过孙中山确实没有将这些经费化为私有。他拿这些费用去策划潮州、惠州起义了，只是这些起义均以失败而告终。事没办成，钱又没了，这无疑又在同盟会的油锅里撒了一把盐，立即炸锅。反对孙中山的人越来越多，他们主张同盟会东京本部立即开会，罢免孙中山，改选黄兴为总理。刘揆一甚至到处写信，建议各位劝劝孙中山主动引咎辞职。

在这次“倒孙”事件中，章太炎无疑是最重要的参与者，他之所以积极，是因为《民报》确实遇到了经济上的困难，据与闻其事的吴玉章说，章太炎和《民报》工作人员已经到了无米下锅的程度，还是他将四川留学生捐的一点儿钱交给章太炎暂渡难关。处于如此困境中章太炎眼看着孙中山将巨额捐款席卷而走，你不让他生气、骂娘，那又怎么可能呢？

章太炎的困境和孙中山武装暴动屡屡失败，其实都是革命陷入低潮的反映。孙中山之所以一而再再而三地在边境发动毫无成功希望的武装起义，就是要利用这种办法为革命打鸡血，注入一针兴奋剂。因为自从清政府踏上预备立宪政治道路后，许多原先倾向于革命的人，都渐渐回归体制内，成为立宪运动的追随者，眼见得立宪即将变成现实，只有像孙中山这一批无论如何都无法回归体制、参与体制内变革的人，依然继续坚持反体制。只有从这个层面去理解，才能弄明白同盟会内部此时所发生的冲突和外部困境。

同盟会内部矛盾有章太炎孤傲的原因，有其不了解真相的原因，也有孙中山周围一批干部不太尊重章太炎所造成的。《民报》被查封，章太炎动议也经黄兴等人同意将转移至美国或其他地方出版，只是因为经费问题一直没有实现，而在这个最吃紧的时刻，竟突然有新的《民报》出版，说是汪精卫和胡汉民主编和秘密印刷的。

如果仅仅从扩大革命党人宣传来说，《民报》能够在被查封之后继续出版应该说是一件好事，问题是汪精卫、胡汉民等人在干这件事情时完全无视章太炎的存在，根本不把《民报》这个法定编辑人兼发行人放在眼里，所以章太炎得知这个消息后不禁勃然大怒，立即向外界澄清这是一份假《民报》、伪《民报》，并在报纸上发表《伪〈民报〉检举状》，将同盟会内部矛盾完全向各界袒露。

章太炎在这篇义愤填膺的检举状中说，孙文本是一个无赖少年，只是因为惠州发难事在最初，所以革命志士往往将他视为领袖。其实当孙文流亡日本时，漂泊无聊，愿意和他交往并将他向更多人介绍推荐的，也就是我章炳麟和秦力山。从此以后，孙文与学界渐通声气，名声日大，并将之推为同盟会总理。及《民报》创办，由于我章炳麟还在监狱，同仁推孙文署编辑人。及我章炳麟出狱东渡，主编《民报》，此后三年从未有一言专为孙文。唯汪精卫、胡汉民之徒，眼孔如豆，甘为孙文心腹，词锋所及，多涉标榜，竭力推举孙文为革命党人唯一领袖。章太炎指出，孙文这个人最会吹牛，在东京则言南洋有党羽十万，在南洋则说东京留学生均归其指挥，内地豪雄悉听其驱使。恃《民报》鼓吹之文，藉同志拥戴之号，乘时自利，聚敛万端，接受日本政府和商人的贿赂，仓皇南渡。

这些指责，从章太炎方面说，当然都是事实，但是一百多年之后，重新观察，其中也有许多道听途说不实之词，甚至存有相当浓厚的偏见。但他所描绘的自身经历和《民报》处境应该大体不差，值得注意。章太炎说，东京本为瘠苦之区，上万留学生在这里仅仅能够解决自己的衣食等最基本的需求，很难有余力帮助《民报》。特别是在国内政治发生变化后，《民报》不能输入内地，销量减半，印刷费、伙食费，都成了问题。而孙文背本忘初，见危不振。特别是当我章炳麟接手社长时，我个人正卧病几十天，入社则公私涂炭，粮草已绝，人迹不存。猥以绵力薄才，维持残局。朝写文章，暮筹经费，还要酬对外宾，应付警察，心力告瘁，寝食都忘。屡次致函南洋，请求孙文提供帮助，或派员前来视察处理，无奈孙文及其党徒或无复信，或言他们自己也没有办法，快到了无法维持的地步了。有时也以虚语羁縻，表示当挟五六千金来日本相助，至期则又饰以他语。先后所寄，也不过三百银元而已。

很显然，章太炎的所有不满，都是基于《民报》的经费困难。只是他当时绝对不明白的是，先前风风火火的革命党，怎么会在这个时候都陷入了困境呢？《民报》在东京筹资困难，你孙文以同盟会的名义在全世界筹款，过去总说那么容易，现在怎么不帮助《民报》呢？章太炎不知道，革命陷入了低谷，海外华侨看到清政府开始君主立宪了，也就对这些革命党人视之如敝屣了。

章太炎的攻击无疑加大了同盟会的内部分裂，孙中山不得不想法为自己辩护，黄兴也在使用各种方法让章太炎住嘴。而且，由于革命处于低潮，前途无望，一些党人随着清政府君主立宪运动的开展，逐渐回归体制，所以此时也就有孙黄派的人物散布流言，说章太炎也通过某些特殊管道向清廷靠拢，接受清廷资助，晚节不保，所以有了那些丧心病狂之举。

孙黄派散布的这些流言，在过去很难理解，以为这就是革命党内部的派系之争，山头之争，是孙黄派对章太炎和他所代表的光复会等派系排斥。这种辩护当然是对章太炎等人的爱护，但实在说来并没有说到点子上。换言之，这种辩护没有回答章太炎、刘师培等究竟与端方与清政府是一种什么样的关系。

实事求是地说，当清廷踏上预备立宪政治变革道路时，对于流亡海外的改良主义、革命党人并没有不管不顾，一直视为敌对力量，而是采取柔性政策，尽量将这些先前的异己力量拉回体制，所以那些改良主义除了康有为、梁启超等少数几个因 1898 年政治大逆转中的许多责任还没有办法赦免外，相当一批改良主义者其实都回归了体制，加入了清政府主导的君主立宪政治运动。

至于革命党人，也有许多人接受了清政府的招安，因为过去十年革命过程中，他们参加革命，最主要的不是像孙中山那样坚定地认为清廷不足以立宪，无法带领中国走上现代化道路，而是清廷迟迟不觉悟，使他们失望，所以在那个时代参加了革命，成为革命党人。现在清廷觉悟了，进行政治变革了，那么还有什么必要一定坚持与其体制对抗，继续站在体制外面成为反对派呢？于是随着清廷柔性招抚，革命党人中革命意志并非坚定如孙黄的刘师培等人，都或多或少与清廷中具有变革思想的政治人物诸如端方建立了联系，或许也确实接受了端方的一些资助，而由于章太炎与刘师培有着非常特殊的关系，章太炎与端方建立了间接的关系也不是不可能，但是一定要说刘师培、章太炎等接受端方委派在革命党人内部从事间谍活动，充当满洲鹰犬，出卖革命，成为革命党的叛徒，则可能言过其实，捕风捉影。

当革命处于低潮时，或当清政府主导的预备立宪顺利进行时，章太炎的思想在变化应该是事实，他在这之前是有强烈的排满情绪，但是当他与这些党人合作了几年之后，也对这些党人有些厌倦有点儿讨厌，觉得党人的品质不足以成大事。根据刘师培写给端方的一封信透露，章太炎在主编《民报》时曾经考虑改变办刊宗旨，以消弭先前太过强烈的种族革命，所以章太炎在《民报》上所发表的文章，或言佛理，或考古制，很少甚至可以说没有一篇言及排满革命。及至与孙中山闹翻，章太炎对革命对排满对党人似乎真的很厌倦了，所以有前往印度出家为僧，兼求中土未译之经的规划。只是碍于经费困难，这个规划没有办法实行，日本政府在《民报》查封后，曾通过相关渠道表示可以资助，但章太炎正与日本人闹脾气，当然不会接受。刘师培询问端方，能否赦其既往之衍，开以自新之路，为章太炎提供一些经费，按月支给，则国学得一保存之人，而革命党中亦失一续学工文之士。

如果我们不带偏见，而又能充分体会当时革命党人的分裂情形及经济困难的状况，应该承认刘师培的说法是真的，章太炎的想法也是真的，并没有什么不可示人的丑事。

那一拨回归主流的人

刘师培是一个诚实的读书人，他对章太炎的感情也是诚挚的，他向端方求情，有同盟会内部分裂的因素，也与清政府立宪运动踏上正途后中国人心情变化有关联。国内外各界对清政府的政治变革寄予厚望，真诚拥护，先前对清政府不满，走到造反边缘或造反道路的一大批人，逐步回归主流，加入改良主义阵营，支持清政府通过渐进的改良主义手段，创新体制，扩大民主，实现民主。所以，要谈论革命进入低潮，谈论中国革命所遇到的困境，就不能不重新检讨刘师培那拨人在1906年前后的政治选择及其演变。

如果从其家族家庭背景说，刘师培是江苏仪征大户人家，诗书传家，书香门第。其曾祖刘文淇，祖父刘毓崧，伯父刘寿曾，父刘贵曾，都是恪守乾嘉汉学传统的大学者，而且更令人感佩的是，刘氏家族代代相传的学问就是一部《春秋左氏传》，他们一代又一代地在这部经典的注释、理解、阐释上下工夫。如果没有他们几代人的努力，我们今天很难弄明白《左传》中的人和事。

浓厚的文化氛围，相对小康的经济基础，使刘师培自幼接受了良好的家庭教育，饱读经史，过目成诵，记忆力、理解力非凡，有神童之誉，因而也被其家族寄予很大希望，希望他能够在中国士大夫传统道路上步步登高，捷报连传，中秀才，得举人，成进士，点状元，直至成为王者师、人上人，光宗耀祖。

然而，或许是因为刘师培太聪明了，或许因为他少年得志太顺利了，他在 1901 年 18 岁那年中秀才，第二年一鼓作气得举人。第三年，他原本准备梅开三度，成进士。不料竟在关键时刻出问题，名落孙山。

传统士大夫的科举正途已成强弩之末，清政府在 1901 年新政开始后，更多的有志青年都看到未来出路可能不在科举正途上，而是要有海外经历留学背景，要有新知识。于是，刘师培在 1903 年初次失败后并没有心灰意冷，他只是学会了选择，选择了放弃，放弃家族长者对他的期待，放弃继续沿着中进士点翰林这条老路亦步亦趋。

学会放弃的刘师培并没有像其他失意学子闷闷不乐整天焦虑，而是在归途中一路游山玩水，拜师访友，经徐州，至扬州，又到镇江、南京，先后拜访缪荃孙、杨文会，并意外结识章太炎、章士钊等学问好思想新，且具有反满思想的革命志士，刘师培的人生道路由此根本改变。

那一年，章太炎 34 岁，刘师培不到 20 岁。章太炎不仅在学术界享有相当声誉，受到江浙知识界一些大佬的表彰提携，而且他自从走出诂经精舍，一再在学术圈惹是生非，与康有为、梁鼎芬等成名学者斗嘴骂架，与政治上的大佬张之洞、李鸿章勾肩搭背，然后不欢而散，特别是他说话不知轻重不计后果，已经多次被清政府列为危险分子，受到通缉。此时，章太炎正躲在租界里与一批反政府反体制的年轻人一起鼓吹排满革命，年轻的刘师培受到他们的感染，毅然决然加入了这个行列，成为中国教育会的成员。

《苏报》案发生后，章太炎、邹容等志士被抓捕被审讯被判刑，但这都没有吓倒刘师培。刘师培反而因此更趋激烈，因沙皇俄国拒不从东三省撤军，而与蔡元培、叶瀚等积极分子一道发起成立“对俄同志会”，创办《俄事警闻》，日以危言，警惕国人。他们意识到，日俄战争即将爆发，这对中国来说是一个极好的机会。中国应该乘着这个机会帮助日本对抗俄国，所以他们号召组织义勇军，准备到前线与俄国人对着干。不久，《俄事警闻》更名为《警钟日报》，俨然以继承章士钊、章太炎、邹容等一系的《苏报》自任。从此后，青年刘师培油然萌生光复汉族革命志向，踏上激进主义不归路。

从后来的立场去反观刘师培那拨人当时的政治选择，他们和孙中山可能还是有区别的。孙中山从一开始就认定必须要推翻满洲人建立的政权，光复中华，恢复汉民族的国家。刘师培这拨人虽然也强调“光汉”，强调光复，但他们之所以走上革命道路、排满道路，主要还是因为清政府在 1901 年发布新政诏书，更多的时候是只说不做，中国在外交特别是在东三省外交上步步退让，这些热血青年实在看不下去，所以接受革命思想、排满思想，走上激进主义道路。

1904 年，随着中国外交危机加深，刘师培的思想更加激进，他相继参加了蔡元培等人组织的军国民教育会、暗杀团，并拥戴还在西牢监狱服刑的章太炎为精神领袖，参与组织成立光复会，成为光复会首批成员。这段时间，刘师培的思想走到极端，他自己似乎也知道这一点，因而在一些文章中直接署名为“激烈派第一人”。

同年，刘师培回乡与何班结婚，或许是因为要刻意反传统，他们两人并没有在故乡举行传统婚礼，就一起返回上海共同生活，何班随即进入爱国学社读书，很快成为激烈的女权主义者，并将自己的名字改为何震。

此后数年，刘师培夫妇参加了刺杀广西巡抚王之春活动，后因《警钟日报》被查封而游走江苏、安徽等地，结识革命志士陈独秀，并一起发起成立岳王会，推崇岳飞的爱国主义精神，以推翻清朝为职志。

1907年年初，刘师培夫妇东渡日本，投靠孙中山，加入同盟会，并很快成为他的朋友章太炎主编的同盟会机关报《民报》的主要撰稿人和编辑人，在《民报》相继发表一组有思想深度又有学术力度的革命文章，既有时代感，体现了革命党人浓厚的革命气息，又有书卷气，展示了革命党方面不弱于康有为、梁启超改良主义的学术素养。这段时期的政论文章不仅是刘师培一生中最精彩的文字，也充分展示了刘师培的学识、见解和理论功底。

或许是因为刘师培夫妇年龄尚轻，或许因为刘师培、何震思想还不成熟，他们到了日本不久，就被当时最为流行的无政府主义宣传所迷惑，立即从激烈的反满主义者转变为无政府主义者。何震很快发起成立“女子复权会”，并创设机关刊物《天义报》，夫妻两个以此为基础进行打拼，居然很快产生巨大影响，章太炎、张继等人相继都被这种无政府主义理论的实用、精致所迷惑，留日学生中更多无政府主义信仰者。

那时的无政府主义其实是一个理论上的大杂烩，既推崇俄国克鲁泡特金的无政府主义学说，也推崇俄国1905年革命，推崇马克思、恩格斯的《共产党宣言》，推崇社会主义和共产主义，他们为此创设“社会主义讲习会”，不遗余力向中国人介绍社会主义理论，介绍一切激进的反传统思想，恨不得中国能够在一天之间变个样。

刘师培、何震的激进思想受到章太炎的赏识，那也是他们几个人友好相处共同发展的最好时光。然而这种好景不长，由于清政府立宪运动开始，各种原先反对清政府的政治力量开始回流，主流已经由原先的革命转为改良，清政府也乘着这个机会不断向日本政府施加压力，利用日本政府在东三省谈判等一系列外交问题上有求于中国，要求日本政府对流亡在那儿的中国人严加管束，对于他们编辑主办的反政府反体制刊物严加查禁。日本政府当然没有完全接受清政府的要求，但革命党人从那个时候开始就觉得日子不像过去那么自由，革命党内部矛盾也因外部压力日趋呈现，这就使章太炎心灰意冷，出家为僧，或者前往印度当和尚研究佛经的想法日趋强烈，又有更加性情的苏曼殊从中鼓动，两个人一拍即合，真的准备前往西天取经。

章太炎、苏曼殊的想法因革命受挫而起，时在1907年秋前后。此时有这个压力的也不止他们两人，刘师培、何震等流亡在海外的革命党人其实都有类似的外部压力和另寻出路的冲动。根据苏曼殊的记述，刘师培准备于1908年春天从日本返回上海，看看能不能在那里找个事情做，因为革命遇到了困难，他们在东京的生活都成了问题，况且他的母亲刘老太太对于异国生活也比较厌倦，于是刘师培夫妇在1907年秋天决定由何震先回国查看一下情形，与相关方面探讨一下可能性。至于刘师培敢于回上海找个事情，当然是自信在日本并没有作恶，并没有太多的政治把柄，还不能算革命党人的首领，所以说他想回国回归主流，加入朝廷主导的政治变革，估计也没有太大的错。

根据何震的说法，章太炎知道清朝驻长崎领事卞绋昌是张之洞的女婿，所以章太炎在心灰意冷对革命失望乃至绝望时，曾经通过卞绋昌致函张之洞，誓言从此后决不革命，决不与闻政治，且言中国革命绝难成功。表示张之洞能够看在多年前交往的份上，提供一笔巨款，那么他章太炎心甘情愿前往印度出家为僧，研读佛经。何震说，章太炎对这封信并没有刻意保密，曾经交给刘师培看过。而揆诸情理和当时革命党人的处境，章太炎的这个想法并不难理解，他只是表示不再革命，并没有像更多的人那样背叛革命，走向反革命。

章太炎写给张之洞的信是在何震回国前即1907年秋直接交寄或者通过卞绋昌寄出的，然而久久没有下文，这不能不让章太炎焦虑。所以当何震回国时，章太炎理所当然委托她设法打听并见机促动。何震答应了这个请求，答应相机帮忙。所以当何震到了上海后，章太炎又写几封信追了过来，催问情形，请求何震务必帮忙，办成此事。

何震的影响力活动力确实不得了，或者说朝廷由于此时已经开始了宪政改革，也不希望那些革命者继续为敌，欢迎他们回归主流，所以到了1907年12月上旬，刘师培就被何震叫回国内，安抵上海，与苏曼殊、柳亚子等人欢聚，并没有遇到什么困难或不便。

刘师培夫妇既然知道章太炎曾经致信张之洞，知道章太炎与清政府也有错综复杂的关系，因而他们在上海也留有一手，由刘师培出面致信章太炎，表示章太炎所托事情估计武汉张之洞那里希望不大，现在正在上海想法与南京的两江总督端方进行交涉。张之洞、端方都有附庸风雅的爱好，这大概也是章太炎、刘师培想到他们的一个原因。

在国内经与各方面的接触，特别是何震在南京各地的活动，两江总督兼南洋大臣端方似乎对刘师培的情形已经比较同情，愿意接受刘师培回归主流。其实，每一个造反者都有被动的原因和不得已的苦衷，而每一个造反者其实也都等待着招安。所以端方的大度和安抚很容易感动刘师培这样原本就很柔弱很感性的读书人，刘师培遂不管不顾于1908年初上书端方，表示愿意放弃革命，回归主流，加入政治变革的队伍。

在这封长信中，刘师培先介绍了自己的家族和家学渊源，介绍自己的教育背景和学术旨趣，承认自己年轻幼稚，在革命思想的影响下，揭民族主义为标，托言光复旧物，以为这些思想合乎中国思想传统，合乎中外华夷之辨，所以在过去很长一段时间，嗜读明季佚史，以清军入关之初，行军或流于惨酷，辄废书兴叹，排满革命思想慢慢积累。

对于自己的排满革命思想的来源，刘师培还强调有《苏报》的影响，有蔡元培等革命党人的影响，有孙中山、黄兴等人的影响。然而紧接着，刘师培说他到了东京后，及至与革命党人朝夕相处之后，始发觉革命党人远不是他们口头所说的那回事。刘师培说，如孙文，本不学之徒，贪淫成性，不知道德为何物。其追随者更是卑劣不堪，稍上者也没有什么多高的政治理想，不过想着一旦革命成功，可以骤跻贵显；至于下劣者则假革命之名，敛财以糊口。

刘师培在这封上书中并不是刻意检举揭发革命党人，而是根据他对中国问题的认识，就朝廷政治改革所应该走的路提供自己的看法。他认为，中国国情国体与欧洲及日本都有很大不同。欧洲、日本均由封建制度变为宪政制度。封建之世，地仅弹丸，户籍、税额，都比较容易弄清楚。理财量入为出，用人则以世举贤。故干涉之政易施，而下无隐情。这就是近代东西洋各国之所以能够走上宪政道路的关键。而中国自战国之后，封建之制早就结束了，政治悉偏于放任，以农业为国本，以聚敛为民贼，故以薄赋轻徭为善政。一二牧令之贤者，率以锄抑豪强，子惠黎元，为部民所讴歌。至于历代王朝的末期，则率以横征暴敛等原因，致使民穷财尽，豪杰蜂起，最后天下大乱，宗社为墟。

据此，刘师培强调，根据他对中国历史的观察，自古至今，凡国家之治乱，其关键就看老百姓的苦与乐。而老百姓的苦与乐，端的又看老百姓的经济状态。所以现在中国大患，并不在于什么政治民主之类的空洞口号，关键就看老百姓手里是否有钱，民贫则身苦，身苦则思乱。因此之故，排满革命之说就这样乘间而起。这就是中国当前的关键与困境。

根据上述分析，刘师培对如何解决这些问题，走出困境，提出了这样五点建议，以作为回归主流的思想奉献。

首先，刘师培建议朝廷应该恢复传统，始终将老百姓的事情放在第一位。他指出，大清国原本具有很好的爱民传统，雍正乾隆年间重视吏治，提拔、罢免官吏时最看重的一条就是是否将老百姓的事情看得最重。那时，偶有盗案、命案，必详加谳审，以察其情。其时对老百姓的重视为中国历史上最好的时期。然而到了道光末年，魏源看到外国入侵带给中国的问题，遂从王夫之的思想中抽绎出一个很重要的观点，以为国家要政只在兵、食二端。其后又经太平军洪杨之乱，湘军诸将平定东南，更加推崇王夫之、魏源两人的说法，以为国家大事除了练兵、筹饷两件外别无他事，老百姓的事情逐渐走出统治者的视野。饷源既增，生民重困。地方官也按照这个思路理政，也不再认为老百姓的事情为事情。现在东南各省，机构林立，非为兵备所资，即为理财而设，很少专门处理老百姓事情的机构。地方长官，吏治混乱不堪，莅民自治，只知道粉饰新政之外表，只知道讨好上峰之耳目，只知道自己怎样才能获得提升，至于民间疾苦、百姓所思所想，根本不被这些官僚所重视。所以，现在老百姓之苦远过于往昔，而有苦无所哭诉无所求告的老百姓，更是日有增益。刘师培认为，这是朝廷首先应该关注应该补救的。

其次，刘师培建议要抑制豪强，强调豪民不可纵。刘师培指出，现在的革命党、改良派都有一个重要理论，就是强调地方自治，以为只有土著之民才有资格管理当地事，可以兴利除弊。其实，这个说法可能很有问题。在中国历史上，其有鱼肉良民、助官为奸者，差不多都是那些劣绅、书吏、胥隶之俦。这些人差不多也都是土著之民，而其为害于民，更甚于那些贪官酷吏。现在许多人假借自治之权，势必舞弊犯科，武断乡曲，假公益之名，敛贫民之膏血。试观现在各地商董、学董，他们至少有一半属于昔日之劣绅。论其兴学，则教育内容并不明了，只知道向政府争学款；论其保商，则实业不兴，只知道向商贾征收各种苛捐杂税。现在各地发生的民变，多因此辈为非作歹所激起。这些人利用商会、学校之名做护符，若老百姓稍逆其言，官吏稍违其请，则以团体之空名，向商部、学部致电请愿，控告那些稍挫其锋者阻挠新政之罪，而官民交受其病。刘师培强调，如果我大清现在还不注意铲除豪强以申民愤，或者再继续放权，予以地方更大自治权，那么很可能使这些豪强如虎添翼，国家长治久安或许更难实现。刘师培的这个建议应该说是看对病，但下错药。地方自治确实使地方豪强有做大的趋势，只是地方自治应该是一条相对比较正确的选择。地方自治怎样做可以讨论，而地方自治的合理性正当性则不应该怀疑。

第三，刘师培强调，新政不必在外观上下工夫，要在实质效果上做文章。他指出，今之新党，几乎从来不去考虑老百姓的实际力量，总是碍于西方文明的影响，以为事事处处均应该无条件效法。不知治有本末，功有缓急。一国之强弱，视其能得人心与否，不在于徒视外观。现在中国欲兴一事，必须巨款。以府库空虚之国，势必征税于民。不知东南各省，以赔款之故，已经竭泽而渔。如果继续增税加赋，势必民怨沸腾，铤而走险。这就是中国不能继续加税加赋的根本原因。如果向外国人借款，则必以利权相抵。试观中国各省，奉天之地，外观之政最为完备，而赋税最重，所借外国人的款项也最多，所失去的权利也是各省之最。其次为湖北，然亦屡借外款。所以今日举行新政，其有益于民者，故宜次第推行。如果只是为了外观好看而进行那些什么改革，除了增加百姓的负担外，毫无意义。所谓新政，决不能办成不是加税加赋以害百姓，就是向外国人借钱而丧失权利。

第四，刘师培建议朝廷要继续重视农业。这个理由过去中国人说得很多了，刘师培只是在这里强调一下重申一下而已。

第五，刘师培强调浇德不可长。他指出，现在东南民气日趋于轻浮，土苴旧学，弁髦道德，拾欧洲思想家边沁、弥儿、赫胥黎之唾余，醉心于功利之说，不以自利为讳言，只认生存竞争为天理，以致放肆恣睢，纵欲败度。举世相习，不以为非。与中国古人断欲克私之旨，大相背违。这就是《乐记》所谓强者胁弱，众者暴寡，智者诈愚，勇者苦怯。这离四维不张已经不远了，至于贿赂公行，邀荣取宠，那还都是非常次要的事情了。

这五点意见，在过去的研究中，被视为刘师培“献策”，以为刘师培以此向清廷讨好，出谋划策，谋取利益。这是从革命者的视角进行观察而得出的结论，其实，如果从另一个层面进行分析，我们还就得承认刘师培的这些看法也有相当的道理，清廷如果真的采纳了他的这五个建议，是否能够使政治得到改善呢？是否能够在革命、保守之外找到第三条道路呢？从更为广阔的历史视角进行观察，其实可以说刘师培的这次思想转变，主要还是因为朝廷主动变革了，像刘师培这样一拨人开始向主流社会回归，这既是清政府改革事业的正当性所获得的必然回报，也是革命逐步走向消沉走向危机的必然结果。这是一个事实判断，并没有什么价值理念在其中。

黄花岗：背水一战

刘师培在写给端方的信末，还有十条具体建议。概括起来，就是怎样消弭革命，怎样将革命党人的影响降到最低，怎样为中国赢得一个和平安宁的环境。刘师培认为，中国革命党人所持理论，不外乎民族主义。而革命党人的民族主义，其实就是排满，除了排满，别无主义。所以要化解革命带给中国的压力，就要在这一点上做文章，要让人人知道民族主义不合于学理，则排满革命的事实，也就在无形中消弭。这就是古人所说的正本清源。

对于革命党人的实际运动，刘师培也有一个分析。他认为，中国革命党人的势力，以两广为最盛；其次则湖南、浙江、山西。至于革命党人所利用的力量，刘师培也有一个分析，比较有意思。他指出，中国革命党人在东京者，只有张继、陶成章、古斯盛、刘揆一、宋教仁几个人稍有势力。至于他们几个人的具体情形，张继于内地党羽较少，唯居住日本的时间比较长，工于演说，以盛气凌人。陶成章为浙江人，运动会党，百折不挠，全浙会党，均为彼用。古斯盛为晋人，所行略与陶成章相近，势力遍布晋省，唯古斯盛做事颇为持重，故未骤发。至于刘揆一，其势力在两湖会匪。宋教仁，其势力在东三省马贼。

谈到革命党人的武器装备，刘师培说，革命党的炸弹，其始均从日本炮兵厂匠人手中私自购买，后来又向长崎的俄国人学习制造技术，但真正掌握了这些技术的人并不多。

在谈到对付革命党人的基本策略时，刘师培建议，只宜使用解散的办法，既往不咎，胁从不咎。对于那些只是因为革命激情而参加革命的，如果严加打击，其效果则是进一步坚定其革命信念，这样于国家前途至为不利。

刘师培向端方向清廷献策怎样对付革命党，从革命党尤其是辛亥革命后胜利者的立场上说当然是一件很难容忍的事情，不过如果从 1908 年这个特殊的年份进行观察，从清政府的立场进行观察，从政治变革的主流社会情形进行观察，是否真的就毫无意义呢？流血的革命毕竟是一种不得已而为之的事情，和平的变革毕竟对人民更有利，刘师培为什么就没有放弃革命，回归主流社会的权利呢？为什么一定要求他革命到底呢？

后来辛亥革命的胜利带有很大的偶然因素，在某种程度上说并不是革命者流血牺牲的结果，如果没有清政府主导的政治变革，如果没有立宪党人的坚持和反水，凭借孙中山、黄兴等人在边境一带继续发动暴力攻击，说句实在话，真的不知道革命的希望在哪里？

而且，立宪党人的主要来源，其实除了国内民族资本的发展所产生的实业家、中产阶级外，一个重要的渠道，就是先前对清政府拖延改革、拒绝改革而不满的一批具有革命情绪的人。这一点正如辛亥革命参加者梁漱溟所说的那样，当革命与改良论战后，当清廷主导的政治变革开始后，大多数中国人还是选择了朝廷，选择了改良，选择最便捷的道路，于是许多并不那么坚定的革命者自动地毫无痕迹地转为改良主义者，这一点转变在这些人思想上没有任何纠结，更没有刘师培式的痛苦、不安与自责。

诚如刘师培所说，革命党人中真正具有理想主义的人物并不是很多，少数拥有势力的革命党领袖其实只是在利用江湖力量利用会党甚至是利用马贼一类的力量进行活动，进行革命。这些革命给中国带来相当破坏，但这种革命注定很难成功。

在我们过去几十年的研究中，一直比较倾心于革命党人组织的历次武装起义，不管这些起义给社会给百姓带来怎样的后果，总是以为这些暴力活动就是好，是对清政府反动统治的打击。其实，转换一下讨论问题的角度，就很容易发现这种讨论实际上是很不负责任的，是把中国历史上从来不被赞美不被认同的东西当做正义加以赞美。中国历代圣贤对于革命并不完全反对，就像孙中山所发掘出来的理由，中国革命是顺乎天而应乎人的正义事业，中国革命是要推动中国社会的进步，那么当现存政府愿意进行脱胎换骨的改良变化后，革命者的合法性是否继续存在呢？从这个意义上反观清朝最后几年的革命、民变，其实还是应该进行具体分析，既不能一概否定革命的合法性合理性正当性，也不能一味鼓吹暴力鼓吹武装起义鼓吹造反。

同盟会成立一年后，也就是当章太炎来到东京不久，孙中山就和章太炎及黄兴等人制定了一份《革命方略》，以作为同盟会此后工作的指导方针。这个方略包含《军政府宣言》《军政府与各国民军之条件》《招军章程》《招降清朝兵勇条件》《略地规则》《对外宣言》《招降满洲将士布告》《扫除租税厘捐》八个文件。由于这些文件制定在同盟会发展比较顺利而清廷的政治改革尚未完全启动时，所以革命党人此时的情绪比较乐观，以为革命形势会有很大很顺利的发展，以为义师所指，就能够推翻清政府，建立军政府，就能够使中国从满洲人两百多年的“殖民统治”中解放出来。所以《革命方略》对夺取政权之后的建设有很多设计，提出军法时期、约法时期这样对后来影响很大的政治概念。

《革命方略》的重点，是以武装的革命反抗推翻武装的反革命，所以这份文件对武装斗争、对暴力革命给予非常正面的肯定和讴歌，以为革命党人之所以不与“满洲殖民者”合作，不愿介入满洲人主导的政治变革进程，主要是因为两百年来满洲人的政治统治足以证明这些改革不可信，与其瞎耽误工夫浪费时间蹉跎岁月，不如下定决心，用最简洁的办法推翻这个反动政权，重建汉族人的国家。至于为什么一定要说满洲人异族政权，正如刘师培所说并没有多少道理，只是革命党人坚持不懈这样说，三人成虎，许多人也就觉得满洲人建立的大清国还真有点儿像外来政权，应该驱逐。

也正像刘师培的分析，革命党人有自己的政治理想，但革命党人并没有自己的力量特别是军事力量，所谓推翻清政府，其实只能利用甲午战争之后各地不断兴起或恢复的秘密结社也即会党，还有就是清政府在1895年之后建立的新军，因为这批新军在接受东西洋军事训练的同时，也多少接受了东西洋各国近代的新思想。

在利用会党、马贼等民间力量反抗清政府时，革命党人能够做的，其实就是利用在海外通过华侨华人募集来的钱购买武器弹药，然后将这些武器弹药交给这些民间力量，同时也要给他们一些钱作为补偿或军饷，这是同盟会成立后组织的重大武装起义使用最多的一种手段。而这些革命党领袖基本上处于流动状态，大部分时间生活在国外，偶尔通过特殊渠道返回国内，进行策动，因而这些起义从根本上说没有真正的民意基础，不可能建立巩固的根据地，不可能从根本上震撼清政府的政治统治，即便是革命党人后来进行政治暗杀，即便真的杀了一些清廷高官，除了造成一些社会震撼外，其真实效果可能与其期待正好相反，更多的人越来越觉得那些革命党人就是一个破坏者，不懂得建设不懂得妥协，不知道加入社会变革主流的价值。

同盟会成立后构成一定影响力的武装起义，还是从1906年的萍浏醴起义开始算起。湖南的醴陵、浏阳和江西的萍乡、万载等县，为湖南、江西两省交界处，其实就是一个三不管的地方，是长江中游哥老会分支洪江会的活动区域。

在同盟会成立前，由黄兴任会长的华兴会谋划在慈禧太后70大寿的时候举行一次起义，在省城长沙进行一次连环爆炸，最好炸死前来行礼的清廷高官，然后乘机起事，扩大战果。只是华兴会本身的力量还比较弱小，为了这次起义，华兴会只好联络各地会党共同参与，军事行动的实际领导人就是洪江会首领马福益。

然而由于风声走漏，华兴会长沙起义未及举行就被官府获知，黄兴、宋教仁、陈天华、刘揆一等分头逃走，而马福益或许因为江湖背景，相信有办法逃脱朝廷追捕，不料被官府抓获并被杀害。

黄兴、宋教仁等人先后逃往日本，他们在那里与孙中山会合并于第二年联合成立了同盟会，华兴会作为一个独立的组织不再存在，但同盟会的总部支部其实就是原来华兴会的那些人，他们的工作重点依然是两湖地区即长江中游一带。

1906年春，刘道一、蔡绍南受同盟会东京总部的委派返回湖南秘密发动会党或新军寻机起事，很快与华兴会旧部蒋翊武等人以及会党首领龚春台等取得联系。根据黄兴的指示，他们决定利用会党的力量在萍浏醴三地同时发动，然后分兵进攻长沙、南昌，同时在这个过程中还要充分利用军队中的力量一起参与，因为会党不仅缺乏武器装备，而且缺少训练，无法持久，起义能否成功就看能动员多少新军反戈一击。

经过一段时间的筹备，他们帮助龚春台联络哥老会各部，并重建了“六龙山洪江会”，推龚春台为大哥，并确立接受同盟会领导，以反满兴汉为宗旨。虽然保留了江湖会党的习惯、习气和做派，但毕竟接受了同盟会的领导，成为同盟会后来举行起义的重要凭借。

在同盟会的帮助下，六龙山洪江会发展迅猛，据说很快就集结了 10 万之众。只是人数众多并不意味着力量强大，反而容易走漏风声。1906 年底，龚春台、蔡绍南等通过各路码头发动起义，起义军也迅速占领了浏阳、萍乡一些地方，但由于起义军组织涣散、装备太差，起义在清军大规模围剿下很快结束，阵亡或被捕被杀害的义军将士不计其数。

当刘道一等人策划湘赣交界地区起义前后，孙中山也在利用自己的地缘优势经营着两广暴动，他一直希望能够在那里获得突破，因为那里不仅是他的故乡，人头熟，更重要的是那里天高皇帝远，大规模的清军调动并不是那么容易。他希望在两广获得突破后，据两广为根据地，然后大举北伐，其内心深处的模仿对象大约就是洪秀全和他的太平军。孙中山后来在民国时代几次以两广为根据地策动革命，其实都有类似考虑。

在两广，孙中山依靠或者说凭借的力量与黄兴等人在两湖非常相似，主要也是会党，而且由于两广濒临大海，不仅方便接受从海外运送来的军火、人力、物力，更重要的是便于撤退，便于转移。孙中山的目标只是要不断惊扰清政府，因为他从两广打到北京，不是不可能，而是根本不知要打到何年何月。

尽管如此，孙中山还是知其不可为而为之，自从 1894 年发誓推翻清朝以后，孙中山一次又一次地在两广发动武装起义，那真是英勇不屈，屡败屡战。1907 年春，随着清廷立宪步伐加快，革命的危机日趋加深，孙中山也加快了武装起义的步伐，干脆在河内设立了比较固定的指挥机关，全面策划和指挥在两广及其周边地区的武装起义，于是有1907年的黄冈起义、七女湖起义、防城起义、镇南关起义，以及1908年的钦州马笃山起义、河口起义等。这些起义虽然无不以失败而结束，无不付出沉重的代价，但这些失败丝毫没有使孙中山、黄兴等革命领袖失去信心，相反，他们在失败中看到了希望，在失败中找到了经验。由此完全可以相信，假如不是辛亥革命获得了成功，不论革命党人怎样边缘化，怎样人数萎缩，相信孙中山一定不会放弃，一定会坚持武装斗争到底。

孙中山、黄兴等同盟会领袖组织领导的武装起义一般侧重于和会党合作，而会党用今天的话说其实就是黑社会，这些黑社会在升平时代是中国社会的毒瘤，在动乱时期就是草莽英雄。会党领袖不一定刻意反政府反体制，但肯定不会和政府和体制密切合作，而是占山为王，站在穷人、老百姓的一边，劫富济贫。会党的势力以其人数多少为标准，因而只要有机会有条件，所有的会党都是来者不拒，不断收编、火并，扩大自己的势力范围，增强自己的实力。那么这些势力扩充后，他们也不可能整天抢劫官府，与官府形成对立的两极，时时受到官府搜捕，所以他们必须解决基本的生存问题，必须要有一定的能够维持其存在的收入。所以，这批会党尽管不太过问现实政治，但他们同样乐意接受来自各方面的委托，发动一些骚动或暴乱。在某种意义上说，孙中山、黄兴等同盟会领袖与会党的合作，其实很像后来的“代理人战争”，即同盟会负责筹措资金，提供武器装备，提供军事顾问方面的支援，而会党提供基本的人力，于是这些在名义上由同盟会、革命党发动的武装起义就这样发生了。由此，起义的结果在起义筹备时期就大体注定。革命党是要制造影响，会党是为了金钱，为了维持它那规模庞大且日趋庞大的众弟兄最起码的物质生活。至于革命党方面也当然很清楚，能够筹到多少钱，就能够做到多少事，起义的结果，一般说来，革命党领袖特别是孙中山心中都有数。这些革命领袖之所以能够在每次起义失败后顺利逃脱，其实是他们早都有了失败的预案。

与孙中山、黄兴等人的情形做派稍微有点儿不一样的是光复会。光复会策动的武装起义虽然也是从联络会党，利用会党的力量入手，但光复会所组织的起义，一般说来总有光复会的领袖冲在前头，充当中坚或先锋，所以要说震撼力的话，光复会的几次暴动，其影响似乎要远大于孙中山、黄兴等人组织的起义。

光复会的主要人员来自江浙，文化教养似乎也比较高，主要成员有蔡元培、章太炎、陶成章、龚宝铨、徐锡麟、秋瑾等，他们的政治纲领是“光复汉族，还我山河，以身许国，功成身退”，有与同盟会纲领相同的地方，如光复汉族其实就是驱逐鞑虏；有不同的地方，同盟会强调革命后的建设，如创建民国，平均地权，而光复会简单明了，就是以身许国，功成身退。

在斗争手段上，光复会在利用会党的同时，更强调自己动手，自己进行，可能受俄国无政府主义影响的缘故，光复会在注重文字宣传的同时，更注意以暗杀作为主要的斗争手段。光复会的前身，其实就是龚宝铨组织的军国民教育会的暗杀团。他们之所以那么看重暗杀，因为暗杀目标明确，易于操作，且影响大，成本小，牺牲也相对比较小。所以从光复会的领袖及骨干身上，可以看出更多刚烈和英雄豪气，即便是女性如秋瑾，也给你一种英气逼人的感觉。

光复会的活动区域主要在安徽和浙江，徐锡麟在浙江绍兴创办有大通学堂，通过这个学堂培养革命力量，训练会党头目，除了让他们掌握军事技术外，主要还向这些会党头目灌输排满革命思想，培养对革命的忠诚。另一方面，光复会领导人基于英雄主义的思考，并不主张发动一般民众进行大众革命，而是主张精英人物进行最快捷的夺权，力主多筹集资金为光复会骨干捐官，以此打入清政府内部，谋握兵权，相机起事，实行“中央革命”。他们认为，这种做法牺牲少，收益大，效果明显，而且对社会不会发生大的动荡，造成大的危害。基于这种立场，徐锡麟出资捐了一个道员，1906 年被分发至安徽武备学堂担任副总办、巡警处会办及巡警学堂监督，跻身安徽军政高层。

徐锡麟捐官之后，接手大通学堂事务的秋瑾萧规曹随，继续利用大通学堂培训会党骨干，希望将那些会党其实也就是会匪、土匪等改造成有信仰的革命者，然后将这些经过训练的骨干扩充至光复会，重建光复会组织系统。

经徐锡麟、秋瑾等人重建后的光复会系统，推徐锡麟为首领，秋瑾为协领。他们还准备筹组光复军，拟订起义计划，准备在浙江、安徽等几个地方同时发难，突破局部，然后再与其他地方其他系统的革命党人联合，逐步夺取全国政权。

光复会的战略指导思想是要用暗杀和“中央革命”的方式获取成功，因而很多情形下是一种英雄主义的做派，不同于盟会中的其他派别诸如孙中山的兴中会系、黄兴的华兴会系，总是动员会党冲锋在前，光复会首领许多时候就是自己干，单枪匹马单打独斗。

天底下没有不透风的墙。无论光复会的计划怎样周密，架不住随着其规模的扩大，许多活动、计划在不经意间总会走漏风声。徐锡麟、秋瑾等人原本准备在 1907 年 7 月发难，不料在绍兴到了 6 月就暴露了一些痕迹，清政府加紧搜捕革命党人，情况日趋危机，主动出击，尽早发难或许可以弥补疏漏于万一，继续拖延只有被动等着被抓被杀。当徐锡麟获悉绍兴那边的情形后，遂决定单独行动，刺杀恩铭。

满洲人恩铭在晚清官场其实是一个并不太坏的官僚，具有一定的国际视野和时代感，知道大势所趋人心所向，在庚子事变、新政中，追随潮流，还是做了一些好事情。特别是 1906 年出任安徽巡抚后，对于安徽教育发展、警察制度、军队重建，特别是军事学堂的发展，真的做出了相当重要的贡献。也就是他在扩充警务、扩建军队的过程中，徐锡麟由捐资道员逐步提升，成为安徽军警界的高官，有机会接触恩铭，这也是恩铭毙命的直接原因。

1907年7月6日，安徽巡警学堂举行毕业典礼，恩铭率安徽军政高官出席检阅。恩铭无论如何想不到的是，当检阅还没开始的时候，检阅指挥徐锡麟竟然近距离向他开枪。

恩铭毙命后，徐锡麟当然也被清军抓获残忍地杀害，剖腹剜心。革命党方面说徐锡麟刺杀恩铭进一步激起人民对清王朝的无比愤慨。其实，清政府方面却因恩铭被枪杀做出两种准备，一是进一步加大政治变革的力度和速度，更加坚定地相信只有建立了君主立宪政体才能从根本上消弭革命，稳定社会；二是加大对革命党的围追堵截，想尽一切办法扩大政治变革的主流队伍，对于原先加入革命阵营的，不论什么原因，只要回归主流，就一概既往不咎，于是像刘师培、章太炎这样的大知识分子，都在清政府立宪运动中产生动摇。毫无疑问，这又进一步孤立了那些坚定的革命者，使这很少一部分人更加无路可走。

清政府主导的立宪运动顺利进展，革命党人就愈加孤立，同盟会内部失望情绪就必然蔓延，举目前途，众有忧色，询及将来计划，莫不歔欷太息，相视无言，谁也不知道下一步怎么办，会怎样，革命与改良的竞赛就这样初见分晓，改良成了中国政治的主导，革命日趋边缘。

为了拯救革命，也就是为了坚定尚留在革命阵营内部那些人的信念，孙中山于1910年3月向黄兴建议在广州再举行一次规模稍大的起义，以打消革命队伍内部的消极情绪，让大家相信，革命尽管目前处于低潮，但革命之风潮已盛，华侨的思想已开，从今之后，我们革命党人只需要考虑革命计划，坚定革命信心。

孙中山的建议获得了黄兴热情支持。黄兴其实也早就意识到了，革命党人如果不能发动像样子的起义，不给清政府有力打击，那么革命就处在危险之中，随着清政府政治变革的实现，革命必将彻底边缘化。

有了黄兴的支持，孙中山在槟榔屿召集同盟会重要骨干详细研究起义计划，决议乘国际形势还没有彻底恶化，内地革命形势还没有彻底无望的时候，尽快在广东发动一次大规模、重量级的武装暴动，决意为破釜沉舟之举，誓不反顾，与虏一搏，内地同志舍命，海外同志出财。换言之，孙中山依然期待在海外募集巨款，依然使用“代理人战争”的方式去给正在瓦解正在消弭的革命注入强心针，让革命起死回生，重现生机。

鉴于过去无数次失败教训，同盟会领导人这一次对起义进行了认真细致的准备，通过华侨筹集了 15 万元巨款，分别来自美洲、英属南洋及荷属南洋；然后用这笔款项，在日本、越南、香港分别购置一批武器弹药；准备了力量，计划以新军为骨干，以巡防营、警察、民军等为配合，并从这批队伍中选拔一批精干组织成敢死队，陆续进入香港集训。

这次广州起义的目标，就是要夺取两广总督府。于是黄兴于 1911 年 4 月 23 日由香港潜入广州，在两广总督府附近组建起义指挥部，然而由于内奸告密，清军方面已有警觉，全城戒严，搜捕革命党，原有的起义计划被打乱，参加起义的人数也自然大幅度减少，黄兴临场发挥，决定将原定十路进兵的计划改为四路，第一路由他亲自率领攻打总督府，第二路由姚雨平率领攻打小北门，第三路由陈炯明带队攻打巡警教练所，第四路由胡毅生指挥坚守南大门。

4 月 27 日下午 5 时许，起义按照计划进行，黄兴率领 120 多名敢死队员猛攻总督府，两广总督张鸣岐闻讯逃往水师提督衙门。黄兴的目标就是张鸣岐，找不到张鸣岐，黄兴一怒之下放火焚烧总督府，然后冲杀出来，正碰上水师提督李准的亲兵大队，双方又是一场激战。革命党人林时爽阵亡，黄兴断了一个指头，且战且退，直到剩下自己一个人方才有机会避入一家商店，改装出城。4 月 30 日逃至香港。

这次起义，除黄兴及一部分义军如约发动外，其余各路均未能按照计划行动。新军子弹被没收，没有作战能力；胡毅生、陈炯明事先逃出广州；姚雨平因胡毅生刁难，也没有及时领到武器装备，起义爆发后隐匿不出。于是所谓广州起义，其实就是黄兴一部在战斗，甚至可以说是“一个人的战争”，焉有不失败之理？

广州起义失败后，革命志士潘达微克服许多困难收敛遗骸，总计达72具，安葬于广州郊外红花岗，并将红花岗更名为黄花岗，于是历史又称此役为“黄花岗起义”。

第五章　得意忘形中决策

黄花岗起义失败了。这其实是同盟会、革命党组织的一系列起义中普普通通的一起，并没有什么深意和效果，但是由于过了不到半年，武昌首义发生了，成功了，由此，黄花岗起义的意义也被重估了。孙中山1921年在《黄花岗烈士事略序》中充满深情和诗意地表示：是役也，碧血横飞，浩气四塞，草木为之含悲，风云因而色变。全国久蛰之人心，乃大兴奋。怨愤所积，如怒涛排壑，不可遏抑，不半载而武昌之大革命成。则斯役之价值，直可惊天地，泣鬼神，与武昌革命之役并寿。孙中山的评价当然有其道理，只是从历史主义的观点看，革命党人虽然在黄花岗起义中做出巨大牺牲，但从长时段来说并没有改变历史进程，从短期效果看，更没有改变革命党人被孤立被边缘的艰难处境，因为清廷主导的立宪运动仍在健康发展着。

责任内阁弄成了皇族内阁

清政府没有把黄花岗起义当作一件特殊的事情，因为类似的革命党起事并没有影响立宪运动的进程，并没有改变历史发展的轨迹。革命党人所说的“黄花岗起义”在清廷看来，就是一起平平常常的“乱党潜图起事”，既然已经由广东总督府督饬营队相机剿捕，平息了叛乱，那么除了奖励有功人员，督促各地依然严密设防，切实侦缉，以靖内奸而消隐患外，并没有弄得草木皆兵人心惶惶。太阳照常升起，清政府的各项改革尤其是政治变革，并没有因为这场动荡有丝毫改变。清廷在这场动荡之后一个星期，于 1911 年 5 月 8 日颁布《内阁官制》及《内阁办事暂行章程》，紧接着，又宣布第一届责任内阁名单，清廷主导的“有计划的政治”正在按照计划有条不紊地进行着。

根据君主立宪的一般原则和朝廷的规划，清廷于 1910 年就决定将官制厘定，提前试办，并即组织内阁。后又经宪政编查馆研究对宪政筹备事宜进行微调，提出修正方案，朝廷决定在宣统三年也就是 1911 年颁布内阁官制，设立内阁，统一政治，确定方针，使之符合君主立宪政体。

所谓君主立宪政体，其实就是让皇室让皇上永远不出错不犯错，永远正确，而要想做到这一点，就必须使皇上居于至上地位但又不亲临实际政治，不在第一线工作。不工作，当然不出错。这就是这个机制的奥秘。皇上拥有最后否决权，内阁处于一切事务的中心，内阁就是政府，政府可以无限度地倒台，内阁可以像走马灯一样换来换去，但皇上永远是皇上，这就是君主立宪的奥秘。

而要做到让君主处于超脱地位，不仅君主不再介入实际的政治，即便是皇室成员，也不应该在政府中继续担任职务。皇室成员的消费由政府支出，纳税人埋单，但皇室成员只要享有皇室待遇，就不能在政府中任职。

然而第一届责任内阁毕竟处在一个特殊的时间点，在旧有的官僚体系中无法完全排除皇族出身或满洲人出身这样的背景，而且在朝廷的概念中，这些皇族成员、满洲贵族继续在立宪政体中担任职务，是为国家为朝廷做贡献，他们根本没有从立宪政体应该回避什么的角度进行思考，于是《内阁官制》及《内阁办事暂行章程》并没有引起什么问题，而第一届责任内阁名单一经宣布，立即引起舆论哗然，全国充满一片反对的声音。

第一届责任内阁的构成确实违反了君主立宪的一般原则，违背了1908年的《钦定宪法大纲》的规定。因为根据这些原则和规定，皇族亲贵不得出任政府要职，不得担任任何拥有政治权力的行政职务。这是一个非常原则性的规定，反对的声音也就是从这里推导发出的。

然而，反对者忽略了《钦定宪法大纲》中的特例或例外原则。这个《钦定宪法大纲》在规范皇帝权力时有一项特殊规定，即大权统于朝廷，皇帝拥有颁布法律、召集解散议会、设官制禄、黜陟百司等权力，以为君主立宪体制中的黜陟百司就是皇上有权任用一切官员。从这个意义上说，第一届责任内阁怎样组成，由谁来组成，其实权力还在朝廷，在皇上。这也是皇帝不容剥夺的特权。所以说，第一届责任内阁弄成了皇族内阁，弄成了一个太子党，虽然不尽理想，但并没有超越宪法规定，并不违宪。这是从朝廷一方面说的。

当然，从更严格的意义上说，从反对党的立场看，清廷的这个决定当然很有问题。因为君主立宪政体下的黜陟百司，只是君主根据议会的选举结果，或根据政府的提名拥有任命官员的权力，而这个权力显然只是礼仪性质的，并不具有实质性意义。也就是说，皇帝的任命并不是皇帝的决定，而是皇帝根据议会和政府的决定加以宣布，从而使这些政治任命具有神圣性、至上性。所以，君主立宪政体下的黜陟百司和君主专制政体下的黜陟百司具有完全不同的性质。

至于皇族亲贵不得担任政府要职，这是君主立宪政体下的必然规定，因为主要是避免皇族被这些亲贵拖入某些政治的或经济的丑闻，要保持皇室的神秘、至上、榜样的功能，就必须在制度上保证皇室亲贵只做好事不做坏事，比如皇室亲贵可以从事某些慈善事业、亲善事业，但绝不能担任任何实质性的官职。政府或者说国民可以全资将皇室贵亲全部养起来，就是要使这个特殊的第一家庭不发生任何影响国民信仰的丑闻。通观世界各君主立宪国家，其实都是这样做的，这是君主立宪的起码要求。

其实不止在君主立宪政体下必须这样做，即便在君主专制政体下，英明或强势的君主也严格禁止皇室成员干政用事，清朝至少自雍正朝开始，就有这方面的严格规定，严格禁止皇室亲贵担任行政职务。直至咸丰年间，确实因为时事危机，确实因为小六子恭亲王奕䜣太有本事，所以他的哥哥咸丰帝才违反祖制于咸丰三年命恭亲王在军机大臣上行走，开皇室亲贵用事之端。至咸丰十年，恭亲王奕䜣临危受命，担任议和大臣，功高震主，成为此后清廷政治生活中的关键人物。恭亲王奕䜣头脑清晰，有眼光有见解，懂得世界大势，他虽然是皇亲贵胄用事，但还算是做了一些好事，顺应世界潮流，推动了中国的现代化。但是如果从不好的一面去检讨，恭亲王奕䜣担任政府首席，也有许多问题，1861 年的祺祥政变，如果不是他占据政府中的有利地形，可能结果会不一样，或许根本就不应该发生。至于此后与慈禧太后争权，介入许多政治纠纷，都可以从皇室贵胄违反祖制出任政府要职中找到某些蛛丝马迹。

更重要的是，恭亲王奕䜣出任政府要职后，开启清廷皇族成员从政的先河，接替他相继出任军机大臣的礼亲王世铎、庆亲王奕劻，都是循恭亲王的先例主持朝政，成为晚清政治史上的关键人物。

慈禧太后、光绪帝之所以相继同意恭亲王、礼亲王、庆亲王等违反祖制，担任政府首席，可能有多种考虑，其中一个重要的考量，可能与清廷在同治年代开始重用汉大臣有关，汉大臣曾国藩、李鸿章、左宗棠、胡林翼等人在平定国内骚乱过程中发挥过重大作用，他们在后来的政治生态中也就拥有非同寻常的地位，如果不能对这些重臣进行有效制衡，如果这些重臣不能具备曾国藩那样的忠诚，对大清王朝来说，肯定是非常危险的。这大概是皇室亲贵相继出任政府要职的一个重要原因，也是此后满汉双轨体制不断强化的根本原因。

在1901年新政前，满洲贵族有出任满尚书的惯例，那是为了保证这个部门在政治上的正确，是清廷采取的分权手段。这些满洲贵族也只是广义上的，并不是指狭义的皇室成员，皇室成员在政府中任职情况还是比较少见。但是到了新政改革发生后，大约是孙中山革命党人在海外鼓吹的排满思潮的深刻影响，或者是因为政治改革的进程，使所有人都享有同等的待遇，既然一般汉人都有政治上提升的可能，那么皇室成员为什么不能享有同等的国民待遇，从事政治呢？这就像我们后来所说的，既然在法律面前人人平等，平常百姓家的孩子能够从政，能够在官场上折腾，为什么要防范干部子弟防范皇族成员从政，剥夺他们的政治权利呢？所以，随着晚清政治改革的进程，不仅满洲贵族逐渐占据政府要津，而且皇室成员也跃跃欲试，庆亲王奕劻的长子载振先后担任商部、农工商部尚书；镇国公载泽先后担任出使各国考察宪政大臣、度支部尚书；肃亲王善耆相继担任崇文门税监、步军统领、民政部尚书等。他们虽然在晚清政治发展中有过许多正面影响乃至贡献，但皇室宗亲出任政府要员实际上对皇室必定具有相当伤害。像贝勒载振1907年在天津惹出来的杨翠喜案，绝不是一般的名士风流，这种事对皇室的伤害绝不应低估。

皇室贵胄当然有从事政治的权利，当然享有国民的一般待遇。只是如果这些皇室成员执意要从政，执意要享有一般国民权利的时候，其实就应该放弃自己的皇室地位，否则就是一种不公正，就会伤害皇室。然而摄政王载沣并没有弄明白这一点，所以在他接手大清王朝的权力后，不仅没有改变或扭转先前政治的弊病和偏差，反而较先前更严重。或许是因为他个人觉得自己威望不足以服众，或许是他真的担心汉人势力坐大，影响满洲贵族统治集团的利益，总而言之，在他接管权力之后不久，就任命其弟弟贝勒载涛和贝勒毓朗、陆军部尚书铁良等为新成立的中央禁卫军训练大臣，掌控禁卫军的权力。稍后，又任命毓朗、载涛为新设立的军咨府的负责人，另外一个弟弟贝勒载洵为海军部大臣、参预政务大臣，毓朗为军机大臣，溥伦为农工商部尚书。这些皇亲国戚不是说不能从事政治活动，不是说不能担任政治职务行政职务，更不是说他们没有这个能力，而是说他们担任了这些职务之后，一定会影响政治中心的权力运作，特别是在预备立宪过程中，在九年筹备过程中，一定会使汉人有很不愉快的印象，一定会使汉人觉得，还是孙中山等革命党人说得对，满洲贵族对权力是高度垄断的，满洲人推动的政治改革都是骗人的，你看,《钦定宪法大纲》明明规定皇亲国戚不得担任要职，干预国政，更不能掌握兵权，可是这些规定在满洲贵族统治集团那里，可是从来都没有准备遵守。清廷的政治威望随着皇亲国戚在中央政府拥有的席位增加而下降。

以摄政王载沣为首的清政府在化解了资政院危机即国会请愿运动后，也在政治信誉上有重大牺牲，清廷此时宣布接受国会请愿代表团和各省督抚的建议，将九年预备立宪缩短为五年，宣布于1913年召集正式国会。于是在此后的两年预备期中，清政府要做的工作还是很多，还是很紧张的。当时清政府宣布，这两年的筹备期，要先厘定官制，要编订宪法，要组织责任内阁。这些都是非做不可的事。

实事求是地说，清廷对于这个宣布是认真的，宣布之后清廷也是踏实筹备踏实进行的，所以当清政府的这个决定公开之后，先前一致要求提前召集国会的人开始出现分化，江浙地区的立宪党人基本上退出了此后的持续请愿，愿意与政府一起扎实准备，迎接正式国会的召集。

按照清政府1910年12月6日的宣布，两年筹备期中三个最要事项中，最值得期待的大概就是责任内阁，稍具异端思想倾向的人在无法根本改变清朝政治制度的时候，只有把希望放在清廷能够推出一些新面孔新人方面，所以进入1911年，国内各界都对清廷的这个举措给予高度关注。

清廷最高统治层当然也知道国内外对责任内阁的期待，也真诚希望出台的责任内阁能够获得各方面的拥护支持或认同。1911年1月17日，宪政编查馆奉旨将九年立宪预备期按照五年的标准进行调整，原先列在第六年以后的所有筹备事项，都根据修正后的时间表作了相应改动。根据这个调整，新的立宪计划大致为：1910年厘定内阁官制、弼德院官制；1911年，设立内阁、弼德院、行政审判院，颁布施行中央和地方官制，颁布会计法；1912年，颁布宪法、皇室大典、两院制的议院法、议员选举法，选举议员，确定预算决算，设立审计院，实行新刑律、民律、商律、刑事民事诉讼律，续办地方自治，县以上各级审判厅一律成立，续筹八旗生计；1913年，颁布召集议员令，开设议院。至此，完成完全立宪。

从这个调整后的程序看，清政府要做的工作确实不少。

宪政编查馆在1910年确实拟定出了内阁官制草案，但这个草案似乎并不令人满意，军机大臣对此进行了许多修改。1911年5月8日，朝廷正式公布《内阁官制》与《内阁办事暂行章程》两个重要文件，内阁官制和责任内阁的组建终于向前迈出了重要一步。

新颁布的内阁官制规定内阁由国务大臣组成，而国务大臣包括内阁总理及各部大臣。国务大臣的职责是辅弼皇帝，担负责任。总理大臣为内阁首脑，为国务大臣领袖，决定内阁政治方针，保持行政统一；有权停止执行各部大臣的错误命令或处分；有权对各省及藩属长官发布行政训示，实行监督，并停止其错误命令或处分；有权发布内阁令，随时入对。

根据内阁官制及同时颁布的办事暂行章程，内阁就是国家的行政中心，在皇帝领导下，享有处置全国行政事务的大权，这对于重建中央政府层面的三权分立，当然是一个比较重要的尝试，将来以内阁与议会相互牵制，再加上监察机构的监督，中国政治制度重建一定指日可待。

《内阁官制》和《内阁办事暂行章程》公布的同一天（5月8日），清廷还宣布了第一届内阁组成名单：

内阁总理大臣：庆亲王奕劻（皇族）；

内阁协理大臣：那桐（满）、徐世昌（汉）；

外务大臣：梁敦彦（汉）（邹嘉来署理）；

民政大臣：善耆（皇族）；

度支大臣：载泽（皇族）；

学务大臣：唐景崇（汉）；

陆军大臣：荫昌（满）；

海军大臣：载洵（皇族）；

司法大臣：绍昌（皇族）；

农工商大臣：溥伦（皇族）；

邮传大臣：盛宣怀（汉）；

理藩大臣：寿耆（皇族）。

从总理大臣至各部大臣，总计13人，如果按照他们的出身进行分析，确实有点奇怪。这13个人，皇族出身的竟然占了7人，一半以上；汉族出身的只有4人，不到三分之一。这就是后来所说的所谓皇族内阁，当然使许多人大跌眼镜。

在同一天公布的其他方案中，清廷宣布裁撤旧设内阁、军机处及会议政务处；设立弼德院，以大学士陆润庠为院长，大学士荣庆为副院长；改军咨处为军咨府，以贝勒载涛、毓朗为军咨大臣；命内阁总理大臣、协理大臣，均兼充宪政编查馆大臣。

内阁官制的公布和责任内阁的出台，是1911年的头号重大事件，内阁官制问题不大，而责任内阁的名单似乎引起了很多人的反对和猜疑。所以到了第二天，内阁总理大臣奕劻和协理大臣那桐、徐世昌一致向摄政王表示难以胜任，请求收回成命，另请高人。摄政王当然不会同意，于是奕劻在第三天也就是5月10日再次请辞，并明确表示由于责任内阁的人员构成太偏皇族成员，这与立宪体制明显不合。现在的中国正处在改革的关键时期，绝不应该以“皇族内阁”为发端，以辜负皇上的期待和天下臣民的厚望。皇族内阁既不利于天下，也有害于皇室。奕劻对此已经说得很明白。

庆亲王奕劻的第二次请辞依然被摄政王所拒绝，摄政王当然明白奕劻的理由，但权衡利害，摄政王坚持让奕劻走马上任，出任责任内阁第一任总理大臣。

摄政王之所以坚持既定方案，显然有着自己的考虑。这个考虑就是，现在公布的内阁名单，只是一种过渡时代的过渡形态，还不是完全意义上的责任内阁，这是第一。第二，立宪国家的政治改革，是泯灭一切民族身份，所有民族一律平等，所有出身都不再区分贵贱。汉族人可以出任内阁总理大臣，满洲人乃至满洲贵族也同样可以出任内阁总理大臣。立宪政治人无分贵贱，是对所有人而言，那么为什么要限制皇族成员出任政府要职呢？更何况，从当时实际情况看，这几个出身皇族的内阁成员，也并不是五谷不分的草包饭桶吧？第三，当时中国的政治精英似乎也就那些人，那么多人，可供摄政王选择的实在太少了。汉族出身的高官自老一代李鸿章、张之洞相继去世，袁世凯被开缺回籍后，真正有力量有影响的人物还没有出来，北洋系自袁世凯以下的政客如段祺瑞、冯国璋等都还不算成熟，汉族士大夫中的杨度、张謇等人，给人的感觉是还差那么一个层次。满洲贵族统治集团的人才其实也是如此，自恭亲王奕䜣去世后，中间虽然也出现过端王之类的人物，但真正在大清王朝台面上撑起门面的，也就只有庆亲王奕劻，至于新内阁中另外几个满洲贵族统治集团中的政治新秀，那都是最近若干年刻意培养出来的，现在除他们，也真的没有多少可用之才。

在立宪政体下，人人当然都有从政的自由和权利，只是在君主立宪政体下，皇族出身的人依然享有皇权带来的许多好处和优先，这些人介入实际政治或许会给现实政治带来许多意想不到的好处，但更多的时候则会给皇室带来无穷无尽的负面影响。所以东西各立宪国家从来都对皇室成员采取厚养的办法，由国家拿出相当的钱财让他们过着体面尊严的生活，成为国家的名片，从事一些善事，而不让他们介入实际的政治活动，更不会让他们出任政府要职。

只是中国的情形太特殊了，处于过渡期的立宪政体，如果不让满洲贵族统治集团承担主要角色，那么满洲贵族统治集团怎么能够愿意逐步放弃权力呢？说到底，立宪政治就是要逐步削弱乃至剥夺皇族的绝对威权，如果上来就这样做，又有多少可能呢？所以说，皇族内阁的出现，在当年中国是个不得已的“赎买政策”，既然先前那么多年都容忍了皇族成员对现实政治的干预、介入，现在又有什么不可以呢？

而且，还有一点值得注意的是，清政府确定的立宪目标已经是不可更易的，1913 年就要实行完全意义上的立宪政体，也是确定无疑的。届时，新的政府必须重新组织，而新的政府就是立宪政体下与议会真正对立制衡的两极，如果此时筹建的政府是一个比较弱的比较没有效率的机构，那么怎么能够保证两年筹备期诸多事务能够按时按质完成呢？一个强有力的中央政府不仅是晚清社会所需要的，也是任何政治改革过程中都必须的，自上而下的政治改革必将遇到无数的压力和困难，必将遇到来自皇族的反对和抵制，因为他们毕竟是改革的利益受损者。当皇族成员出面反对时，谁最有力量出面反击或劝阻呢？当然是皇族自身。

实事求是地说，新颁布的内阁官制和新宣布的责任内阁，较之先前的旧体制还是有很大进步。过去的军机处虽为全国行政中心，但在事实上对全国行政并不负有责任，而只是皇帝的办事机构、秘书处而已，只是负责上传下达而已。现在新成立的责任内阁，依然是辅弼皇帝，但明确规定了内阁要担负起自己的责任，国务大臣不能再像过去的军机大臣那样遇事敷衍推卸，不愿不敢也无法承担实际责任，因为所有的决策都来自皇上，即便是军机大臣的主意，也毕竟因为变为皇帝的意志，而使军机大臣无法继续承担责任了。现在的内阁制，内阁处于行政第一线，总揽全局，独立决策，许多政策的制定颁布，都是内阁应有的权力和责任，所以内阁总理大臣国务大臣，就无法像过去那样推卸敷衍。于是倒阁的情形是立宪政体下最常见的事情，内阁再也不可能像军机处那样从来只是局部改组，遇到重大政治失误，内阁必须承担责任，这是立宪政体下内阁的基本功能。所以，内阁成员是不是皇族出身，其实已经没有那么重要了。只是更高要求，从皇族自身安全说，皇族成员确实应该重回清朝早期祖制所规定的那样，不得介入现实政治，不得出任政府要员。

新内阁名单的发布引起了国内外一些人的反感，以为这个名单确实不是一个理想的名单，尤其不合乎宪政的原则，不过是过去的军机处班底换个新名字而已。更重要的是，这个以皇族为主体的新内阁，恰恰证明了孙中山等人多年来的指责，证明满洲贵族统治集团决不会轻易放弃自己的权力，决不会还政于民，绝不会让汉族人掌握政府的主导权。凡此，对清政府尤其是摄政王政治威信的伤害都是巨大的，也是此后政治演变越来越不利于清政府的一个关键点。

满洲贵族统治集团或许真的相信自家的孩子最值得信任，或许真的具有比较狭隘的心胸和民族主义立场，但是现在确实是弄巧成拙，得不偿失，坐实了革命党人的指责。“皇族内阁”不仅是一般的有碍观瞻，而且深刻影响了大清王朝的政治前程。立宪党人开始因此与朝廷离心离德，当武昌起义爆发后第一时间给予支持，本能使这些立宪党人觉得既然没有办法通过新官制的颁布、责任内阁的发表分享权利，那么通过另外的方式进行尝试未尝一定会更坏。当然，他们或许也没有想到自己这样简单地挪动了一下屁股，就引起那样大的重大变故。所以后来发生的一系列政治变动，或许都能从这个“蝴蝶的翅膀”上找到内在原因。一个有着合法理由的第一届责任内阁竟然毁掉了大清王朝先前所做的一切，竟然导致了一个王朝的终结。

铁路干线国有引发国进民退

皇族内阁的出台使清政府主导的政治改革黯然失色，人们不太清楚清政府的真实用意，开始不自觉地怀疑清政府对立宪政治的诚意。这对清政府的伤害是巨大的，因为一个不被人民充分信任的政府，是很难带动社会进步和改革的，它所出台的每一个政策都会被人民问一个为什么是这样而不是那样，这当然使政府的行政效率逐步减弱，到了最后就是很难推动任何改革。

从当时的情况看，皇族内阁真的是清一色的老班底，13个国务大臣个个都是经验丰富的政客，经多见广，应该不会出现决策性失误。然而，恰恰是这样一个班底，上台之后就犯了一个致命错误，这个致命错误终于将大清王朝送上绝路。

责任内阁名单公布的第二天，也就是1911年5月9日，内阁副署了实行全国铁路干线国有政策的诏令，宣布全国铁路干线一律收归国有，其四至范围是：北京至汉口至广州为南干，北京至张家口至恰克图为北干，北京至齐齐哈尔至珲春为东干，自汉口至成都为西干。诏令几乎采取无赖的方式宣布将这些干线收归国家，不论这些干线过去是通过何种方式获得批准的，怎样筹资建设的。至于先前介入铁路的民间资本，这个诏令网开一面，只准参与支线建设。诏令还强硬地表示，如有抵抗，即照违制论。

清政府此时出台铁路国有的政策，尽管是用对了药方，但确实是选错了时机。说是用对了药方，是因为铁路建设中积累的问题已经不容再忽视，不给予妥善处理，也肯定要出大问题；说选错了时机，就是不该在此时亟亟出台，应该在一个更恰当的时候，用分门别类的方式一个一个地个案解决。

当时的铁路建设，资金来源和管理方式确实比较复杂，也确实已经形成比较严重的问题，到了非解决不可的程度了。

近代中国的铁路建设起步较迟，大规模有规划的铁路建设，大约在《马关条约》之后起步。1895 年 7 月 19 日，署两江总督张之洞建议朝廷加紧铁路建设，改变先前不允许外资进入中国铁路建设的既定政策，可以考虑在开始阶段，允许西方小国的商业资本投资中国的铁路工程。张之洞的理由是，中国的版图太大了，其所以长时期利不能兴，弊不能去，除去各种复杂原因外，一个重要的原因是由于地势之阻隔，各地不能顺利地交通不能顺利地交流。中国只有架构起基本的铁路路网，只有使万里之外旦夕可至，才有可能改变中国的经济构成和经济环境，进而改变整个国家的气象。不过，张之洞也强调，西方小国的钱可以用，大国的钱最好别用在铁路上，他担心铁路在开始获利后，收回或费口舌，只有那些小国、远国，商业资本或许不至于给未来中国留下什么困扰。

张之洞以及其他一些人的建议获得了朝廷的认同，当帝国主义发展到资本输出阶段，中国铁路大发展在资金筹措上确实不是问题。那时的中国一心一意谋发展，不拘一格使用外国资本，或借钱自己修筑，或允许外国资本在中国的总体规划中自行修筑，总而言之，是希望用各种各样的资金，各种各样的合作方式，尽快地将中国的基本路网建构起来。

经过几年努力，利用外国资本修建的津卢铁路 1897 年建成通车了，这对外国资本是极大的鼓励，资本的趋利性使外国资本潮水般地涌进中国，那时的中国想不用外国人的钱都不行，于是卢汉铁路、粤汉铁路、津镇铁路等相继上马，东北路网也开始勘察和构筑，直至今天依然有效的南北两条大动脉，其实就是那时打下的基础。

外国资本对中国铁路的高度热情，当然不是为了帮助中国的发展，而是这个项目实在有利可图。不过，清政府在甲午战争后借款筑路是一个正确的英明的选择，如果不是采用这个办法，中国铁路路网不可能在那几年获得超常规的大发展。至于让列强从中国铁路建设上获取大量的利益和超额利润，那是落后国家在寻求超常发展模式时必须付出的代价，也是资本的本性。

从积极意义上说，那几年铁路建设的超常发展，不仅使中国的铁路从无到有，从小到大，而且基本完成中国铁路网的总体布局，对于当时乃至现在中国经济的发展、综合国力的提升都起到了极其重要的作用，促进了中国社会结构特别是近代经济成分的发展，极大地改变了中国社会经济面貌。铁路的延伸，传播着近代文明的种子。铁路的兴建，改变了古老的中华大地的面貌，改变了中国传统社会结构，改变了人们的物质和精神生活方式。短短几年间近万里铁路所经过的地区，不仅带动了铁路沿线矿产资源的开发、新型工业的崛起，而且重绘了中国经济布局的蓝图，一批铁路沿线的新兴城市如哈尔滨、沈阳、郑州、石家庄等，渐渐地成为中国新的中心城市，而一批老的中心城市如天津、上海、武汉等，也因铁路的修建而有了较大发展，成为全国性的中心枢纽，西方近代以来的先进技术、先进观念，通过铁路这条大动脉源源不断地流向中华沃土。

中国人从铁路建设中看到了利益，民族主义的考量到了20世纪初年开始变味，一场突如其来的权利收回运动在1903年悄然兴起，而触发点则是粤汉铁路的修筑权。

粤汉铁路的历史贯穿了近代中国铁路发展的全部过程。当清政府于1895年12月6日决定大举兴办铁路时，粤汉铁路的规划就已经提出。

大规模修建铁路的规划激励了国际资本对中国的热情，各国资本都在想方设法前往中国抢滩。1896年初，美国铁路、轮船和银行方面的几家大公司整合成一个大辛迪加，出资成立一个专门针对中国铁路市场的“华美合兴公司”，争取承建中国当时准备兴建的一切铁路。

1897年1月6日，中国铁路总公司成立，清政府决定将卢汉、粤汉南北干线合为一气，以便成为中国南北交通大动脉。粤汉铁路最初拟议从武昌经江西至广州，后欲以粤汉路与法国自九龙起计划筑至湖南的铁路竞争，并拉直铁路，缩短距离，在湖南绅民的要求下，将粤汉铁路改为经湖南下广州。粤汉铁路全长约1048公里，工程预算约为3000万两，铁路所经的湖南、广东、湖北的绅民对粤汉铁路怀有极大热情，倡议集股修筑，不用外国资本。湖南绅民迅速创办了湘粤铁路公司，准备集股自行修建，以此抵制外国资本的输入和外国人的控制。1898年1月26日，清政府谕令直隶总督王文韶、湖广总督张之洞、两广总督谭钟霖、湖南巡抚陈宝箴等随时会商铁路总公司督办盛宣怀，参照卢汉铁路办法，妥议招股借款各节，并选举各省绅商，设立分局，迅速开办，强调各国如有承办此路为请者，即由总理衙门告以三省绅商自行承办，以有成议为辞予以婉拒。

清政府以三省绅商自筹资金为辞拒绝外国资本只是一种外交手段，实际上盛宣怀、张之洞等人并不相信三省绅商有能力自筹足够资金，他们真正瞩目的是将粤汉铁路的承建权交给美国，以三省绅商自筹资金为辞所拒绝的只是英、法、德、俄等国。按照盛宣怀的分析，德国已强占胶州湾，俄国也强租了旅顺，法国对海南岛虎视眈眈，英国或有图扼长江吴淞之谋，结果造成中国的各海口，几尽为外国人所控制。仅有内地，尚可南北往来。而汉口为各行省南北东西水陆交通之枢纽，若粤汉铁路再被英国人控制，将来北方俄国人控制的铁路南引，南方英国人控制的铁路北上，那么中国的国家安全则不堪设想。基于此，盛宣怀认为无论如何，粤汉铁路的承建权都不能再落到英、法、德、俄手中。而三省绅商的集资能力，盛宣怀、张之洞等人也深表怀疑，即使能够筹集部分资金，但肯定远远不够。为了使粤汉铁路早日建成，必然要利用外国的资本，而美国此时不断宣称保全中国，在中国既无势力范围，也无铁路权益，因此盛宣怀建议，为了以粤汉路保卢汉路，压制比利时在卢汉路上让步，并防范英、法、德、俄等国的觊觎，能够利用的外国资本就只剩下美国。

盛宣怀的建议获得清政府的批准，1898 年 4 月 2 日，清廷谕准粤汉铁路向美国公司借款。14 日，督办铁路大臣盛宣怀委托驻美大臣伍廷芳为代表与美国合兴公司在华盛顿签订《粤汉铁路借款合同》，约定粤汉铁路分别以汉口、广州为起讫点，借款额为 400 万英镑，若不够，可以添借，年息百分之五，以铁路为抵押，借款期限为 50 年；借款期内铁路由合兴公司负责修建与经理。

粤汉铁路承建权终于落入美国人手中，在中国华南地区具有重要经济利益的英国自然感到不安，然而为了讨好美国，赢得美国对其在华利益的支持，英国政府也未便在粤汉铁路的承建权问题上与美国人竞争。后经两国公使从中斡旋，英国的中英公司与合兴公司进行了谈判，并于 1898 年 12 月达成协议，翌年 2 月 1 日正式签署，约定今后任何一方在中国经办的企业，均邀请对方参加一半的投资，只是对方不必承担应该履行的义务。根据这项约定，合兴公司承建的粤汉铁路，允许中英公司投资，中英公司承建的广九铁路，允许合兴公司投资。英美两国公司的约定，或许有助于粤汉铁路的建设，但另一结果却是使中国政府原本拒绝英国投资粤汉铁路，防止英国控制中国南北交通大动脉的设想化为泡影。

粤汉铁路借款合同签字后，华美合兴公司即派员对线路进行了勘察。1899 年 3 月，合兴公司向中国方面提交铁路附近开矿章程，提出在韶州、衡州、郴州等地开矿的要求。中方根据清政府路矿不能兼办的新章程，婉拒了美国方面的要求。然而美国方面坚持，中美粤汉铁路的借款合同在前，而新规定在后。根据中美粤汉铁路借款合同的约定，美方有权在铁路所经过的附近地区开矿。

美方的要求引起了湖北、湖南、广东三省绅商的强烈不满，而已经签署的借款合同中也确实同意合兴公司有在铁路所经地区开矿的权利。这种不可和解的冲突几乎使粤汉铁路的合作谈判陷入僵局，后在美国驻华公使及张之洞等人调解下，谈判得以继续。1900 年 7 月 13 日，中国驻美公使伍廷芳代表督办铁路大臣盛宣怀在华盛顿与合兴公司签订《粤汉铁路借款续约》，对先前的合作略有调整。

续约签订后，美方拖延合同的执行，甚至私自将三分之二的股权卖给了比利时万国东方公司，擅自决定将粤汉铁路南段由美国修筑，北段由比利时修筑。

与粤汉铁路相关联的湖南、湖北、广东三省民众（当然主要是民族资产阶级）本来就对清政府将粤汉铁路修筑权交给美国合兴公司极为不满，现在更对合兴公司的违约举动义愤填膺，1903 年春夏之交，三省绅商强烈要求清政府废除合同，收回路权，向民间资本开放路权，由三省筹措资金自办。

两湖及广东三省绅民的呼吁引起全国性的反响，在这种情况下，张之洞只好听从民意，以 675 万美元的高价赎回粤汉铁路的修筑权。清政府也相应下放路权，允许民间资本进入铁路工程。稍后，全国共有 15 个省相继成立了铁路公司。民间资本纷纷向铁路修筑工程上投入。

1903 年向民间资本开放路权的决定可能还是有点不那么慎重，民间资本虽然享有了国民待遇，与外国资本同等，但是中国民间资本的成长既不成熟，各地情况也很不一致，有的地区可能经济发展情况好些，有的差些，有的地方文明程度高些，有管理能力有技术人员，施工质量有保障，而更多的地方则很难说了。有些地方自办的铁路不仅技术标准与其他地方不统一不一致，而且从一开始就不准备与其他省份的铁路进行联网，独自发展独自欣赏，这就导致规划中的全国路网迟迟无法实现，南北和沿海各大干线的贯通也因此而受到巨大挫折。中国的民间资本或许在自营铁路上获得了某些利润，但对整个国家的发展来说，似乎是得不偿失。

面对这种困境，邮传部于1906年通过调研制定了一份《统筹全局铁路折》，根据各省已有规划制定全国铁路总图，确定全国铁路干线和主要支线的大致走向，对于未来中国铁路建设管理模式，这个计划也提出了一些积极的建议，大致是区别全国各地不同情况，因时制宜因地制宜因人制宜，将主要干线收归国有，由国家主办，不太影响全局的支线交给地方，利用民间资本举办。

邮传部的这个规划当年并没有立即施行，拖至1908年，清政府实在没有办法了，遂下令参照这个规划对全国铁路再建情况逐一调查，妥拟办法，严定期限，各省绅商集资不足，无法开工，或虽已开工而无法按期完成的，就要按照新的规定，根据各路历年报告，分别撤销，明白地说，就是将先前商办而进展不力的收归官办。

根据清政府的这个政策，邮传部出面将河南、陕西以及江苏铁路公司集股不多，且一直没有开工的工程做了处理，向这些工程注入一部分官股，将陇海铁路各线段由原来的商办改为官商合办，一度化解了这些路段的资金困难，因而这个政策并非在推行之初就遭到反对，并使相当一部分人相信，这个政策或许是化解铁路建设难题的出路。

清政府试图将这些举办不力进展不顺的铁路收归官办，政策出发点或许是好的，但从经济视角观察，显然侵犯了民间资本的利益，特别是清政府在政策规定上有个非常大的歧视，那就是官办铁路可以路权进行抵押，获取外国资金，而商办铁路之所以举办困难，主要就是因为缺少这个重要的融资渠道。中央与地方为路权吵得不可开交，这个事情一拖就到了 1911 年。

1911 年 5 月 5 日，给事中石长信就铁路建设中的资金筹措等问题向清政府提交了一份重要报告，建议清政府痛下决心，将涉及全国经济布局的重要干线一律收归国有，粤汉铁路、川汉铁路连接西南边陲，具有非常重要的战略意义，实为国家应有的两大干路，断非民间资本零星凑集所能完成。而且，从广东、两湖、四川各省情况看，石长信也认为这几条干线非收归国有不可，因为根据他的调查，广东绅商虽然争夺铁路修筑甚力，但修筑的路却甚少。两湖经济发展慢，集资始终没有着落。至于四川绅商，各树朋党，各怀意见，以致粤汉、川汉铁路溃败延误。

石长信的铁路干线国有方案明白晓畅，简单易行，清政府最高统治层对此自然欣赏认同，以为所筹办法，尚属妥协。朝廷过去没有完整的规划，也没有一定的办法，以致全国路政错乱分歧，不分枝干，不量民力，一纸呈请，辄行批准商办，以至于数年来，广东省征集了那么多的股份，却并没有修建多少铁路；四川省路政情形更可怕，征集的铁路股份竟然挪作他用，倒账甚巨，估计很多烂账是无论如何都追不回来了；至于两湖，铁路局开办多年，筹集了那么多的资金，但除了大量消耗民脂民膏，或以虚糜，或以侵蚀，恐旷时愈久，民累愈生，上下交受其害，贻误不堪设想。石长信的方案对这些问题都有通盘考虑，所以朝廷将这个方案批转邮传部研究奏复。

5 月 8 日，皇族内阁登场。第二天，新内阁中的邮传部大臣盛宣怀奏复，竭力赞成石长信的主张，要求朝廷明降谕旨，晓示天下。于是清廷在这一天下诏宣布全国铁路干线收归国有，定为政策。宣布宣统三年以前各省分设铁路公司集资开办的铁路干线，由于延误已久，应即由国家收回，赶紧兴筑。除支线仍准商民量力酌行外，其余从前中央政府及各省政府批准兴办的铁路干线各案一律撤销。这显然彻底废弃了1903年向民间资本开放铁路修筑权的政策。

清政府铁路干线国有政策的本意或许就是为了加快建设，并没有与民争利的意思，但是这个国进民退的政策从绅商立场进行解读，就是一个近乎无耻的政策选择，是政府自食其言剥夺民间资本的权利。

5月18日，清廷任命端方为督办粤汉、川汉铁路大臣。20日，邮传部大臣盛宣怀在北京与英、德、法、美四国银行团（汇丰、东方汇理、德华）签订《湖广铁路借款合同》，约定所需600万英镑由四国银行团分担，期限40年，以两湖厘金及盐厘税捐作抵押。

各省自主筹资修建的铁路可能存在这样那样的问题，但这些资金毕竟都来自民间，因此在宣布铁路干线国有政策后，如何处置这一部分民间资本，也就是怎样保证这部分资本不受到过大伤害，可能成为各省绅民是否愿意接受铁路干线国有政策的关键，因为他们毕竟为那些将要收归国有的铁路干线花了钱，当然不能白花。

然而盛宣怀的方案是，尽管由政府向外国借来了足够的建设资金，但这些资金并不准备用来偿还各省已经支付出去的款项。6月1日，盛宣怀和铁路督办大臣端方联名致电四川代理总督王人文，表示川汉铁路公司已用之款和公司现存之款，均由政府一律换发给国家铁路股票，概不退还现款。假如川人不答应这个条件，一定要求政府发还现款，那么必须由政府另借洋债，而这笔洋债将以四川省的财政收入作抵押。也就是说，川汉铁路收归国有了，但国家并不给先前川汉铁路股东退款保本，而只允许换发铁路股票。政府不但收回了路权，而且强行夺去了川汉铁路股东的款项。

王人文看到盛宣怀、端方的这个电报非常吃惊，他知道这个政策一旦公布，必将天下哗然，举国骚乱，于是他将这封电报扣压，希望清政府能够收回成命，调整政策，妥善处理。然而，盛宣怀、端方和清廷最高统治者错误估计了政府的威望和人民的忍耐力，一味坚持既定政策不变，并一再催促各铁路公司尽快清理账目，准备交接。各省绅商忍无可忍，终于拍案而起，与政府决裂。清政府自以为聪明绝伦的国进民退方案终于将自己逼上了绝境。

人心思乱：绅民对抗国有化

当铁路干线国有政策酝酿时，各地民众在民族资本即当时的中产阶级影响下，通过各种方式向政府表达了不满情绪，尤其是湖南人不知出于什么样的原因最先站出来反对。湖南各界人士奔走呼号，上下串联，全省沸腾，舆论哗然，大家虽然弄不清楚清政府政策的真实用意，但总感觉这项政策是对他们利益的剥夺。当民权意识、私有财产意识刚刚被人们接受的时候，将先前允许私人资本介入的基础建设收归国有，这显然是政府与民争利，当然引起有产阶层的反对。

其实，这些传言都无法得到证实，人们所知道的只是传言，并不是政策的真相或全部。人们不需要真相，不需要全部，只需要自己所需要的那一部分。有的传单散布说政府之所以要将各地集资修建的铁路收归国有，主要是因为受到了外国政府的蛊惑，以为将这些铁路的权利卖给外国政府，就可以获得更多的权益。根据这些猜想与传言，正直的人们日益感到亡国在即，列强瓜分中国看来真的是加快了步伐，十年前被义和拳兄弟抵挡住的危险今天又一次降临在中国。中国人除了反抗，还有其他的选择吗？

还有传言说，盛宣怀吃了外国人的好处，刻意将国家将朝廷的许多利益转让给外国人，他们言之凿凿地说，盛宣怀要将各种资本修建的铁路收归国有，只是其阴谋的第一步，盛宣怀的下一步，是打算将烟酒新税以及钱粮厘金等等，一概典押，权授外人，一律交给外国人去管理去生息。

这些传言越传越厉害，谁也不知道真相如何，好像也没有谁愿意弄清什么是真相什么是传言，大家需要的只是一种精神，一种情绪，一种发泄的管道。

1911 年 5 月 14 日，湖南各团体组织上万人召开大会，一致主张要求清政府收回成命，维持原议，继续执行过去宣布的铁路商办政策，不得侵害商民在铁路修筑方面的权益。集会议定保路办法 15 条，要求湖南巡抚杨文鼎将这些条件上报朝廷，呼吁朝廷爱民如子，充分考虑他们的要求，维护商民基本权益。他们甚至扬言，假如朝廷不能答应他们的要求，不能满足他们的条件，那么他们就毫无顾忌毫无保留地组织罢市罢课，抗税抗捐。假如朝廷或盛宣怀胆敢违背民意，执意剥夺商民权益，执意将路权转让给外国人，那么这些外国人或督办胆敢到湖南强行修筑铁路，他们这些血性的湖南骡子决不会束手就擒，听凭宰割，他们一定会动员全省人民奋力抵抗，无论酿成怎样的血案，无论死掉多少人，他们都在所不辞，在所不顾。

湖南各界在省城的集会极大影响了周边地区的民众，特别是那些筑路工人，这些筑路工人在两天后相继进城示威，反对清政府卖国卖路。他们坚定地表示，如果湖南巡抚没有办法从朝廷挽回路权，那么他们一定会动员全省商人罢市，学生罢课，至于全省的粮饷、租税，那当然更不会去交纳。大家横竖是一条死路，大家把这条性命与他拼一场，看他真的能把我们湖南的老百姓斩尽杀绝？

社会各界的抗议浪潮其实都是在支持那些绅商，或者这些政治抗议的策动者就是那些绅商。湖南的绅商自近代以来一直具有很大的政治能量，他们一直左右着湖南政治的走向，借助于民意，深刻影响着官府的决策。这一次，湖南绅商依然故技重演，他们以铁路公司、咨议局的名义领导民众进行抗争，反过来又以人民的名义向政府施压。他们请求湖南巡抚杨文鼎遵从民意，无论如何请求朝廷考虑到老百姓的利益，明降谕旨，收回成命，遵守先前所发布的政策，遵守先前与各地商民所约定的办法，不与民争利，让各地商民继续修筑铁路，一切按照原来的规定进行。

民情激愤引起了杨文鼎的同情，杨文鼎的恻隐之心迫使他硬着头皮请求朝廷考虑能不能对政策有所调整，至少不要使对立的情绪继续激化，至于路权归属究竟应该怎样解决，杨文鼎请求朝廷不妨从长计议。

应该说，杨文鼎等一线官僚的判断是对的，如果朝廷这个时候宣布暂停这项改革，或者像后来被逼无奈所宣布的那样罢黜这项不得人心政策制定者盛宣怀的官职，将一切责任推给盛宣怀，那么朝廷的威望仍将一如既往，什么事情都不会发生。然而，现在朝廷或许是因为即将君主立宪了，中国的政治已经大踏步地前进了，因而遇到这样的事情也就不愿让步了，朝廷对杨文鼎的建议根本不予考虑，反过来要求杨文鼎严行禁止，剀切晓谕，不准刊发传单进行串联，不准聚众演说进行煽动，倘若别有用心的人从中煽惑，扰乱治安，意在作乱，那么就应该按照惩治乱党办法，格杀勿论，将一切隐患消灭于萌芽状态。

朝廷的强硬姿态当然吓不倒拥有群众基础的湖南绅商，而且实事求是地说，清政府的这个政策不论有多少理由，但对于那些老老实实筹资建设本地铁路的绅商来说，真的有点儿不公正，确实侵害了他们的利益。在利益受损的情形下，他们当然敢于反抗敢于斗争，决不会被口头的恐吓所震慑。5 月 24 日，正在北京的谭延闿等湖南官绅向都察院递交了一份抗议书，揭露所谓铁路国有政策其实只是邮传部那几个人假借外国人的力量以营私。他们请求朝廷阻止这一政策继续执行。

对于湖南各界的请求，朝廷不管不问，一意孤行，继续执行铁路国有化政策，将湖南民众特别是那些有头有脸的人物逼到了绝境，没有缓和的余地，没有退路，只能一鼓作气往前冲。6月初，湖南民众的情绪几近失控，省咨议局全体议员愤而辞职，全省学堂相继罢课，全省商人一律罢市。湖南新政当局一方面勉力维持着局面，调配大批军警沿街穿巷四处巡逻，前往后继，昼夜不绝，担心出现更大的社会动荡；另一方面，也按照朝廷的指示强力镇压，禁止开会，取缔印刷传单的各种商店，禁止一切传单散发。

湖北绅商对清政府的铁路国有政策也同样不满。当湖北各界获悉清政府可能会出台这项政策时，就推举咨议局议长汤化龙代表湖北商民赴京请愿。4月26日，湖北咨议局召集民众数千人举行欢送大会，詹大悲等人在演讲中将清政府的铁路国有化斥责为卖国政策，将大好河山奉送给列强，与其让腐败政府丧权辱国卖国，不如推翻腐败政府，寻找一条救国新路。说者伤心，闻者堕泪。群情激昂中，留日学生江元吉割肉血书，以“流血争路，路亡流血，路存国存，存路救国”16个大字激励湖北人民。

清政府铁路国有化政策宣布后，湖北省咨议局、铁路公司及宪政筹备会等团体于5月14日联名致电朝廷表示抗议，要求朝廷收回成命，将湖北境内的铁路继续按照原先的政策交给湖北绅民自己办理。他们坚定地重申，如果朝廷不能改变这个新政策，那么有九头鸟之称的湖北人民只能按照自己的思路而行事，第一步就是抗捐抗税，朝廷再也不要想从湖北收取一点税金。5月24日，湖北民众代表向都察院请愿，要求朝廷严厉惩处盛宣怀的欺君之罪。

严重抗议并没有使朝廷醒悟，于是湖北年初刚刚创刊的《大江报》适时发表黄侃《大乱者救中国之药石也》的文章，以为国危如是，事事皆现死机，处处皆成死境，然上下醉梦，不知死期将至。此时非有极大之震动，极烈之改革，唤醒四万万人之沉梦，中国可以说是一点希望都没有了。黄侃强调，和平改革既为事理所必无，次之则为无规则之大乱，予人民以沉痛巨创，使至于绝地，或许还有生还的希望。所以黄侃的结论是，大乱者，实今日救中国之妙药。爱国志士、救国健儿，都不应该辜负这个伟大的时代，出而报国。很显然，黄侃由铁路国有政策引申到政治变革，甚至对清廷自以为顺利的君主立宪变革提出了质疑。

与黄侃思路相近，何海鸣也在《大江报》发表《亡中国者和平也》，以为要想打破目前的僵局，最重要的是打破稳定的幻想，中国只有经过一场脱胎换骨的大乱，才能重构一个理想的和平机制。湖北人对铁路国有化的反对，几乎从一开始就带有很强的政治信息，并不就事论事谈政策，而是期待从根本上解决。

广东的情况与两湖稍有不同，广东粤汉铁路的股款全属商股，主要为华侨的投资，投资的效益也比较好，所以他们对清政府铁路国有化政策，更是痛心疾首，愤怒万分，以为清政府简直就是在卖国，各地明明白白正在做得很好，却想了这个馊主意，所谓铁路国有，其实就是要将铁路交给各国所有。路亡国亡，朝廷果真将全国的铁路干线统统收回，交给各国，大清国也就走到头了，所以我粤人无论如何不能答应朝廷的这个混账要求，即便拼命也不能将自己的路权就这样交出去了。

6 月 6 日，粤汉铁路公司召开股东大会，到会的一千多名股东强烈抗议朝廷强占粤路的政治决定，通过了一个措辞严厉的抗议声明，表示清政府如果执意撕毁过去的协议，破坏商办之局，派人强占，那么他们势必起来誓死抗争，路亡国亡，在所不惜。为了持久反对清政府的政策，粤汉铁路公司决定设立争路机关部，专门从事鼓吹宣传，号召民众起来一致抗议，拒用官发纸币，挤兑现银，想尽一切办法维护铁路商办的权利。

粤汉铁路的资本主要来自海外华侨，那既是他们的辛苦钱，也是他们的希望所在，现在一个政策就要剥夺他们的权利侵害他们利益。这实实在在的侵害确实使这些华侨伤透了心，海外华侨纷纷致电粤汉公司，表示声援，坚定支持粤汉公司誓死不从，以为铁路国有的前提是政府有能力自己修筑自己管理，现在政府根本没有能力筹集款项自己修筑，更没有能力自己管理，就这样悍然要求人民让渡自己的权利，就这样将本该属于人民的权利转让给列强，这当然是绝对不能答应的。他们强调，政府向外借债，绝非国有；表面上名义上的国有，其实只是各国所有。这些宣示虽然与清政府政策本意有着很大差异，但毫无疑问，华侨的宣示更容易激励人心，激起民众爱国护路的情绪。

股东大会的第二天（6月7日），粤汉铁路公司致电川汉铁路公司沟通情况，进行串联，指责朝廷铁路国有化失信天下，请求川汉铁路公司和其他公司联合起来一致反对，并就相关事宜多沟通多协商，彼此唇齿，务恳协力。

四川的反应较两湖、广东是迟了点，但四川的反抗情绪就像四川人一样，一旦惹毛了，就更为激烈，特别是因为哥老会的深度介入，因而引发后来一系列问题。

川汉铁路公司最初是官办公司，成立于1904年初。稍后因为四川绅民一再呼吁争取商办，所以川汉铁路公司在成立后的第二年就吸纳了一些民间资本，改为官绅合办。又过了两年（1907），完成公司化改造，成为纯粹的商办公司。然而，公司改为纯粹的商办之后，其中的问题却越来越多越来越尖锐，四川省内的铁路如何修建，走向如何，先修哪儿后修哪儿，公司内部吵得一塌糊涂不可开交。直至1909年底，川汉铁路宜昌至万县段方才勉强开工，但始终进展缓慢，至辛亥革命爆发，这条铁路修筑不过30多里。

更严重的是，川汉铁路公司内部管理非常混乱，对于筹集到的资金，由于一直没有充分开工，成为闲置资金，于是使公司高层有机会挪用路款达300多万元，甚至拿到上海各钱庄存款生息，结果没有生到利息，反而将本金损失达200多万元。再加上其他各种损耗，各种开销，川汉铁路公司筹集到的款项，没有修路，就已经花费、损耗了近一半。因此，清政府宣布铁路国有这项措施，对于川汉铁路公司高管来说，或许求之不得，条件当然是清政府必须像对待其他省份铁路公司一样，收回路权，支付已经花费的全部费用。换言之，川汉铁路公司其实并不真的反对清政府收回路权，只要能够将他们的亏空补回来就行。所以，清政府宣布铁路国有化政策后四川大致平静，并没有立即引发两湖、广东那样的混乱。

清政府宣布铁路国有之后第三天即 5 月 11 日，护理四川总督王人文收到朝廷发来的正式文件，他立即找川汉铁路公司主席董事彭芬、副主席董事都永和和总理曾培商谈解决方案。谈了很长时间找不到共识，彭芬等公司管理层遂前往省咨议局，找议长蒲殿俊、副议长罗纶商量，寻找解决办法。那时，民主理念、公司理念已经成形，商量的结果也就是尽早召开公司临时董事会，以合法程序寻求解决办法。

公司临时股东大会筹备仓促，出席会议的股东并不太多，但在成都的省咨议局议员却全部出席了这次会议，他们对朝廷决定将铁路收归国有的政策并没有坚决反对，经过讨论只是要求朝廷一定要考虑投资人的利益，一定要将公司历年花费特别是在上海钱庄倒账等亏损部分还上，他们的要求是偿还六成现金，再搭上四成股票，并把宜昌所存现金 700 多万和公司陆续收到的股款，一律交给此次特别会议支配。显而易见，川汉铁路公司高层、股东及咨议局议员对于铁路国有化政策有点儿乐观其成，甚至认为如果能够趁此机会将这个路权交出去，由朝廷去办，未尝不是一个比较理想的选择，总比将这个烫手的山芋老拿在手里要好得多。

四川官绅的乐观情绪当然只是单方面的，前提是清政府要将他们已经花费的、亏损的都要补上。然而他们万万想不到的是，他们的谈判对手是盛宣怀，而盛宣怀大约是当时中国最聪明也是最精明的人，四川人想到的问题盛宣怀都想到了，四川人没有想到的盛宣怀也想到了。四川人想从盛宣怀那里获取额外好处，真的是一点门也没有。盛宣怀毫不客气拒绝了四川人的要求，而且光明正大理由十足。

5月31日，盛宣怀给护理四川总督王人文等发了一份电报，解释为什么要这样处理川汉铁路等问题。他说，朝廷之所以毅然宣布铁路干线国有，固然有着统一路权的意思，其实还有一层意思是借此舒缓各地人民的痛苦。想当初，四川铁路刚刚创办时，该省官绅定有按租抽股之议，名为商办，其实依然是对四川百姓巧取豪夺。至今数年之久，该路迄未告成，去年且有倒亏巨款的事情发生，其中弊窦不一而足，贻累闾阎者不少，为害百姓者至多，甚至可以说对四川铁路建设毫无裨益而为害至巨。基于这样的判断，川汉铁路公司高层还能从盛宣怀那里弥补自己的挪用、失误导致的亏欠吗？

川汉铁路公司高层和省咨议局越来越感到依靠盛宣怀不靠谱，既然从你盛宣怀那里得不到好处，那我为什么一定要与你配合呢？即便是为了洗刷自己，我为什么不能号召股东号召民众与你盛宣怀对抗一下呢？于是我们看到一个奇怪的现象是，如果仅仅从事理、情理、法理说，朝廷和盛宣怀铁路干线国有化的决策是对的，是及时的，但这个政策并没有取得预想效果，反而向预想效果相反的方面跑了。

一批愚蠢的明白人

6月13日，盛宣怀与四国银行团借款合同内容传至成都。这项合同就是清政府与英、法、德、美四国银行团签订的粤汉及川汉铁路借款合同。借款总额为600万英镑，以两湖厘金、盐税为头次抵押，规定此铁路建造工程以及管理一切的权利，全归大清政府独自办理，但聘请英、德、美人各一名为总工程师，工程竣工后，在借款未清还以前，大清政府仍派欧洲人或美洲人作为各该铁路总工程师。合同还规定，这两条铁路除钢轨由汉阳厂供应外，由中英公司及德华银行任购买外洋物料之经理；粤汉、川汉铁路延长时，如用外国资本，四国银行团享有优先权。

这项合同从纯商业的眼光看，就是一份合同，但是在当时背景下，合同内容传到成都，被任意解读，舆论哗然，以为所谓国有其实就是卖路，就是要将铁路的修筑权、管理权全部移交给外国人。对于外国人控制中国路权，中国人特别是四川人特别敏感，从来认为某国铁路所到之处，就是某国国权所及之地，路一成而国权随之转移。换言之，按照四川人的思路，朝廷将铁路收归国有，他们并不反对，但是他们所反对的，只是朝廷又将这些铁路交给了外国人。路权尽失，重于卖路。这份借款合同，名为抵押，实则供奉。何况除了借款，还有外国顾问，路权政权，两受干涉。这不就是另外一种形式的亡国吗？

原本主张接受朝廷铁路国有化政策，趁此机会将铁路修筑权交出去的著名报人邓孝可也在舆论影响下发生急剧转变，转而讨伐盛宣怀，反对国有化。他在题为《卖国邮传部！卖国奴盛宣怀！》这篇文章中，表示得读这份借款合同后方才明白盛宣怀的奸谋，因而他号召川省人民丢掉幻想，准备斗争；内抗政府，外联华侨；债票不售，合同自废。川省人民应该与广东、两湖人民团结一致，死中求生，与卖国奴盛宣怀抗争到底。

邓孝可的呼吁在一定程度上表明四川立宪党人的觉悟，使他们意识到先前的考虑无异于与虎谋皮，要想让盛宣怀帮他们偿付川汉铁路公司的亏损比登天还难。无计可施，只要以爱国主义的旗帜将这些问题交给人民，期待利用人民的力量迫使盛宣怀能够有所改变，能够顾及四川人特别是四川立宪党人的脸面。所以，四川人的情绪在四国银行团借款合同传来后急剧变化着，那几天四川各团体、各学校到处都在开会，都在研究借款合同，都在寻找化解危机的突破口。

6月16日，失望至极的四川省立宪党人和绅商两千多人汇集至铁路公司开会，讨论合同对于国家与铁路存亡的关系，说着说着一时哭声震天，情绪激动的与会者已经清楚地意识到，他们的建议、请求乃至哀求，都被朝廷被盛宣怀置若罔闻，不予理睬，过去那种文明的文字的和平的争辩已经不能奏效，也一去不复返了，川省人民的未来出路，川汉铁路的未来前途，都必须依靠激进的规模庞大的有力的手段去争取。鉴于这种特殊环境和目的，召开常态的股东大会已经来不及了，于是他们动议立即举行特别股东大会，成立全省保路同志会。

对于这次会议，护理川省总督王人文提前获知了消息，遂派军警进行弹压，不料军警到场后，发现与会者在后排的多伏案私泣，军警听到也相顾挥泪，不忍镇压。

特别股东大会散会后，与会者连夜缮发通知，布置会场，分头联络，一直忙到第二天（6月17日）黎明。

这一天上午，保路同志会成立大会在成都岳府街川汉铁路公司召开，大幅标语悬挂在公司门口。当作讲台的是一座戏台，前面摆着一张方桌，靠壁和两侧放着一排太师椅。台上台下据说有差不多上万人。川籍翰林院编修颜楷摇铃宣布开会，紧接着就是报人邓孝可向大会报告铁路国有的相关问题，之后是罗纶登台演讲。

罗纶是一个白皙的胖子，人并不高。他一登台，向满场的人作了一个揖，开口便以洪亮的嗓子发表演讲，强调盛宣怀将我们四川给卖了，川汉铁路完了，四川省完了，中国也就由此完蛋了。就说了这么几句，罗纶号啕大哭，效果也就出来了，满场也都跟着号啕大哭，老年的，中年的，青年的，少年的，大家都在哭，都在高呼反对铁路国有的口号，反对盛宣怀出卖路权的口号。

据说，整个会场足足哭了30分钟，罗纶才接着往下说，建议川省人民组织一个临时机关，一方面要联络本省的人，另一方面要联络外省的全国的一致行动。这个临时组织就是保路同志会。

罗纶的呼吁获得会议赞同，大家以呼声回应认同，于是川汉铁路公司第七次股东大会就这样摇身一变成了川汉铁路的保路同志会，会长举的是蒲殿俊，他是省咨议局的议长，这是罗纶当场动议，大家当场山呼同意的。罗纶是咨议局的副议长，理所当然也就成了保路同志会的副会长。会议还发表了宣言，以为朝廷新成立的责任内阁野蛮专横，实贯古今中外而莫斯为甚，政府的借款合同，其本质就是要将人民置之死地，是一个彻头彻尾的卖国合同。宣言强调，借用外债，我们并不反对，借债而不交资政院议决，则我们誓死必争；收路国有，我们不争，收路而将此送给外国人用来借款，不待咨议局、股东会议议决，则我们誓死必争。会议号召各州县成立保路同志分会，一起抗争，维护权利。

会后，与会者全体步行前往总督衙门请愿，要求护理总督王人文代表民意，请求朝廷收回成命，并处置邮传部尚书盛宣怀欺君误国之罪。王人文在总督衙门接见了这些来访者，由于他本来就对盛宣怀铁路国有政策不满，于是痛快接受民众请求。他说，四川总督是朝廷派来代四川人办事的，四川人对政府有什么意见，总督有代你们转达的责任。你们就将方才说的要求具个呈文报上来，我立刻代你们电奏，并代你们力争。一争不行就再争。哪怕争丢了官，能尽到总督的责任，我王人文心里也高兴。

王人文的态度对川省人民有着积极影响，许多人觉得总督都这样说了，事情应该有希望。他们也就没有那么多顾忌了。更何况，他们相信朝廷这一次之所以做出这样的决定，主要是因为错听了盛宣怀的话。送掉了湘鄂川省的铁路，罪在盛宣怀一人，与我皇上无干，与我川省及他省官吏无干，甚至与洋人无干。我们将要成为立宪国家的国民了，我们就要学着立宪国家文明人的样子监督政府，誓死要求政府悔约保路，不要使用过去义和拳那种任何野蛮的手段，不能有任何野蛮的心理。

然而，许多事情的因果关系都难说得很。保路同志会在王人文的影响下号召文明抗争。而文明抗争在朝廷那里引起的反响就是无所谓。朝廷此时无论如何想不到铁路国有政策会带来这样大的影响，他们也就无意接受王人文的建议，更不会宣布惩处盛宣怀停止铁路国有化的政策。6月17日，清廷宣布对粤川湘鄂四省铁路公司股本的处理办法，川粤湘鄂四省所抽所招股票，尽数验明收回，由度支部、邮传部特出国家铁路股票，常年6厘给息。嗣后如有余利，按股分给。倘愿抽本，5年后亦可分15年抽本。未到期者，并准将此次股票向大清、交通银行照行规随时抵押。说到各省差异，规定指出，粤路全系商股，现从优每股先发还6成，其余亏耗之4成，并准格外体恤，发给国家无利股票，路成获利之日，准在本路余利项下，分10年摊给；湘路商股，照本发还，其余米捐、租股等款，准其发给国家保利股票；鄂路商股，并准照本发还，其因路动用赈粜捐款，准照湖南米捐办理，发给国家保利股票。至于四川的川汉铁路，最为麻烦，规定表示川路宜昌实用工料款400余万两，准给国家保利股票，现存700余万两，是入股还是留作川省兴办实业的资金，悉听其便。至于川路中的那些倒账和亏空，清政府的善后方案中只字不提。这不免使四川人心里不高兴。

从朝廷策略看，朝廷和盛宣怀清楚知道各省铁路筹资情况、修建情形，清政府很显然希望以分而治之的办法区别对待，化难为易，逐步解决各省铁路建设中的问题，然后将路权收归中央，统一管理统一建设。

清政府的想法是好的，应该公平地说做得也不错，广东、两湖铁路公司的股东们在得知朝廷的方案后也就没有太多意见，即便觉得从纯粹商业立场吃了不少亏，那也没有办法，个人、公司永远不是政府不是朝廷的对手，也就只好默认了。

然而，由于解决方案对于川汉铁路公司筹资款中倒账、消耗掉的资金没有给予补偿，这当然使川汉铁路公司高管很恼火。假如现在不出现铁路国有化，这些倒账、亏空肯定还能继续掩饰下去，现在好了，朝廷急着要将铁路国有化，这一切亏空、倒账的事情注定要败露了，这怎能不使川汉铁路公司高管，也就是现在的保路同志会领导层着急呢？于是他们分头动员各州县积极成立保路同志会分会，期待以数量胜质量，利用民情迫使朝廷让步。在不到10天时间里，四川省保路同志会会员就激增至10万多人，重庆及各州县、乡镇、街道都成立了类似组织，以及一些按照界别成立的保路同志会，诸如四川女子保路同志会、四川学界保路同志会等，四川各界都在那短暂的时间里深深卷入这场斗争中去了。

川省绅商不能同意朝廷和盛宣怀的解决方案，是因为他们交给川汉公司的资本可是真金白银，现在盛宣怀对这些亏空不考虑给予补偿，就希望将路权要走，那不就意味着这些亏空永远不可能补回来了吗？假如这个路权继续留在四川人手里，说不准什么时候柳暗花明，这些亏空还有填补的机会呢？川省绅商就抱着这样的心情加入抵制铁路国有化的运动，加入了保路同志会。

从同情理解的立场说，川省绅商的要求并不过分，不过盛宣怀的做法好像也有道理，你的亏损、挪用、倒账，为什么要由国库去弥补呢？你川汉铁路公司纯粹的商业活动为什么要行政补贴才能解决呢？双方的道理相互冲突胶着，任何一方都看不出让步的迹象。

川人立场深刻影响了护理四川总督王人文的看法，由于人在现场，受现场气氛感染，他对川人有了相当同情，他不愿意听从朝廷的指令对抗议民众进行镇压，只能听任四川局势持续恶化。

对于川人的要求，盛宣怀、端方不是站在绅商的立场上理解被破产、被剥夺的滋味，而是一味想方设法剥夺绅商的财产，一方面授意川籍京官甘大璋等联名呈请将川汉铁路股本一律换给国家股票，一方面于8月19日任命李稷勋为国有川汉路宜昌分公司总理，代表朝廷强行接收川汉路宜万段，将绅商股款700万两转作国有铁路股金，并且代表铁路公司同意邮传部派员清查账目，使川汉路权、资本尽失。这一损招终于彻底惹恼了四川人民，轰轰烈烈的保路运动由此展开。

面对川省局势，其实有各种各样的解决方法，中央政府在坚持原则前提下适度考虑地方利益，为地方的失误适度埋单，应该比较容易化解日趋对抗的情绪。然而，盛宣怀太有主见了，他的所谓正义感太强了，他认为既然道理在中央，为什么要纵容地方势力，接受他们的要挟呢？于是朝廷在盛宣怀的蛊惑下，调派川滇边务大臣赵尔丰星夜兼程赶往成都，接任四川总督，强力镇压四川人民对铁路国有化的反抗。

赵尔丰是晚清官场比较强势的政治人物，长期在西南边疆从事边务，曾任驻藏大臣兼川滇边务大臣，对川藏一带社会情形民风民俗有独到理解，有杀人魔王、屠夫、刽子手等恶名。然而当他8月2日抵达成都就任后，当他弄清铁路国有化的来龙去脉详细情形后，却对川人在铁路国有化过程中的损失深表同情。赵尔丰联名地方官员给中央政府写了一份报告，希望朝廷从大局考虑，尽快改变铁路国有既定政策，并建议朝廷从速将川汉铁路公司宜昌分公司总理李稷勋撤职查办以平民愤，尽快平息这场骚乱，否则持续下去后果不堪设想。

朝廷和盛宣怀都不愿意接受赵尔丰的建议，川省局势日趋失控。8月24日，川汉铁路公司股东召开临时大会，方才得知朝廷已经任命李稷勋为川汉铁路公司宜昌分公司总理，并已代表朝廷接收了川路股权，成为国有公司代表。这牵涉川汉铁路公司股东的实际利益，他们的愤怒可想而知。于是他们立即向社会各界派发传单，号召全省人民同情和支持，从明天开始全省罢课、罢市、罢工，停止向政府向朝廷交纳一切厘税杂捐，并组织民众向总督府请愿游行，要求总督代表他们向朝廷请命，请求朝廷收回成命，恢复川汉铁路的商办性质。

此后，四川全省许多地方都出现了罢课、罢市、抗税、抗捐等活动，还有些地方的居民用纸书写光绪帝的神位，供以香火，有旁注“毅然立宪者”，有注“庶政公诸舆论，川路仍归商办者”。[①] 也就是说，保路运动此时已经开始由简单的经济诉求向政治诉求转变，运动的组织者参加者已经不再满足于就事论事与朝廷在川路权利上争短长，而是策动政治上的大变动。参与这一系列活动的，除了具有合法身份的立宪党人、咨议局议员外，还有不少革命党人特别是具有秘密社会性质的哥老会。四川省的政治形势相当危险。

对于四川局势，川督赵尔丰认识还算清醒。他在 8 月 27 日致电朝廷，建议执政当局不要再颟顸从事，一定要按照目前立宪预备阶段的体制，将铁路国有化的来龙去脉和政策要点向资政院报告，要征得议会的意见再往下进行。如果资政院议决停止，责任内阁绝不要觉得失去了面子，一定要遵照执行。否则，责任内阁一味坚持到底，不知妥协不知让步，则大祸可能很快就会降临，恐怕受害的也就不是四川这样一个省份。

然而遗憾的是，朝廷在盛宣怀、端方等人力挺下，不仅不愿接受赵尔丰的建议，反而抱怨赵尔丰镇压不力，动机不纯。端方向朝廷严厉弹劾赵尔丰，建议先派重臣赴川查办，再选派强势政治领袖接替赵尔丰出任四川总督。

与端方的建议相呼应，湖广总督瑞澂此时建议朝廷先从湖北选派一支有战斗力的新军入川镇压，在湖北新军尚未抵达前，依然责成赵尔丰严厉惩办四川省内那些居心叵测用心险恶动机不纯带头闹事的人。由此，愚蠢的明白人盛宣怀、端方终于将四川人胸中的怒火引爆，星星之火开始向四周蔓延，朝廷以强力镇压稳定四川的举措能否成功，关键看湖北新军是否真有强大的战斗力量。

---

① 《四川血》,《辛亥革命》(4)，上海人民出版社，1957，第 413 页。

官逼民反：同志军与哥老会

四川省内因朝廷铁路国有化改革而引发的混乱局面迟迟得不到有效控制，在北京主持此项改革的盛宣怀等人以为主要是因为四川总督赵尔丰同情那些闹事的人，镇压不力所导致的后果。根据这样的判断，朝廷于 1911 年 9 月 1 日命端方率军队前往四川，彻查路事。

端方是晚清满洲高官中具有革新思想的政治领袖，奋发有为，于内政外交尤有心得，是慈禧太后、光绪帝统治最后几年发现和信赖的重要亲贵，在 1905 年出使东西洋考察宪政以及稍后的预备立宪运动中做出过重要贡献，也是慈禧太后、光绪帝刻意培养的满洲贵族，先是在考察归国后出任两江总督，后调任直隶总督，如果不出意外的话，端方应该有机会成为恭亲王奕䜣、庆亲王奕劻或者荣禄那样的满洲政治领袖。

意外出在一个最不经意的地方。当慈禧太后出殡时，身为直隶总督的端方竟然拦路拍照，这在当时被视为大逆不道，遂被撤职查办，像袁世凯一样回家赋闲。

其实，仔细想想袁世凯、端方等满汉重臣为什么在这个最需要朝臣辅佐的关键时刻罢官被黜，恐怕其背后的因素既复杂又简单，尽管他们两人回家休息的理由并不一样。袁世凯当时的政治地位已是汉大臣中的第一人，曾国藩、李鸿章在世也不过如此。至于端方，高居直隶总督兼北洋大臣这样的地位，其影响力绝非一直在朝廷主持日常事务的庆亲王奕劻可比。现在是幼儿小皇帝上台，大权独揽的是年仅 26 岁的摄政王载沣，而载沣生于深宫，从未出任过实质性的行政职务，对于满汉两位首席，不管是 48 岁的端方，还是 50 岁的袁世凯，不要说权势，即便只说资历、资格，估计都不好管理不便训斥，而从端方和袁世凯的立场看，估计也是不好伺候，所以摄政王让二位老臣暂时回家休息，可能是一着两全其美的事情，并没有传统所说的什么大阴谋。

1911年5月第一届责任内阁发表后，中央政府层面的人士格局大致确定，当此用人之际，特别是随着新内阁发表而出台的铁路国有化改革方案，更需要懂行的重臣去把握，于是朝廷于责任内阁发表后10天，即5月18日任命端方以侍郎候补充督办粤汉、川汉铁路大臣，迅速前往湖北等地办理铁路收归国有事。这显然是一个非常设的重要职务，责权都非常明确。

就政治理念说，端方是坚定的改革者，他看到了铁路建设在过去那么多年中的问题，认同盛宣怀的建议和处理方案，同意铁路国有化改造，因而他不仅乐意重新出山，就任非常设的督办铁路大臣，而且坚定支持盛宣怀的主张，对于那些借机闹事的人，端方力主严办，甚至对于同情民众的赵尔丰，端方也毫不客气上折弹劾，以为赵尔丰有失大臣风范，始则恫吓朝廷，意图挟制；继则养痈贻患，作茧自缚。[①]或许正是基于这些因素，所以朝廷在四川局势日趋失控的关键时期派遣端方迅速率湖北新军入川镇压。9月6日，朝廷又命川省水陆新旧各军悉听端方调遣。很显然，朝廷已经放弃和平的安抚政策，准备以最大牺牲以武力平息因保路而引发的骚乱，恢复秩序，制止这种骚乱向周边向全国蔓延。

其实，赵尔丰在受到端方弹劾和朝廷训斥后，立场很快就转变了，不再坚持弹劾盛宣怀，不再坚持请求朝廷将铁路国有化方案提交资政院讨论，而是改为坚定支持朝廷的稳定措施，主张强势镇压平息骚乱，恢复秩序。9月5日，赵尔丰向朝廷发了一个电报，表示第一步还会好言相劝，希望闹事的人和平解散，如果这些人不听劝说，那么自必严惩，因此而必至全体抗拒，哄闹烧杀。至于成都之外各州县，或许也会因此而骚乱，所以他建议朝廷能够给予必要的支援，以保护地方，避免在那里的外国人像庚子年间所遇到的危险。

---

① 黄季陆等：《辛亥年四川保路运动史料汇编》（上），台北，“国史馆”，1981，第442页。

赵尔丰毕竟同情过保路运动，所以他的转变并不被保路同志会提前获知，所以也就没有人提前防范。9 月 7 日清晨，赵尔丰调集军队防卫总督府，同时又调集一些军队去保护川汉铁路公司及铁路学堂等处，然后托词北京来了电报有好消息等待商量，邀请保路同志会、咨议局和铁路公司首领人物蒲殿臣、罗纶、邓孝可、颜楷、张澜、江三乘、王铭新、叶秉诚、彭芬等前往总督府议事。毫无防范之心的蒲殿臣等人一踏进总督府大门迅即被抓捕，前后过程也就十来分钟。据说赵尔丰准备快刀斩乱麻，将这些人立即处决，以成都将军玉崑持异议，遂将这些人羁押于总督府。

按照赵尔丰的判断，所有的群众运动不过是乌合之众闹事，只要将为首的几个给抓了，剩下的也就惊散了。哪知道过去的经验现在不管用了，蒲殿臣等人被抓捕的消息传出去之后，整个成都立马全城轰动，各种各样的传言满天飞。有的说，蒲殿臣等人受到了赵尔丰亲自审讯；有的说赵尔丰危词恫吓，罗纶盛气抵抗，终于惹恼了赵尔丰，立马被拉出去枪毙；还有的说，这些被捕的人已经被关到一个监狱中，每个人都给上了手铐脚镣。

各种各样的传言当然都不是真的，但在那个特殊历史情景下却起到了动员人民围观的作用。成都市的民众成千上万不约而同，扶老携幼，沿街比户，号泣呼怨，手握香，头顶光绪帝的牌位，一堆又一堆地挤进总督府大门，要求赵尔丰尽快释放被捕诸人。

来自四面八方的人越来越多，至午后，阴雨绵绵，异常晦暗。络绎不绝的人们继续涌向总督府，由午而暮而夜半，围观者只有一个声音，要求放人；而赵尔丰也只有一个回答，围观者必须退出总督府，否则格杀勿论。失控的民众当然不会听从总督府的指挥，直往大堂冲去，赵尔丰下令开枪，顷刻间一阵排枪下来，围观者迅速鸟兽散。此次血案，据说有 32 人死难。

成都血案第二天（9月8日），大雨竟日。由于赵尔丰下令三日内不许收尸，昨天被枪杀的无辜人员尸体累累，横卧地上，犹紧抱先皇光绪帝牌位在手不放。许多尸体被大雨冲洗后腹胀如鼓，情形凄惨，新来的围观者或许是想为死难者收尸，或许是继续要求总督府放人，不料赵尔丰大约杀红了眼，继续下令开枪，于是又有数十人被枪杀。

赵尔丰的残暴行径早已激起人民的愤怒，深受同盟会影响的哥老会早在几天前就在资州组织了保路军，准备武装起义。至成都血案发生，同盟会员龙鸣剑缒城而出，直奔城南农事试验场，与同盟会员朱国琛、曹笃等人裁木片数百个，在上面书写“赵尔丰先捕蒲、罗诸公后剿四川各地同志速起自救”，然后将这些木片涂上桐油，制成“水电报”投入锦江。时值江水上涨，这些木片乘着秋潮漂流而下，不一日就传遍西南各地，各地保路同志军闻警大惊，为防范赵尔丰派兵围剿，遂主动出击，揭竿而起。

保路同志军的主体当然有革命党人，但其实他们本质上都是具有革命思想或革命倾向的哥老会成员。华阳秦载赓在1909年加入了同盟会。但他早就是哥老会首领。至于新津侯宝斋，早年参加新津哥老会。被推为“新西公”的龙头大爷。1904年新津九个哥老会联合组成总社，号称“九成团体”，侯宝斋又被推为总舵把子，是新津一带著名的“社区精英”。还有那个张达三，也是川西著名的哥老会首领。至于他们的革命思想和政治倾向，可能并不像想象的那样有深度，更不是那样明确和坚定，这是由哥老会的性质决定的。

哥老会是成立于明清之际的民间秘密结社，又称汉留，俗称袍哥，相传是郑成功反清复明洪门的一个分支，后因反清复明无望，逐步演变成民间礼俗相交、患难相恤的社会互助组织，至晚清社会动荡之时，哥老会重新浮出水面，其成员多为农民、手工业者、被遣散的兵勇以及游民等。他们是社会上的边缘阶层，无依无靠，他们能够走到一起，主要还是经济方面的原因，因为这些大大小小的首领，毕竟都是大小社区的社会精英，通过黑白两道，他们总能够为追随的弟兄们找到一碗饭吃。哪一个首领本事大，找到的机会多，哪一个首领的追随者也就多。哪一个首领的追随者多，哪一个首领的本事也就大。所以，哥老会和一切民间秘密结社一样，并不是一个严格意义上的革命组织，革命对他们有利有好处，他们就会革命；革命对他们没有利没有好处，他们就会反革命。至于四川哥老会此时为什么深度介入保路运动，其内在的利益关联现在还不是很清楚，但肯定不是单纯的革命理想就能将他们调动起来的。

但不管怎么说，只要哥老会这样的秘密结社一旦起来，对社会就具有很大的破坏作用，他们站在哪一个方面，哪一个方面就有了成功的机会和可能。9月8日一大早，秦载赓率同志军千余人从成都东门强攻，连续数日，引来数万会众云集成都城下，四川各地的还有许多正在赶往成都的路途中。

各地同志军云集成都城外，英勇奋战，重创清军，他们虽然无法有效攻进城内，但他们有办法将城外的电线杆全部砍断，甚至将清政府与总督府往来传递文书的驿站全部占领，致使官府音讯不通，耳目失灵。赵尔丰坐困愁城，心力交瘁，通宵不寐。在北京的中央政府也弄不清成都城里的真相，只是潜意识感到大祸临头，高度恐慌。朝廷先是三令五申敦促端方率领湖北新军日夜兼程前往成都，督兵震慑，除暴安良；又急调湘、陕、黔、滇周边各省军队入川协助，务必设法平息。9月15日，又急令开缺两广总督岑春煊前往四川，会同赵尔丰办理剿抚事宜，所有川省水陆各军及各省所派赴川援军，俟岑春煊抵川后，一并归该督节制调遣。

岑春煊当年可是慈禧太后跟前的红人，也是胆子最大的廉臣能臣，曾经担任过四川总督，对四川事务比较熟悉。然而，他不仅不能认同清廷的镇压措施，反而建议清廷公开承诺铁路国有化之后，先前商办期间的一切亏损、挪用、倒账，均由政府埋单；宣布政府即刻释放所有被关押的绅商、民众，承诺决不会秋后算账，决不会无辜杀戮任何一个反对铁路国有化的人，不会扣留先前各省铁路筹资中的一分钱。更重要的一点是，岑春煊郑重建议朝廷下诏罪己，他相信中国的老百姓是最讲道理的，一旦朝廷做到这些，四川的局势立马好转，不仅无须用兵，而且老百姓一定会感激涕零，山呼万岁。

从事后的观点看，岑春煊的建议当然有助于化解政府与民间社会的对立，有助于因铁路国有政策而引发的全国性骚乱尽快平息。然而岑春煊这个看法在当时并不被政府主流所认同，端方致电盛宣怀和度支部大臣载泽，斥岑春煊的建议只是沽名钓誉，其意在攘夺内阁总理，归罪他人。有了这样的心理障碍，摄政王载沣和朝廷只能在一条道上走到黑。

第六章　树未倒而猢狲已散

四川局势僵持不下，朝廷既不愿意接受教训，下诏罪己，终止或中止铁路国有化，或者宣布全额补偿绅商损失，或者如广西巡抚沈秉堃建议，请邮传部宣布将川汉铁路公司中所有零星民间股本一律偿还，至于川路中经营亏损、倒账亏损，也先由邮传部垫认。至于具体的责任，完全可以待事态平息后仔细调查。而邮传部和盛宣怀到了这个时候依然继续较真，与民争利，不愿让步，只表示川路原有股东中有愿意在铁路国有化之后继续投资者，可以参照湖南的方式，按照一比一的比例配给国家铁路股票，一律分红分利；不愿继续投资的，参照广东的方式，一律实发六成现金，其余四成另给国家印票，分两年给还。至于川汉铁路公司实收股本，国家既全数认还，那么虚糜及倒账之款，也就包括在内了。这种拖泥带水的表态，虽然较前有了很大改善，但毫无疑问，已经对四川愤怒的绅民没有多大吸引力了。四川的局势仍在持续恶化中。

为什么是新军

朝廷大约确曾想到用柔性的办法化解危机，但为时已晚，只有按照本能坚持既定的强硬立场，予以镇压。然而赵尔丰能够调动的清军太少，外地的清军也不是很快就能赶到。朝廷 9 月 15 日责成正在上海的岑春煊火速前往，然而这位老兄不仅发表一系列反对意见，而且弄到 10 月 2 日方才抵达武昌，却在那里向朝廷发了一个电报，表示身体不好，不去成都赴任了，要求朝廷开去他所答应的差使，准其回上海继续养病。

岑春煊的病当然不是致命的，而是政治在起作用，是端方等人的无端攻击使他非常恼火。你们不是说我沽名钓誉想当内阁总理大臣吗，那老子就此休息不干了还不行吗？

朝廷对岑春煊似乎也没有什么好办法，只能听之任之。对于四川的局势，只能另想办法另请高明。10 月 7 日，朝廷谕令湖广总督瑞澂加派湖北新军，谕令湖南巡抚余诚格酌派湘军两三营迅速赶往四川，与先期前往的端方等部会合，以最大决心最大力量迅速扑灭四川骚乱，恢复秩序。

湖北革命党早就有利用混乱局面举行武装暴动的计划，瑞澂奉命率湖北新军赶赴四川，武昌空虚，于是，革命党人一颗意外爆炸的炸弹就将整个局面彻底改观。

对于四川的动向，湖北革命党人最为敏感，他们早就决定要利用四川的动荡局势大闹一场。9 月 14 日，湖北共进会、文学社两个革命团体领导人孙武、刘复基、刘公、蒋翊武、王宪章、居正等人在雄楚楼 10 号刘公寓所召开联合会议。他们认为，端方入川已将湖北新军主力调集前往，武昌的形势已经是“箭在弦上，不得不发”了。他们决定利用端方入川后武昌空虚的时机举行起义，并确立“只许成功，不许失败”的大原则。

对于起义计划，与会者进行了详细讨论，刘复基在发言时强调共进会、文学社的名义在这场起义中都应该暂时搁置不用，大家都要以武昌革命党人的名义积极合作，一定要与满洲人拼个你死我活，“事成则卿，不成则烹”。武昌革命党人只要团结一心，群策群力，冒险以赴，就一定能够获胜。

鉴于大家都同意积极合作，同意暂时搁置共进会、文学社的名义不用，那么就应该成立一个新的领导机关，但是商量来商量去，他们中没有谁觉得有足够的智慧、能力能够领导大家完成这项任务，讨论的结果是派遣居正、杨玉如前往上海邀请黄兴及同盟会中部总会领导人宋教仁、谭人凤前来武昌主持，至于他们究竟使用什么样的名义，留待他们到达之后再讨论。

上海的确信迟迟没有送达，而湖北的形势又在急剧发展，无法等待。9月23日，文学社、共进会领导人再一次集会于刘公寓所，鉴于蒋翊武已随第四十一标第三营左队驻防岳州，无法与会，文学社方面派刘复基代表出席。共进会出席会议的有孙武、邓玉麟、杨玉如和李作栋等。会议鉴于黄兴、宋教仁等人迟迟不能前来的事实，决定组建统一的武装起义指挥部，公推蒋翊武任军事行动总指挥，专管军事；推共进会孙武为军政部长，专管军事行政；刘公为总理，专管民政。至于关涉全局的重大事件，由他们三人集合大家共同讨论，集体决定。

最高领导层的问题解决后，他们又在第二天（9月24日）召集各部队代表一百多人举行会议，孙武主持会议，刘复基就军政府组成和动员计划做了说明，会议就这些问题做出决定，并推举刘公为总理，蒋翊武为军事总指挥，孙武为参谋长。

至于军事行动成功后临时政府的基本框架，会议也有详细讨论，对各项人选也都提出比较确定的方案，以便军事行动成功后能够立即运转。这一点在后来也非常重要。这次会议确定军务部正副部长分别由孙武、蒋翊武兼任；参谋部、内务部、外交部、理财部、调查部、交通部等各部部长、副部长也有了大致人选。

这次会议还就军事行动计划进行了讨论，确定了各参战部队的行动方案和联络方式。这个计划在后来的行动中发挥了非常重要的作用，因为起义被迫提前后，各项计划被严重打乱，各个参战部队还能运动自如举行起义，其实就是这个计划在指导着大家的行动。起义的时间，这次会议暂定为农历八月十五日即中秋节，阳历为10月6日。他们认为，八月十五中秋节是一个富有革命意义的时间点，这大约也与元末“八月十五杀鞑子”的政治传闻、政治传统有关。

9月24日的会议是一次很重要的会议，然而就在会议当天，南湖炮队士兵因与长官冲突发生哗变，武昌的局势突然紧张，官府加强了控制，甚至有传言说革命党人将在八月十五中秋节起事，风声所播，武昌三镇官吏颇为震惊，但是没有真凭实据，也只好故作镇静，其恐惧的心理却日甚一日，军方高层下令新军各标营提前一天过中秋节，在营休息，不许外出，不许过量饮酒。十五日中秋节当天，更是全城戒备，如临大敌。

日趋恶化的局势迫使孙武、刘公、刘复基等人改变日期，因为按照原先的计划举行起义，非败无疑。他们或主张将起义日期改为农历八月十八日，或主张改为八月二十日。至于行动方案，他们仍然主张按原议进行。

农历八月十八日为阳历10月9日。这一天中午，孙武、刘公在起义总指挥机关，即汉口俄租界宝善里14号配置炸弹，试验炸药。炸弹共有三枚，均为黄复生、喻培伦等人几年前从日本带回来的，准备用来炸端方的。

这些炸弹每件能够装五六磅炸药，他们准备给这些炸弹填满炸药后送到武昌，准备用来炸湖广总督衙门。下午3时许，刘公的弟弟刘同进来观看装填炸药，他手里拿着点燃的纸烟突然有一个火星落入装满炸药配料的面盘里，立刻引起熊熊大火。

熊熊大火烧伤了孙武，惊动了邻居和租界巡捕。巡捕闻讯赶来，搜走革命党人的旗帜、印信、文件等物品，除了孙武受伤转移外，又在那里守株待兔式地抓捕一些前来办事的革命党人。

大约是按照常规，俄国领事将抓捕到的革命党人和查抄到的文件等一并移交给江海关道齐耀珊。于是起义计划暴露，官府出动军警大肆搜捕革命党人，革命立即陷入空前危机之中，革命党人要么成为瓮中之鳖束手被擒，要么大胆破釜沉舟孤注一掷，拼个鱼死网破你死我活。当天下午，刚从岳州赶回武昌的蒋翊武与刘复基等人进行了紧急磋商，又与各标营代表进行讨论，大家一致认定现在外面形势已经格外紧张，如果不及早起事，肯定会发生意外。现在各标营的革命力量已大致动员起来了，只要一发动，武汉三镇唾手可得，易如反掌。于是蒋翊武下令当晚起义，以炮声为号。

起义的命令是当天傍晚5时许发出的，命令规定起义的准确时间为当天夜里12时。届时，南湖炮队开炮，各标营听到炮声后立即按照原定计划向规划的目标发动攻击。

然而由于时间太紧，武昌城内戒备森严，这个命令在当天并没有及时送至南湖炮队，于是当天晚上的起义到了12点却没有一点儿动静，这个计划再次落空。

与此同时，由于刘同被捕后经不住严刑拷打，供出了起义计划，官府也在这个时间点前大约半个小时的时候派军警赶到武装起义指挥部，蒋翊武很灵敏地逃脱，而刘复基等人被抓捕，稍后被杀害。起义指挥中心遭到严重破坏，各标营的行动基本上只能各自为政。

潜伏在新军各标营中的革命党人既听不到南湖炮队的炮声，也接不到指挥部的进一步指示，他们各自为政，焦虑不安，武昌三镇谣言满天飞，瑞澂指挥的军警到各标营任意抓人，革命党人觉得与其这样等待被抓，不如孤注一掷拼个鱼死网破。10月10日中午，工程第八营代表熊秉坤前往第二十九、三十标，商定当天发难。其他各标营也有类似的活动和准备，大家群龙无首，各自为政，没有统一的计划和约定的时间，但显然都处在一触即发的状态。

当晚7时许，新军第八镇工程营革命党人正准备起义，适逢排长陶启胜巡查。陶启胜见士兵金兆龙荷枪实弹，表情紧张，惊闻何以至此，意欲何为，且动手夺枪。金兆龙及战友程正瀛见状大惊，本能反应与陶启胜进行了搏斗，枪伤陶启胜，其他革命士兵随即与前来弹压的管带阮荣发等军官发生正面冲突，起义在无法估计的形态中不得不爆发。革命党负责人熊秉坤迅即集合队伍，打响武昌首义第一枪。第二十九标及第二十一混成协辎重营及炮队、陆军测绘学堂迅即响应，他们分头向楚望台军械库发动进攻，驻守在楚望台的新军随即响应，各路义军迅即在楚望台军械库构建大本营，举日知会队官吴兆麟为总指挥。

各路起义部队在楚望台军械库补充弹药后，在临时总指挥吴兆麟指挥下向湖广总督衙门、第八镇司令部等要塞发动进攻。至黎明时分，起义军攻克督署，湖广总督瑞澂在隆隆炮火声中逃往停泊在长江的军舰；第八镇统制张彪倒是从容部署了抵抗，与起义军正面交手，无奈阻止不住革命军的进攻，同样仓皇逃走。这就是历史上所说的武昌首义、辛亥革命。

武昌首义、辛亥革命的主体其实就是湖北新军，而湖北新军可是清末重臣张之洞用了十多年心血训练的一支近代军队，与袁世凯的北洋新军号称南北两大新式军队，是大清王朝的两大柱石，然而他们为什么到了关键时刻不是保护大清王朝，成为大清王朝的“忠诚卫士”，反而成为大清王朝的掘墓人呢？这确实是一个不得不说的历史教训，这和新军的创建、成军及指导思想有着密切的关联，是好心办成了坏事，至少对大清王朝来说是这样。

新军的创建要从1894年的甲午战争说起。甲午战争爆发后，中国军队在战场上节节败退，原广西按察使胡燏棻奉朝廷命令在天津小站运用西法编练10营定武军，分别为步兵3000人、炮兵1000人、马兵250人及工兵500人，总计4700多人。第二年，胡燏棻调任平汉铁路督办，天津小站的定武军便由从朝鲜归来的袁世凯接手，并按照朝廷的意思将这支军队定名为"新建陆军"。

胡燏棻训练定武军原本就是德国人的建议，待袁世凯接手后依然延续这个办法，一切按照德国军队的制度进行，教官也主要是德国人，规模随之扩大至7000人，稍后被编为武卫军前后左中右五路中的武卫右军。这支名义上归朝廷归国家的新建陆军，实际上成了袁世凯的亲兵。

在新建陆军成军同时，署理两江总督的张之洞也奉旨编练了一支名为自强军的新式军队。这支自强军也是依照西方军队制度进行编练，分为步兵、炮兵、马兵、工兵等13个营共计2000人。这支自强军后因张之洞回任湖广总督而交给了两江总督刘坤一，再往后就被袁世凯收编至武卫右军。

1901年新政开始后，整军经武又一次提上清政府的政治日程。1903年，清政府在中央政府层面设置练兵处，以庆亲王奕劻为总理，袁世凯会办。1905年，练兵处制定陆军军制，各省设立督练公所，准备用10年或更长时间在全国编练新军36镇，每镇包括步、马、炮、工程、辎重等兵种，每镇总人数为1.2万人，有统制率领。镇下分为协、标、营、队、排、棚，其首长分别为协统、标统、管带、队官、排长等。新军的中下级军官由各省武备学堂毕业生充任，间有少量留学归来的军事人才。新军的士兵采用募兵制，对身体、文化及生活习惯、品行等方面都有比较高的要求。这确实是一支近代化的军队，是大清国的柱石，只是谁也想不到这支花了无数银子训练的新军，竟然动手埋葬了大清国。

至武昌首义，清政府训练的新军已编成13镇。北洋新军为中央军，亦称国军，即国家的军队。北洋新军占全国36镇中的6镇，即六分之一。各省新军为地方军，而由张之洞一手训练的湖北新军就属于地方军系统，最先编为湖北常备军左右两翼。1905年整编为两镇，分别由张彪、黎元洪任统领。翌年又按照中央练兵处全国新军36镇统一规划，湖北新军第一镇改番号为督练第八镇，第二镇改番号为暂编第二十一混成协（相当于旅）。第八镇的统领还是张彪，暂编第二十一混成协协统还是黎元洪。

从理论上说，所有的新军不论北洋新军，还是地方新军，都是国家柱石，属于国家，然而大清国的可悲之处在于这个理论始终没有真正贯彻，结果所有的军队不是忠于国家而是忠于皇上忠于最高统治者。

军队不属于国家而属于皇帝，当然有它的好处，有利于皇上对军队的直接控制，有利于培养军队将领的忠诚，比如在1898年政治风波中，谭嗣同曾经夜访袁世凯，希望袁世凯能够出于大义动用军队包围颐和园劫持慈禧太后，袁世凯就此说了一番话，可以看出军队忠于最高统治者的好处。袁世凯说，我平时训练军队总是教以君臣大义，总是告诉他们皇上和皇太后如何伟大，你谭大人现在让我去命令他们将皇太后抓起来，我这个命令一下达，他们很可能就先将我袁某人给抓了起来。袁世凯的说法证明军队不属于国家，不在政治上保持中立的好处。

然而，问题在于，军队不属于国家，不在政治上中立，军队在训练军事的同时，总是进行政治上的灌输，这势必导致两个相反的后果，第一个如前所说，你可以向军队灌输皇上、皇太后如何伟大如何英明，我们应该忠于皇上忠于皇太后。经过长时期的灌输，军队官兵当然会信这一套。但是这种灌输无疑打开了另外的一扇门，那就是你可以灌输忠于皇上忠于皇太后，革命党人就可以在军队中宣传皇上和皇太后都不是东西，腐败堕落，罪大恶极，是革命的对象。于是这第二个后果，就是湖北新军在武昌首义之前几年间的真实情形。那时湖北新军中流行一种对国家政治普遍的关心关爱和忧虑，特别是中下级军官和士兵对官方的宣传总是有点不信任，总是不能抵消革命党人的宣传。久而久之，原本为大清国柱石的新军，开始对大清国产生了严重的不信任和深刻怀疑，终于起而发难，推翻了这个原本由自己效忠的体系。

而且，还有一个值得注意的问题是，不论是新建陆军，还是自强军，还是后来的新军，其建军的目的都是为了大清国的国防力量，其最初的目的是为了向日本复仇，是用于对外战争，然而在 1900 年的义和团战争中，在 1904 年的日俄战争中，大清国都没有机会将新军用于对外的进攻或防卫。这样一支经过精心训练的新军一直没有对外战争的机会。然而不论是否有对外战争的机会，国防军的功能是不应该改变的，其职责只能是对外战争，通过对外战争维持国家和平，这是国防军的唯一责任。但是，十几年的和平发展，清政府的急功近利、掉以轻心，始终没有去规范新军的功能，始终对新军抱有一种政治上的额外期待，总是想着将这支重要的力量用于国内政治，于是你可以将这支军队用于维护朝廷，我就可以动用煽动这支军队反对朝廷。一旦军队介入了国内政治，这个国家实际上就被军人所把持所操纵。所以真正的民主国家、近代国家，绝对不允许军队介入国内政治，不论国内政治如何发展如何危机，军队都必须保持政治上的中立，政治只能是政治家的事情，绝对不允许政治家借助于军事力量去解决和平变革中的问题。在 1898 年的政治危机中，康有为、谭嗣同试图动用袁世凯的军队去搬掉和平变革中的绊脚石，这场政变虽然被机警聪明的慈禧太后所粉碎，但慈禧太后还有光绪帝并没有从这场未遂政变中汲取必要的教训，没有将军队国有化、国家化，军队不得介入国内政治生活，军人不得干政等原则当做一回事。相反，新军中不论北洋系的中央军，还是各地督抚的地方军，大家都竭力期待军方领导人的支持，许多军方领导人就是大清国最优秀的政治家，这在很大程度上种下了1911年中国大革命的种子。这对民主革命来说固然是一件幸事，但从近代民主民族国家的建立来说，未免还差十万八千里，也为后来的政治纠纷预留了巨大空间，其遗害绝对不应该低估。

立宪党人闪身而退

在某种意义上说，武昌首义只是传统意义上的一场军事哗变。如果一定要说这场哗变与其他哗变有什么不同的话，那就是这场哗变有着非常诱人的政治诉求，而不是传统意义上军人哗变总是那些鸡零狗碎的借口。

湖北哗变新军的政治诉求就是政治变革，而他们所期待的政治变革还不是清政府主导的君主立宪政治，而是孙中山和同盟会一直在宣扬的民主共和革命，是要在中国建立一个近代国家，甚至是要推翻满洲人所建立的也是他们所服务的大清国。

民主共和的思想宣传在新军中本来并不是主流，新军领导人不论南北，其实都是君主立宪主义者，北方的袁世凯，南方的张之洞，不论他们有怎样的政治野心，其实他们根本没有想到过没有君主之后的情形，以为那简直是不可思议，因为在中国这样广袤的国度里，没有大一统的政治统治，没有能够凝聚人心的君主，那简直就是一盘散沙，什么事情都难以做成。所以在过去若干年，军方将领如果说过问政治关心政治的话，他们的政治就是立宪，就是君主立宪，他们心目中的样式就是东方的日本和西方的德国，英明的君主统领着一个国富兵强的大国，如此而已。

君主立宪的理想在过去若干年真的就是中国大多数人的理想，所以当清政府于1906年前后宣布并逐步步入预备立宪的轨道，国人的政治情绪被调动起来了，革命立马就陷入了困境，革命党在1907年至1911年春天那几年间，拼命在周边地区发动暴动，说白了，其实就是无法归入政治变革的主流而做出的无望挣扎，革命党的领袖要向世人特别是要向海外华侨表明他们的存在，所以他们就陷入筹款—起义—再筹款—再起义的往复循环中。他们要将起义的声势弄大，只有弄大，才能筹到所需要的钱；他们能够筹到所需要的款项，就能将起义的规模扩大。这就是革命党人在预备立宪之后的困境。这个困境随着清政府主导的政治改革进程而日趋严重，黄花岗起义后，说句实在的话，革命党人基本上心灰意冷，君主立宪的大致框架已经出来，《钦定宪法大纲》已经规划了中国的未来，再有几年时间，当中国按照规划的时间步入完全立宪政治后，革命党人真的不知道到哪里还能继续生存。

然而，天无绝人之路。革命党人过去只是放言满洲贵族就像一切政治统治者一样不会主动放弃或削减自己的权利，清政府所做的一切都是在拖延革命，欺骗人民。这些宣传实事求是地说在过去并不真的有多少人相信，但当清廷在1911年春天也就是黄花岗起义失败后几天所发表的第一届责任内阁名单和铁路国有化政策之后，人们，尤其是那些立宪党人恍然大悟，突然间觉得还是孙中山，还是革命党人高瞻远瞩，了不起。这一点就像辛亥革命的参加者梁漱溟后来所回忆的那样，伴随着国内政治形势的变化，清廷的许多决策越来越失去人心，立宪党人在革命党人影响下越来越难以自圆其说，捉襟见肘，许多先前深信不疑的看法现在已经很难说服自己。在这种情形下，不少立宪党人纷纷放弃先前的渐进改革立场，转而赞同革命赞助革命，毅然加入革命阵营，甚至主张用暴力手段迫使清政府在政治上让步，让清廷为中国政治发展做出必要的牺牲。按照梁漱溟的说法，立宪党人的这个转变是清廷内部保守势力错误估计形势之后逼出来的，清政府已从先前同意改革转向了反对改革，而这个最重要的转折点就是第一届责任内阁的出台。

立宪党人之所以在责任内阁出台前的几年间那么热心中国的政治改革，成为清廷政治统治最有力的支持者，其实是因为这些立宪党人作为当时中国中产阶级的代表，就是要通过政治变革分享权利，然而清廷的第一届责任内阁成为皇族内阁成为太子党的集合体，这不能不让立宪党人彻底失望，由此也就注定了武昌首义原本只是一场军人哗变，为什么能够很快演化为一场政治革命，而且能够获得成功。

第一届责任内阁名单发表后，咨议局联合会曾于6月10日通过都察院向朝廷提交一份建议书，表示皇族内阁的出台与君主立宪政体严重违背，皇室亲贵按照君主立宪的原则无论如何不能出任内阁总理大臣。他们呼吁朝廷呼吁摄政王载沣认真考虑这个建议，尽早于皇族之外，选派大臣充当组织内阁之总理。[①] 然而他们的呼吁并没有受到朝廷和摄政王的重视，朝廷和摄政王对这个建议毫无表示。7月5日，直隶、奉天、吉林、黑龙江、江苏、安徽、山东、山西、河南、陕西、福建、浙江、江西、湖北、湖南、四川、广西、贵州、云南等省咨议局议长、议员四十多人又一次通过都察院联名上书朝廷，用更加激进的言辞谴责皇族内阁，以为君主不担负责任，皇族不组织内阁，为君主立宪国家的唯一原则，世界各国只要号称立宪的，没有一个不是这样进行政治安排的。现在，中国即将进入完全的君主立宪阶段，想不到出台的第一个方案就这样令人失望，就这样与立宪国家最基本的原则差了那么远。他们表示并不刻意怀疑朝廷是否具有走向君主立宪的诚意，只是朝廷的这个做法不能不令人生疑。假如朝廷并没有根本取消君主立宪的意思，那么他们就要求朝廷明降谕旨，于皇族外尽快选派大臣组织真正意义上的责任内阁，以符合君主立宪之公例。

---

① 《中国大事记》,《东方杂志》宣统三年第5号。

立宪党人这一次拉开了破裂的架势，朝廷如果就此进行调整，给予合乎情理的解释，那么凭着立宪党人与朝廷多年合作，双方应该很容易重新建立共识。然而，朝廷此时不知扭了哪根筋，不仅不愿认错，不愿纠正，反而引用先前公布的《钦定宪法大纲》中的规定，强调黜陟百司，系君主独享的政治权利，这一点不仅载在《钦定宪法大纲》，而且这个钦定大纲还明确规定议员不得对君主的这个独享权利进行干预。现在我们刚刚开始预备立宪，凡我君民上下，都应该遵守《钦定宪法大纲》所划定的范围，在自己职权内行事，不应该逾越自己的权限。至于各位议员一而再再而三就这件事情向朝廷施加压力，议论越来越嚣张，朝廷如果不就此说明立场和原则，恐怕日后还会生出一些意想不到的流弊。朝廷在这份御旨中重申，请各位议员相信，朝廷用人一秉大公，审时度势，不会因皇族出身给予重用，也不会因为出身寒微而给予遏制。各位议员务必遵守《钦定宪法大纲》中的规定，在自己职权内行事，不得率行干请，以符合君主立宪之本旨。[①]

朝廷的解释当然有自己的理由和法理上的依据，但这样无视立宪党人的要求，显然是将这些立宪党人推到了政治变革的对立面。也就是说，我们不否认朝廷用人的政治独享权，但是朝廷必须解释清楚在君主立宪政体下为什么不能让皇族出任行政首长，这是立宪党人要求朝廷解释的，而朝廷将问题扭到了自己的权限上，实际上是答非所问，是以自己的政治强权压制不同意见，这就迫使弱势且失望的立宪党人走上一条不合作的政治道路。换言之，如果不是立宪党人已对清廷政治变革失去信心，如果立宪党人还坚定地站在清廷一边，那么即便湖北新军占领了武汉三镇，甚至占领了整个湖北，纯粹的军人政权不可能持久，更很难成功。然而现在的情况不一样了，立宪党人已经彻底失望，他们闪身而

① 《清末筹备立宪档案史料》上，北京：中华书局，1979，第 579 页。

退，不仅抛弃了清廷和清政府，而且在事实上成为革命党人、湖北哗变新军的同盟，从法理上、政治上给武昌首义者以巨大支持。这是武昌首义成功的关键。

武昌首义仅仅进行了一个晚上，等到第二天即10月11日上午，革命军就占领了全武昌，枪声停止，起义军代表和各方面负责人先后来到湖北省咨议局，希望与咨议局方面负责人最好是议长汤化龙就当前局势及可能的未来交换意见，商量对策。

组织武昌起义的新军中革命团体文学社、共进会等在起义之前很早就考虑过起义后的政治架构及人选，但是新军中的革命党人主要为下级军官和士兵，他们根本没有办法撑起起义后的政治台面，如果由这些下级军官和士兵硬性组织一个什么临时政府，那么根本不需要远在北京的朝廷发令，本地的高阶层军官就能自动平息这些哗变。所以，这些革命组织领导人在起义之前的讨论中比较实事求是，比较注意从革命的整体利益进行考量，所以他们很早就商量着在革命成功之后一定要在第一时间推举一个具有全国威望和影响的人出面主持，这样只要能够坚持一段时间，就一定能够获得其他地方的回应乃至响应。而他们心目中的理想人物就是第二十一混成协统领黎元洪。

当天早上前往咨议局的起义军军官主要有蔡济民、邓玉麟、张振武、李作栋、王文锦、李翊东、陈磊等，而咨议局方面除驻局议员沈维周还在那儿值班外，其他人都因夜里炮声隆隆枪声大作而星散。沈维周出面接待了这几位不速之客，蔡济民等也直言快语坦率提出了几点要求，一是总督衙门在昨天晚上的战斗中遭到了很大破坏，将要设立的军政府准备借用咨议局这块风水宝地；二是请议长汤化龙出来主持；三是请咨议局接收武昌财政机关。这三点要求虽然并不是太大的事，但对沈维周来说，还是没有办法立马答应。他们商量的结果是一起去找汤化龙，只要汤化龙出来主持，其他的事情就都好办了。

进士出身的汤化龙曾留学日本，有着丰富的政治阅历和广泛的人脉，是几年前国会请愿运动的重要参与者，也是1910年各省咨议局联合会第一次会议的主席，是皇族内阁最早最坚定的反对者，其政治态度非常明白，那就是坚定的立宪主义者。然而到了皇族内阁出台且清廷坚决不予更正，不愿另行任命非皇族出身的政治家为内阁总理大臣时，汤化龙的态度已经变化，他利用湖北咨议局这个工作平台，与相邻的四川、湖南等省立宪党人密切联系，准备寻找机会向朝廷发难，逼迫朝廷收回成命，放弃或修改铁路国有化政策，不要与民争利；任命新内阁，扩大统治基础，让立宪党人真正分享权利。正是汤化龙和立宪党人闪身而退站在清廷对立面，终于导致了大清王朝的终结。

当然，对于10月10日的新军起义，汤化龙并没有足够的心理准备，所以当沈维周、陈磊等人前往汤宅请其出山时，汤化龙竟然躲了起来，不肯出山，因为他对未来情形实在不敢乐观。咨议局议员胡瑞霖对汤化龙说，事情已经发展到这一步，下一步怎样走还要靠大家一起出主意想办法，阁下为省咨议局议长，在目前情形下为湖北的主心骨，阁下如果老是躲着不出来，必犯众怒。与其如此，不如挺身出面接见这些义军领袖，告以文人不知治兵，请别举贤，以免贻误大局。

胡瑞霖的说法肯定打动了汤化龙，何况汤化龙本身早已具有抛弃清廷另寻新路的潜质。当天上午11时许，汤化龙带着七八位议员来到咨议局，与义军领袖蔡济民等人一起商量相关问题。

起义军在第一天的作战中只是夺得了武昌，汉阳、汉口还都在清军手里，起义军当时面对的最大问题，就是要寻找到一个重量级的领袖人物，因为义军中原本有机会有资格担当此任的蒋翊武、孙武、刘公等，此时都还不知下落，此时担任军事指挥官的吴兆麟的军阶只不过是个队官，显然也不是领袖人物。而汤化龙在胡瑞霖的授意下，已经表态文人不知治兵，他可以出山，但实在没有能力去统领军队，去保卫武昌，并夺取汉阳和汉口。有议员刘赓藻提到黎元洪可能比较合适，新军方面也获悉黎元洪正在武昌城里一个部下家里躲避。而黎元洪又是革命党人过去曾经物色、考虑过的对象，于是汤化龙和义军首领及咨议局议员一拍即合，那就非黎元洪莫属。

立宪党人挺身而出，武昌起义的前途突然明朗；其闪身而退，终于使大清王朝如大厦将倾。

黎元洪和湖北军政府

黎元洪是被后来的民国史严重妖魔化了的人物，其缘故主要还是要从民国政治史尤其是民国法统的层面，从黎元洪、袁世凯及孙中山等人关系上去寻找。假如历史主义地看待黎元洪，我们虽然不必像章太炎那样如此酷爱黎元洪，以为他是尧舜之后最伟大的政治家，但他确实在民国历史上有着非常重要地位，是民国政治史上一个非常关键的人物。

生于1864年的黎元洪，时年47岁，正当盛年，也是一生中事业的顶点。他是湖北黄陂人，所以在民国史上又被称为黎黄陂。1883年，黎元洪考入天津北洋水师学堂，应该算是严复的学生；1888年入海军服役，应该算是李鸿章的部属；1894年参加甲午海战，战后追随张之洞，成为张之洞相当赏识的门生。

由于黎元洪见多识广，与各路英雄都有相当结交，因而他不但在清朝官场一路顺风，成为张之洞相当信赖的军事干才，统领着张之洞手下大约一半的兵力。而且更重要的是，革命党人很早就相中了黎元洪，以为他的进步思想具有进一步转化的潜质，如果给予适度推动，黎元洪一定会成为革命党的重要领袖之一。湖北新军革命党人在1911年春天谋划将来某一时刻进行起义时，就将黎元洪作为一个重要的争取目标。

黎元洪具有进一步转化的潜质，并不意味着他此时就是革命党。事实上，他和当时军界领袖的一般看法一样，都是君主立宪体制的信仰者，对于既成体制的忠诚也是不必怀疑的，他们相信只要朝廷真诚改革，向立宪的道路走去，终有一天走上君主立宪的道路。只是他的内心深处谨厚善良，所以当皇族内阁出台，当铁路国有化政策出台，黎元洪内心深处也开始起了一些波澜，也觉得朝廷的一些做法可能比较过分，因而出于本能，对正在兴起的保路运动给予一定同情。但是从总体而言，黎元洪此时还是比较反感暴力革命，反感将朝廷作为革命对象，他大约就此也说不出什么新的理由，不外乎是康有为、梁启超多年来鼓吹的那一套，即破坏力太大，太不经济而已。所以当武昌起义发动后，新军中的革命党派员给黎元洪送信，希望他适时投身革命领导革命时，黎元洪毫不犹豫手刃来使，杀一儆百，希望用这种办法平息新军中的骚乱。

只是黎元洪这一次判断错了，他根本没有料到这一次的哗变这么厉害，当起义军向他的协部发动进攻时，他的部下似乎也准备有所发动，黎元洪预感到今非昔比，情形不妙，于是在随从陪同下躲进了一个部下的家中。

起义军获悉黎元洪的藏身地方之后，遂派员来请。黎元洪出来问话，明白表示，兄弟带兵这么多年，并不刻薄，各位弟兄何必如此与我为难，穷追不舍？各位闻言立即表示，我等来此没有一点儿恶意，我们革命军此来只是请黎大人出山主持大计，并不是要加害于黎大人。黎元洪说，据我所知，革命党人才济济，我黎元洪又能做什么呢？各位众口一词表示，黎大人平时带兵最得人心。现在武昌城的革命党都是军人，如果没有众望所孚如黎公者，谁能领导这一切，谁能保证不再发生什么意外呢？

革命党人的诚恳态度肯定深刻影响了黎元洪，而且军人的职责和多年带兵的经历也迫使他不能放弃如此责任，他肯定想到，哗变的都是湖北新军，不论这些新军士兵是不是自己的部属，如果没有一个有力量的军官予以领导予以管理予以约束，那么什么事情都可能发生。职业军人的责任心使黎元洪无法退却，他坦然问道，那么到什么地方，向什么人接洽呢？来人答道，到楚望台，与吴兆麟接洽。黎元洪立马表示，吴兆麟乃我的学生，富有军事经验，也有领导能力，今天的事情有他一人足够了，黎某可以不去了。来人以为黎元洪仍然没有参与革命的诚意，于是强调，黎大人今天去也得去，不去也得去。其实，黎元洪的意思应该是，今天的事情并没有闹到无法收拾，吴兆麟完全有能力将这个事情处理好。作为吴兆麟的老师，黎元洪相信自己的学生没有错，只是他的表达在那种气氛中被误解了。于是各位士兵簇拥着黎元洪前往楚望台。

黎元洪一行还没有抵达楚望台，吴兆麟已经派人举枪吹号列队欢迎。尚未在思想上发生根本转变的黎元洪见到吴兆麟不免一番指责，说你吴兆麟已到而立之年，也都老大不小的了，为什么做事还这样毛毛躁躁？我们是大清国的新式军队，昌言革命组织造反，就是犯了杀头之罪，甚至要株连全家。你吴兆麟学问不错，资格也深，你怎么能够糊里糊涂就这样煽动造反了呢？黎元洪让吴兆麟下令解散这些闹革命的军人，让各位兄弟赶快返回各自的驻地，不要把事情闹大了，以免不可收拾。

从逻辑和伦理层面说，黎元洪的这一番训诫是合乎其身份的，也是对新军弟兄的爱护。只是他这番说辞引起了一些新军士兵的不快，一时剑拔弩张。吴兆麟出面劝住各位兄弟，又慢慢向黎元洪详细介绍了武昌城昨天夜里所发生的情况，刻意强调瑞澂自督鄂以来，措置乖张，激起湖北军队全体革命，足证清廷无道。经过昨天晚上的战斗，瑞澂和张彪等清廷高官差不多都已逃走，现在只有黎大人一人还在武昌城。黎大人素爱军人，甚得军心，现在事已至此，实属天意，只好请黎统领黎大人出山维持局面。这样的情形在中国历史上并不少见，其场景的典型性类似于赵匡胤陈桥驿兵变黄袍加身。

赵匡胤在陈桥驿黄袍加身后也是一让再让，所以我们看到黎元洪也并没有很爽快地接受革命军的要求。黎元洪在吴兆麟等人陪同下于当天（10 月 11 日）下午 1 时 40 分赶到省咨议局。据说刚进门，就有一群人高呼都督到。黎元洪对此不置可否，是安然自喜，还是忐忑不安？大概只有他自己知道。

稍后，咨议局在汤化龙主持下举行会议，副议长张国溶、夏寿康，议员胡瑞霖、刘赓藻、阮毓崧、沈维周，以及起义军各标营队的代表等出席了会议。汤化龙首先发言，表示他对革命事业，从来没有表示过反对，一贯赞成支持。但是此时武昌发难，各省均不晓得，必须设法通电各省，请一致响应，以助大功告成。况且湖广总督瑞澂逃走了，他必然会设法向清廷报告，清廷闻信，必然会派兵来鄂，与我们为难。此时正是军事时代，兄弟非军人，不知用兵。关于军事，还请诸位策划，兄弟无不尽力帮忙。

汤化龙讲话后，吴兆麟接着发言，他表示完全同意汤化龙先生的意见，并郑重提请在座各位同志、先进，公举黎元洪统领为湖北都督，汤化龙先生为湖北民政总长。吴兆麟说，黎公和汤公均为湖北人望，如果由他们两公出来主持大计，号召天下，则各省便比较容易起而响应。

对于吴兆麟的提议，与会诸人并没有不同意见，但黎元洪固辞。与会者拿出一份起草好的湖北军政府布告，请黎元洪在上面签字。黎元洪此时方才醒悟这一笔下去可就是与大清王朝彻底割断了一切情谊，一切都得从头开始。他在内心深处一定进行了激烈的挣扎，在表面上也显得略有紧张，口中念念有词，瑟缩不前。最终还是在党人李翊东的帮助下，代写一个黎字。与会者鼓掌称善，黎元洪终于被迫踏出参加革命的第一步，被迫出任湖北军政府都督。这是“中华民国”湖北军政府的第一个文告，这也标志着湖北军政府正式脱离清政府而独立而成立。

在湖北军政府成立之初，黎元洪确实没有出来主动管事，这大概是黎元洪的真情流露，也是革命党人所需要的。革命党人此前已有充分的谋划，各种事情甚至文告都有相当准备，他们只是需要黎元洪的声望和影响力，并不真的需要黎元洪指手画脚碍手碍脚。这实际上是革命党人另外一种形式的挟天子以令诸侯。

黎元洪的被迫加入对武昌起义起到了非常重要的作用，随着湖北军政府第一份文告发布，排满革命的思想得到迅速传播，光复汉族，建立民国，成了人们的共识，许多人真诚以为有了黎元洪这样的大人物加入，革命一定会成功，事情一定很顺利。这就是革命党人所要的效果。

推戴黎元洪，并与立宪党人结合而成立的湖北军政府，显然只是湖北新军中一部分革命党人的决定，也是武昌起义之后不得已的办法，因为面对一片乱局，革命党人的领袖人物被杀被抓，无法在革命党人内部进行从容讨论。这应该是一种可以被理解的决定。

然而，当革命形势继续发展时，这些决定很快也就暴露出了问题。10 月 12 日，革命党人占领了汉口，先前被捕入狱的革命党领袖詹大悲被迎了出来。詹大悲出狱后率革命军与清军在汉口进行了激烈争夺战，并立即会同一部分革命党人在汉口成立了汉口军政分府。这是革命党人独立自主成立的一个革命政权，詹大悲任主任，何海鸣为副主任，胡廷佐任司令，胡瑛掌外交，专门负责与各国领事联系。这个“纯革命党人”的军政分府虽然较以黎元洪、汤化龙为首的军政府更加革命，但也给后来的政治发展留下许多问题。

从纯粹的革命立场看，打着黎元洪招牌的湖北军政府无疑是一个改良的渐进的机构，这个政府虽然是对清政府宣布独立宣布主权，但由于其主要负责人毕竟都来自清廷旧人，其政策无疑具有相当的改良性质。就在汉口军政分府成立的当天（10 月 12 日），湖北都督府向全国发出通电，宣告武汉光复。大约为了遏制汉口军政分府的牵制，湖北都督府还致电黄兴、宋教仁，请他们速来湖北共襄盛举；并同时致电正在海外的孙中山迅速回国主持大计。湖北军政府俨然以中国政治的新中心自居。

黎元洪最初确实是被迫加入革命，但当武汉三镇都被革命党占领，并有效击退清军反攻之后，黎元洪的内心其实也在起变化，从被动且不太情愿的立场转变为愿意接受。10 月 13 日，黎元洪向湖北军政府中的革命党表示，从此之后，他愿意与各位同生死共患难，不计成功利钝，不计艰难险阻，终于自愿踏上这艘革命大船。

实事求是地说，黎元洪的加入确实使湖北军政府的革命性有很大减弱，而也正是这种减弱，却使湖北军政府赢得了更多欢迎。假如湖北军政府由纯粹的革命党人组成，不要说执政经验，其外在形象可能都会有问题。黎元洪、汤化龙这样的军政官僚出面号召，从而使左中右各色人等都能在这里找到可以接受的理由。保守如康有为、梁启超觉得黎元洪、汤化龙代表了中国一种稳健的政治力量，激进如正宗的革命党人谭人凤、居正也居然认为黎元洪或许正是他们所期待的政治领袖。

10 月 14 日一大早，谭人凤、居正从上海抵达武昌。他们是武昌起义之后最先抵达前线的同盟会领导人。他们目睹了武汉三镇的混乱情形，以为只有加强军政府的建设，才有可能稳定局势，影响全国。而加强军政府建设的关键，就是提升黎元洪的威望，使黎元洪都督府享有非常权力，能够使起义军令行禁止。为此，谭人凤于 16 日清晨在阅马场别出心裁组织了一次授权仪式，高台上悬挂黄帝牌位，由谭人凤在那里给黎元洪授旗授剑，以此表明黎元洪权力来源的合法性。居正也在仪式上发表演讲，阐释同盟会的革命精神，宣讲创立民国的伟大意义。

除了通过授权仪式提升黎元洪威望外，谭人凤、居正还与汤化龙等立宪党人合作，通过了一个都督府大权独揽的《军政府组织条例》，规定都督统辖军政大权，成为唯一领导人，都督府下设军政、民政两大部，均由都督统辖。战时设总司令一人，下设参谋部、军令部、军务部等。

根据这个条例，黎元洪以都督兼革命军总司令，杨开甲为参谋部长，杜锡钧为军令部长，孙武为军务部长。至于民政方面，民政部长由汤化龙担任，民政部下属各司局首长由汤化龙挑选提名，由黎元洪任命。这样一来，理所当然的结果是，军政方面的首长，自然都是湖北新军中的旧军官；民政方面的首长，也都是原湖北政界、官场的老人，他们差不多都是与革命毫无瓜葛的原立宪党人，当然他们的政治经验是革命党人无法相提并论的。至此，湖北军政府的政治架构大致搭建完成，从一般的观感来说，新政府有力量有办法去面对将要到来的政治、军事难题。

袁世凯重出江湖

军政府成立后特别是黎元洪开始发挥作用后，相继发布一系列重要文件，义正词严谴责清政府的反动统治，宣传排满革命的正义性合法性必要性，呼吁全国人民揭竿而起，共襄盛举，重建一个新国家，这个新国家将永久建立共和政体，与世界列强并峙于太平洋之上，而共享万国和平之福。

湖北军政府规劝汉族官僚顾念大义，幡然来归，不要继续执迷不悟，包藏祸心，怙恶不悛，不要在错误的道路上越走越远，否则其罪不赦；军政府还向清廷喊话，敦请满洲贵族统治集团认清形势，把握时机，早日决定让小皇帝宣统削号归藩，称臣纳币，及早向我新政府臣服，以便得到适当保护。否则，将坐失良机，后悔莫及。

军政府一系列通电、宣言、布告，充分阐释了这场武昌哗变的合理性必要性，有助于消除外界误解误会，有助于动员千百万民众加入革命主流，有助于瓦解敌对阵营，甚至对政治立场冥顽不化的人，也多少起到了一些威慑作用。

在内政方面，湖北军政府还相继发布一系列新的举措，这些措施有助于唤醒人民对革命的同情、理解和支持，唤醒人民对清朝政治统治、经济压迫的痛恨，有助于建立更加广泛的反对清朝政治统治的阶级基础。

在对外方面，湖北军政府从一开始就给予高度重视，而且从一开始就有相当明白的政策诉求。新政府在宣布成立的当天（10 月 12 日），就向各国驻汉口领事发出外交照会，解释武昌起义的原因、目标和意义，表示武昌起义就是中国革命，其宗旨就是要推翻“满清”，建立民国。现在的过渡政府即军政府是中国唯一合法政权，新政府的政策是要与各国继续保持和建立更加密切的友好关系，新政府反对国与国之间的战争与掠夺，愿意在维持世界和平、增进人类幸福方面做出自己的贡献。外交照会请求各国政府不要与新政府为敌，不要帮助清政府以妨碍军政府，否则就是中国革命和中国人民的敌人。军政府表示，各国现在可以不帮助不支持新政府，但无论如何不能站在清政府的立场上反对新政府，不能向清政府提供军事上的帮助，新政府如果发现任何国家向清政府提供帮助或援助军用物资，一经查获，一律没收。

至于清政府与各国先前所签订的条约，湖北军政府宣布作为清国合法继承者，新政府将给予承认，继续有效，各友邦所得权益，各国借给清政府的债务，以及清政府应该承担的赔款等，新政府都将给予承认，一律照旧，赔款外债的分担，仍像过去一样由各省按期如数摊还。对于留居军政府所占领地域内的各国人民财产，均由新政府负责保护。至于各国如在本照会发布后继续与清政府来往，签订新的条约以让渡权利，新政府概不承认。各国如有助清政府以妨害军政府的行为，军政府一概以敌人视之。

很显然，军政府的外交诉求，第一步就是要求各国保持中立，将湖北军政府与清政府的厮杀、冲突看作中国国内的斗争，不介入，不拉架，不偏袒。这是军政府最低限度的要求，更理想的第二步，当然是希望各国承认军政府是合法政府。这一点在军政府成立之初并没有提及。

各国领事对军政府的照会真的不知如何回应，除法、美两国领事前往军政府致意外，其余各国保持沉默，静观事态变化，同时要求军政府如果一定要与清军开战的话，也应该避开各国租界，以免危及各国利益。

各国政府不知如何表态，主要是因为武昌起义毕竟来得太突然太迅速，新政府虽然号称革命党的政府，但不论是黎元洪，还是汤化龙，在各国领事看来，好像都不是说的那样。他们一时弄不清楚事情的真相，所以他们冷静地观察，寻找证据。各国领事意识到这可能是中国历史上的大事变，不像是一场毫无政治诉求的军事哗变，但他们毕竟对新政府的政治立场还要观察。

对于各国领事的态度，黎元洪和军政府给予充分的理解。黎元洪知道世界大势，知道国际规则，他不仅坚持自己对各国领事的承诺，而且尽量满足各国领事的要求，他的文明举动终于感化了各国领事，各国领事终于在 17 日上午共推英国领事拜会黎元洪，表示鉴于军政府举止文明，注意保护各国在华利益，因此各国决定承认民军为交战团，各国将严守中立。这个所谓的严守中立，其实就是部分承认军政府和革命军的合法地位，部分否认清政府的合法性，端看清政府自己化解危机的能力。

有了列强的中立承诺，湖北军政府也就有了坚持的决心和信念，黎元洪以攻为守，于 10 月 18 日下令向刘家庙清军进攻。战斗打得不紧不慢，双方各有胜负，各有算计，相互拉锯，为各自目的而战。南方革命军既要等待各省的响应，等待南军统帅黄兴的到来；而北方之所以多采守势而不是攻势，不是利用自己的优势兵力打歼灭战，其实是在等着清廷转变政策，等着袁世凯重出江湖，收拾旧河山。

武昌起义的消息很快传到北京。12日，逃亡中的湖广总督瑞澂向朝廷发出相关消息，朝廷当天下令将瑞徵革职，这不仅是要惩治瑞澂失职，而且期望以惩治瑞澂换取革命军方面的让步。上谕仍将革职后的瑞澂留职查看，戴罪立功，命其组织反攻，收复武汉三镇。

同一天，朝廷命令军咨府、陆军部速派中央军陆军两镇开往湖北，由陆军部大臣荫昌统领，责成荫昌不惜代价，打过长江，收复武汉，中央军及所有援军均归荫昌节制。同时，朝廷还命海军提督萨镇冰率巡洋舰队及长江水师进入武汉江面，协同陆军作战；命各省督抚严防革命党生事；命直豫两省保护京汉铁路及黄河铁桥。

从未经历过战争考验，甚至从来没有真正训练过统帅过军队的陆军大臣荫昌，对于究竟应该怎样平息叛乱，收复失地，心中一片茫然，更缺乏必胜信心。他虽然出身于满洲，但与汉族下野大臣袁世凯却有着非同一般的亲密关系，而且是袁世凯的老部下。在袁世凯担任山东巡抚时，荫昌曾帮助袁世凯在山东主持军务。因为袁世凯，荫昌与北洋系也有着非同寻常的关系，他曾担任武备学堂总办，北洋系的一些重要将领像冯国璋、段祺瑞、王士珍等按说还算是他的学生，可是荫昌毕竟没有打过仗，没有指挥能力和军事才能，最多只是一个纸上谈兵的主。他之所以能够出任陆军部大臣，主要是凭借他的满洲血统和他留学德国的背景。

荫昌是个有自知之明的人，他在受命前往武汉收复失地途中，当然不忘绕道彰德洹上村请教袁世凯。袁世凯告诫他不要鲁莽行事，切勿轻战，再加上荫昌统帅的军队都是袁世凯旧部，他们以袁世凯马首是瞻，荫昌根本指挥不动。

满心狐疑的荫昌和他统帅的大军在前往武昌途中磨磨蹭蹭，直至 10 月 17 日方才抵达河南信阳。到了信阳，荫昌决定在那里安营扎寨，建立指挥中心。其实，这里离武汉还有两百多公里。

朝廷肯定也知道指望荫昌去平定这场兵变是不可能的，既然是张之洞的湖北新军哗变，那么最好还是请他的老对手袁世凯的北洋新军去对阵。而且，武昌哗变新军的首领是黎元洪，黎元洪也是北洋出身，应该与袁世凯能够找到共同点，至少更多共同语言。于是，朝廷在命荫昌火速前往武昌前线第三天（10 月 14 日），就宣布起用袁世凯为湖广总督，授权节制湖北所属各军，督办剿抚事宜；宣布起用同样赋闲已久的岑春煊为四川总督，并督办剿抚事宜。朝廷期望他们两位老臣当此事机紧迫之时，自当力顾大局，勉任其难，为国效力，为朝廷分忧。

岑春煊的事情我们在前面已经说过了，而精明且一直关心着武昌局势的袁世凯显然对这样的授权不会满意，因为武昌的局势在恶化，各地的局势在动荡，就连列强都在改变着态度，要想平息武昌骚乱，必须有一根本解决，而这个根本解决绝不是一个常规意义上的湖广总督就能够解决得了的。于是袁世凯一方面以脚病还没有全好为理由再三请辞，不过南北前往河南项城的各色人等在那些日子里真的是摩肩接踵络绎不绝。

从湖北新军和南方革命党人的立场说，南方的形势真的是发展迅猛，超出想象；但从清政府立场上说，南方形势确实不容乐观，不容小视，处理不好，真的可能是全盘皆输。因为这次哗变与往常类似事件的最大不同，是过去的哗变、兵变和民变，都有具体的经济诉求，比如索饷比如抗税，而这一次太不一样了，湖北新军上来就提出了政治诉求，而这个政治诉求，在很大程度上又超过了朝廷的政治底线。这应该是袁世凯在故里思考最多的难题。

黎元洪的新政府不提具体的经济诉求，不提具体的政治诉求，比如开国会，立即宣布实现君主立宪等，而是上来就要推翻清政府，就要列强承认武汉的新政府。这就比其他类似事件更棘手，没有具体条件，就是最大的条件；没有要求，就是最大的要求。这一点，袁世凯当然太清楚了。

黎元洪军政府的政治诉求从清廷立场看就是叛逆，就是大逆不道。然而吊诡的是，与清政府有着邦交关系的各国领事，竟然在武昌起义之后一个星期，就去拜会了黎元洪，并向军政府示好，表示军政府只要举止文明，注意保护各国在华利益，他们决定承认民军为交战方，各国将严守中立。

各国领事的这种宣布，实际上将清政府逼入一个难堪境地，承认了军政府和革命军的合法性，就等于部分否认了清政府的合法性正当性，这不是鼓励造反鼓励闹事吗？然而列强就是这样做了，端看清廷如何接招。

军政府的政治诉求和列强的态度，是袁世凯迟迟不愿就职不敢就职的根本原因，因为道理很简单，既然湖北军政府以推翻清廷为诉求，那还有什么好谈的？只有背水一战，只有战场上一决雌雄。然而，问题真的没有那么简单，现在列强的态度变了，列强不再以清政府为唯一合法政府，列强承认了湖北军政府，就是要用这个军政府去压清廷的政治变革。

清廷的政治变革已有上十年的历史了，自从1901年开始新政，走走停停。又经过1906年开始的预备立宪，总算有了一个目标和行动日程。然而自从光绪帝和慈禧太后在1908年相继去世，朝廷权力重心出了问题，政治改革的步伐就一直不太顺畅，尤其是进入1911年之后，政治改革进入深水区，然而两个最具关键性和全局意义的改革出台，终于粉碎了国内外一切善良人的幻想。

第一个失误是皇族内阁的出台。责任内阁是政治变革中的一个重要步骤，也是君主立宪的要义，皇族在责任内阁出台后逐步脱离现实政治的困扰，这样才能保证皇权永固，万世一系。然而当清廷按照政治变革日程表于1911年5月8日宣布第一届责任内阁名单时，13名内阁大臣竟有7人出身皇族，责任内阁变成了名副其实的皇族内阁，这使原本准备通过政治变革分享权利的立宪党人彻底失望。

第二个失误接踵而来。新内阁的第一个政策就是宣布铁路国有化，通过一个政策彻底剥夺了民族资本在过去很多年积累的财富和介入基础建设的权利，于是有了保路运动，于是大兵入川镇压，于是武昌空虚，于是新军哗变。这一连串的事情构成了一个复杂的因果链，袁世凯如果不能获得朝廷的充分授权，不能对武昌新军的政治诉求有所答复，不能对四川等地的保路运动经济诉求有所答复，不能对政治变革的停滞与走形有所答复，那么他匆匆忙忙前往武昌就职其实也就毫无意义。

而且，更为重要的是，由于清政府此前没有处理好中南地区、华南地区绅商在铁路国有化过程中的利益，使绅商也就是当时的社会中坚对清政府丧失了起码的信任感。再加上此前数十年经济发展过程中贫富悬殊无限扩大，民怨沸腾而始终没有得到真正解决，各地群体性冲突接连发生，社会下层也不再期待皇恩浩荡，而是很容易与各种社会动荡因素结盟。各地革命党人乃至那些久已对清政府政策有所不满，内心比较倾向于改朝换代换换政治新面孔的官僚们有机可乘，相持之下，各地纷纷反正光复，堂堂大清王朝如大厦将倾，在不到半个月的时间里，湖南、陕西、山西、江西等省相继宣布脱离中央，实行独立和自治。

面对清廷困境，袁世凯安然躲在洹上村，只发言不行动，几乎每天一个建议表明他对时局的关心和朝廷安危的关注，但是不论清廷怎样敦促，他都以脚病未愈为由拒绝出山任湖广总督。在他内心深处，一定是认为时候不到，火候不到。

袁世凯的姿态和暗示深刻影响了武汉前线的清军将领，这些将领在这个关键时刻根本不愿为清王朝死战，听任南方革命军攻占一些重要战略据点。10 月 20 日，袁世凯的老搭档徐世昌奉内阁总理大臣庆亲王奕劻之命，自北京微服潜往河南彰德，力劝袁世凯顾全大局，力疾就道。两人密商的结果，是以袁世凯的名义要求清廷明年即 1912 年开国会，组织责任内阁，宽容武昌事变人员，解除党禁，给予指挥军队的全权，供给充足的军费等六项条件，由徐世昌带回北京，转告摄政王载沣。

哗啦啦如大厦将倾的清王朝只能屈从袁世凯的建议。10 月 25 日，朝廷准袁世凯奏，以军咨使冯国璋充第一军总统，速赴前敌；江北提督段祺瑞充第二军总统，陆续开拔。27 日，调荫昌回京供职，另行安排工作；授袁世凯为钦差大臣，所有赴援海陆各军及长江水师均归其节制调遣，军咨府、陆军部不为遥制，以一事权。

南北六省相继独立

袁世凯获得充分授权的第二天就开始了行动，他不是与位于湖北之南的清军进行联络，南北夹击武汉夹击湖北，而是南北开弓，对南，逼黎元洪和湖北军政府开出谈判价码，进行谈判；对北，将南方的价码与压力转化为政治变革的动力，迫使朝廷在政治变革方面做出巨大让步，化危为机，利用武昌这次政治危机实现君主立宪政体，这可是他袁世凯和一大批立宪党人追求多年的政治理想，却总因保守势力反对而无法实现。这一次，袁世凯暗暗发誓，一定要实现，这是袁世凯应对武汉危机的基本思考。

然而，南方并没有给袁世凯这个机会和时间。武昌起义第十二天，即10月22日，长沙新军发动起义，宣告湖南光复。这是武昌起义后第一个起而响应的省份，对后来影响至巨。

湖南能够成为第一个响应的省份当然不是偶然的。这是因为湖南与湖北从来就有着天然的紧密联系。他们在地理上是邻省，很长时间以来都归属湖广总督管辖，属于一个政治区域。在文化上，两湖同属湖湘文化系统，有着相当久远的文化传统，这个传统大致上说就是对现实政治的偏爱、酷爱与挚爱。所以近代以来，两湖地区的文化冲突政治冲突从来都很激烈，激进的思想家政治家非两湖莫属，而最保守最顽固最守旧的政治家思想家好像在两湖地区也不乏其人。如果从革命党人的序列说，两湖更是一个整体，黄兴、宋教仁、谭人凤、蒋翊武、刘复基等，或为湖南人，或为湖北人，但在他们的概念中，在他们的政治经历中，都没有将两湖做出非常明确的区隔，这当然和两湖同属一个行政单元有着很大的关系。

铁路国有化政策出台前一年，长沙于1910年4月发生震动全国的抢米风潮。这一事件虽然被清政府强力镇压下去，但湖南民众与清政府的裂痕其实已经很深，湖南人的革命思想，已经在一般民众心里扎根。所以等到清政府铁路国有化政策出台，川汉铁路、粤汉铁路风潮发生，湖南立即成为一个斗争最激烈的地区，也是最早向朝廷发难的地区。社会各界因争路权而纷纷罢工罢课或罢市，原先对朝廷寄予高度期待的湖南立宪党人也在这一风潮影响下动摇了信念，对革命开始同情。

湖南的革命势力有几个系统，其中一个最重要的系统就是焦达峰的共进会。焦达峰是湖南浏阳人，1903年加入华兴会的外围组织同仇会，与黄兴、禹之谟等有着密切交往。1905年在东京加入同盟会。翌年回国参加萍浏醴起义，失败后返回日本。1907年在东京与孙武、张百祥等成立共进会，将同盟会宗旨中的“平均地权”改为“平均人权”。翌年回国策划两湖军事暴动，创建共进会湖南总堂，为龙头大哥，在湖南会党中拥有绝对权力。

共进会的势力主要在会党，他们与重点在学界的同盟会多少还有点相互瞧不起。他们认为同盟会的人多是纸上谈兵，不可能发挥什么实际作用。而同盟会的人认为共进会只知道在会党中策动革命，不过是一批绿林好汉，个人英雄主义，不学无术，不知国家大事，没有政治头脑。所以湖南的共进会与同盟会在武昌起义爆发前并没有多少交集，大家各干各的事。

湖南革命力量的第三个系统是新军中的革命党人。最早在湖南新军中从事革命活动的有刘文锦，刘文锦经邹永成的介绍与革命党人谭人凤等相识。在谭人凤的组织协调下，湖南的革命力量逐步走上了联合之路，刘文锦、焦达峰以及新军中的陈作新等脱颖而出，成为湖南革命的领袖，而且与湖北革命党人建立了比较稳定的联系，相约一省首义，他省务必要在十天内响应。

武昌起义爆发第二天，湖北革命党人星夜兼程赶往长沙报信，促动湖南如约响应，以为声援。消息传来，湖南各界当然很振奋很轰动，各阶层民众纷纷走上街头打探消息，交换情报，但湖南究竟应该怎样响应，革命党人并没有很快拿出方案。湖南的立宪党人看到了湖北立宪党人汤化龙的政治选择，有意模仿，革命党乃渐渐地与湖南新派绅士结合起来了。双方议定由新军发动起义，而以其他各方响应。

在发动起义之前，湖南绅士据说也向湖南巡抚余诚格提出和平交接的要求，以回应湖北武昌的革命党人起义。作为大清国的命官，余诚格当然不愿这样做，他不仅坚决拒绝了绅士和革命党人的和平要求，而且下令将他认为那些不可信赖的新军于10月22日调离省城，开赴株洲。省城的防卫完全交给不受革命党影响而坚定忠于清廷的巡防营。

余诚格的决定加速了新军起义的准备步伐，为了避免被余诚格分化瓦解各个击破，革命党人决定于10月22日这一天正式发动。是日晨8时许，长沙城外革命党人联络的新军士兵吹哨集合，鸣枪起义。焦达峰率炮兵攻小吴门，陈作新等带领步兵攻打湘春门，守城的巡防营并没有像余诚格所期待的那样给予还击或严防死守，而是出乎意料阵前倒戈随之起义，甚至余诚格的巡抚衙门卫队也乖乖投降，起义新军不费一枪一弹占领了长沙，湖南巡抚余诚格仓皇逃走。

军事起义成功后，革命党人和新军迅即宣布成立“中华民国军政府湖南都督府”，宣布脱离清朝而独立，焦达峰被公举为湖南都督，陈作新为副。湖北军政府终于在焦虑了12天之后有了自己的同盟军，他们面对清朝的勇气由此大增；而清朝面对革命潮流，其内心深处的恐惧也相应增加。

自从湖北新军起义后，各地新军像得了传染病一样，普遍开始对朝廷不满，而且将这种不满化为彻底的反抗。就在湖南新军起义的同一天（10月22日），陕西新军也发动了起义，占领了西安。

陕西有新军混成一协，这支新军据说与长江中下游各省新军有很大不同，充当新军下层军官和士兵的，主要不是农民、手工业者和那些失学、失业的小知识分子，而是所谓不农不工不商的游食无赖之徒。这些人在当兵之前或许早已加入了各种各样的会党，有的甚至在会党中还是个小头目，他们混入新军之后并没有改变原来的人际关系，甚至还利用原来的关系发展新的关系。在那时，革命党本来就与会党有着千丝万缕的联系，所以这些陕西新军中的会党成员，你说他就是革命党，大致上也没有什么错。所以，在清政府方面看，大约真的也没有把陕西新军当作可以凭借的可靠力量。武昌起义爆发后，山西巡抚钱能训就敏感意识到新军或许会出问题，会像湖北新军一样起而反叛，因此他与西安将军文瑞商量，准备将驻扎在省城的新军调往外县，以分散革命力量，然后再设法甄别，不可靠的或清退或捕杀。

继新军一标一营调往汉中后，钱能训又限二标三个营和一标第三营在10月24日前开往凤翔、宝鸡和长武等地。一标三营督队官钱鼎为革命党人，当他获悉这些命令后，立即找同志商量对策，遂决定立即起义，推同盟会会员张凤翙为武装起义总指挥。

张凤翙是陕西武备学堂出身，后被陆军部送往日本士官学校习骑兵。在日本，张凤翙秘密加入了同盟会，1909年毕业回到陕西，被委任新军混成协司令部参谋，后又兼任第二标第一营管带。

10月22日为星期天，防守军装局的巡防队士兵都休假外出，陕西政界领袖都在咨议局开会。陕西新军以迅雷不及掩耳之势迅速占领了军装局，立即在那里建立指挥部。各支起义队伍到这里补充弹药器械后，分头攻占西安城内各官署等重要据点，很快又控制了西安全城。陕西巡抚钱能训获悉风声后立即逃跑，西安将军文瑞闻讯逃往满城。第二天，革命军攻破满城，文瑞自杀。

25日，革命党人和会党首领在军装局义军司令部举行会议，公举张凤翙为“秦陇复汉军大统领”，同盟会的钱鼎和哥老会首领万炳南为副大统领。很快，陕西各地会党、新军纷纷起事，陕西全省大部分州县不数日都宣布光复或反正。

湖南、陕西新军起义的第二天（10月23日），与两湖比邻的江西也举行了起义，这就使独立省份很快升至了四个。

江西历来是同盟会的工作重点，同盟会成立不久就派员至江西从事革命活动，一方面与当地的会党建立密切联系，将许多会党发展成革命党；另一方面利用新军建立的机会，设法进入新军，所以江西与各省的一个重要不同，是江西新军中的上中层军官就有不少同盟会会员，而在其他省份甚至在湖北新军中，革命党人主要局限于下层军官，更多的是士兵。江西的新军第二十七混成协各标营的领导权主要操控在革命党人手里，但是各标营并不集中驻防省城，而是分散在全省各地，因此江西的革命党人虽然掌控了新军的权力，但始终没有形成一个统一的领导核心。

武昌起义第二天，在新军中工作的九江籍同盟会会员蒋群刚好由昆明经武汉回到九江，他遂利用武昌起义的声势在新军中积极活动，驻守在九江的新军第五十三标标统马毓宝以及该标三个营的管带范福增、黄焕章、何文斌等或为蒋群的旧友或为同学，经过一番沟通，他们相约于10月23日发动。

到了这天晚上10时许，位于岳师门外的新军炮台先发三炮，各营闻声放枪一排，四路火起，各义军袖缠白布，口称同心协力，向道府两署发动进攻。坐镇九江的江西按察使张检、九江道保恒、知府璞良及第五十五标标统庄守忠等清朝官吏一闻炮声就闪身而退，跑得一干二净，各路义军出人意料兵不血刃顺利占领了九江城。

翌日晨，起义军各路负责人在九江道台衙门集会，决定顺势成立九江军政分府，宣告独立。推举马毓宝为都督，蒋群为帮办军务兼参谋长，林森担任交涉事宜。稍后，同盟会会员李烈钧返回九江，蒋群推举他接任参谋长，李烈钧成为九江军政分府核心人物，这对于后来江西全省形势的发展至关重要。

九江起义的消息传到省城南昌后，各阶层人民极为振奋，忙着制备白旗，准备迎接民军光复反正，而清朝官吏则非常震动，十分恐慌，江西巡抚冯汝骙深知战守都没有把握，曾经考虑请咨议局出面组织公举代表，接收权力，但稍后又有反悔。驻守在省城的新军第五十四标遂于10月30日起义反正，打开城门迎接各路新军入城。第二天，各路起义军负责人集会宣布江西独立，稍后成立军政府，宣告江西全省脱离清朝而独立。这是武昌起义后宣布独立的第四个省份。

在九江起义第六天，也就是江西省城南昌起义前一天的10月29日，太原新军也举行了起义，宣告山西光复。这是脱离清朝独立的第五个省份。

在晚清新政时期，山西一直走在时代前面。1902 年成立武备学堂，培养新式军事人才。武备学堂的优秀毕业生，还被选拔至日本士官学校深造，只是他们在日本留学的时间，正是革命党人在日本最活跃的时期，因而为清政府培养的高中级军事人才，差不多都具有君主立宪、民主共和等近代思想，这对于他们后来掌控山西新军无疑具有重大的方向意义。

山西新军第四十三混成协成协于 1907 年，其中高级军官除来自日本士官学校外，还有一些来自保定陆军学堂，山西新军的士兵，也与其他省份的新军不太一样，相对说来他们的文化水平高一些，所以当保路风暴席卷全国时，山西新军其实已经卷入动荡，官兵的革命倾向越来越明显。

正像许多省份的清朝官吏一样，山西巡抚陆钟琦很早已经意识到新军不稳不可靠，他也设法给予各方面影响，但都不见效果。为防意外，他一方面从外面调配巡防营驻扎省城维护秩序，另一方面将驻守省城的新军调往外地。结果也和其他省份一样，山西新军接到调防命令后，加紧了起义的准备，他们同样担心清政府分化瓦解各个击破。

陆钟琦给出的开拔时限为 10 月 28 日。当天下午，新军中的革命党人黄国梁、阎锡山、张瑜、温寿泉、乔煦、南桂馨等集会决定利用开拔命令领取武器弹药，然后于当天夜里突然发难，驻扎太原城外的新军第八十五标第三营管带姚以价率先从南门攻城，驻守在城内的第八十六标标统阎锡山迅即响应。仅一夜工夫，太原全城就被起义军占领，山西巡抚陆钟琦、协统谭振德被击毙，满城亦降。

10 月 29 日上午，起义领导人和各界代表在省咨议局举行会议，筹组军政府，阎锡山被举为都督，温寿泉为副都督，姚以价为陆军总司令，梁善济为民政部长，杜上化为总参议。稍后，山西全省各州县仿照省城相继光复。

山西新军起义的第二天（10 月 30 日），云南昆明的新军也举行了起义，并很快获得胜利，宣布独立。按照时间顺序，这是武昌起义后第六个独立省份。

云南地处边陲，与缅甸、越南接壤，屡受英法殖民者窥伺蚕食，所以云南人民的民族主义情绪在近代特别高涨。1904 年，云南开始有秘密革命组织“誓死会”，其主旨就是誓与“满洲殖民者”偕亡。同盟会成立后，云南很快就成立了一些同盟会的外围组织，这些组织在云南新军及巡防营中都先后建立了自己的系统。云南新军筹建后，和其他省份一样，逐渐被革命党人所控制，像革命党人李根源、罗佩金、唐继尧、蔡锷等，或为同盟会会员，或具有明显的革命倾向。

武昌起义的消息传到云南后，群情振奋，革命党领导人张文光、陈天星、李学诗等，率同新军第七十六标两队等率先于 10 月 27 日在腾越发难，据有腾越城，张文光称滇西军都督，并分兵向昆明进发。

当此时，驻扎昆明的新军也处于骚动状态，新军中的革命党人经过密谋，决定在重阳节即 10 月 30 日发动。是日晚九时许，驻扎在昆明城外的新军第七十三标首先起事，由北门斩关直入，向军械局等要塞发动猛攻，清军在统制钟麟组织下给予激烈抵抗，革命军并没有顺利得手。

夜半，驻扎在城外的第七十四标在罗佩金统率下向城内发动进攻，城内的革命党人里应外合打开城门，直扑总督府，经过几个小时激烈争夺，双方各有死伤，至 31 日中午时分，起义军终于占领了总督府。第十九镇统制钟麟在混战中被击毙，总参议靳云鹏乘着混乱机警逃走。

11 月 1 日，云南军政府宣布成立，公举蔡锷为云南都督，李根源为军政部长兼参议院院长。蔡锷等礼送云贵总督李经羲出境，云南光复大致完成。

云南的独立是武昌起义之后最艰难的一次，其惨烈程度与武昌起义不相上下，战斗激烈，代价巨大。至此，全国已有六个省份宣布独立，脱离清廷。六个省的大清命官确实没有给朝廷太丢脸，不过除了江西巡抚冯汝骙兵败自杀外，也没有谁真的进行殊死抵抗，先前不断向朝廷表忠心的各位督抚各位高官，到了关键时刻还是保命要紧，许多人差不多都是一走了之，不计后果。

第七章　南北僵持

从清廷的立场说，武昌起义不过就是一场军人哗变，只是与普通的哗变不同，这场哗变并没有提出什么具体的经济诉求，而是上来就将自己服务的朝廷予以抛弃，甚至宣布自己要成立什么独立的新政府。这就不是一般的哗变了，而是造反，是一场危及王朝安全帝国安危的政治骚乱。按理说，面对这样的骚乱，除了强力镇压，还有什么道理好讲吗？然而于清廷而言错误就在于，面对武昌起义以及稍后成立的湖北军政府，真的不知道如何应对，因为大清国两百多年历史上确实不曾遇到过这样的事情。稍事耽搁，湖南独立，陕西、山西独立，江西独立，云南独立，这一下子将朝廷弄懵了，真的不知道怎么办才好。

袁世凯：绝对君宪主义者

由于我们过去受康有为、梁启超以及民国时期孙中山等革命党人改良与革命话语的深刻影响，特别是由于袁世凯自己后来所进行的一场莫名其妙的帝制自为，使我们对袁世凯在辛亥年间的作为其实是不甚了了，而这不甚了了的前提，就是袁世凯被摄政王载沣给开了，一直心怀不满，一直寻机报复，所以当武昌起义爆发后，袁世凯的反应就是落井下石，就是要给清廷特别是摄政王难堪。一百年过去了，如果我们以一种超越意识形态的立场重新观察那一年那些事，我们很容易发现，过去的判断可能有许多局外人的主观猜测或恶意诽谤，是以后来者的眼光回望先前所发生的事。

我们在前面已经说过了，袁世凯1908年和一批老臣被开缺，与1898年的事情毫无关系，真实的原因一是袁世凯要为外交失败承担责任，二是摄政王和小皇帝刚上台，一朝天子一朝臣，这是帝国政治的规则，为了帝国的整体利益，为了摄政王尽快建立新朝的权威，袁世凯和那些大行皇帝的老臣、权臣、重臣，除了庆亲王奕劻留任外，满洲高官、汉人高官差不多都相继离开了重要岗位。

也正因为是这样一种情形，所以我们看到处于归隐状态的袁世凯并没有对朝廷有什么抱怨或怨恨，他依然在他的庄园里关心着朝廷，关心着天下，他的那些在官场在学界在军界的朋友、老伙计、部下和门生等，也并没有刻意与其疏远，而是保持着一种适度的联系。

武昌起义第二天就是袁世凯的农历生日。那一天，赵秉钧、张锡銮、倪嗣冲、段芝贵、袁乃宽、王锡彤、杨度等旧友新朋部下幕僚云集洹上村袁家庄园，为袁世凯祝寿。大家正在高高兴兴议论风生的时候，传来了武昌的消息，这肯定引起了袁世凯和在场所有人的注意，但袁世凯究竟对此事有何反应，过去的说法五花八门，各说各的，其实很多都是猜测。有的根据孙中山、黄兴后来的说法，以为袁世凯被摄政王开缺后就心怀不满，与孙黄有过联系，试图反清，加入革命阵营，更厉害的是与袁世凯有过密切接触的莫里循甚至说，他们那些知道内情的人当时就晓得袁世凯即将表示赞成共和。甚至还有人如倪嗣冲、段芝贵、张一麟、袁克定等希望老袁趁乱而起，黄袍加身，直接取代清王朝，重建汉人帝国。还有的认为，袁世凯一开始就对武昌局势有过清醒判断，以为瑞澂、张彪都是无能之辈，不可能平定叛乱。而摄政王载沣少不更事，妒贤嫉能，庆亲王奕劻昏庸贪鄙，更没有处理危机、奠安大局的能力。所以他老袁终于等到了出头的日子，终于有机会重出江湖。

这些分析或许有道理合乎逻辑，但可能并不合乎事实。也就是说，如果不是后来发生帝制自为之类的事情，那么起袁世凯于地下，他无论如何不会相信这些分析、判断，就是他的看法。作为传统体制的受惠者，袁世凯和他的老师李鸿章及太老师曾国藩一样，打死了也没有僭越的想法，他无论如何不可能看到武昌的一团火星就要夺取大清两百年的江山，此其一。第二，君主立宪是自 1901 年新政开始后，袁世凯和那一代中国人孜孜追求的东西，也正是因为这场立宪运动，方才使袁世凯在平庸的清末官场异军突起，成为大佬。预备立宪到了 1908 年《钦定宪法大纲》的颁布，大致轮廓已经划定，只是由于皇上和皇太后突然相继去世，中央政治中心发生了些微偏移，摄政王载沣在随后的两年间也确实犯了一些错误，特别是第一届责任内阁名单出台，铁路国有化法案发布，确实有考虑不周不密的地方，但这些政策也不能说有什么明显的过错。第一届责任内阁不用这些人还有人可用吗？铁路不果断国有，还有机会纠正问题加快发展吗？要不了几年，各省铁路筹集的资金真的都像四川川汉铁路公司那样被消费掉挪用掉，那可真是要出大问题。袁世凯对于这些并没有表示反对，而是认为有其合理性，给予相当支持。第三，对于武昌事变，袁世凯起初并不认为是个什么了不起的大事变，他清楚地看到军队不稳，主要是因为朝廷第一届责任内阁名单出台后，使军队将领和各省立宪党人相当失望，他们因此而失去分享权力的基础，所以袁世凯在此时的反应不是要推翻清廷，而是要帮助清廷渡过这个难关。当然，他也希望利用来自武昌的压力，稍后还有来自独立各省的压力，促动清廷早点觉悟，纠正在责任内阁上的失误，调整铁路国有化方案中的问题，以此平息武昌和各地的骚乱。这应该是袁世凯在武昌起义后所能作出的合乎情理合乎逻辑也合乎历史事实的反应。

基于这种判断，袁世凯在武昌起义爆发后，在朝廷任命他为湖广总督之后主要做的事情不外乎两点，一是寻求与武昌和解，答应促动朝廷进行政治改革，充分照顾立宪党人和军队将领的利益；对朝廷，袁世凯则是利用南方的压力，促动朝廷重启政治改革，重新制定政治变革路线图和时间表，真诚而不是虚情假意地对待民众，一定要将大清国带上君主立宪的轨道。这是袁世凯的思路，也是当时国内外舆论界的主流看法。四国银行团一般认为，南方的目标当然是政治改革，朝廷只有请出像袁世凯那样有力量有魄力的政治领袖，才能重新启动已经被中止或者说被扭曲了的政治变革，接受南方的政治要求，同意一些宪法改革，那么南方的叛乱终将失去斗争的矛头而逐渐消解。所以袁世凯重出江湖之后的重心就是怎样说服朝廷尽快调整政策，继续改革。

10 月 14 日，朝廷接受列强及内阁总理大臣庆亲王奕劻、协理大臣那桐、徐世昌的建议，起用袁世凯为湖广总督，督办剿抚事宜，所有该省军队暨各路援军，均归其节制调遣。荫昌、萨镇冰所带水陆各军，朝廷宣布袁世凯有权会同荫昌、萨镇冰调遣。如果仅就前线用兵来说，朝廷的这个授权当然不算小了。但问题是，“该省军队”差不多都随着武昌新军造反了，对袁世凯来说无从统率了；外省的援军都在路上，无从节制；至于会同调遣荫昌和萨镇冰所统率的水陆各军，也只是说说。因此从袁世凯的立场上看，10 月 14 日的授权显然是不充分的，是根本无法对付湖北局面的。袁世凯当然不愿就此赴任。

在朝廷宣布起用袁世凯的当天，庆亲王奕劻有亲笔信委派阮忠枢专程送达洹上村，解释朝廷的用意，劝说袁世凯从大局出发，尽早出山。

庆亲王是袁世凯的老朋友，他的意见当然引起了袁世凯的重视。袁世凯在收到这封信之后就与幕僚进行讨论，据说杨度认为袁世凯不要出山，不要去挽救清王朝，就让清王朝这样烂掉好了。袁克定、王锡彤大致同意杨度的看法，以为可以静以待变，保持猛虎在山之势，为将来多留一些选择。而只有从北京来的阮忠枢竭力劝说袁世凯接受庆亲王的建议，接受朝廷的任命，同意重出江湖，但可以再提条件。据说王锡彤当时和袁世凯有一段对话，大致可以反映袁世凯此时同意出山的真实想法。

王锡彤问：袁公之出山是为了救国，可是朝廷是亲贵用事，贿赂公行，即便不发生武昌事变，这样的国家还有救的可能吗？

袁世凯说：这样的国家确实快到了不能救的程度了。天之所废，谁能救之！谁也没办法与天命相抗衡。

王又问：袁公既然认识这么清楚了，为什么还答应朝廷的任命呢？

袁世凯答：托孤受命，鞠躬尽瘁。仅此而已。

王又说：专制国家绝对不会容忍大臣功高震主，家族且不能保，中国历史上这种事情已经很多了，同是汉族且不能免，何况现在中国所面对的情形那么复杂呢？

袁世凯闻言稍怒，他坚定地表示：我袁世凯不能做革命党，我也不愿子孙辈做革命党。

对于袁世凯的这个表态，过去的研究者差不多都认为这是袁世凯的策略性考虑，他就是要东山再起，就是要重登政治舞台。其实，设身处地替袁世凯去想想，他所接受的教育，他多年来的政治理想，大约都使他没有任何可能不这样想，他就是要为朝廷分忧，就是要用自己的智慧去化解一场政治危机，这是真正的政治家最亢奋的事情。所以不必以太小的心胸去揣测袁世凯重出江湖的用意。

基于各方面的考虑，袁世凯在接到朝廷的任命后立即给予回复，一方面表示武昌事变确实是关乎我朝安危的大事，不可掉以轻心；另一方面表示自己旧患足疾，迄今尚未痊愈，去年冬天又牵及左臂，时作剧痛。这是多年种下的老毛病，也不可能指望很快治愈。然气体虽见衰颓，精神尚未昏瞀。只是这段时间天气突然变冷，有点发烧咳喘，引发头眩心悸，思虑恍惚。这个症状当然也不是很快就能治愈，只是这种病毕竟只是表征，施治较老毛病还是要容易一些。袁世凯要表达的意思是，现在既然武昌方面的情形那么紧迫，我也不敢贸然向朝廷请假，只是这几天我的身体确实有点问题，实在有点支持不住。我现在已经请医生加紧治疗，另一方面加紧筹备，一俟身体稍可支持，即当力疾就道，借答朝廷高厚鸿慈于万一。

对于袁世凯的解释和理由，后来人差不多都不相信，以为这是袁世凯在向朝廷特别是向摄政王拿架子，是要报一箭之仇。其实，如果知道1908年事情真相的话，就不会这样以小人之心度他人之腹，聪明绝顶的袁世凯绝对不会玩弄这种低级的小儿科。这个推迟赴任电报发出第二天即10月15日，奉命前往武昌平息叛乱的陆军大臣荫昌，专程前往洹上村拜访袁世凯征求意见。荫昌是袁世凯的老朋友老部下，两人关系非同一般，然而当荫昌抵达时，袁世凯也没有出来迎接，而是在卧室与荫昌进行了一场交谈。过去的研究说袁世凯在装病，袁世凯其实真的没有这个必要，一来荫昌是他的好朋友，荫昌不会出卖他；二来真的是装病，荫昌当面一定会看出。所以在没有证据证明袁世凯在和朝廷讨价还价时，还是应该以宽容的心情看待一切历史记录。

袁世凯与荫昌进行了交谈，语重心长地告诫荫昌不要轻敌，不要妄动，不要以为湖北无人，要妥协处理，争取和解，但也要有武力解决的准备。实事求是地说，袁世凯的分析是有道理的，其对荫昌的交代也是对的，不存在他有意让荫昌鲁莽地去扩大事态，加重自己出山的砝码这样的雕虫小技，袁世凯信奉的是大智慧，那就是请求朝廷尽快推进政治变革，以政治变革回应南方的要求，平息各省的怨气。

军事上的建议和布局我们在后面还有机会讨论，现在所要讨论的主要是袁世凯在接受朝廷命令后在政治上的建言和部署。在过去的话语表达中，大家注意到了袁世凯在那段时间曾通过梁士诒、唐绍仪、张謇等人向朝廷建言或施压，希望朝廷接受立宪党人先前的要求，加快立宪和政治变革的进程，以政治变革去化解南方各省军事叛变的压力。袁世凯曾经明白无误托人转告梁士诒，根据他对中国目前时局的观察，消弭南方的军事叛变并不是一件难事，很容易结束；中国现在最难的还是北京的政治，如果不能在政治上有办法，军事上就很难有办法，而政治上的办法不言而喻，就是他们这些绝对君宪主义者一直渴求的宪政。在袁世凯的政治概念中，朝廷只有向这个方向去用力，才能化解各省立宪党人的压力，也才能将压力转变为动力，化危为机，推动中国政治由此上一个大台阶。这才是袁世凯的大智慧。

根据袁世凯的委托和提示，已经很长一段时间不谈政治的梁士诒重新活跃起来，与唐绍仪等相互呼应相互配合，从事政治运动。梁士诒、唐绍仪等人运动的详细情况现在虽然并不是太清楚，但可以看到原先混乱不堪的北京政界开始逐渐向袁世凯所期待的方向发展。

湖北及各省军事哗变的基本原因如果用给事中高润生的奏折说，其实就是三个问题，即借款、收路和亲贵内阁。所以现在要想通过政治运动化解军事危机，就必须直切主题，在这三个问题上有所反省有所表示。借款的事情比较复杂，大致上说就是盛宣怀在主持制定铁路国有化政策时，一个基本思路是用外国银行的钱换回各省民间资本对铁路的股权，这在各省铁路股东看来，就是朝廷与民争利，因而引发各地的保路运动；所谓收路，就是盛宣怀主持的铁路国有化改造。这个政策的出发点和基点都是好的，但好的政策并不一定必然得出好的结果，最重要的是既没有向人民说清楚，附带的是那些在集资活动中挪用、贪污、亏损的事情都必将在收路过程中露馅，这是各省闹事的一个关键；至于亲贵内阁，这是立宪党人最恼火最郁闷的一件事情，大家都等着立宪了能够分享权利，而亲贵内阁差不多彻底浇灭了大家的热情。所以朝廷要想平息各省的愤怒，就必须在这三个主要问题上有所表示。

10 月 22 日，资政院第二次开院，摄政王载沣到院发表讲话，以为方今世界文明，宪政尤为当务之急，要求资政院在先前慎重筹备的基础上更有进步，所有应议事项亟宜集思广益，求一是以折中，以期渐有端倪，日臻完备。比较委婉地表达了加快政治改革步伐的意思。

摄政王的表达确实委婉，给人以希望，但并不保证结果，并没有时限。在接下来的几天，湖北及其他各省的情形继续恶化，反叛的省份越来越多，这终于使朝廷发毛了，着急了。10 月 26 日，朝廷从资政院弹劾，将盛宣怀革职永不叙用，希望以盛宣怀为替罪羊能够平息各省怨愤。甚至先前听从盛宣怀建议，参与铁路国有化方案决策的内阁总理大臣、庆亲王奕劻及协理大臣那桐、徐世昌等人一并交给相关部门查处定罪。这当然是希望在借款、收路两大问题上有个了结，回应各省的抗议和反叛。

至于在政治上，朝廷在随后的几天终于也架不住了。10 月 29 日，资政院做出两项重要决定，一是就宪法问题向朝廷提出重大建议，二是奏请罢黜亲贵内阁，建议朝廷重新选拔贤能为内阁总理大臣，并使其全权组织各部国务大臣，负完全连带责任，以维持现今之危局，团结将散之人心。

滦州兵谏：清廷丧失最后机会

清廷在政治变革方面的让步当然有袁世凯的推动，不过也必须承认，清廷的这些宣示其实是当时相当一部分中国人的共同期待，甚至可以说是中国的必由之路和前进方向。就此而言，南方的兵变、哗变，对于清廷打破守旧势力的封锁，为政治变革打开一条血路，还是起到了积极作用。由此还必须说，清廷这个重要宣示的推手，还不仅仅来自袁世凯一系，可能还有诸如滦州兵谏事件的影响。

所谓滦州兵谏，就是驻守在滦州的新军第二十镇官兵基于义愤和大义所发动的一场军事哗变，其政治诉求与湖北新军的哗变有所不同，而是要求清廷立即实行君主立宪，这一点与袁世凯当时的政治立场完全一致。但是不知为什么，在过去许多年，史学界许多人都认为滦州兵谏的政治诉求是革命，是排满，是共和，而滦州兵谏的主要领导人吴禄贞被杀害，也被说成是袁世凯的阴谋和指使。现在冷静观察重新阅读相关史料，就会发现这一事件可能还不那么简单，可能还有重新思索的空间。

滦州兵谏的主要领导人还有张绍曾和蓝天蔚。张绍曾生于1879年，时年32岁，河北大城人，原为天津武备学堂学生，后被保送至日本陆军士官学校第一期炮科，毕业时名列第一，回国后任北洋第三镇炮兵标统。1905年入直隶督练公所教练处任总监督。1910年随贝勒载涛出洋考察欧美陆军，归国后转任陆军贵胄学堂监督。少年权贵载涛、载洵等算是张绍曾的学生，这也是张绍曾在朝廷层面的重要人事资源。1911年，张绍曾调任新军第二十镇统制，驻守沈阳、新民一线。武昌起义发生后，奉命入关，驻扎滦州。

蓝天蔚生于1878年，时年33岁，湖北黄陂人。初就学于湖北武备学堂，1899年以优异成绩被张之洞选派送日本士官学校深造，并在那里与张绍曾、吴禄贞结识。1903年，蓝天蔚奉命回国，任将弁学堂教习，因与吴禄贞等人过从甚密，遂被军方高层怀疑，蓝天蔚愤而辞职。旋经吴禄贞推荐，再度赴日考察军事，并从湖北新军中挑选50名优等生随行。日俄战争爆发后，蓝天蔚甚为愤慨，出面组织中国学生成立义勇队，任队长，帮助日本抵抗俄国。

与张绍曾、吴禄贞的情形一样，由于中国处在政治发展的十字路口，好学深思的蓝天蔚对于各种思想学说都有浓厚兴趣，他与湖北籍的刘成禹、李书城等人组织同乡会，并创办留日学生第一个以省份命名的进步刊物《湖北学生界》，以输入东西洋各国进步学说唤起国民精神为己任。回国后出任第二混成协统领，驻守奉天。

吴禄贞生于1880年，时年31岁，湖北云梦人，经历与蓝天蔚相似，1896年从军，1898年被张之洞选派送赴日本学习军事。据说，吴禄贞也受孙中山思想的影响，秘密加入同盟会，以推翻清廷为己任。这个说法的可信性其实还值得讨论。

从个人性格品行上说，吴禄贞又与蔡锷有着相似之处，只是吴禄贞个头瘦小，但其谈吐不凡，做事专断，性格豪迈，不愿被别人领导，有着很强的领袖欲。广结天下英雄豪杰，花钱如流水，风光无限，喜欢美女，纳娼为妾。或许因为这个爱好，吴禄贞与蔡锷被一些雅士文人讥为“南蔡北吴”。

吴禄贞留学归国后，在军界的发展一帆风顺，先任中央练兵处训练科监督，后随东三省总督徐世昌赴奉天，任军事参议，旋任延吉边务帮办，后升任延吉边务督办、陆军协都统。1910年奉调回京，出任镶红旗蒙古副都统，前往德国、法国考察军事。回国后调任陆军第六镇统制。

张绍曾、吴禄贞、蓝天蔚三人在日本留学时深相结纳，成绩突出，志趣不凡，被誉为“士官三杰”。他们虽然在那里受到孙中山思想的影响，与湖北籍的革命者如刘成禹等人来往，然而不管怎么说，他们还不是严格意义上的革命者，更不是孙中山、黄兴、宋教仁那样的职业革命家。他们作为清政府官费选送的军事留学人员，对朝廷依然有着无比期待和基本忠诚。他们后来之所以挺身而出进行兵谏，与其说是对武昌起义的响应，不如说是对武昌起义的回应，因为他们兵谏的政治诉求并不和湖北军政府以及独立各省的要求相一致，而是要求朝廷遵守君主立宪的政治承诺，加快立宪步伐，早日进入完全立宪的时代。

至于吴禄贞几个人对孙中山革命思想的倾慕和探究，也不必过多阐释，道理非常简单，因为革命和改良在1906年之后的中国其实就是一个跷跷板。革命高涨了，肯定意味着改良出了状况，而状况一定是朝廷又遇到根本障碍改不动了。这时，许多稍怀激进情结的中国人都会倾向于革命。而一旦朝廷化解了改良的障碍，改良又进入常态了，革命也就没戏了，革命也就低潮了。从这个意义上说，吴禄贞等士官三杰和那个时代许多关心政治的中国人一样，可以说他是革命者，也可以说他是朝廷的忠诚拥护者。他们对朝廷的批评、批判与愤怒，其实就是典型的“第二种忠诚”，是恨铁不成钢。

进入1911年之后，革命的形势原本走向了低潮，黄花岗起义失败后，清政府主导的政治改革如火如荼，立宪党人都在幻想着随着政治改革的进程分享应该获得的权力，不料清廷亲贵内阁的出台惹恼了立宪党人，使他们先前的政治期待归于落空。紧接着，朝廷又接受盛宣怀铁路国有化的建议，弄得南方各省群情激奋，反抗的声音一浪高过一浪。清廷为了振奋人心，鼓舞士气，决定在当年秋天调动大军举行永平秋操，以此去压制各地风起云涌的抗议浪潮。

永平秋操分为东西两军。西军为禁卫军，以满洲人为主；东军为新军，以汉人为主。内定的演习方案是东军败西军胜。清廷特别任命军咨大臣载涛为永平秋操大元帅，任命舒清阿为西军总统官，冯国璋为东军总统官。被指定参加秋操的队伍，禁卫军为第一混成协、第二混成协和第三混成协；新军参加秋操的为第一镇、第四镇、第二十镇及第二混成协。东西两军先后从原驻地向滦州一带集结。

张绍曾统领的第二十镇参加秋操的队伍从新民府陆续开到滦州的时候，武昌起义已经爆发，全国震动，军心不稳。朝廷根据秋操大元帅军咨大臣载涛的报告，下令停止当年秋操的一切准备活动，并考虑将新军第二镇、第四镇及第六镇的一协编为第一军，将第二十镇和第三镇、第五镇各一协及第二混成协编为第二军，开赴湖北前线。因此，从各地向滦州集结的各路军队相继离开返回原驻地，但不知为什么只有张绍曾的第二十镇却在滦州按兵不动。

滦州为拱卫京师的战略要地，张绍曾和他的第二十镇在那里按兵不动引起了朝廷的注意，朝廷当然担心武昌的事情在滦州发生，所以相继委派载洵、吴禄贞、蒋作宾、陈其采等将领前往滦州相机劝说，以解除朝廷的担心。

载洵算是张绍曾的学生，但他的劝解并不被张绍曾接受。吴禄贞是张绍曾的哥们，他所统领的第六镇已经从滦州返回原驻防地保定，他受命前往滦州劝说张绍曾，其实是给了他一个名正言顺的机会进行沟通串联，使吴禄贞将他们"士官三杰"先前的计划有机会进行调整。

作为湖北籍的新军军官，吴禄贞、蓝天蔚等人对武昌事变理所当然更为关心，也理所当然想为自己的故乡，还有那支自己先前服务过的部队做点什么。这是人之常情。他们确实有遥相呼应的考虑，以配合武昌新军的行动，只是很难说的一点是，他们的行动并不是像湖北新军那样一定就是推翻清廷，建立民国，实现共和。

基于这样的立场，张绍曾于 10 月 27 日联络一批将领联名向朝廷施压，请求朝廷尽快立宪，以政治变革回应南方革命党人的合理要求，推动中国政治进步。

对于张绍曾等人的建议，朝廷筹议未决，于是张绍曾等又向朝廷请求进兵南苑，以兵临城下迫使朝廷屈服。

张绍曾等人的做法当然不会使朝廷轻易答应，何况是军方将领用武力迫使，朝廷如果就此答应，后果同样不堪设想。而朝廷的不答应，又迫使因此发难的张绍曾等人骑虎难下，于是他们又找到了一个难得的机会，扣留了一列发往武昌前线的军火，以此向朝廷继续施压。

这趟军火专列是东三省总督赵尔巽奉朝廷的命令发往武昌前线的，

其物资是从欧洲采购的，当然都是武昌前线最急需的。赵尔巽将这趟专列交给天津兵站司令部副官彭家珍负责押运，他万万想不到的是，彭家珍也是潜伏很深的革命党人。

四川人彭家珍毕业于四川武备学堂，后赴日本考察军事，后入四川高等军事研究所，1911 年秋任天津兵站司令部副官。当他接受这个特别急迫的押送任务后，不是想着怎样去完成，而是立马想到通过革命党人特殊渠道通知了第二十镇统制张绍曾，希望张绍曾动用武力予以截留或扣留，以此实际行动帮助武昌起义前线的革命将士。

作为军事将领，张绍曾当然知道这批军火对武昌前线的意义，但他确实不是想将这批军火据为己有，而是希望将这批前线最急需的军火扣留下来，迫使前线将士和军方其他将领能够和他一起呼吁朝廷尽快开始政治改革，尽快实行君主立宪，以回应南方的要求。这是张绍曾扣留军火的政治诉求，其目的显然与彭家珍不同。

张绍曾的这个做法立即获取了预想效果，当他将这列军火扣押后，立即在北京，在武昌前线，在袁世凯那里引起一系列连锁反应。朝廷通过各种方式劝说张绍曾有话好好说，不要扣留这批军火；正在前线或者准备开往前线的冯国璋、段祺瑞也向张绍曾施压，劝告他有话说话，不能拿前线兄弟的生命开玩笑。

扣留军火只是张绍曾等人的手段。10 月 29 日，第二十镇统制官张绍曾、护理陆军第三镇统制官卢永祥、陆军第二混成协统领官蓝天蔚、陆军第二镇三十九协统领官伍祥桢、陆军第二镇四十协统领官潘榘楹等联名向朝廷上了一个奏折，请求朝廷立即实行君主立宪，以定国危而弭乱。

奏折指出，连日来恭读朝廷一系列诏书文件，获知武昌不守，大军南下，惊心动魄，以为世界革命之惨史行将复演于国中，似乎从来没有现在这样严重和危险。他们认为，此次变乱的起源当然不止一个，然而归纳起来说，其实就是政治之无条理及立宪之假筹备所产出的必然结果。国家当祸变之时，其治乱也犹医生之治病，一面防其腐蔓，一面拔其症结，标本兼治，方可奏效。否则一误再误，死亡随之。现在湖北事变事机迫切，一般人民主要凭借对朝廷举动的观察，战局进展的观察，以做出自己的判断。而自事变发生至今已经半个多月了，中央政策，除了动用兵力，好像根本没有从治乱本源上大加改造，以懈其已发而遏其将萌。由此继续发展下去，人们对朝廷的信任势必逐渐减弱，而祸乱的根本原因可能反而日趋严重。从世界各国革命的历史看，但凡革命发生之后，经政府强力镇压的，基本上没有从根本上根除的，反而使革命越演越烈，其国家危亡的系数必然加大，其君主悲惨结局的可能性也相应增加。张绍曾等人指出，即便从我大清最近的历史说，最近几年党人被诛被抓的已经很多，但是给人的感觉是前仆后继，抓不胜抓，杀不胜杀，革命的形势没有减弱，反而有越演越烈之势。现在不问国力是否真的能够战胜革命党，即便中央的兵力真的能够侥幸取胜，但势必要酿成流寇群起，东南半壁江山，依然会落入党人手中，国力消竭，外人乘之，豆剖瓜分，不堪设想。这就是他们这些人之所以要向朝廷表达自己意见的初衷，就是要求朝廷不要一味凭借武力去解决眼前的危机，要从政治上从根本上解决危机之所以产生的根源。这个思路无疑与袁世凯是一致的。

张绍曾等人在这份奏折中的具体意见是，皇位之统宜定，人民之权利宜尊，军队之作用宜明，国会之权限宜大，内阁之责任宜专，残暴之苛政宜除，种族之界限宜泯。这七个方面的具体要求归结一点，就是请求朝廷改定宪法，以英国之君主宪章为准的。张绍曾等人强调，今日军民所仰望要求的，只在于改革政体，只在于按照英国君主立宪的原则重构权力系统。为朝廷计，与其徘徊犹豫不决以启天下之疑，何如明示政纲以钳党人之口？何况要求改革的目的，于我皇上之地位尊荣无丝毫损害，而于我国家基础之巩固有邱山之益。所不便者，独革命党与那些朝贵而已。因为革命党持极端主义，朝廷如果一新政体，这革命党的势力必然会削弱。至于那些怀垄断之心的朝贵们，他们只是既成体制的既得利益者，一经立宪，他们的个人利益肯定受损。张绍曾等人进而强调，破坏我朝廷万世之大业、人民永远之幸福者，革命党人的煽动破坏还不是最大问题，最大问题只是那个制造革命党人的政体。所以他们的要求归根结底一句话，就是进行政治体制的改革。为此，张绍曾等人在这个奏折后附有政纲 12 条，大要是：（1）大清皇帝万世一系。（2）立开国会，于本年内召集。（3）改定宪法，由国会起草议决，以君主名义宣布，但君主不得否决之。（4）宪法改正提案权专属国会。（5）陆军直接归大皇帝统帅，但对内使用应由国会议决特别条件遵守，此外不得调遣军队。（6）格杀勿论、就地正法等律，不得以命令行使；又对于一般人民不得违法随意逮捕、监禁。（7）关于国事犯之党人一律特赦擢用。（8）组织责任内阁，内阁总理大臣由国会公举，由皇帝敕任；国务大臣由内阁总理大臣推任；但皇族永远不得充任内阁总理及国务大臣。（9）关于增加人民负担及媾和等国际条约，由国会议决，以君主名义缔结。（10）凡本年度预算未经国会议决者，不得照前年度预算开支。（11）选任上议院议员时，概由国民对于有法定特别资格者公选之。（12）军人有参议之权。

张绍曾的奏折特别是十二条政纲，除了个别条款还有商量余地，其基本精神就是要建立一个现代国家，其政体就是中国人多年来期待的虚君立宪，朝廷如果能够对张绍曾等人的这些建议给予肯定的答复，相信由湖北新军引发的一场大革命完全可以至此结束，然而清廷并没有珍惜张绍曾这些君宪主义者的建议，没有顾及他们的政治忠诚，继续以糊弄的姿态一步一步退却，结果错失良机，最终使君主立宪的机会完全丧失。

黄兴来了

武昌起义发生后，在武汉，其实成立了两个新政府，一个是以黎元洪为首的湖北军政府，另一个就是以纯粹的革命党人为主的军政分府。前者由于其中掺杂着汤化龙等老牌立宪党人和黎元洪这样的旧官僚、旧军官，因而其性质很难说就是一个孙中山等革命领袖一直期待的革命政府，而后者的力量由于没有获得外界支持，实在太小，所以武昌起义之后，湖北未来发展并没有一定之规，既可以向左转走向革命共和的道路，也可以向右转，像后来一些省份那样只是光复，只是将满洲人赶下台，其政权性质依然是旧的，甚至是以君主立宪为政治诉求。武昌和湖北的政治形势发生根本改变，除了北京的政治压力、军事压力外，另外一个最值得注意的因素就是革命党人纷纷到来，特别是黄兴、宋教仁等革命领袖的到来，从根本上扭转了湖北向右转的可能，其政权的革命性质日趋浓厚。

黄花岗起义失败后，革命确实陷入低谷，黄兴逃到香港后，除了疗伤，就是考虑用暗杀的办法专意复仇，在他看来，清政府的铜墙铁壁现在确实不容易有大的突破，此时只有利用党人的个人英雄主义精神从事暗杀，杀死几个清廷大员，既可为烈士报仇，亦可引起一些震动，重振革命信心。后在孙中山、冯自由等人劝说下，黄兴放弃个人暗杀的计划，转而组织东方暗杀团，有计划地进行暗杀活动。

与黄兴的思路稍有不同，同盟会的另外一个重要领导人宋教仁依然对武装起义充满信心，他和陈其美、谭人凤等 30 多人于 1911 年 7 月 31 日在上海发起成立同盟会中部总会，试图从长江中下游一带突破。

中部同盟会的成立对长江中下游各省革命党人无疑是很大鼓舞，各省革命党人利用保路运动所引发的社会危机积极活动，寻找机会准备发动一场略具规模的起义，以重振革命党人的威风。至 9 月，湖北新军中的革命党人觉得条件大致具备，大有一触即发之势，遂派居正及杨玉如等前往上海邀请黄兴、宋教仁、谭人凤等亲临汉口主持大计。

黄兴此时还在香港，居正、杨玉如在上海与同盟会领导人于右任、熊克武等人会面交换意见，经过详细讨论，他们决定找准机会在南京、上海和湖北等长江中下游诸省同时发动，争取在清政府统治的中心区域取得一个大的突破。

会后，宋教仁、谭人凤将革命党人在湖北的活动情况特别是在新军中的力量向黄兴做了介绍，但黄兴知道这些情报后却认为，现在各省之间的联络并没有真正打通，如果没有其他省份的配合，湖北一省很难成功。黄兴仍然建议湖北的革命党人不要太过着急，还是应该进行扎实准备，等待各省准备得差不多了，仍按原来的计划，约同 11 省同时起事才好。

大约是黄花岗起义失败的阴影还在发挥影响，或者是因为黄兴没有亲临武昌，没有现场感，所以他的分析虽理智，但很显然没有充分估计到保路运动发生后湖北社会震荡所带来的机会，稍后经湖北代表吕志伊、刘芷芬专程前往香港当面介绍，黄兴的看法发生很大转变，欣然赞同同盟会中部总会寻找机会在湖北在武昌发动的计划，以为湖北新军久受各方面压制，以表面上观之，似无主动资格，然其中实在蕴涵着非常强烈的反抗情绪。在湖北的同盟会成员还有一点是其他地方所没有的，即湖北一直没有举行过像样的起义，那里的革命党人不免有点儿自惭形秽，所以一直潜藏着一种要找个机会大干一场的心结，以洗刷多年沉默不见成效的缺陷。这些主客观因素在黄兴看来都是很值得利用的，湖北如果把握住时机，便有可能获得成功。在这种情形下，如果再人为遏制，或听其内部自发，革命党人不去积极为之指挥，恐有鱼烂之势，事诚可惜。即以武汉形势论，虽为四战之地，不足言守，然亦视其治兵之人何如，指挥恰当，布局合理，也未尝不能在这里大干一场，有所突破。过去革命党人侧重于两广地区，而不重视湖北，不重视长江中下游地区，以为这一地带革命党人不易进入，更不容易退出，也没有可靠的军队以资利用，所以一直没有将这里作为工作重心。现在湖北新军中既有如此大的革命力量，则以武汉为中枢，以湖南、广东为后劲，江苏、安徽、陕西、四川等省亦同时响应以牵制之，大事不难一举而定。黄兴通过对湖北情形的了解，所做出的判断与前此相反，以为革命党人一定要加强对湖北的重视，急宜趁此机会，勇猛精进，较之先前只在广东一带举行武装暴动可能更有效。

黄兴作出如此清晰分析的时间为1911年10月5日，也即武昌起义之前五天，他在作出这些分析时也表示自己将因湖北同志的邀请，亲赴长江上游，期与那里的革命党人会合，共同发起，一起奋斗。为此，黄兴专门致电湖北同志，嘱其先别轻举妄动，等待11省布置妥善后，相互呼应，一举而光复汉疆。然而，黄兴无论如何想不到形势发展得那么快，他原本准备到南洋一带再筹些款项，而武昌方面就因一个小小的失误而不得不提前发动，并一举控制武汉三镇，控制了湖北一部分地区。

武昌起义的第二天，正在上海的宋教仁就获得了消息，他迅即电邀黄兴尽快来沪商量下一步计划，而黄兴此时也想不到一个偶然的事故能够掀翻一个帝国，他在回复宋教仁的信中仍然表示等他筹集的这批款项稍有眉目方可前往。

第三天，湖北军政府电促黄兴、宋教仁、居正即来武昌赞画戎机，并请他们转电孙中山从速回国，主持大计。

第四天晚上10时许，居正、谭人凤等人从上海回到了武昌，他们的到来为刚刚成立的湖北军政府注入新的因素，特别他们声称已与宋教仁等革命领袖面商湖北形势，并表示很快返回上海请黄兴、宋教仁等来这里帮忙，促成各省响应。黄兴、宋教仁的名头在革命党人中间早就如雷贯耳，他们能够前来主持大计，无疑振奋了武昌的革命党人，他们相信，凭借黄兴、宋教仁的号召力，各省响应相继独立的事情也就指日可待。

10月23日，黄兴偕太太徐宗汉自香港来到上海，迅即与宋教仁倾谈竟夕，商定由柏文蔚、范鸿仙等前往南京策动新军反正，黄兴与宋教仁前往武昌支撑全局。从上海前往武昌的沿江口岸都在清军严密掌控中，缉查极严，黄兴等人要突破这些关口也非常困难。不得已，只好由上海医院院长张竹君出面组织赤十字救伤队，开往武昌战地服务，黄兴、宋教仁、徐宗汉、陈果夫等化装混入其中前往。

经过几天航行，躲过清军的关卡与检查，黄兴等人于10月28日抵达武昌，旋即前往都督府与黎元洪会晤。黎元洪听说黄兴要来武昌的消息后，就下令制作了一面大旗，上书“黄兴到”三个大字，派人举着大旗，骑马在武昌城内和汉口没有清军攻陷的地方跑了一圈。前线将士听说黄兴来了，士气高涨，军心大振，居民、商户也一扫几天来的郁闷无着，纷纷鸣放鞭炮，表示欢迎。

对黄兴的到来，黎元洪是发自内心表示欢迎。很显然，黎元洪现在虽说是湖北军政府都督，但这个政府所能掌握的资源非常有限，而面对的清军又是那么强大，更多的清军还在南下北上的途中，未来究竟会发生什么样的变化，黎元洪大约心中真的没有底。黄兴是革命党人中最懂军事的领导人，他的到来，无疑可以为黎元洪分忧解难，而且以黄兴革命党领袖的身份，也更容易指挥武昌的革命党人。

黎元洪向黄兴介绍了汉口连日来的战争情形，黄兴也向黎元洪简单介绍了同盟会的主张与理想，黎元洪请黄兴出面在汉口主持全局。自从闹革命以来，黄兴从来都是以天下为己任，而这次到武汉来的目的也是要领导湖北的革命党人施展抱负，所以他对黎元洪的邀请也就没有任何可客气可推辞的理由，欣然接受，并旋即在吴兆麟、蔡济民等人陪同下，前往阵地视察。

黄兴是革命党人中对军事最有研究的领导人，更是一员战将、猛将，他在视察途中发现问题随时纠正，归来后又向黎元洪提出一些有益建议，湖北都督府许多人认为黄兴确实是一个好战善战的领导人。遂向黎元洪建议请军政府任命黄兴为全军总司令。黎元洪对黄兴的主张与建议也相当满意，欣然接受大家的建议，立马主持大会公推黄兴为总司令，所有湖北军队及各省援军，均归黄兴调遣。黄兴由此名正言顺介入湖北军政府的工作。

黎元洪真诚欢迎黄兴的到来和帮忙，黄兴也是真诚期待湖北军政府能够巩固地盘扩大战果，击退清军的进攻，等待全国声援与回应。然而一个想不到的效果是，黄兴的到来与介入，使湖北军政府内部的力量对比顷刻发生变化，一部分革命党人甚至开始考虑用黄兴替换黎元洪，或者推举黄兴出任湖北湖南大都督，由先前被黎元洪任命的总司令一跃而变为其上司。

对于革命党人的这些建议，自武昌起义后一直与黎元洪亲密配合的吴兆麟表示反对，以为这种做法其实就是开启革命阵营的内部冲突，黎元洪虽非革命同志，但在湖北军界资深望重，此次大众公举其为都督，并非黎的本意。且起义时大众说他浑厚，外国人均依其名义，认民军为交战团。各省陆续响应，群来电推崇，颇表敬仰。若一旦将其推倒，中外必生疑团，视我辈有争权夺利之嫌，不顾大局。这是吴兆麟认为不可以黄兴替换黎元洪的第一个原因。

第二，吴兆麟认为，黄兴为革命巨子，海内皆知。此次来到湖北，大众皆为推戴。如趁此在湖北立功，将来达到革命成功目的，再由同志公举为全国领袖，前程远大，天下归心。区区都督虚名，又何足计较？

第三，吴兆麟指出，黄兴到湖北不久就已由大众公举为总司令，由黎元洪都督命令发表，是黄已在黎下。现在突然提出让黄兴以大都督的名义节制黎元洪都督，这在黎元洪方面原无可如何，如有人代鸣不平，岂不立起纷争？

第四，如果黄兴之大都督发表后，黎元洪提出辞职，届时各省及外国领事群来质问，我辈如何答复？即便我们可以解释说这是大家的共同意见，然而当此时局紧张时刻，致令主帅辞职，授敌以隙，各方必怀疑我们这些革命党人不能容物，好恶褊狭。

吴兆麟的反对，暂时打消了革命党人临场换帅的想法，后经宋教仁等人居间调和，决定大格局维持不变，但仿刘邦聘韩信为大将故事，请黎元洪以湖北军政府都督的身份登坛拜将，郑重其事聘黄兴为战时总司令，所有各省军队均听其节制调遣。

临阵换帅风波很快化解了，但这件事情对于湖北军政府内部革命党人与那些立宪党人、旧军人之间的关系产生了非常微妙的深刻影响，立宪党人和旧军人不再对革命党人有什么神秘感，不再有什么大公无私公而忘私的敬仰和不可理喻，军政府内部的权力冲突开始发生，革命党人逐渐边缘化，旧军人逐渐成为政权的主体，而掌握着政府内部实际权力的，也逐渐是那些从立宪党人转化来的新人物。

革命党人的这些雕虫小技一定不会使黎元洪高兴，不过黎元洪此时关注点大约根本不在军政府的内部权力争夺上，军政府究竟能够存在多久只有天知道，清军正在调集各路大军南北夹击，湖北军政府如果不能经受住这个夹击，各省如果不能在短时期内响应湖北军政府宣布独立，那么湖北军政府必将成为历史上一个短暂的彗星，争夺这种权力毫无意义。甚至在某种程度上还可以这样想，本来就是被迫拉出来充当傀儡的黎元洪可能对革命党人的争夺暗中高兴，你们拿去吧，我正求之不得。

袁世凯抛来橄榄枝

被迫拉出来参加革命的黎元洪不会以为湖北军政府固若金汤，不会相信清政府就此罢手听任湖北独立，所以他对革命党人分享权力夺取权力的想法与做法并不会不太高兴，他甚至欣然接受革命党人的建议，郑重其事登坛拜将，将湖北军队的指挥权以及各省援鄂军队的指挥权统统交给了黄兴，这实际上是让黄兴让革命党人一起分担湖北军政府所面临的压力，至少可以增加与清政府抗衡的力量。

黎元洪的感觉和判断是对的，重出江湖的袁世凯确实在以软硬两手对付湖北军政府，硬的方面是他调集了各路大军直扑武汉，如果清廷能够很好配合，在柔的方面听从袁世凯的建议尽快改革，那么袁世凯指挥的北洋系中央军，踏平武汉并不是太难。由于清廷不能有效配合，不到万不得已的时候不愿接受袁世凯君主立宪的政治主张，于是袁世凯也就有张有弛地在武汉前线打起了太极，既保持对湖北军政府的军事压力，又借用湖北甚至其他各省的压力促动清廷进行政治变革，于是错失在军事上打败湖北军政府的机会，湖北军政府和革命党人都侥幸逃过了一劫。

后人对袁世凯的这个策略，多有负面评价，以为袁世凯是在利用南方的形势压清廷，又用清廷的变革压南方，其目的是自己坐大。这个说法显然是因为袁世凯后来的事情特别是帝制自为而引起的，并不代表袁世凯当时的想法和做法。袁世凯之所以在武昌起义之后不是急于用武力踏平武汉三镇，其目的只是要利用这个外力去推动他们那一代人十几年来孜孜不倦的君主立宪追求。这一点真的不必怀疑，因为也只有做到这一点，袁世凯才能真正获得国内外比较一致的支持。

从当时国内外舆论看，大家对清廷政治变革的诚意深深怀疑，因为无论如何亲贵内阁的宣布都显得满洲人太小气太狭隘太自私。反过来说，亲贵内阁的宣布恰恰证明了革命党人多年来的政治宣传，满洲人就是一个自私的异族政权，是对我汉族的殖民统治，满汉之间的矛盾不可克服，因为说到底这是一个你死我活的种族冲突。

革命党人的种族主义宣传在亲贵内阁出台后确实获得了一个很好

的例证，但是并不能由此得出中国必须立即“驱逐满清”，重建汉族人政权的推论。更不能由此得出必须创建一个没有君主的民主政权的结论，这对于那个时代的中国人来说真的有点儿不可思议，即便对于那些来自异域的政治家、观察家，甚至那些一直对中国对革命党人比较友好的外国人看来，也是不可思议的，不可能的。许多外国观察家明白指出，就亚洲的政治现实及历史传统而言，中国只有实行君主立宪政体最为合适。仅就理想和理论而言，共和国当然比君主立宪的办法显得高出一等，但相对于中国现实，只有君主立宪的办法，才能有效维系国家统一，有效维护社会秩序稳定，有效提升民生幸福。这是外国观察家的普遍看法。

还有一个制约因素也是必须注意的，那就是由于东西洋各国在甲午战争后对中国有着大量投资，有着非常重要的经济利益，因此东西洋各国虽然期待中国的进步与发展，但是更关注中国社会的秩序与稳定，因为只有一个稳定的强有力的中央政府才能保证他们的利益不受到太大损害，而稳定的强有力的中央政府当然以君主立宪为首选。所以东西洋各国驻华使节一方面建议清廷重用袁世凯去处理武昌及全国的事务；另一方面也向袁世凯明确表达了这样的政治意向，不希望袁世凯在中国的政治体制、根本制度上大动干戈，都强硬地主张中国必须保存君主立宪制度。据说日本政府甚至考虑向中国派遣军队，帮助清廷以武力扑灭武昌和随后蔓延全国的革命，其目的显然是为了维持中国的既成政体，略有改造和改革，建立君主立宪是可行的，建立共和，则显然无法维护列强的利益。

外国观察家的建议是袁世凯政治立场的一个参考指标，而东西洋各国外交使节的态度就是一个硬性的要求了，因此我们没有任何理由怀疑袁世凯在重出江湖之后要什么心眼，他对君主立宪体制的倡导和坚持，应该说是发自内心的，他无论如何在那个时候不会想到会做革命党，更不会想到推翻清廷，建立一个民主共和国。

根据这样一种判断，袁世凯在接受了湖广总督任命后，即开始对湖北军政府特别是黎元洪进行政治诱降，政治诱降的唯一条件就是坚守君主立宪政治体制，促动朝廷进行政治变革。10 月 19 日，袁世凯委派刘承恩与黎元洪进行联系，商讨南北和解的可能性和条件。

刘承恩为湖北襄阳人，毕业于北洋武备学堂，然后投奔袁世凯，为幕僚随从。1900 年调任湖北武建左旗第一营管带，是时被袁世凯紧急征召至河南彰德，让他利用与黎元洪的关系，居间联系。袁世凯开出的价码是，他袁某人一定建议朝廷实行立宪，赦开党禁，下诏罪己，皇族不再过问国政。他的要求只是，朝廷如果做到这些，希望黎元洪和湖北军政府能够给他袁某人一个面子，答应南北和解，不再诉诸战争，重建统一。

在接受了袁世凯的面授机宜后，刘承恩通过由北京返回武汉的张伯烈等转告黎元洪，表示袁世凯可与革命军及黎元洪合作，而且明白强调目前的战争不可能长久，走上谈判桌进行议和是大家都无法回避的选择。这是袁世凯代表清廷传递给武昌湖北军政府及黎元洪最早的和平信息，相信这个消息对黎元洪对军政府中的前立宪党人都有很大的诱惑力，因为不管怎么说，湖北军政府并不真的有力量打退清军的进攻，大兵压境毕竟给湖北社会带来很大的震动。

刘承恩的传话一定对黎元洪和湖北军政府有所触动，于是紧接着，刘承恩再次、三次致信黎元洪，介绍袁世凯和清廷的相关交涉，表示清廷现在已与过去很不一样了，清廷在袁世凯和军界领导人的劝说下已经幡然醒悟，决意加快立宪步伐，同意赦免革命党人，同意罢黜亲贵内阁，同意皇族永远不得过问政治。刘承恩的意思很明显，咱们立宪党人这么多年的奋斗不就是为了中国的进步吗，不就是想使中国早日立宪，成为国际大家庭的一员吗？多年奋斗现在终于有机会变成现实，这多亏了湖北新军弟兄临门一脚，所以希望黎元洪和湖北新军弟兄早日与朝廷和平了结，结束对峙，重建和平。

对于参与此次事变的新军弟兄，袁世凯也通过刘承恩给黎元洪带话，不仅不会秋后算账惩罚任何人，而且认为参与此次事变的所有人都有贡献，都是人才，都会重用，政治进步人人有责，而湖北弟兄的这次贡献最大，像黎元洪等领袖都是大才，将来一定会委以重任，相助办理朝政。稍后，亲临前线督师的袁世凯直接向黎元洪喊话，修书一封请黎元洪放弃抵抗，携手共襄盛举，共创大业。

袁世凯的许诺当然也并不都是空话，事实上，在袁世凯的劝说下，朝廷确实意识到了真正的危险，不得不同意进行实质性的政治变革。10月29日，朝廷罢黜了不得人心的亲贵内阁，稍后宣布由袁世凯全权负责组织真正意义上的责任内阁。朝廷还宣布将尽快改定宪法草案，等候颁布。更重要的是，朝廷于10月30日以皇帝的名义下诏罪己，痛悔即位三年，用人无方，施治寡术，政地多用亲贵，则显戾宪章；路事蒙于敛衽，则动违舆论；促行新政，而官绅或借为网利之图；更改旧制，而权豪或只为自便之计；民财之取已多，而未办一利民之事；司法之诏屡下，而实无一守法之人，驯致怨积于下而朕不知，祸迫于前而朕不觉。实事求是地说，朝廷的这段反省是真诚的，也确实看到了最近几年问题的关键。

基于这种反省，朝廷宣布将与我军民维新更始，实行宪政；宣布对于戊戌以来因政变获咎，与先后因犯政治革命嫌疑，惧罪逃匿以及此次乱事被胁自拔来归者，悉皆赦其既往。这实际上就是大赦天下，欢迎康有为、梁启超为代表的改良主义者，孙中山为代表的革命党人回归社会主流，共襄君主立宪盛举。

在进行和平攻势柔性攻击的同时，袁世凯并没有忘记武力威慑。他在获得钦差大臣任命后，更是做了军事上的部署，拿出自己的杀手锏，派北洋将领王士珍接管湖北军务，令其添募新兵1.2万人，编为湖北巡防营驻守京汉铁路沿线，以保障清军前线与后方的联系；派北洋将领倪嗣冲为河南布政使，令其在豫东招募数营，相机攻占皖北颍州，以保障清军侧翼安全；令冯国璋指挥第一军迅速向汉口反攻，用炮火用实力压制南方，以显示北洋系具有足以征服南方踏平武汉三镇的实力。

10月30日，完成战略布局的袁世凯踌躇满志从彰德挥师南下，抵达信阳，亲临前线，他用软硬兼施的方式向黎元洪抛出一个橄榄枝，期望不战而屈人之兵，兵不血刃和解南北纷争，恢复秩序，重建和平。

吴禄贞壮志未酬

袁世凯对黎元洪和湖北军政府抛出的橄榄枝是真诚的，他确实有把握做到这两点，即让朝廷趁着这次危机加快政治改革的步伐，另一点就是赦免包括这次武昌起义的参与者在内的过去十多年蒙冤受苦的政治犯、良心犯，实行民族和解，重建君主立宪体制。然而，袁世凯的这些许诺因吴禄贞事件而破局，朝廷历史性地错过了改革机会，武昌起义和平解决的可能也彻底消失。

吴禄贞参与了张绍曾滦州兵谏的前期谋划，但他似乎并不赞成张绍曾等人的改良主义主张，不赞成再向朝廷跪着造反，请求朝廷加速立宪，化解危机，所以他就没有参与张绍曾等人10月29日向朝廷发出的联名奏折，而是期待张绍曾等人要求无法获得满足后另行发动，一举推翻清廷，响应南方革命党人的号召。

张绍曾等滦州驻军高阶层军官的兵谏在朝廷那里获得了积极回应，朝廷在第二天（10月30日）就有一个宣布，承诺将加快立宪步伐以与天下军民更始。这个回应或许不是直接针对张绍曾等将领的要求，但这个宣布无疑使张绍曾等人看到了希望，看到了朝廷加快立宪的可能。所以他们又立即向朝廷发出一份通电，表示仰见朝廷的这个宣示非常感动，只是内阁一日不成立，即内乱一日不平息，建议将宪法速交议院制定等。

或许是因为有军火扣留在张绍曾等人那里，或许是朝廷真的已经觉悟，真的已经克服了立宪障碍，总而言之，张绍曾等人的这个建议获得了朝廷积极回应，朝廷在 11 月 2 日发布上谕，以为张绍曾等人的建议用心良苦，显系维皇室、靖乱源起见，具见爱国之诚，实深嘉许。朝廷为什么会这样说，因为朝廷在昨天已经如张绍曾等人所期待的那样，宣布将原先成立的亲贵内阁解散，另行任命袁世凯为内阁总理大臣，全权负责组织完全内阁。大清帝国宪法也即将交给资政院起草，一旦完成法律程序，就由朝廷公开宣布。

滦州兵谏成为时局转折的关键，握有重兵的军事将领的奏请绝非泛泛，当此时局亟亟，人心向背至关重要，军心不稳，人心不固，大局必将陷入更加不可收拾的境地。所以，滦州兵谏的警告着实让清政府心惊肉跳，惶惶不可终日，许多重要的改革举措，过去讨论过无数遍无法定案，争论不休，现在却可匆忙通过，匆忙颁布，清廷和皇族所能守住的底线似乎只有两条：一是不能实行共和政体，一是不能实行排满主义。除此之外，所有改革要求，均可照准。

张绍曾等高阶层将领的要求和朝廷的宣示，无疑都合乎君主立宪的思路，也合乎袁世凯重出江湖后的政治设想，但是参与滦州兵谏前半程的吴禄贞对此似乎很不满意，他的主张不仅要推翻清廷，而且要在这一过程中连同袁世凯一起干掉。

吴禄贞与革命党人和朝廷中的重臣庆亲王奕劻等都有非同寻常的关系，他在骨子里是个革命党，但在清军中却一直拥有相当重要的地位。武昌起义爆发后，吴禄贞就一直有意在北方有所发动有所配合，这除了革命的因素外，另一层原因湖北毕竟是他的父母之邦，湖北新军毕竟是他战斗过的部队。所以当朝廷调集各路新军重组开赴武昌前线时，吴禄贞自告奋勇要求前往，理由是自己是湖北人，或许有助于劝导反叛的新军解甲反正，阵前倒戈。然而陆军大臣荫昌不知为什么对吴禄贞就是有点不放心，吴禄贞对荫昌也有点儿不踏实，各种机缘巧合使吴禄贞继续留在了北方。

留在北方的吴禄贞积极参与了张绍曾、蓝天蔚等人密谋的滦州兵谏，滦州兵谏的用意表面上看与袁世凯君主立宪的思路相一致，其实滦州兵谏所代表的政治势力与袁世凯真的是风马牛不相及。

在滦州兵谏背后的政治势力是朝廷中的少壮派，比如禁卫军将领良弼、军咨大臣载涛等，他们并不主张起用袁世凯，以为袁世凯包藏祸心，如果让他在平息武昌叛乱中坐大，必将对朝廷不利。良弼、载涛等人的分析主要是基于当时满汉激烈冲突的考虑，他们无论如何不能相信汉族高官袁世凯在民族主义情绪如此高涨的时候，还能像过去升平时代那样忠于朝廷，他们担心袁世凯一旦反水，与南方革命党人合作，那后果就真的不堪设想了。

民族主义的冲突在革命党人的渲染下确实越来越大，满汉之间特别是官僚、军人之间也确实存在着相当的差异和不平等，良弼、载涛的分析有自己的逻辑和道理，但在朝廷在摄政王载沣看来，也正因为满汉之间如此冲突，正因为南方革命党人如此高调叫喊着排满革命，那么就让汉人袁世凯和他统率的北洋系去处置吧，这里是否有让南北两支汉人新军相互残杀的意思我们不得而知，但由汉人去回应汉人的民族主义要求，当然有助于化解民族主义的压力，有助于消解民族主义冲突。所以朝廷就没有接受良弼、载涛等人的建议，反而大胆起用袁世凯，授予其全权处置武昌及南北各省骚乱。

良弼、载涛等为代表的皇族成员并不是坚定的守旧派，他们不愿意起用袁世凯，是因为他们认为袁世凯代表了旧的方面，而真正能够拯救大清维护朝廷的还是要有新思想的政治家，所以尽管朝廷重新起用重用了袁世凯，依然无法阻止这一批人对袁世凯的反对和不利。良弼、载涛等人想到了吴禄贞，以为像吴禄贞这样具有新思想的新军人与袁世凯那样的旧官僚肯定不一样，吴禄贞和张绍曾、蓝天蔚等人虽然是以兵谏的方式逼迫朝廷就范，进行改革，但其忠诚可嘉，不必怀疑。所以他们准备与吴禄贞结成临时阵线，准备利用吴禄贞的力量除掉袁世凯，将吴禄贞的第六镇部署在京汉铁路中段，准备在袁世凯平定武昌骚乱后北上时借机发难，铲除袁世凯的势力。

对于良弼、载涛等人的心态，吴禄贞大概也有所觉察，所以也就顺水推舟，欣然从命。吴禄贞的真实想法大约是，假如给他这个机会在京汉铁路中段拦截处置袁世凯，那么得手之后就可以反戈一击顺势北上，直捣龙庭，推翻清朝。这样一箭双雕，既为革命党解除了袁世凯这个大恶人，又实现了革命党多年理想，驱逐鞑虏，创建民国。

而且，从我们已经知道的情形看，吴禄贞原本就准备与张绍曾、蓝天蔚等人发动滦州起义，只是由于张绍曾担心他统领的军队中保皇党人的势力太大，发动起义没有多大把握，所以坚持用兵谏的方式向朝廷陈述政治改革的请求，领衔提出政治改革的 12 条纲领。

张绍曾等将领 12 条政纲并没有超越朝廷政治改革的底线，并没有革命党人推翻清廷的丝毫意思，只是要求朝廷遵守君主立宪的政治承诺。这些要求对朝廷有很大触动，朝廷紧接着一系列重要宣示，或许都有这些要求作为动力或背景。不过，朝廷也对这些将领的异动感到担心，兵谏毕竟不是无条件顺从，谁知道这些驻扎在京师大门口的精锐部队还会惹出什么样的麻烦。朝廷一方面通电嘉奖张绍曾等将领爱国热忱，通报朝廷已罢黜亲贵内阁，并下令责成袁世凯全权组建责任内阁；朝廷还派员起草宪法，不日可成。另一方面，朝廷委派吴禄贞前往滦州“宣慰”，一是平息滦州的政治激情，二是借机观察吴禄贞对朝廷的忠诚度。

吴禄贞来到滦州后，表面上宣传朝廷的主张，其主要活动还是与张绍曾等将领一起密谋怎样利用目前混乱局面有所作为，他认为，陆军大臣荫昌奉命南下镇压革命党，已基本上将北京及其周边的主要兵力抽空，各位如果能够齐心协力发兵北京，就可以乘清廷准备不足，兵不血刃而定天下。吴禄贞的鼓吹获得了张绍曾等将领认同，但也有个别将领有异议，因而如何用兵何时用兵，并没有很快决定。

对于吴禄贞在滦州的活动，朝廷似乎也有所觉察，于是朝廷密令将滦州车站存放的运输工具全部转运北京，从物质上切断吴禄贞部、张绍曾部随意调动的任何可能。朝廷还命令吴禄贞第六镇所属第十二协吴鸿昌部火速开往山西，因为太原新军在那几天也发动了起义，朝廷当然期待吴禄贞部能够平定太原，最次也要让吴禄贞部与太原新军在厮杀中消耗实力。朝廷在这个时候已经很难将大清作为一个国家来对待，开始非常自私地考虑怎样维护满洲贵族集团的安全和利益。

按照吴禄贞的计划，他原本准备与张绍曾的第二十镇会师北京，直捣黄龙，先打出维护清廷的名义，挟天子以令诸侯，解决掉袁世凯，然后再与南方革命军遥相呼应，推翻清廷，以最小代价实现革命党人的理想。然而由于张绍曾并没有达到这样一种革命境界，并不能完全接受吴禄贞的主张。而张绍曾之所以这样认识，其实是他清楚地知道，不管是吴禄贞的第六镇，还是他张绍曾统率的第二十镇，尽管内中有不少革命党人，但清廷多年来的思想教育，保皇党人还是占有相当分量，处理不慎，可能就会出师未捷身先死。

张绍曾的分析使吴禄贞的计划无法立即执行，吴禄贞只好离开滦州返回自己的营地石家庄。他命令已经西行的吴鸿昌部停止前进原路返回，另派员前往太原、武昌等地，与各地民军秘密联络，准备寻找机会举兵反叛，起义响应湖北军政府。对朝廷，吴禄贞谎称山西民军已投降输诚，麻痹朝廷，朝廷将错就错，降旨嘉奖，任命吴禄贞为山西巡抚，希望以此打消吴禄贞反叛心思，以解除吴禄贞部扼守京汉铁路中段的威胁。

对于朝廷的那点小心思，吴禄贞也是一清二楚，他和朝廷一样将计就计。11 月 4 日，吴禄贞前往娘子关，与山西都督阎锡山秘密会晤，他明白表示自己不会替清廷来担任什么山西巡抚，他向阎锡山表示自己也是革命党，希望与阎锡山统领的民军一致行动，再邀张绍曾的第二十镇和蓝天蔚的第二混成协，那么这几支军队直捣北京，应该易如反掌。吴禄贞还是那句话，控制了北京，控制了朝廷，再去收拾袁世凯，也就轻而易举，不费吹灰之力。在收拾了袁世凯之后，全国光复，民国创建。

阎锡山被民军推举为都督后，当然知道如果周边不安全，就没有山西的安全；如果北京依然是清廷，山西也就最危险。所以他对吴禄贞的建议诚心诚意地拥护，当场决定联合成立燕晋联军，推举吴禄贞为大都督兼总司令，阎锡山为副，一切听从吴禄贞指挥。

在做了这些联络准备后，吴禄贞仿滦州兵变故事，下令扣留了一列开往前线的火车，车上装满了军用物资。然后，吴禄贞向朝廷发送了一份电奏，要求朝廷下令停止对武昌和湖北的进攻，南北停战。

吴禄贞说，自湖北兵变，各省响应，如决江河，莫之能御，为今日计，莫若大赦革命党人而息战事。其理由说起来也非常简单，那就是革命党人之所以敢冒天下之大不韪赴汤蹈火而不辞者，只是他们为了替国民求幸福，而非为一己之私，更非故意与国家为难与朝廷为难。现在我吴禄贞已经招抚了山西新军，可供征调。如蒙朝廷采纳我的建议，那么就请命令冯国璋部退出汉口，我吴禄贞愿只身赴鄂，晓以大义，命湖北军政府投降输诚，以扶危局。假如湖北方面不能接受这个建议，那么我吴禄贞当率所部两万人兵火相见。朝廷若不速定政见，深恐将士愤激，阻绝南北交通，而妨碍第一军之后路，这就不是我吴禄贞所能控制得了的。吴禄贞说，他之所以这样向朝廷说话，还有一个私人理由是冯国璋的官军占领汉口后，焚烧杀掠，惨无人道。桑梓所关，我吴禄贞无法不痛心不难受。

此外，吴禄贞还向军咨府发了一份电报，强烈要求南北停战，坐下来讲和，并用激愤言辞威胁道：南方不听，自告奋勇出兵讨伐；北方不听，则断其后路。前一句，朝廷听了不会太反感；后一句，无异于抗旨，无异于造反，无异于举兵反叛。朝廷对此不是一般的不高兴，而是意识到这是你死我活的根本冲突。

当然，在举国大乱情形下，朝廷并没有对吴禄贞的威胁给予任何训斥，相反，电谕吴禄贞通报嘉奖，表示吴禄贞所陈各节很有道理，像大赦党人、速停战事等，朝廷都有安排和宣示。现在山西乱事未靖，山西省外各州县亦有警耗。朝廷正仰赖吴巡抚坐镇其间，妥筹招抚，先靖西路之乱以固根本。至于武昌战事，朝廷几天前已命袁世凯宣布德音，劝谕解散；今天又派张绍曾为宣抚大臣前往武昌分投劝导。

吴禄贞没有把话说死，朝廷也没把话说明。但双方的心结与心思都不言而喻，心照不宣，重建信任，估计已经根本不可能。不知是朝廷为防患于未然，还是军咨大臣实在无法容忍这样的部将公开叫板，总而言之，就在吴禄贞向朝廷向军咨府发出电奏和电报的第三天（11月7日），吴禄贞就在其石家庄驻地被刺杀。

刺杀吴禄贞的凶手为马蕙田，曾任吴禄贞的卫队长，时任骑兵第三营管带。是时已被周符麟收买。而周符麟原为第六镇第十二协统领，是段祺瑞的老部将，后被吴禄贞撤职，因此与吴禄贞有私仇。一种流传最广的说法是袁世凯发觉吴禄贞的阴谋后，担心后路被断，遂利用周符麟潜入吴禄贞军中下毒手。各种说法都有自己的理由和依据，但要说最有可能杀害吴禄贞的，可能还是朝廷或军咨府，因为吴禄贞的威胁太明显了。

第八章　和比战难：错综复杂的多方博弈

吴禄贞原本准备一剑封喉建功立业，结束大清，创建民国，不料自己却被别人一剑封喉，成了烈士。大清国的历史得以延续一段时间，只是这种延续正像俗话说的苟延残喘朝不保夕。在北京，在朝廷周围，强有力的瓦解作用正在完成。没有一点来自南方的消息，官军正逐步接近它的目的地，一场严重的战斗随时都可能爆发，但在京城，大家都料定它会失败，一点信心都没有。相反，革命党人却赢得了群众，答应给他们一个更好的未来，给他们减少赋税，给他们比较公正的官吏。革命党在这方面的压力也开始显现，清军的高级指挥官也公开向公使馆成员表态说，清军也是文明之师，不会对叛乱分子开枪。清朝外务部官员并不隐瞒他们希望看到革命党获胜的愿望。在这种情况下，清政府还能稳住阵脚那才是奇迹。

君宪主义不必再提

滦州兵谏和吴禄贞被杀是一个互为因果的连贯事件，也是辛亥年间政治变动的一个重要节点。在这之前，善良的人们其实都像滦州兵谏领导人那样想，朝廷如果能够借力发力，利用南方革命党人造反化解内部反对力量，推动政治变革，就一定会使大清国的政治向着一条正确道路发展，即便是将来秋后算账，将南北军界发难、兵谏的策划者当作政治黑手抓起来，军法处置，大丈夫敢作敢当，也算是为中国政治进步做了自己的贡献。然而，人民的善良，军队将领的好意并没有被朝廷所接受所采纳，反而被朝廷视为柔弱可欺，于是引发后来更加强烈的反弹。

在滦州兵谏发生第二天（10 月 30 日），朝廷以宣统帝的名义下诏罪己，誓言维新更始，实行宪政。同时宣布解除党禁，尽快颁布宪法，尽快组织完全内阁，决心以踏踏实实的政治改革，重新唤起人民的同情和支持。

摄政王迟到的政治检讨很快赢得了资政院立宪党人的认同、同情和默认，他们在第二天召开的资政院会议上决定向全国宣布朝廷“德音”，通电各省咨议局，表示现在朝廷幡然醒悟，决心改革，政体已立，政本已定，所以各地不应再有武装举事或兵燹之举发生，朝廷不欲用武力平内乱，那么人民也就不必以武力逼朝廷，期待以和平手段化解国内冲突。

然而与资政院议员们的看法不一样，张绍曾等以为清廷颁布的这些上谕并没有全面坦诚回应军队将领早几天的通电要求，对军队将领通电中的精义忽略太多，他们遂于 11 月 1 日再上一折，要求清廷不要再忽悠人民了，必须立即组织完全意义上的责任内阁，取消宪法大纲，将宪法交给议院制定。同时组织“立宪军”，以兵力为请求改定宪法的最后手段和最后保障。

张绍曾等军方将领的坚决不妥协无疑深刻影响了清廷执政者摄政

王，为收拾久已涣散的人心，也为了早日结束国内的军事冲突。摄政王载沣于11月1日立准内阁总理大臣奕劻和协理大臣那桐、徐世昌，以及国务大臣载泽、载洵、溥伦、善耆、邹嘉来等亲贵内阁集体辞职，为新内阁的组成扫清道路。紧接着，清廷任命袁世凯为内阁总理大臣，命其对湖北军务稍作部署后迅速来京，组织完全内阁。

至于张绍曾和各方面一致要求的宪法问题，摄政王载沣于11月2日令资政院负责起草宪法，并期待用最快的速度予以公布，以慰民情。在当天的资政院会议上，议员们重点讨论了宪法信条和相应的奏稿。第二天，资政院就将这个名为《宪法重大信条十九条》的文件上奏朝廷，强调这个重大信条参照了东西各立宪国家宪法文本，以英国君主立宪主义的大致原则予以制定。

第一条　大清帝国皇统万世不易。

第二条　皇帝神圣不可侵犯。

第三条　皇帝之权，以宪法所规定者为限。

第四条　皇位继承顺序，于宪法规定之。

第五条　宪法由资政院起草议决，由皇帝颁布之。

第六条　宪法改正提案权属于国会。

第七条　上院议员，由国民于有法定特别资格者公选之。

第八条　总理大臣由国会公举，皇帝任命；其他国务大臣，由总理大臣推举，皇帝任命；皇族不得为总理大臣及其他国务大臣并各省行政长官。

第九条　总理大臣受国会弹劾时，非国会解散，即内阁辞职。但一次内阁不得为两次国会之解散。

第十条　海陆军直接皇帝统率。但对内使用时，应依国会议决之特别条件，此外不得调遣。

第十一条　不得以命令代法律，除紧急命令，应特定条件外，以执行法律及法律所委任者为限。

第十二条　国际条约非经国会议决，不得缔结。但媾和宣战，不在国会开会期中者，由国会追认。

第十三条　官制官规以法律定之。

第十四条　本年度预算，未经国会议决者，不得照前年度预算开支。由预算案内，不得有既定之岁出；预算案外，不得为非常财政之处分。

第十五条　皇室经费之制定及增减，由国会议决。

第十六条　皇室大典不得与宪法相抵触。

第十七条　国务裁判机关，由两院组织之。

第十八条　国会议决事项，由皇帝颁布之。

第十九条　以上第八、第九、第十、第十二、第十三、第十四、第十五、第十八各条，国会未开以前，资政院适用之。

这个《十九信条》对包括军方在内的各地立宪要求给予最大限度的积极回应，在皇权、民权等方面做出了最大限度让步，在形式上被迫缩小了皇帝权力，相对扩大了议会和内阁总理大臣的权力，但是皇权至上、皇权神圣不可侵犯依然是《十九信条》的基本原则。

不过，公平地说，《十九信条》所宣布的皇权至上只是立宪国家的一般原则，并不具有实质意义，因为依据这些原则制定正式宪法必然要规定君主权限在宪法范围内，而宪法起草、修改的权力都在议会；内阁总理大臣虽然由皇帝任命，但那只是形式主义的，因为这个《十九信条》已明白规定内阁总理大臣由国会公举，皇族成员永远不能担任这个职务。所以，这个制宪原则就是英国的虚君共和，也是立宪党人多年来所追求的东西。

然而，多年来的追求并不被朝廷所理解所接受，现在到了空前危机状态下，清廷欣然接受欣然答应，似乎一切都晚了，并没有受国人认同、支持，更不要说欢呼了。《十九信条》宣布的第二天，贵州宣布独立，紧接着，江苏、浙江、广西、福建、安徽、广东等也相继宣布不再是大清国的属地，不再承认清政府是唯一合法政府。先前那些信誓旦旦与朝廷共患难的各级官吏，到了危急时刻再也不愿意绑在大清王朝这个破车上了，他们纷纷用各种各样的方式光复了，反正了，弃暗投明了。这就是威权体制解体后人们的必然选择，不是人性如此，而是体制让人们如此。

在这前后，唯一还能坚守君宪主义立场的，大概只有袁世凯了，尽管清廷内部许多人包括那些年轻的强硬派并不这样认为。然而，也正是这些年轻的强硬派不这样认为，反而迫使袁世凯必须这样做。

10月27日，在南方及全国局势日趋恶化的时候，朝廷宣布提升袁世凯的权限，任命他为“钦差大臣太子太保节制赴援水陆各军督办剿抚事宜湖广总督”，所有赴援湖北的海陆各军及长江水师均归其节制调遣，军咨府、陆军部不为遥制。袁世凯权力的扩大，使他更有办法软硬兼施，胡萝卜加大棒对付黎元洪和湖北义军。同一天，袁世凯北洋军加大对汉口的攻击力度，用实力用破坏打破各地对湖北义军的迷信。强大的北洋军按照袁世凯的指示向刘家庙猛攻，不计代价予以占领，就是要在气势上压倒义军，逼着他们走上谈判桌。

湖北军政府、黎元洪和刚刚到达武汉的黄兴、宋教仁等人当然清楚地知道不能被清军的攻势所吓倒，如果一味退守，不仅要失去已经获得的地盘，而且将失去信心，影响士气。义军在黎元洪、黄兴指挥下也在当天和第二天发起一次又一次的反攻，只是兵不如人，技不如人，义军到了第三天（29日）是支撑不住了，不得已退守汉口市区。北洋系的实力终于获得了一次展示。30日，志得意满的袁世凯挥戈南下督师，再度增调援军至前线，配合冯国璋第一军对汉口的强攻，又经过一番争夺，冯国璋的第一军于 11 月 1 日顺利占领汉口。弄不清是刚刚打进来的清军，还是准备撤退的义军放火焚烧了汉口的繁华地带，混乱中甚至还发生了奸淫掳掠一类的事情。

北洋系的第一波攻击确实严重打击了湖北军政府的士气，南方革命党人究竟能否抵抗得住北洋军的进攻，也确实一度成为人们的焦虑点。不过，南方革命党人的担心显然是多虑了，因为袁世凯虽然下令要给南方革命党人一点颜色看看，一定要给他们一个下马威，但袁世凯确实没有准备军事解决问题，更没有想到过踏平武汉三镇。袁世凯始终认为武昌哗变只是一场政治事件，政治事件只能用政治手段来解决，更何况湖北哗变官兵的政治要求具有正当性，所以更不宜用武力去压服去消解问题。袁世凯只是期待用武力，用强大的武力将南方革命党人逼到谈判桌上，他相信朝廷的让步一定能够使这些哗变军人回心转意。

具有袁世凯这种想法的人并不少。11 月 2 日，山东巡抚孙宝琦致电袁世凯，表示朝廷已经发布立宪诏书，已经宣布不会秋后算账，追究党人，朝廷已有息事宁人的意思，不再视革命党人为政治异己，为大敌。在这种情形下，孙宝琦建议袁世凯对待南方适可而止，不能强攻。胜之不武，不胜为笑。用北洋军踏平武汉三镇并不难，但这样做一定会受到国内外的批评；而且万一打败了，或者稍有失误，都会落下笑柄。孙宝琦建议两手准备，一方面积极奋战，一方面迅速派遣得力人员往见黎元洪，面对面谈判，和平解决。对于黎元洪和南方党人的所有要求，能答应的就答应，一时不能答应的，也不要拒绝，许为代陈。如此诚心，一定会感化黎元洪和南方党人，一定能够尽早平息全国扰攘不宁的恐惧和危机。

孙宝琦的建议其实就是袁世凯的想法，袁世凯软硬两手就是这个策略。孙宝琦发电同一天，袁世凯指示刘承恩抓紧再与黎元洪联系，刘承恩当即致信黎元洪，强调朝廷已经下诏罪己，宣布立宪，开放党禁，禁止皇族干预国政，大家的目的差不多都已达到了，还是应该重建共识，结束对峙，和平了结，共同推动中国的改革与发展。

对于袁世凯的橄榄枝，黎元洪确实有意接受。这不仅是因为黎元洪是被迫参加革命，而且因为他发自内心认为中国目前还根本走不到民主共和那一步。中国在政治上的唯一选择，在黎元洪看来还是君宪主义，所以他对袁世凯的和平建议并不反感，更不反对。还有一点必须注意的是，军人出身的黎元洪当然知道北洋军的实力，知道北洋军如果真的痛下杀手，湖北新军肯定不是它的对手。再加上清廷发布了《十九信条》，未来的政治架构已经大致描绘出来了，君主只是一个国家的象征，不再拥有实质性权力，新的政治架构与革命党人的共和理想并没有多大差异了，所以黎元洪发自内心对刘承恩的传话表示欢迎和理解，并不反对南北双方坐下来谈谈。

如果仅仅按照黎元洪或者湖北军政府的意见，南北和谈应该没有问题，但是此时的武昌毕竟注入了新的因素，新军中的革命党人原本担心自己没有能力领导这么大的政治变动，也没有想到黎元洪会从不愿革命到愿意投身，所以他们很早就相中了同盟会的领导人黄兴和宋教仁、谭人凤等，他们将这些领导人请了来，而黄兴到了之后，也确实为湖北军政府出了大力，对于指挥义军抵抗北洋军的进攻，也立了赫赫战功。就在袁世凯通过刘承恩向黎元洪发出和平倡议的同一天，湖北军政府在阅马场举行了一次声势浩大的拜将典礼，由黎元洪正式委任黄兴为湖北军政府战时总司令。这些新因素可以看作湖北军政府以软硬两手对抗袁世凯的软硬两手，但无论如何都必须说，这个新因素严重制约了黎元洪和湖北军政府的和谈企图，因而使袁世凯的和平攻势并不那么好使。

当然，袁世凯绝对没有将和平看作唯一的手段，他从一开始就是软硬兼施，两手准备。他在同一天电奏朝廷汇报下一步计划，表示在官军攻占了一些战略要塞后已命令部队停止前进，并派人给黎元洪送信，争取和平谈判，不战而屈人之兵。当然，如果湖北叛军在未来几天不能给予明确的肯定的答复，那么官军已经做好随时强攻的准备。袁世凯似乎真的相信，他的软硬兼施一定会使黎元洪和湖北军政府就范。

然而三天过去了，湖北军政府并没有对袁世凯的喊话做出回应，不得已，刘承恩于 11 月 7 日再派心腹密探王洪胜往见黎元洪，打探消息。王洪胜在向黎元洪介绍了一些北方情况后表示，袁世凯的意思已经很明白，之所以不立即向湖北发动猛烈进攻，并非没有力量，而是不希望中了满洲人中那些奸臣的圈套，汉人相互残杀。所以袁世凯袁大人真诚希望黎大人能够精诚合作，相互协商，保全大局。

听了王洪胜的介绍，黎元洪也坦然说出自己的思考和担心，他表示，朝廷尽管已经同意进行重大改革，然而估计现在什么都晚了，南方各省像多米诺骨牌一样相继宣布独立了，如果现在不将皇上推倒，随便和了，以后大权如果还归他，那么他一定会比过去更加厉害，秋后算账，打击报复，有什么能够保障杜绝呢？所以现在南北僵局并不在湖北军政府和北洋军之间，而是能否推翻清廷，重建一个新政府。同一天，黎元洪就致电独立各省军政府，征询共同组建统一政府的意见，这也在一定程度上表明黎元洪对王洪胜说的话并不是假的。

将袁世凯从清廷中拉出来

黎元洪当然知道，即便是独立各省都同意组建统一的政府，这个进程也不可能抛开袁世凯。换言之，在黎元洪的概念中，没有袁世凯的介入，独立各省要想走到一起，要想有所成就有所作为，估计也是不可能的。所以他也郑重其事地告诉王洪胜，假如你们大人能过江来谈谈，也不是一件坏事，军政府随时欢迎刘大人刘承恩的到来。很显然，黎元洪即便不是为清政府留下余地，也是为袁世凯留下了一个进退自如的空间。

对于黎元洪的回答，袁世凯肯定不会满意，但这个结果肯定又在袁世凯的预料之中，只是袁世凯并没有像他先前向朝廷所许诺的那样，一旦南方拒绝了和平，那就大兵压境万炮齐轰踏平武汉三镇，平定江南，再建奇功。相反，袁世凯却有了一点气定神闲的意思，不厌其烦与南方周旋，谋求和谈，谋求息兵。

袁世凯之所以这样做，其实也有不得已的苦衷。不管怎么说，大清国的官军毕竟不是草寇，不是土匪，不能任意胡作非为，他们不仅要面对自己的老百姓，更重要的他们还必须接受各国政府的忠告，必须保护各国在华利益。武汉三镇是重要的通商口岸，许多主要国家在那里有着自己的利益和租界，当新军起义发生后，各国领事之所以建议各国政府承认义军为“交战团”，最重要的原因是义军对外国人财产的保护，对外国人生命的尊重。现在，袁世凯统领的北洋军如果不管不顾对武汉三镇进行攻击，或许能够在军事上获胜，但势必会侵害外国人的利益，最终也会失去外国人的同情和支持。

还有，就在那短短的几天时间里，革命的烈火就像遭遇了狂风一样在全国蔓延。10 月 29 日，山西光复；滦州兵谏。30 日，昆明新军起义。31 日，江西光复。11 月 3 日，上海革命党起义。4 日，贵州光复；杭州新军起义；革命党占领整个上海。5 日，江苏光复。7 日，广西光复。8 日，福州新军起义；安徽光复；南京新军起义。9 日，广东光复。最为严重也最要命的就是上海被革命党人占领，这是时局发生根本转折，也是袁世凯不得不暂缓武装进攻，加大和平攻势的关键。因为外国人不同意清军继续用武力剿灭革命党，事实上也已经不可能。所以根据英国公使朱尔典的建议，再经英国驻汉口领事戈飞居间撮合，南北之间的谈判终于有了新的可能。11 月 10 日，袁世凯的特别代表蔡廷干和刘承恩抵达武昌。

蔡廷干此时的正式职务为海军部军制司司长兼海军正参，也就是海军参军长。由于蔡廷干属于归国留学人员，英语娴熟，国际知识丰富，所以此时主要工作就是在袁世凯幕府担任外交事务，是袁世凯非常倚重的干才。另外，蔡廷干也有北洋海军的经历，这一点与黎元洪相仿佛，这大约也是他充当和谈代表的原因之一。

对于蔡廷干、刘承恩的到来，湖北军政府相当重视，也相当紧张，因为谁都知道，这必然会引出新的结局。许多人包括黎元洪当然希望南北和解，至少不要诉诸武力去解决剩余的问题，毕竟战争会给人民带来灾难，战争也不可能解决全部问题，谈判只是迟早的事。但是，也有许多人主要是革命党人不仅不赞成谈判，而且坚决反对谈判，他们甚至将同意谈判视为一种妥协，严重点说就是投降。

袁世凯写给黎元洪的信已由刘承恩、蔡廷干提前转交了，袁世凯在这封信中所表达的立场依然是希望黎元洪和湖北军政府接受朝廷的君主立宪，坐下来谈判，和平解决南北纷争中的一切后续问题。袁世凯在这封信中也明白暗示，如果湖北方面不识时务，执意抗争，那么北洋军一定会奉陪到底，武力解决。

对于袁世凯的和平呼吁，军政府内部进行了缜密的研判，对于各种可能进行了沙盘推理和演绎，毕竟北洋军大兵压境，断然拒绝袁世凯的和平呼吁不仅道理上说不过去，力量上也真的不一定行。会议决定可以与刘承恩、蔡廷干尝试着谈，走一步算一步。但对袁世凯的和平攻势，必须做好反击的准备，会议委托汤化龙负责替黎元洪起草一份回复袁世凯的信，委托黎元洪的顾问准备在明天会谈时逐条驳斥北方的和平攻势，争取将袁世凯与清廷进行切割。

第二天（11 月 11 日）下午 4 时许，刘承恩、蔡廷干在黎元洪卫队护卫下如约来到军政府议事厅，与黎元洪及军政府各部部长等进行谈判。在各行宾主礼及简单寒暄后，刘承恩首先发言，他表示，黎都督首先倡义，东南十余省相继而起，实可钦佩。项城之意，不过三世受恩，不忍清政府被推倒，故特派代表等前来协议。都督所以革命之原因，无非为清廷虚言立宪，实行专制。现在清廷已下诏罪己，宣誓太庙，将一切恶税恶捐全行改除，实行立宪，与民更始，各位的政治目的可谓已经达到。倘若再延长战争，生灵益将涂炭。都督本为救民起见，若救之反以害之，于心何安？况列强已有水师提督带兵入境，不知是何居心。上下交争，恐列强乘势袭取，致酿瓜分之祸。所以我们深切盼望都督善策，顾全大局，传知各省，暂息兵端。一面公举代表入京，组织新内阁，共图进行之策。朝廷仍拥帝位之虚名，人民已达参政之目的，所谓一举而两善存也。满人虽居心狡诈，然经此一番改革，大权均操之汉人。清廷帝号虽存，一如众僧人供奉一佛祖。佛祖有灵，则皈依崇拜之；不然，焚香顶礼，权在僧人，佛祖又有什么办法呢？

刘承恩的发言应该是在军政府预料之中，据说军政府为此进行了应对准备，由军政府代表、黎元洪的顾问孙发绪根据预案逐条论驳。孙发绪说，项城真愚矣！列强瓜分之言可以吓唬吓唬天下人，就是不能吓唬住湖北佬。现在各国驻汉口领事均奉各国政府的命令严守中立。各国皆文明之邦，以遵守公法为第一要义。不要说他们已经宣布严守中立，不会干涉，即便他们真的有不守公法的举动，我十八省热血同胞尽牺牲生命以报国家者，以我四百兆人民，与外人办正当之交涉，外人虽强，当亦望而却步。外人对待中国之手段，百端强硬。其所以不实行瓜分者，并不担心满洲政府的抗议，而是担心我国民的情绪。满洲政府继续存在，能够阻止列强瓜分吗？答案显然是否定的。

孙发绪接着说，项城之所以委派两位来，其意不为我们军政府和黎大都督所深知，即天下人民亦无不洞见肺腑。这就是借这种和平攻势瓦解我湖北之军心民心，令各省自相冲突。迨四方平定，项城握大权，然后驱逐满人，自践帝位。其用意虽深，其奈人已知之何？如为项城计，你们就应该建议其阵前倒戈，挥师北上，克复汴冀，则汴冀都督，非项城而谁？以项城之威望，将来大功告成，选举总统，当推首选。项城不此之为，乃行反间之下策，成否尚不可知。真不知道项城和他的幕僚班子何以愚拙至此？

至于刘承恩所说什么项城以三世受恩，不忍坐视等理由，在孙发绪看来这太过玩笑，尤无人格，不可理喻了。孙发绪说，以公仇论，满人，贼也；我，主也。我被贼抢掠，妻孥财产，悉为贼有。今贼反招我为管事，我当视贼为仇乎，为恩乎？以私仇论，溥仪即位后，遂逐项城于国门之外，虽幸未被刑戮，然已万分危险。置仇不报，而反视为恩，项城虽说没有什么大智慧，也不该这样天真这样傻啊？至于满洲政府之对待汉人，多年来都是用之则倚为泰山，大功一成，即视为土芥。年羹尧之战功，如许其大，其结果如何，项城难道都不记得了吗？

孙发绪的总结发言是，项城如果向南方发起和平攻势，让南方放下武器，继续听命于满人，就不必了。项城或者挥师北上，直捣龙庭；或者如约大战，我湖北军政府一定奉陪到底，绝不含糊。而果真如此，项城也就真是满洲人的奴隶了。

对于孙发绪义正词严的主题发言，刘承恩面红耳赤无法回答，蔡廷干于是接着打个圆场，表示孙先生的发言实同金石，我等均为惊醒。待我们返回时一定会将这些话全本无误转告项城。不日当有回复。

在随后的自由发言中，各部部长均表示项城如甘为满奴，实在太无人格，太可惜了，他们不断劝说刘承恩和蔡廷干，于公于私都应该好好劝劝袁项城，不要让他在错误道路上越走越远。

这是一种说法。在另外一种说法中，黎元洪听了刘承恩的介绍和发言，稍有触动，态度也比较温和，表示一切都可以商量，一切都可参照袁宫保的意思进行讨论。不过，他也委婉表示了自己的为难，就是他个人当然继续认同过去十几年的政治追求，君主立宪，只是现在他不仅不能代表其他独立各省，甚至也无法无权代表湖北军政府和湖北人民追求民主共和的要求。态度的温和并不表明就应该如此，或许这就是军政府预案中的红脸与白脸。

在军政府的预案中，就是要借力发力，顺势而为，一定要用民族主义、满汉冲突打动袁世凯，将袁世凯从满洲人那里切割出来，成功了，不仅拯救了袁世凯，而且必将严重削弱清政府的实力，即便失败了，也一定会在袁世凯与满洲人之间打下一个楔子，这个楔子迟早都会发酵都会发生作用。

要将袁世凯从清廷那里切割出来，究竟是谁最先提出来的，现在已经不大可考了。我们能够知道的只是，黎元洪 11 月 8 日复袁世凯信中就诚恳地劝说袁世凯赞助民军，表示袁公果能与我们共扶大义，将见四百兆之人皆归心于公。将来民国总统选举时，第一任中华共和国大总统，公固不难从容猎取。黎元洪还略有抱怨，表示袁公果能幡然速来，则息壤具在，何必屡出甘言，思以诈术松懈瓦解我湖北军心，转为公利呢？黎元洪这封信不知是不是最早以民国大总统吊起袁世凯的胃口，但此后南北和谈，多边磋商，在很多时候就是围绕着这个主题进行。此时有一点也必须指出的是，袁世凯个人不管怎么说毕竟是一个谨慎从事的人，他此时并没有将这些允诺当作一回事，各事其主，他毕竟是大清国的钦差大臣，很快又是大清国责任内阁总理大臣，他的职责使他无论如何此时还不能对这个并不靠谱的共和国抱有什么期待。

还有一个线索大约就是黄兴写给袁世凯的回信，这封回信与黎元洪的回信一样，都是对袁世凯来信的答复，袁世凯委托刘承恩、蔡廷干送来的信是交给黎元洪和黄兴两人的，所以黄兴此时也以军政府战时总司令的身份写了这封回信。

袁世凯在致黄兴、黎元洪的信中要求民军停止战争，以免生灵涂炭。但对于这种说辞，黄兴很不以为然。黄兴针锋相对地指出，仁者用心，令人铭心刻骨。唯满清朝廷，衣冠禽兽，事事与人道背驰，二百六十年来有加无已，是以满洲主权所及之地，即生灵涂炭之地。如但念及汉口之生灵而即思休战，显然范围太过狭小，无以对四亿生灵。况汉口我民军占领之日，行商坐贾，百货流通。及清军进攻不克，纵火焚烧，百余万生命、数万万财产均成灰烬。所谓生灵涂炭者，究竟是满洲人制造的，还是我民军制造的，不是一目了然吗？

至于袁世凯来信中所说朝廷已开放党禁，实行立宪等，在黄兴看来更是枝节问题，无关根本。此次武昌起事的根本大义，就是夷奴与中华，就是民族主义，根本不存在什么君臣之分。

黄兴的用意当然不是刻意指责袁世凯，而是蓄意挑拨袁世凯与清廷的关系，希望将袁世凯从清廷中拉出来，摘出来。黄兴说，袁公虽曾服满人之官。这并不是什么丑事。现在十八省之举义旗、兴义师的，哪一个不曾为满洲人服务过，不曾在满洲朝廷当过官做过事？这并不影响反戈一击，弃暗投明，走向共和，走向民主。

至于袁世凯与朝廷的关系，黄兴在这里有更加直白的暗示。黄兴说，听说北京政界纷传由于袁公现在握有不得了的兵权，朝廷中的许多人已经将袁公视为大害视为危险，所以这些天又在纷纷传言说朝廷准备将袁公调回北京组织内阁。这是中国历史上典型的明升暗降，是要撤掉万众之兵权，而让你只身返回，这对袁公来说绝对不是一件值得庆贺的美事，这其中的关键就是要剥夺我公的兵权，就是要抑制我公的势力，就是要束缚我公的手脚。

黄兴的这些说法当然不足以使袁世凯信以为真，因为朝廷的格局，他袁世凯与朝廷中诸重臣的关系，只有他自己心里最清楚，所以他此时并不会因黄兴、黎元洪等南方人士的游说而改变了自己的主张，至少在这个时候，袁世凯并没有改变对朝廷的忠诚，相信他此时依然以为君宪主义是中国的最佳选择，至于君主的权限，当然应该参照东西洋各国成例有所限制。

满洲人在背后狠推了一把

黎元洪、黄兴以及南方舆论试图将袁世凯从清廷中切割出来的努力此时并没有真正影响到袁世凯。作为朝廷命官，特别是此时负有全权使命的命官，袁世凯对朝廷的忠诚至少在此时是不必怀疑的。这和袁世凯的政治信念有关，也与其足智多谋明白自己的处境有着密切的关联，并不是说他在道德上多高尚。袁世凯崇尚权力，但他更识时务。真正使袁世凯思想发生转变的，除了后来形势的变化外，可能还有一个重要原因，就是满洲人在背后狠狠地推了一把，将袁世凯从朝廷里推到了朝廷外，这才使袁世凯原本比较活泛的心思发生了非常微妙的变化。

根据袁世凯的亲信幕僚张一麐在《心太平室集》中的记载，当袁世凯 11 月 1 日督师萧家港，朝廷宣布任命他为内阁总理大臣，宣布所有派赴湖北陆海各军及长江水师均归其节制调遣，袁世凯终于成为一人之下万人之上的当朝宰相，终于取得了掌控朝政和指挥军队的全部权力时，他的心腹幕僚开始为他筹划未来，张一麐就曾明明白白劝袁世凯像历代英主那样趁着天下大乱、民无所归的时机，登高一呼，改朝换代。然而，袁世凯断然拒绝了这个主意，明白表示他内心根本没有一丁点这样的考虑。

后来的研究者根据洪宪帝制的历史事实指责袁世凯早已就有取清廷而代之的狼子野心，甚至将袁世凯退隐三年都描写成一个政治阴谋家的卧薪尝胆。这些说法当然也有启发意义，但总使人觉得有点利用后来的事实反推前事的嫌疑。根据袁世凯的铁哥们徐世昌后来的分析，袁世凯在辛亥革命发生后，在武汉督师，入朝为内阁总理，权倾天下时，没有取清廷而代之想法是事实。徐世昌的理由是：其一，袁氏世受国恩，在他本人信奉的价值观中不肯从孤儿寡母手中取得天下，为天下后世诟病；其二，旧臣尚多，如张人俊、赵尔巽、李经羲、升允等，亦具有相当势力；其三，北洋旧部握有实权者如姜桂题、冯国璋等，尚未灌输此等脑筋；其四，北洋军力未能达到长江以南，即令帝制自为，不过北方半壁，内部或仍有问题，而南方尚须用兵；其五，南方民气发展程度尚看不透。所以，袁世凯此时并没有在帝制自为上有过什么样的思考和准备。徐世昌的这个分析应该是可信的。

袁世凯出任内阁总理大臣重组政府的命令发布前后，他的思考重心还是要用软硬兼施两手策略统一中国，在政治上他还是一个比较坚定的君宪主义者，刘承恩、蔡廷干按照他的君宪主义去游说黎元洪、黄兴和南方革命党人没有获得成功，反而被南方革命党人羞辱一番，甚至被南方革命党人所算计，撩拨袁世凯与清廷之间的微妙关系。这一切，大约都在袁世凯的预案之中，否则他就不会在向朝廷汇报应对方案时强调软硬两手。

南方的条件是走向共和，袁世凯的条件是君宪主义。这是第一次试探接触双方亮出来的条件，当然双方也都在测试对方的底线，都没有轻易表示让步。只是在私下，或者在不经意间，一些比较随便的谈话还是可以透露出一点真实的心迹。

从南方来说，革命党人多年来的奋斗追求是民主共和，他们是坚定不移的。但在当时已经独立的省份中，革命党人占绝对势力的并不太多，更多的省份其实都是以新军为主力，而这些新军，除了其中一些革命党人外，更多的与黎元洪、汤化龙等一样，多年来的政治追求就是君主立宪，就是以君主立宪反对甚至是消解革命，消解民主共和。他们之所以在这个时候表示愤怒，与革命党人结盟，主要的也是唯一的原因就是清廷到了宪政改革最吃紧的关键点表现出超出预想的自私，责任内阁变成了亲贵内阁，铁路国有剥夺了民族资本仅有的那点可怜财产。这是新军将领和立宪党人最不开心的地方，也是他们起而发难向朝廷叫板的原因。现在朝廷在各方压力下宣布了政治改革路线图和时间表，并诚恳表示加速交权的意思。如果此时大家对将要得到的东西不珍惜不顾忌，反而拥抱自己先前竭力反对的革命，这是不是太傻？所以黎元洪在不经意间说出一切都听袁宫保调遣安排。这个不经意就是袁世凯的信心所在和坚守君宪主义的前提。

袁世凯此时坚守君宪主义当然并不说明他高尚他伟大他毫不利己专门利人，只是说他是一个识时务的人，就像徐世昌所说只是因为他看到条件根本不具备，他既然已经是一人之下万人之上了，既然人家孤儿寡母并没有那么高的政治智慧，既然人家将身家性命都交给你了，一切听你安排了，你还有什么不知足呢，天底下究竟是当第一舒服，还是当第二舒服？挟天子以令诸侯，其实远比自己直面这些诸侯更有力量更正义。所以说，刘承恩、蔡廷干第一次试探性的和平并不算失败，更没有打消袁世凯对和平解决时局困难的信心。

依照《宪法重大信条十九条》的原则，资政院于 11 月 8 日选举袁世凯为内阁总理大臣。第二天，清廷依法重新任命。正在前线督战的袁世凯接到这个任命后，稍事推辞，就在清廷再三电促和各界舆论影响下，踏上北上征程。

11 月 13 日，袁世凯抵达北京，入住锡拉胡同私邸。第二天，入宫拜见隆裕太后，誓言效忠清室，受命即日到阁办事。稍后又到东交民巷拜访各国公使，透露自己此次受命组阁的感受、心迹和将要采取的政策，以期获得各国认同和支持。袁世凯说，他此次北来，主要的任务就是要保存大清王朝既有体制同时又要进行体制创新，既要留存本朝皇帝，又要施行人民多年来期待而一直没有真正实现的君主立宪政体。至于从前的满汉歧视，自当在此次变革中一扫而空。更为重大的问题，则在于保存中国，避免中国因此次动荡而导致分裂，因此他期望各党在这个大目标上能够建立起码的政治认同国家认同，能够牺牲小我的政策，为保全大我的中国做出贡献。出于这种考虑，袁世凯表示他将要建立的政府一定是一个强固的政府，一定能够用强力手段解决目前的危机。

袁世凯或许能够给中国带来新的希望，他在 11 月 16 日公布的内阁成员名单也确实令人耳目一新，有一种新人物新气象的感觉：

外务大臣：梁敦彦；副大臣胡惟德署外务大臣；曹汝霖署副大臣。

民政大臣：赵秉钧。

度支大臣：严修；绍英署。

学务大臣：唐景崇；副大臣：杨度。

陆军大臣：王士珍；副大臣：田文烈；寿勋署陆军大臣。

海军大臣：萨镇冰；谭学衡署。

司法大臣：沈家本；副大臣：梁启超。梁启超未到任前，法部副大臣由定成暂行署理。

工农商大臣：张謇；熙彦署。

邮传部大臣：唐绍仪；杨士琦、梁士诒先后署理。

理藩大臣：达寿。

从这个名单可以看出，这些人的政治背景或许都来自北洋系，但从全国政治生态的视角说，这些人物其实真的算是政治新人。至于来自袁世凯的北洋系，也应该说符合民主政治、责任内阁的原则，因为在民主政治体制下，要想政府方针获得推行，就必须是一批哥们在捧场在工作，否则一个来自五湖四海的工作班子，相互扯皮，相互推诿，还有什么效率可言呢？

而且，这个内阁成员名单也注意到了多党合作和专业人员的构成，比如梁启超，他与袁世凯并不具有相同或接近的思想认识，他们属于不同的政治派系，但袁世凯毅然捐弃前嫌，拉梁启超入阁。当然，梁启超并没有接受。至于张謇，情况与梁启超略微相似。张謇在政治理念上有与袁世凯接近的地方，都是热情的立宪主义者，但他们之间的纠葛已经有很多年了，但袁世凯仍然愿意坦然邀约，当然张謇也以条件不成熟婉拒。

成功组阁为袁世凯着手解决南北冲突重建统一提供了足够的条件。11月14日，清政府令各省派代表三五人来京，共同会议，以定国是；并派张謇、汤寿潜、江春霖、谭延闿、梁鼎芬、赵炳麟、柯劭忞、谢远涵、乔树枏、渠本翘、王人文、高增爵等为各省宣慰使，前往江苏、浙江、福建、湖南、广东、广西、山东、江西、四川、山西、云南、陕西等宣布朝廷实行政治改革的宗旨。紧接着，袁世凯授意杨度、汪兆铭、汪大燮等于11月15日在北京组织“国事共济会”，倡导南北停战，由国民会议协议国体。然而，袁世凯这些和平姿态始终无法获得南方革命党人的认同，相反，孙宝琦却在11月19日致电袁世凯，表示各省军民多主共和，代表不欲赴京，且已去上海议设新政府。为转圜计，孙宝琦建议袁世凯，不如由京派员去上海参加会议，俯就舆情，顾全大局。

孙宝琦是袁世凯的铁哥们，是换帖把兄弟，此时为山东巡抚，已经宣布独立，他不仅是当时最具国际视野的政治家，而且在当时的政治生态中与各方面都有非常不一般的政治关系，他长时期担任外交官，也是最早呼吁清政府进行政治改革的人，他与庆亲王奕劻是儿女亲家，与盛宣怀也是儿女亲家，而且是双份；与袁世凯也是儿女亲家，同样也是双份。孙宝琦的五小姐嫁给了袁世凯的七公子袁克齐；而袁世凯的六小姐袁篆桢又嫁给了孙宝琦的一个侄子为妻。这一层层的关系，使孙宝琦的话在袁世凯那里就显得格外有分量，也使孙宝琦成为南北沟通谈判的一个重要渠道。

袁世凯的目标当然是不战而屈人之兵，达成南北和解的目的，所以当刘承恩、蔡廷干与黎元洪的第一次会谈后，尽管没有取得什么进展，袁世凯仍然不愿关闭这扇门。11 月 20 日，已经就任完全内阁总理大臣的袁世凯通过俄国驻汉口领事，再派刘承恩和张春霆到汉口俄国领事馆与黎元洪的代表孙发绪、曾广为会谈，向南方介绍新内阁的情况，表示皇族已经完全退出政府，不再与闻国政，所以将来的政治改革必将能够顺利进行。刘承恩等人还重申外交危机，忧虑外国干涉。南方的态度依然很坚决，表示已不会重新回过头来承认清政府，清政府的历史已经成为过去，南方执意建设一个新的国家新的政府。

南方革命党人之所以有这样的底气，是因为南方独立各省代表联合会就在这一天议决以武昌为中央军政府，以鄂军都督执行中央政务，并请以中央军政府名义，委任伍廷芳、温宗尧为民国外交总副长。以武昌为中心的南方各省临时政府已经成为一个既成事实。

面对这样一种情势，袁世凯并没有立马转变自己的既定立场。他在 11 月 21 日答《泰晤士报》驻北京记者时一再强调，如果一旦灭除了清政府，中国必然发生内乱，而内乱发生，又必须引起列强干涉甚至瓜分，中国的唯一出路就在于君主立宪，只有君主立宪才能保全中国，发展中国。

按照袁世凯原先计划，既然和平对谈这条路走不通，走得不顺畅，那就来点武力吧。刘承恩、孙发绪谈判失败的第二天（21 日），袁世凯就示意清军加大了对南方的进攻。李纯统率的北洋军第六镇这一天由蔡甸渡过汉水，进攻汉阳。守卫汉阳的民军虽然有黄兴的高超指挥与灵活调度，但其实力显然不是北洋六镇的对手，几个回合下来，失利严重的民军只得退守三眼桥。

南北开打引起了列强不安，俄国驻汉口领事出面调停罢兵和谈，刚刚发起攻击的北洋军当然不会就此罢手，清军在此后几天发动一连串进攻，相继占领一些战略要塞，稳步向前推进，逐步取得了绝对优势。27

日，清军占领了汉阳，武昌的局势已经十分危急，滞留在武昌的革命军士气低落，总司令黄兴愤不欲生，痛恨自己无面目见一班死去的同志，发誓唯有一死以谢同胞。

袁世凯的军事目的当然不是要踏平武汉三镇，毁灭武汉三镇，他的目的就是要用绝对优势的军事进攻迫使南方革命党人和湖北军政府在政治上让步，重回君宪主义谈判轨道。应该说，袁世凯确实达到了这个目的。27日，湖北军政府召集紧急会议，黄兴在会上报告了汉阳战事失利情形，黄兴提出在目前兵力根本无法与北洋军对阵的情况下，应该主动放弃武昌，进取南京。对于战事失利，黄兴认为，不是军队不够多，不是防御阵地不坚固，也不是弹药粮草不充足。失利的主要原因一是长官不用命，不听指挥；二是军队缺乏教育；三是缺乏机关枪。有这三个缺点，所以每战必败。而且更重要的是，现在武昌城中的所有部队，都是有过战败经历的部队，在目前情形下根本不能再用，用则必败。为长远计，为今日计，军政府只有放弃武昌而援南京。若得南京，或许以后有机会重新夺回武昌。

黄兴的主张当然是一种大战略，是从全国大局着眼，但对湖北军政府大多数人来说毕竟太过痛苦，因为正是他们这一个多月来的坚守，吸引了清政府的主要兵力，从而使全国各省有机会起义有机会光复，所以这次会议没有通过黄兴的弃守方案。黄兴一怒之下当夜渡江至汉口，翌日晨乘轮东下。这又为革命党人后来的纷争埋下了伏笔。

张振武等人提出的坚守武昌的动议在这次会议上获得了通过，但实事求是地说，军政府的力量根本无法继续坚守了，甚至军政府也没有办法坚守民主共和的理想和要求了。同一天，黎元洪准备接受袁世凯先前的动议，准备接受立宪政府，在呼吁各省都督迅速派兵援助湖北的同时，又派军政府外交次长王正廷往访美国驻汉口总领事顾临，请其斡旋南北停战。黎元洪提出的几项条件是：（1）停战15天，在此期间内，目前各方所占领的领土应各自驻守；(2) 已加入革命党的所有省份的代表在上海集会；他们将选出全权代表与袁世凯所指派的代表进行谈判；(3) 如有必要，停战继续延长 50 天。

如果仅仅从军事战略角度说，北洋军此时已经占领战略高地龟山和整个汉阳，军政府所有的那些残兵败将全部撤退至武昌。这个时候，如果袁世凯接受前敌总指挥冯国璋的建议乘胜追击，渡江作战，那么即便会有相当牺牲，也一定会扫平江南，占据武汉三镇，进而平定湖北。然而，袁世凯没有这样做，他在接到冯国璋的请示后，直接打电话制止冯国璋渡江作战，指示他只要保持住军事上的高压就行。

第二天（11 月 28 日），段祺瑞抵达汉口，接任署理湖广总督。同一天，袁世凯奏请朝廷颁发上谕，命刘承恩、蔡廷干前往汉口、武昌，继续开导革命党人，重回君主立宪的政治轨道，重开和谈。

战争终归不能永远打下去，军事的进攻原本就是为和谈做准备。然而当袁世凯真的这样做了，却受到来自各方面的普遍批评和后人广泛质疑。后来的研究者从权谋的视角认为袁世凯此举就是要用南方革命党人的势力压制清廷，攫取更大的权力，为自己登上总统宝座铺路。而当时人特别是满洲贵族以及那些保守汉人则自作聪明，以为洞察了袁世凯的奸谋，以为袁世凯在龟山大捷、汉口收复之后不愿乘胜追击渡江作战，一定隐藏着和南方革命党人合作的巨大阴谋。实事求是地说，后来的研究者是以后来的语境回望前事，而满洲贵族也只是站在非常狭隘的立场上去猜疑袁世凯，这种猜疑究竟对袁世凯发生了怎样的作用现在还不好评估，但毫无疑问不会是正面的激励和信任，而是引起袁世凯的反感和愤怒。袁世凯当时就不软不硬地回敬那些满洲贵族说：是的。汉口已经收复，但是你们可知道南京又告陷落？南京的地位有多重要，你们知道吗，你们能想到黄兴为什么弃守武昌赶往南京吗？南京的地位，倍于武汉。革命党人的势力日益强大，国人受其蛊惑，人心浮动，军心不稳。

重开和谈，稳定军心，重回君宪主义，这才是我袁世凯不去乘胜追击渡江作战的根本原因。议和不过是权宜之计，不过是要收抚那些反叛的党人和军人，这是大清王朝的根本利益，与朝廷自武昌事变发生后的决策是一致的。目前的叛乱已经传遍全国，如果以天下为孤注，殷鉴不远，噬脐何及？平定这样全国规模的大叛乱需要时间，需要耐心。如果你们这样疑神疑鬼，前方将士如何安心坦然作战呢？

袁世凯的这段话，你可以说他是义正词严，你也可以说他是花言巧语，但是不管怎么说，从清廷整体利益进行考量，重开和谈是最好的选择，强攻硬打可能适得其反。北洋军能够踏平武汉三镇，能够平定湖北，但能够在短时间内平定全国吗？答案显然不乐观。

然而满洲贵族的怀疑或许真的是在袁世凯背后狠狠地推了一把，使革命党人将袁世凯从清廷中切割出来的反间计又进了一步。

东南光复

不论从政治战略还是军事战略上说，袁世凯此时停止对武昌的进攻，重开和谈都是对的，因为在那短短的时间里，全国的形势在急剧变化，特别是东南各省相继光复，宣布独立，清军对武汉对湖北发动强攻是没有出路的，袁世凯唯一的选择就是谋求与南方革命党人、反叛的军队领导人坐下来谈。而且足够的信息表明，全国许多省份的新军之所以那么迅速地发动起义，宣布光复，在很大程度上并不是支持革命党人，而是担心革命党人插手本省事务，所以急匆匆宣布独立宣布光复，宣布脱离清政府。这就像日本政府发给日本驻英代办山座圆次郎的指示所说，各省争相宣布独立，并非它们真有实力这样做，而是为了自保，希望避免跟革命军冲突。革命人士因为起于全国许多不同地方，所以并不是团结一致的。在某地区，有一位革命者已准备逃避责任，因为他被推举为首领，并非他的心愿。另外在别的地方，则有一些革命领导者不断在互相争执中。接着各地又感觉到难以筹备资金，以应付战事及行政工作所需。事实上，有些地方已正在考虑采用由军队向民间征粮的办法。此外，革命军大部分是新兵，其中当然包括许多罪犯地痞。

革命党方面存在许多问题，各省新军领导人出来维护秩序，抢先宣布反正宣布光复，其实就是为了防止这些革命党前来捣乱，扰乱秩序。当然不可否认的事实是，这些省份的新军领导人对清廷也是满腹牢骚，一肚子怨言。不过这些新军的军头们就政治理念而言，并不是孙中山、黄兴一派的民主共和，而是朝廷倡导有年的君宪主义。这也是袁世凯至此依然坚守君宪主义化解危机的根本原因，只是清廷中的守旧派、顽固派不愿配合，太过狭隘，使袁世凯的方略迟迟无法执行，以致一再延误，直至东南各省相继宣布独立，宣布脱离清政府。

东南各省特别是江浙两省和上海，是当时中国最富庶地区，社会经济最发达，财富也最集中，当然也是清廷主要的赋税来源地。

上海原本就是同盟会中部总会的大本营，特别是因为在上海有最大的租界，来来往往的革命党人在上海可以说是络绎不绝。武昌起义爆发前，同盟会在上海成立中部总会，工作重心就是长江中下游地区，谭人凤、宋教仁、陈其美、于右任等都曾在上海积极活动。

武昌起义爆发后，谭人凤、宋教仁等人应邀前往武昌指导协助，留守上海的革命党人也由此加紧了活动，特别是总部实际负责人陈其美尤为积极，为后来的上海光复准备了充分的条件。

陈其美可是辛亥革命中赫赫有名的大人物，与黄兴一起被誉为孙中山的左膀右臂，这主要是因为他是青帮中的大佬，具有相当高的辈分，拥有相当重要的地位和影响力。正是由于他紧密联系上海各界，特别是联系各地会党、上海商团以及江浙地区的革命党，为同盟会积累了丰沛的资源，在后来上海光复过程中发挥了非常重要的作用。这是同盟会比较正宗的一支，也是同盟会中部总会在上海的最大势力。

在中部总会之外，同盟会一系还注意动员上海工商界高层参与革命，并创设了一个“中国国民总会”作为吸纳工商界高层人士的机构，上海工商界头面人物沈懋昭、李平书等都是这个机构的成员，这个机构实际上成为同盟会的外围组织。他们在后来的上海光复中都做出相当大的贡献。上海光复后，沈懋昭出任上海军政府的财政总长，他的另一个名字就是沈缦云。至于这位李平书，更是上海滩赫赫有名的人物，曾任湖北武备学堂总稽查、提调，后转任江南制造局提调，兼任通商银行、轮船招商局等董事、总董，后积极推动上海地方自治运动，是上海滩最有头有脸的人物。在后来的上海光复过程中，李平书和陈其美共同担负主要责任，正是由于他组织的上千名武装商团团员出面协助，方才使陈其美率领的敢死队以少胜多相继攻下道台衙门、上海县署尤其是江南制造局。上海光复后，李平书出任沪军都督府民政总长兼江南制造局局长，包揽城厢内外全部民政事务，对上海市政发展做出很大贡献。

与此同时，光复会也加紧了在上海的活动。陶成章、李燮和、尹维峻等发起成立光复会上海支部，以李燮和为总干事。

陶成章是光复会的创建者之一，早就立下排满反清的雄心壮志，曾两次专程前往北京刺杀慈禧太后，后东渡日本学习军事。拒俄运动发生后，陶成章因军国民教育会与浙江革命志士龚宝铨、魏兰等结识。他们于1904年联合蔡元培等浙江名流贤达在上海创建光复会，推蔡元培为会长，陶成章为副会长。

1905年，光复会成员差不多都加入了同盟会，但在此后不久由于清政府进入预备立宪，在国际上的环境有所改善，革命进入低潮，同盟会内部矛盾开始显现，同属于光复会系统的章太炎、陶成章为了各界捐给同盟会的款项分配问题与孙中山一系的同盟会主流闹得不可开交，他们虽然没有宣布退出同盟会，其实已经重新起用光复会的名义进行活动，此后的徐锡麟、秋瑾等人的活动，其实就是光复会系统的，与孙中山为主的同盟会关系并不是很大。

到了 1910 年，陶成章、章太炎等浙江革命之士在日本东京重建光复会总部，推章太炎为会长，陶成章为副会长。陶成章的主要活动集中在南洋，而章太炎基本上只是一个名誉领袖，具体事务都是陶成章料理。

进入 1911 年，随着皇族内阁的出台特别是铁路国有化政策出笼，国内形势急剧动荡，光复会成员逐渐潜伏国内，加大活动，并派遣光复会重要干部李燮和前往上海具体组织。

李燮和最早是黄兴华兴会的成员。1906 年在上海与陶成章相识相交，成为知己，遂由陶成章介绍，加入光复会。东渡日本后，又与黄兴恢复联系，遂又在黄兴介绍下，加入同盟会。当时参加过两个革命团体的革命志士并不少，但像李燮和这样一身入三会的确实不多。

加入同盟会之后，李燮和的主要活动在南洋，在他的努力下，南洋很快成为革命党的重要基地。后来光复会主要成员与孙中山等人闹翻，光复会独立活动，重建东京总部，陶成章委派李燮和继续负责南洋地区的活动，成为光复会仅次于陶成章的重要领导人。

武昌起义爆发时，李燮和正在老家湖南安化，稍后他接受湖北军政府委派，以“长江下游招讨使”的名义，率领三十多名敢死队队员奔赴上海，希望以声东击西战术在东部、长江中下游发动，以减轻武昌方面的压力。

上海并不是光复会的地盘。李燮和与光复会领导层都很清楚，尽管清军在上海的防守非常薄弱，但在那里根基并不深的光复会要想获得胜利，就必须要有江浙方面的配合，而这恰恰是光复会的长处。光复会的主要领导人和核心层，其实就是以江浙人特别是浙江人为主体的。所以在李燮和奔赴上海的同时，光复会其他干部分赴杭州、南京、苏州等地，组织光复军，招募敢死队，争取清军弃暗投明。而驻守在闸北、吴淞一代的军警上层，恰恰又都是湖南人，李燮和利用这层乡亲乡情，很容易说服军警中一批中上层人物，因为这些中上层人物也看到继续追随清朝已经没有出路，这也是他们愿意反正愿意弃暗投明的主要原因。李燮和通过同乡关系拉住了吴淞巡官黄汉湘，又通过黄汉湘与吴淞、闸北其他军警中高层建立关系，这在后来的发动中都起到了非常重要的作用。

经过一段时间紧张工作，李燮和和光复会取得了很大成效，有了基本队伍和指挥核心，也有了比较周密的行动计划。但是不管怎么说，李燮和与光复会对于上海而言，毕竟是一种外来力量，强龙压不住地头蛇。这一点，李燮和比谁都懂。他知道陈其美在上海经营多年，且有会党也就是黑社会的背景、网络、势力和影响，所以李燮和要想绕开陈其美和他的同盟会单独发动，显然是不可能的。李燮和在这些准备和计划基本明朗时，曾专门向陈其美通报，一方面希望获得陈其美和同盟会势力的支持，至少不能自相残杀，误伤自己；另一方面当然也希望陈其美的势力能够在方便的时候给予配合，一起光复上海，化解武昌方面革命党人的压力。毕竟从大的目标说，双方都是革命党人，都是要推翻清廷，建立共和。

实事求是地说，陈其美和同盟会领导人自武昌起义发生后，也在紧锣密鼓筹划光复上海和江浙，以便配合湖北的行动，减轻湖北的压力。10 月 24 日，陈其美、宋教仁、范鸿仙、沈缦云、叶惠钧等就已讨论决定联络商团，沟通士绅，以准备上海起义，只是他们也同样担心发动之后面对江浙方面清军的夹击，一直没有找到合适的时间和切入点。

同盟会在江浙两线的弱点正是光复会的优长之处，所以当李燮和向陈其美通报起义计划时，陈其美和同盟会方面还是欣然接受，终于找到了比较好的切入点、时间点。李燮和提出的起义时间是 11 月 5 日，陈其美和李平书、叶惠钧、钮永建等 11 月 1 日收到宋教仁从武昌发来的急信，要求他们早日起义，以响应武昌，缓解武昌的压力。他们遂于当天晚上决定将发动时间提前一两天，行动方案是上海发动，苏杭应之，并希望南京指日可下。

11 月 2 日，陈其美、李燮和等在民生报社举行会晤，研究行动计划和步骤，决定第二天下午 4 时命令各路军警易帜，宣告独立宣布光复。陈其美和同盟会的主攻目标是控制南市和江南制造局；李燮和与光复军的任务和目标在吴淞和闸北，主要是动员军警反正弃暗投明。

第二天（11 月 3 日）上午，陈其美和同盟会还没有来得及发动攻打制造局，在闸北的革命力量却出人意料率先发动，警备队队长陈汉钦在光复会的推举下担任闸北巡警起义总指挥，上午 10 时许宣布闸北独立。

闸北发动后，南市的革命势力迅速跟进。上海道台刘燕翼逃往租界，道台衙门被革命党人付之一炬，南市也在革命党的掌控中。

上海光复的关键和首要目标是要夺取位于南郊的江南制造局，那是清军主要的兵工厂，储藏有大量的武器弹药，数百名清军严密防守。上海光复成功与否主要就看能否控制住制造局。

当天下午 5 时许，陈其美率领敢死队和部分商团武装数百人开始攻打制造局。他们每个人均袖口扎上白布巾，一人手持白旗，一人持红旗，趁着工人下班的时候，冲入制造局大门，另有一些人从船坞便门闯进。他们与驻守的清军展开了激烈的枪战，双方僵持不下。

当此时，陈其美表示他有办法说服清军和制造局总办不再抵抗，革命军不再流血，于是只身闯进制造局，不料被守军扣押下来。

陈其美被俘的消息很快传遍上海，群情激昂，李燮和、李平书等急忙发动沪军警、巡警、商团等一切力量攻打制造局。经过通宵酣战，翌日晨，总办逃跑，工人内应，制造局打出白旗，商团、光复军、敢死队等迅速占领了制造局。此时为 11 月 4 日清晨 8 时许，标志着上海独立和光复。

按照革命党人的行动方案是上海发动，苏杭应之，继而希望南京尽早光复或反正。现在上海起义了光复了反正了，江浙两地也确实有点支持不住了。

苏杭早已就有革命党人特别是光复会在活动，那里的新军及旧政府已有很多革命党人或倾向于革命的人，所以当上海光复的消息传到杭州后，已有充分准备的浙江革命党人遂于当天夜里宣布起义。新军第八十一标三个营、炮兵一营、骑兵一连，从笕桥出发；第八十二标从南星桥出发，分别向杭州城里发动进攻。城里的陆军警察宪兵会同工程营中新军官兵打开了望江门新城门和艮山门，使城外的两标新军长驱直入，直奔浙江巡抚衙门。巡抚卫队中已有革命党人做内应，所以不太费劲，起义部队就攻进了巡抚衙门，然后一把大火点燃了这个建筑物，大约也有烽火报警向各处通报的意思。至黎明，杭州城内各处都已光复，商店照常营业，只是都打出写有欢迎二字的白旗。负隅抵抗的只有旗营，这也算是清廷最忠诚的一支队伍了。

杭州旗营中总共只有五百名新兵，根本无法抵抗杭州城里的革命军。满人将军德济主张投降，为旗人弟兄留下一条生路。而协领贵林力主抵抗到底，以一死报君恩。旗营的力量实在不足以抵抗，贵林遂在浙江咨议局议长陈黻宸的劝说下打出白旗投降。至此，杭州在没有发生重大冲突没有重大伤亡的情形下顺利光复，宣告独立，推举汤寿潜为浙江军政府都督。

杭州起义是在上海光复的当天，也就是一夜工夫将杭州彻底变了天。上海、杭州的消息传到江苏后，江苏巡抚程德全眼见得大局不保清廷不支，遂按照原先计划上演了一出别具一格的光复大戏。

那时的上海还属于江苏，而江苏或许因为这种特殊的政治地位，依然在同一省份内保留着两江总督和江苏巡抚，只是按照督抚不同城的原则，两江总督驻南京，江苏巡抚驻苏州，苏州也就成了江苏的省会，上海只是江苏的一部分。鉴于这种特殊的关系，上海起义和光复当然直接影响了江苏影响了苏州。

在上海起义还在筹备阶段，革命党人就注意到江苏发展势力，培养情绪，光复会、同盟会都先后派人到苏州活动，江苏新军中的革命势力早已跃跃欲试，一展身手。所以在上海光复的当天（11 月 4 日）上午，新军第四十五标就准备发动，到处都在传说着这个消息，并号召民众自制白旗，等待欢呼光复。

当天晚上，上海民军数十人乘火车至苏州与新军会合，准备起义。5 日拂晓，新军马队、步队、工程队、辎重队与上海民军一律臂缠白布条，进城前往巡抚衙门，和平劝说程德全认清形势，宣布独立。

程德全是立宪运动的积极参与者，与江苏士绅名流张謇、张一麐、沈恩孚、潘祖谦等都是很好的朋友，有密切交往，他们大致能够认清形势，知道进退。所以面对新军光复独立的要求，程德全坦然回应，以为值此无可如何之际，光复、独立，或许不失为一重要选择，未尝不可一试，只是必须要求军队、政府，务必秋毫无犯，不得扰民。

新军、民军进城是夜半时分，程德全的宣布也不过黎明时，天亮后，苏州城里一片沸腾，程德全的坦然转变赢得了百姓和各方面的欢迎，街头到处洋溢着欢乐的气氛，“兴汉安民”的白旗标语随处可见，密如栉比。新军以五十人克复苏州，无疑极大鼓舞了革命党人；而程德全顺势而为，不费一枪一弹，不让江苏流一滴血，伤一个人，其“和平光复”也使各地清政府的官僚行政系统大为震惊。还有一个值得注意的结果是，程德全识大局适时转变赢得了人民尊重，人民依然推戴他就任江苏都督。程德全是清廷封疆大吏中第一个宣布独立宣布光复而后又担任都督的人，这一点也为各地行政官僚系统提供了一个令人值得玩味的示范。

紧接着，在程德全直接或间接影响下，11 月 6 日，无锡宣布独立；

7 日，常熟、吴江宣布独立；8 日，南通、扬州、江阴宣布独立；9 日，常州宣布独立。除南京及其附近地区，苏南、苏北沿江地区在短短几天时间里相继变天。

或许因为程德全的影响，广西巡抚沈秉堃、布政使王芝祥于 11 月 7 日宣布独立，广西光复，沈秉堃任都督，王芝祥、陆荣廷为副都督；8 日，安徽巡抚朱家宝宣布独立，自任都督；9 日，广东光复，胡汉民为都督；10 日，福建光复，孙道仁为都督；13 日，山东巡抚孙宝琦迫于新军及革命党人的压力，宣布独立，自任都督；22 日，重庆宣布独立，张培爵为都督；27 日，赵尔丰宣布四川实行地方自治，成立大汉四川军政府，蒲殿臣、朱庆澜分任军政府正副都督。至此，全国已有 14 个省宣告独立，清政府的实际统治区域主要分布在东北及华北地区。至于南方，仅有两江总督府所在的南京还在清廷手里，不过也已经朝不保夕，风雨飘摇，只是一个象征性的政治孤岛。

对于南京在政治上的价值和意义，南方的革命党人和北方的袁世凯以及清廷，都有非常清醒的认识。上海光复后，当地名流如张謇、汤寿潜、赵凤昌等人就推庄蕴宽前往湖北，利用先前的人脉找到黎元洪等湖北方面的领袖，表示上海方面期待黄兴能够尽快前往上海，指导那里的革命，或许更有助于武汉方面。黎元洪大约接受了这样的建议，遂派了一艘小轮送庄蕴宽渡江至汉阳，与黄兴相见。

上海方面邀请黄兴还有一个不便对黎元洪说明的理由，即上海方面认为，黎元洪是武昌起义的革命党人所拥戴出来的，不是真正的革命党领袖，而孙中山还在国外未回来，现在只有黄兴是国内唯一的革命领袖，应该负起领导全国革命的责任，到上海去统率江浙军队攻克南京，在南京组织全国军政统一机构，继续北伐，完成革命事业。

对于庄蕴宽传达的上海方面的邀请，黄兴当时并没有答应，他认为全国军政统一机构当然是组织得愈早愈好，但他个人并不愿意去充当这个领导人。他表示现在正负责武汉方面的防守任务，不能离开。

黄兴的表态是真诚的，然而到了袁世凯无法通过和平手段压迫黎元洪和湖北军政府就范的时候，北洋军在袁世凯的命令下向武汉发动了猛烈进攻，革命军在黄兴的指挥下英勇抵抗，也无法守住，革命军只好退守武昌，再做后图。当此时，黄兴大约想起了庄蕴宽数日前的动议，遂在 11 月 27 日军政府紧急会议上建议放弃武昌，进取南京，以全国大局拯救湖北拯救武汉。

或许是因为黄兴的表达不是那么清楚，或许是军政府的湖北人无法割舍自己的乡土感情，总而言之，黄兴的建议不仅被近乎一致所反对，而且连黄兴本人也被送上一个“常败将军”的雅号。大约出于愤怒，或许还有庄蕴宽劝说的影响，黄兴在这次会议之后以众议不合为由，当夜就率领部分随从渡江至汉口，翌日晨乘轮船东下，直奔上海，准备组织联军进攻南京，为谋取全国统一而奋斗去了。

对于南京的地位和影响，袁世凯也有清醒的认识。他之所以在清军获得对武汉的绝对优势时引而不发，其实就是要与湖北保持一种均势，以便集中力量对付东南，对付南京。他清楚地知道南京的地位重于武汉，他要和黄兴和革命党人争夺南京，因为他知道一旦南京失守，南方的革命党人串通一气，南北对峙的格局就会形成，半个世纪之前的洪秀全政权就会在那里重现，大清国的前途堪忧。

袁世凯和黄兴都在为争夺南京而赛跑。其实，在这个时候，上海方面在没有得到黄兴肯定答复的时候，自己也在准备着进攻南京的事情。11 月 11 日，上海都督陈其美分别致电江苏都督程德全和浙江都督汤寿潜，提议组织江浙联军会攻南京，并推徐绍桢为联军总司令，拯救金陵数十万同胞于水深火热之中。

徐绍桢原为新军第九镇统制，并无什么革命思想，只是因为受到两江总督张人俊和江宁将军铁良猜忌，再加上革命党人的影响和大势所迫而转身革命，与黎元洪地位、情形相当，由他出任会攻南京的联军总司令，也是一个比较合适的人选。13日，徐绍桢在镇江设立司令部，以陶骏保为参谋长。稍后，陈其美又推举顾忠琛为参谋总长，孙毓筠为军事参议。

因为镇江是向南京进军的前沿要塞，所以总司令部成立后，江浙两省的参战部队先后向这里集结，主要兵力有镇军、苏军、浙军和沪军等，总兵力一万数千人。

11月16日，徐绍桢在镇江都督府召集军事会议，部署进兵计划，分配各军任务。参加会议的各军统帅有林述庆、柏文蔚、刘之洁、朱瑞及黎天才等。会议经过慎重讨论，以为南京城池坚固，地形险要，易守难攻，必须慎重对待，决定兵分三路，由沪军、苏军以及浙军、镇军分别从北路、南路和中路向南京发动进攻，各自直奔自己的攻击目标和战略要地。

此时驻守南京的是北洋张勋所部江防营，他们不日前刚与徐绍桢的第六镇换防进驻南京。此外还有巡防队、缉私队以及两江总督府卫队等，总兵力大约两万人。张勋是袁世凯的爱将，也知道袁世凯的战略部署，袁世凯再三电嘱他守住南京，以为只要守住南京，就能保住东南半壁，所以张勋受命进城驻防后就非常卖力，大肆捕杀革命党人，防范革命党人在城里内应，防范其新军内部混入革命党。然而，由于南京几乎成了清廷的政治孤岛，除了两江总督张人俊、江宁将军铁良等十数人因职责所在不得不留守南京外，清廷大小命官皆知大势已去，纷纷作鸟兽散。至于驻防的军队、巡警等下层军官和士兵，既然无法逃跑，只好听天由命，基本上没有什么斗志。

11月23日，江浙联军全面发动进攻南京的战役。各军将士按照原先的部署分路前进，沿途受到老百姓的热情欢迎，士气高涨，众志成城，经过几天猛烈战斗，革命军先后攻占了乌龙山和幕府山等战略要地，在那里居高临下向南京城里发动猛烈炮轰。

强烈的炮火压制使城里的清军无法组织有效的反攻，只能被迫持续收缩，逐渐向城里退守，革命军不断向城里推进。12 月 1 日，张勋知道南京是无论如何也守不住了，遂派遣清军统领胡令宣手持白旗，臂缠白布，出南门向联军求和。当天晚上，张勋率领那些残兵败将由南门逃出渡江往浦口，然后逃往徐州。两江总督张人俊和江宁将军铁良等人也于当天晚上逃往上海。翌日，各路革命军顺利开进南京城，历代兵家必争之地终于从清廷转移至南方革命党人手里。中国的战略格局发生大转变，会重演半个世纪之前太平军定都天京，南北对峙长达十几年的历史故事吗？一时间成为南北各方甚至列强的共同疑惑。

第九章　从君主到民主：一个艰辛的谈判

对于革命党人来说，南京光复无疑是非常重大的历史事件，使南方革命党人终于有了与清廷南北对峙的可能。进，可以发动北伐直捣龙庭，即便不能用武力统一全国，也能为南方的稳定提供一种保障；退，可以南京为根据地据守东南半壁江山，这可是当时中国最富庶的地区，维持基本的生存毫无问题。至于对清廷和袁世凯来说，南京沦陷或者说失守，当然也意味着一个重大挫折，全国已有十四个省脱离了清廷的政治统治，使清廷的实力削弱不少，不过中央军依然掌握在朝廷和袁世凯的手里，除了极少数发生哗变外，中央军的主体并没有变化。所以清廷和袁世凯都面临着两难选择：战，像当年曾国藩率领湘军征战南北那样，以时间换空间，持之以恒，终能打败这些造反者；和，这对维持国家生机与活力当然至关重要，朝廷通过对既往政策的反省、调整，重新赢得大多数人的信任，也不是没有可能，只是这样的选择非常艰难，没有脱胎换骨的勇气根本无法获得新生。权衡利弊，清廷和袁世凯还是选择了后者，以和为目标，以战为手段，以战促和，化解国内纷争。

和平仍未到绝望时候

中国传统兵法强调知兵者的最高境界是不战而屈人之兵，战争从来都是最后的手段，单方面毁灭对方，或者因前景渺茫而使用同归于尽的损招，基本上不为中国传统军事家所认同。所以当北洋军在武昌前线打得正酣，很快就会踏平武汉三镇，继而踏平湖北甚至湖南时，袁世凯接受黎元洪的要求，听从列强劝告，同意休战，同意和谈。

袁世凯同意休战，同意和谈，当然还有一个重要因素就是南京被围困，且很有可能很快失守，所以他同意在西线暂时休兵，主要还是因为东线太危险。他当然不希望两面作战，将自己仅有的那点本钱很快消耗殆尽。正像他斥责那些保守的满洲人时所说，这样大规模的政治骚乱，犹如冰冻三尺非一日之寒，平定这样的政治骚乱，也非一日之功，立马可取，而是需要时间，需要耐心，如果给他三年时间，他相信一定能够像曾国藩当年那样，重建统一，恢复秩序。所以，在目前条件下，就是要学会妥协，学会以时间换空间，尽量考虑造反者的政治要求，尽量调整自己体制中的不足和问题，以政治上的真改革重新赢得造反者的信任。而且，还有一点，包括造反者在内，毕竟都是大清国的子民，一定要兵刃相见，一定要血流成河，也不为智者所取。

基于这样的战略思考，经过英国公使朱尔典居间撮合，英国驻汉口总领事戈飞具体操刀，袁世凯在军事上取得巨大优势的前提下，回应黎元洪和湖北军政府的停战呼吁，毅然停止向江南进攻，重开政治攻势，期望以和平手段化解南北纷争，解决分歧。

在黎元洪和湖北军政府提出的三个停战条件中，第二条实际上是说湖北军政府没有办法代表已经独立的那些省份一起谈判，而是号召独立各省尽快在上海或者其他什么地方召开一个会议，推出全权代表，与朝廷的代表举行会谈。也就是说，黎元洪和湖北军政府已经承认汉阳保卫战已经失败，希望独立各省能够理解湖北停战和谈是不得已的事情。这个事实反过来又证明，袁世凯以战促和的方略是对的，此时如果用和谈收抚了湖北，那么就可以用这样的方法，与各个独立省份分头解决。

12 月 1 日，袁世凯电令武昌前线第一军总统冯国璋停止渡江进攻武昌，并以内阁的名义提出停战条款共五条，规定息战日期为二天，两军不得于此期间开战；息战之约须有英国驻汉口总领事画押为中证人。

袁世凯内阁的这份停战协议是由英国驻华公使朱尔典用电报发给英国驻汉口代理领事葛福的。由于牵涉英国驻汉口领事要居间作证，所以这个电报又是经过英国外交大臣批准的。

葛福接到这个电报后，立即委派万国商会会长盘根携带这份文件渡江前往武昌，于当天下午 6 时许在武昌洪山总司令部找到参谋总长吴兆麟，陪同盘根前往的还有湖北军政府顾问孙发绪。盘根告诉吴兆麟，民军自起义以来，纪律严明，秋毫无犯，极为文明，在这里的英国侨民和其他一些国家的侨民对民军都颇为同情，所以宣布中立，宣布承认民军为交战的一方。只是现在北方的军队一直不停地对武汉发动轰击，我们英国领事看到省城里的百姓这样下去太凄惨太悲凉了，所以联络其他国家的领事与清军商议，请双方停战三日，坐下来谈谈。现在清军方面已表示同情，所以委派我特来武昌面见黎大都督，请都督认可。黎大都督只要在我带来的公文上用印，然后送至清军盖印，停战的事情就这样说妥了。

革命军在清军炮火压制和猛烈进攻下早已支撑不住了，黄兴走了，黎元洪其实也在这炮火声中找个安全地方藏身去了，而且，黎元洪走的时候还将都督的印章带走了，所以吴兆麟虽然愿意同意在公文用印，同意暂时停战，但也没有办法按照盘根的要求做。吴兆麟说总司令官的印信在他这里，如果用总司令官的印信，那就是一句话。

盘根表示，这个情形先前根本没有想到，不过他在汉口的时候已经与清军说定用都督的印信，现在突然改为总司令官印信，恐怕引起不必要的误会，所以还是请想想办法，仍以用都督印信为好。

革命军太需要休战了，或者说革命军太需要清军停止攻击了，因此尽管没有都督印信，尽管去黎元洪那里也不太方便，也难不倒吴兆麟另想办法，这个办法就是找人照葫芦画瓢，让刻字工人按照原来的印章用一顿饭的工夫就仿刻了一颗。盘根当然不知道这后面的细节，所以他在简单用膳之后，就与吴兆麟等人一起前往城内军务部用印。

袁世凯在军事上取得绝对优势的时候同意停战，其目的就是要拉住黎元洪，使其重回君主立宪的道路，从这个意义上说，袁世凯在这次和谈攻势开始之后，并没有放弃君宪主义的主张，并没有想摆脱清廷的什么想法。这不是袁世凯刻意要这样做，而是形势使然，也是东西洋各国比较一致的态度。

对于黎元洪来说，停战议和确实是他求之不得的，他被迫走上革命道路后，并没有转变成一个像孙中山、黄兴那样的民主主义者、共和主义者，他的知识、他的经历和他的修炼，都使他继续在君宪主义理想中空转，他觉得朝廷的君宪主义确实遇到了挫折，但并不意味着这条路不通，只要有袁世凯这样的政治强人驱逐了政治上的障碍，君宪主义依然是中国最不坏的选择。所以他尽管没有在第一时间获知停战的消息，但他获知后还是非常欣慰的，甚至使他觉得自己的政治地位在这一过程中都有所提高，因为清廷毕竟将他视为谈判对手，这就是不一样的政治待遇，所以他在此后就很容易顺着袁世凯君宪主义的思路走，一步步离开革命党人民主共和的道路。

在黎元洪的影响下，湖北革命党人的思想也在悄然变化，像军务部部长孙武等，就越来越觉得既然朝廷现在开始慎重考虑造反者的意见了，开始考虑朝着君宪主义道路前进了，那么革命党人是否应该做出适当让步，减少流血，重建和平呢？所以在停战开始后，湖北军政府就向独立各省征询意见，询问各省可否照政府条件结束战争，而这个条件最重要的一点，就是仍然沿用君主立宪的政治体制。

黎元洪以及湖北军政府的想法不必怀疑，他们同意可以考虑重回君宪主义，是因为他们确实面对北洋军的巨大压力，但是正如许多人都已经看到的那样，黎元洪只能代表湖北发言，无法代表其他已经独立的十几个省份，无法代表全国民军。更吊诡的是，其他独立省份虽然有一些省份的政治权力并不掌握在革命党手里，虽然还是立宪党人或军界将领掌权，但是他们没有来自北洋军的攻击和压力，而又有革命党人的宣传鼓动和请求，他们的态度就不像湖北军政府那样软弱了，就不那么容易向袁世凯屈服了。

袁世凯和朝廷将黎元洪作为谈判的主要对手，但黎元洪和湖北军政府并没有节制独立各省的权力和能力，相反，在袁世凯、北洋军与黎元洪和军政府停战的那几天里，南方的形势继续变化，特别是随着革命党人占领南京，南方军民受到了极大鼓舞，各省援助湖北的军队也相继出发，这为南方革命党人增加了抵抗的勇气和谈判的筹码，然而这一切变化，并没有改变袁世凯对君宪主义的信仰和追求，他依然认为存在重回君宪主义的可能，只是条件越来越苛刻，难度越来越大而已。所以当停战三日还未届满时，袁世凯就和英国驻华公使朱尔典进行商榷，不和黎元洪或湖北军政府进行谈判，就于 12 月 4 日制定了一个继续停战的协议框架共五条：一、三日停战期满，续停十五天；二、北军不遣兵向南，南军也不遣兵向北；三、总理大臣派遣各省居留北京的代表人，前往南方与南军代表讨论大局；四、唐绍仪充任总理大臣代表，与黎元洪或其代表人讨论大局；五、以上所言南军，山、陕及北方土匪不在内。由此，人们或许能够感觉到袁世凯对君宪主义的真诚和迫切，或许觉得他太过幼稚，根本不知道南方革命党人的真实想法和政治诉求，不知道君宪主义与民主共和是完全不能相容的两码事。

对于袁世凯和清廷的和平呼吁，南方当然不会反对，至于和平条件就很难说了。当是时，各省代表正在汉口开会，他们在第二天接到英国领事转来的这些条件后，立即决定同意与袁世凯的代表进行谈判，密电伍廷芳尽快来汉口与袁世凯的代表会商，争取南北冲突和平解决；同意北方的部分条件，同意在停战期间清军不攻民军，民军亦不攻清军。但是南方所理解的民军，包括秦晋及北方义军在内。

南方的回应给袁世凯一种新的希望，使他觉得重建和平又多了一份信心和机会，所以为了推动和平尽快恢复，为了使南方相信他所推动的君宪主义是真的，他在那几天又苦口婆心地向清廷向皇族做了大量的工作，迫使清廷在政治改革上做出重大让步，为重建一个能够使南方革命党人大致满意的立宪政府奠定基础。12 月 5 日，袁世凯将与英国公使共同拟定的续停战协议上报给朝廷，在呈递报告的同时还与摄政王载沣面谈了很长时间。摄政王载沣究竟在这一天面谈时说过什么，或者说袁世凯究竟在这次谈话中还提出什么要求，我们现在都不太清楚，我们唯一能知道的是结果，是摄政王载沣在第二天奉隆裕皇太后懿旨，引咎退位，以醇亲王退归藩邸，嗣后用人行政，均责成内阁总理大臣办理，各国务大臣担承责任。很显然，袁世凯在英国公使朱尔典的帮助下，成功说服清廷对南方的要求做出了重大让步，摄政王退位，其实就像皇太后懿旨所说那样，是让摄政王载沣承担全国乱局的责任，以摄政王载沣退位换取南方的让步。

按照清廷制度，监国摄政王载沣在三年中，其实只不过是大清国的实际经理人，大清国的最高领导人名义上是摄政王的儿子宣统小皇帝，还有慈禧太后在最后时刻委任的隆裕皇太后。大清国现在面临的困境，当然与监国摄政王过去三年的政策密切相关，所以指望摄政王本人出面去纠正那些失误是不可能的，因此摄政王向皇太后面奏请辞，表示自己自摄政以来，于今三载，用人行政，多拂舆情，立宪徒托空言，弊蠹因而丛积，驯致人心瓦解，国势土崩。

摄政王是否真的这样想并不太重要，重要的是清廷毕竟走出了最艰难一步。实际经理人引咎辞职，即便在民主国家，也可以换来重建秩序，何况独立各省领导人差不多都是大清国的“干部”呢？他们怎么可能就这样恩断义绝呢？袁世凯希望通过清廷的政治改革唤醒独立各省对朝廷的同情，隆裕皇太后也希望此举对于改善朝廷的处境，对于重建和平恢复秩序有正面的积极作用。皇太后表示，她个人深处宫闱，未闻大计。惟自武汉事起，各省响应，兵连祸结，满目疮痍，友邦商业，并受影响。每一念及，寝食难安，亟宜察内外之情形，定安邦之大计。现在已将监国摄政王辞退了，责任内阁也不再有什么约束了，凡我国民，都应该知道朝廷不私君权，实行与民更始，务望谨守秩序，各安生业，庶免纷争割制之祸，而登熙皞大同之治。

第二天（12 月 7 日），摆脱了监国摄政王束缚的内阁总理大臣袁世凯入对于养心殿，奏对了大约一个小时，皇太后终于发了一句话：“余一切不能深知，以后专任于尔。”也就是说，大清国的命运和我们孤儿寡母的命运，就在你袁世凯手里，你自己看着办吧！这个授权虽然说是有限的，其实相当于无限。袁世凯终于可以放开手脚，大幅度推动改革，为重新赢得南方及独立各省的信任提供条件。同一天，朝廷批准资政院提出的剪发、改历两个议案，终于准许大清国的臣民自由剪发自由留发，不再将头发作为顺民、良民的标志。同一天，朝廷还任命袁世凯为全权大臣，委托唐绍仪为代表，又委托严修、杨士琦两人参与讨论。朝廷不仅加快了政治改革，而且为南北和谈打开了一扇方便之门。纷扰了差不多两个月的南北纷争终于有了解决的迹象，至于朝廷的让步能否换回独立各省对朝廷的忠诚和信心，南北各方能否由此走向和解，重建秩序与和平，端赖袁世凯和南方独立各省领导人的政治智慧了。

整合独立各省

对于通过谈判解决政治纷争，袁世凯是信心满满。一百年之后重新观察，很容易发现袁世凯之所以这样信心满满，不仅因为他发自内心认为君宪主义是化解时局危机的唯一出路，而且在他的背后和面前，既有列强的支持、认同，甚至可以说正是列强认为中国应该维持一个君宪主义的国家体制，才使袁世凯对此信心满满。同时，还有一个值得注意的现象是，过去的研究以为南方革命党人是铁板一块，以为他们都主张走向共和走向民主，都主张废除君主。这个说法其实是不对的，至少是不全面的。正如我们已经说过的那样，独立十四省的情况是非常复杂的，并不是所有省份的领导权都在革命党人手里。而且有许多省份之所以宣布独立宣布反正，其实就是担心外来的革命党人，是反被动为主动。所以在独立十四省，也不乏主张君宪主义的声音。这都是袁世凯力推和谈，坚持君宪主义的依据。

独立十四省的情形不好一概而论，是因为他们各自背景和主张有着很大不同。在许多省份的领导层，既有革命党人，又有立宪党人、旧官僚，当然还有许多政客、投机分子，以及由各种政治势力重新组合起来的地方实力派、政治集团，所以各省意见并不那么容易统一，所以他们面对袁世凯的和平攻势，也很容易被分化瓦解。

按照率先起义的湖北军政府和黎元洪的意思，既然是和谈，当然包括未来政体一类的事情都必须谈，但是以湖北一省力量去与袁世凯的北洋军和朝廷交涉，也实在是力不从心，所以他对袁世凯的和平呼吁虽然有心响应，但实在难以单独面对，而且上来就提出双轨思路，以此瓦解袁世凯的意志，或者以此撕裂袁世凯与清廷之间的关系。11 月 7 日，黎元洪致电独立各省军政府，征询共同组织政府的意见，以便各国承认这个共同政府为交战团体，方才有可能应对袁世凯的和平呼吁和谈判要求。同一天，黎元洪还在与刘承恩的信使王洪胜的谈话中抛出一个重要诱饵，那就是南北和谈不是不可以，但条件还是必须推翻清廷。黎元洪的理由是，尽管袁世凯已经让朝廷进行了重大政治改革，但如果皇上还是皇上，谁能保证他在秋后不再算账，况且南方各省像多米诺骨牌一样一个接着一个独立了反正了，在这群龙无首的时候，谁能说服这些人接受朝廷的改革方案呢？

多米诺骨牌仍然在一个接着一个倒下，南方谈判的气势也在逐渐由弱转强。11 月 9 日，黎元洪以湖北军政府的名义再度致电独立各省军政府，呼吁他们尽速派遣全权代表前来武昌会议，讨论组织临时政府的事情，以便以临时中央政府的名义与北方进行谈判。黎元洪的这一着显然是想以首义优势，掌控谈判的主动权，尤其是对独立各省的掌控权，希望以武昌为中心组建一个与北方对峙的中央政府。

对于黎元洪的想法和做法，袁世凯并不反对，甚至是愿意支持表示欢迎的，因为如果让袁世凯的内阁面对十几个独立省份分别谈判，这中间的难度与可行性似乎都很值得怀疑，南方如果能由黎元洪和湖北军政府出面，组成一个大致统一的谈判阵营，虽然谈判的难度会加大，但相对于分头面对还是要好得多。

不过，对于黎元洪和湖北军政府的领导地位尤其是领导能力，在独立各省并不是一致认同。湖北虽然有首义之功，但湖北并不具有领导新政府的天然条件和能力。11 月 11 日，上海都督陈其美分别致电江苏都督程德全和浙江都督汤寿潜，提议由江浙联合在上海设立临时会议机关。

对于陈其美的呼吁，程德全、汤寿潜迅速跟进，他们在当天就复电响应，主张在上海设立临时会议机关，并拟就会议办法及政纲若干条以备讨论。很显然，江浙集团基于上海地位、江浙地位的特殊性，似乎不太看上黎元洪和湖北军政府在未来政治架构中的作用。

陈其美、程德全、汤寿潜等人的努力当然还不能很快改变南方独立各省的政治格局，湖北军政府和黎元洪的独特性还不会很快结束。就在陈其美他们讨论在上海创设临时政府的同一天，袁世凯的特别代表刘承恩、蔡廷干正在武昌与湖北军政府进行接洽，北方要求湖北只要赞成朝廷的君主立宪主张，一切都可商量，南北冲突立即可以化解；而湖北军政府的反建议却是沿着黄兴、黎元洪几天前所说的话：只要袁世凯能够赞助共和，那么就推他做河南、河北大都督，或者还有更高的期待。

或许是因为北洋军的主力都压在了湖北，或者是因为湖北军政府的外交能力还是稍逊风骚，不太灵光，湖北军政府对独立各省的号召力确实比不过上海。11 月 12 日，江苏都督府代表雷奋、沈恩孚，浙江都督府代表姚桐豫、高尔登致电独立各省代表尽快前往上海参加会议，商讨组织临时政府的问题。而且更厉害的一着是，陈其美、程德全、汤寿潜等人组建的江浙联军竟然开始成军，开始准备攻打南京。在上海筹组临时政府的条件似乎越来越成熟。

15 日，各省都督府代表和咨议局代表在上海召开第一次会议，定名为各省都督府代表联合会，会议致电正在伦敦的孙中山，敦请他从速回国组织临时政府。很显然，上海期望以孙中山的名头笼住各省，争取成为未来新政府的中心和主干。孙中山对于这个呼吁心领神会，他在第二天就电复民国军政府，告以已循途东归。有了孙中山的回应，上海方面更进一步，于 17 日各省都督府代表联合会议决议电请黎元洪、黄兴，即派代表到上海开会，上海方面真的准备号令天下了。

对于上海的强势，湖北方面当然不高兴不同意。11 月 19 日，黎元洪通电各省都督，宣布中央临时政府下设七个部，内务、外交、教育、财政、交通、军政、司法等样样俱全，并宣布外交总长伍廷芳、副总长温宗尧，财政总长张謇。至于其他各部，通电请各省举荐。

湖北军政府有资格争领导地位，不仅因为首义，而且还因为后来相继独立各省在收到他们的呼吁后，都已相继派出了各自的代表，这些代表差不多都已到了湖北，所以湖北军政府当然不愿轻易退让，不愿轻易放弃老大的龙头地位，坚决主张会议要在武昌举行，并派遣代表居正到上海参加各省都督府代表联合会，劝说独立各省从全局利益着想还是同赴湖北组织政府。

对于湖北的呼吁和要求，上海方面当然也不能不顾忌不考虑。11月20日，各省都督府代表联合会议议决承认武昌为民国中央军政府，以鄂军都督执行中央政务，并请以中央军政府名义委托各代表所推定的伍廷芳、温宗尧为民国外交总长、副长。至此，湖北方面和黎元洪终于获得了独立各省暂时拥戴，位居龙头老大。

各省都督府的表态使武汉一时间成为南北关注的中心，袁世凯的议和代表在列强驻汉口领事居间介绍下进行了不同形式的接触，各自表达自己的观点和立场，表露化解危机的方案。大约也就在这个空当，由宋教仁等帮助制定的《中华民国鄂州约法》由湖北军政府公布，这个约法规定新中国为中华民国，实行共和国制度，人民一律平等，人民自由言论著作刊行并集会结社、人民自由保有财产、人民自由保有身体，非依法律规定，不得逮捕审问处罚。至于国家体制，约法规定了三权分立的原则，规定都督、政务委员、议会、司法各自职能。这个约法虽然没有来得及在湖北实行，但对后来的《中华民国临时约法》影响不小。

南方的举动和整合对于袁世凯来说显然不是一件好事，他先前似乎以为一对一的谈判比较容易化解纷争，现在看来可能并不是那么回事。南方独立各省似乎越来越倾向于驱除清廷后的共和制，这一点和袁世凯此时的政治主张大相径庭。11 月 21 日，袁世凯在答伦敦《泰晤士报》驻京记者问时明确表示，一旦灭除了清政府，恐怕中国就要走上内乱，招致列强干涉，招致列强瓜分，中国在政治上的最佳选择还是君宪主义，还是应该以君主立宪去保全中国。

袁世凯和南方独立各省的隔空喊话，其实都是为即将到来的谈判制造舆论，争取谈判的优势地位和讨价还价的筹码。11 月 24 日，南方的伍廷芳、张謇、唐文治、温宗尧等通过美国驻华使馆联名致电监国摄政王载沣，以为目前的僵局非共和无以化解，非共和无以免生灵之涂炭，君主政体断难相容于此后之中国，他们希望监国摄政王载沣认清形势，当断则断，若能幡然改悔，共赞共和，国民必能以安富尊荣之礼报皇室。

对于张謇、伍廷芳等人的建议，清廷也没有什么好忌讳的了，既然大家愿意公开讨论皇室的未来，讨论大清国的前途，那么就公开讨论吧。而且事实上，除了北京有限的范围还在忌讳这个议题外，全国到处都在公开谈论着这个事情。所以朝廷借势发力，于 11 月 25 日发布诏令，要求张謇迅速来京，与廷臣详细讨论共和政体及政治改革事宜。朝廷显然希望化被动为主动，争取更多的话语权。

南方的想法越来越清楚了，袁世凯的思路也就越来越明朗了，他知道要想让南方屈服就范，仅凭口说已经意义不大，所以他在安顿了后方，安抚了清廷之后发动了对武昌的军事攻势，决心用武力迫使南方就范屈服。就在江浙联军向南京发动攻势的同时，清军在湖北在武汉向革命军发动了猛烈的攻势，占领了汉阳，并对武昌形成了一种高压态势。

清军的军事压制并没有阻碍南方各省组建政府的步骤，他们经过各方面的协调之后，还是以大局为重，在向南京发动攻击的同时，大力援助湖北。11 月 28 日，各省都督府代表联合会议决，电武昌黎元洪都督，报告赴鄂代表本日启程；并通电各省都督府、咨议局，报告各省代表赴鄂组织临时政府。29日，浙江都督汤寿潜致电黎元洪，协举中央临时政府各部首长，建议由程德全长内务，章太炎长教育，张謇长财政，詹天佑长交通，黄兴长军政，汪精卫长司法。这个名单虽然没有来得及正式宣布，更谈不上就职，但对后来的政治格局却有很大影响。

30日，各省都督府代表联合会在汉口英租界继续开会，公推谭人凤为临时议长，议决在临时政府未成立之前，请黎元洪以大都督的名义执行中央政务。这当然标志着独立各省大致能够接受的临时政府成立了，南北之间的谈判终于在南京、武汉两条战线炮火密集中有了开始的可能。

革命党人攻占了南京，无论如何都可以说取得了一种战略上的优势；而袁世凯统率的北洋军攻占了汉口，对武昌保持着军事上的巨大压力，也可以说挽回了先前清军的被动局面。这都为双方接触谈判提供了外在条件，所以袁世凯决定在保持军事压力的同时，开展和平攻势。12月1日，袁世凯电令冯国璋停止渡江作战进攻武昌，紧接着提出停战三天，并通过英国驻汉口领事进行谈判。

对于袁世凯的和平攻势，南方革命党人沉着应对，他们利用这个短暂的不知何时会中断的和平间隙，抓紧时间制定和平方略，制定谈判原则。11月30日，各省都督府代表联合会决议同意袁世凯通过英国领事提出的停战和谈要求，但在两天后（12月2日）的会议上却做出了两项非常重要的决定。一是通过《临时政府组织大纲》，既然是临时政府了，谈判的情形就不一样了，就不是清廷的下属了，而只是袁世凯的对手了。这大约是南方革命党人急于通过这个大纲的主要目的。二是通过了一项决议，表示如果袁世凯反正，那么南方独立各省即临时政府当公举袁世凯为临时大总统。

推举袁世凯当然可以做多方面的解读，第一种解读是带有挑拨离间的意味，还是革命党人要将袁世凯从清廷中切割出来的意思，以为清廷本已人才不济，如果能够将袁世凯分化出来，或者因此而被满洲人从清廷中排挤出来，未尝不可以减轻南方的压力。不过从当时情形看，朝廷甚至在北京的汉人高官并不相信袁世凯变了，不忠于朝廷了，他们一眼就看穿了这只是一种离间手段。

第二种解读是南方革命党人中的相当一部分人确实认为只有袁世凯有力量解决时局危机，只有袁世凯可以使中国重建统一，所以他们相信那时一个公开的国内外共识“非袁莫属”，因而愿意不惜代价争取袁世凯反正，争取袁世凯反戈一击，用最小的代价达到推翻帝制的目的。

第二种解读中还蕴涵有对这场革命的不同认识，由于先前十多年特别是皇族内阁、亲贵内阁出台后，满汉之间的冲突达到了顶点，许多参加革命的人以为革命就是推翻“满清”，就是一场民族革命，只要袁世凯反正了，反手将清廷推翻了，哪怕拥戴袁世凯称帝，做汉人的皇帝，也没有什么了不起。当然最好还是推翻帝制，建立共和，袁世凯最好还是反正归来做共和国的总统。这种认识在当时也是非常多，而且越来越多。

或许是武昌会议的这些决定并不符合南方革命党人的利益，特别是不能符合不能满足江浙地区独立省份的要求，所以到了12月4日，陈其美、程德全和汤寿潜等人，趁着南京光复、武昌危机的机会，又一次将南方的中心拉回到上海，将留在上海原本只负责联络工作的各省代表召集起来举行会议，并做出一个非常重大的决定，推选黄兴为大元帅，黎元洪为副元帅，决定南京为临时政府所在地，由大元帅组织中华民国临时政府；同时也同意在临时大总统未举定之前，仍认鄂军都督府为中央军政府，有代表各省军政府的权力。

对于上海革命党人的决定，湖北方面和黎元洪当然大为不满，以为上海的代表只有联络的责任，并没有选举之权，所以并不能承认黄兴的大元帅。只是这种承认与不承认都不具有根本性的意义，本来大家都是草莽，都是临时的，最终的结果其实都还很难说。不过从此之后，武昌的分量确实在一步一步减弱。

12 月 5 日，各省都督府代表联合会会议对南北议和提出了几项先决条件：一是推翻清政府；二是主张共和政体；三是礼遇旧皇室；四是以人道主义待满人。会议还决定议和地点设在汉口，公举伍廷芳为议和全权代表，温宗尧、汪精卫、王宠惠、钮永建为参赞。实事求是地说，各省都督府代表联合会确实有点儿对湖北对黎元洪不太公正，但其大刀阔斧向前推进，确实为南北和谈扫除了障碍，使南北和谈从南北双方隔空喊话一下子变成了现实，速度突然加快。

终于可以坐下来谈谈了

各省都督府代表联合会议的议和四条件是对袁世凯先前和平倡议的正面回应，袁世凯对此还是相当满意的，使他对和平的期待又增加了几份。同一天（12 月 5 日），袁世凯与英国公使商量了一个续停战协议并上报朝廷，这个协议的基础依然是君宪主义，只是为了让南方信服让步，袁世凯更多地强调了君宪主义的实质，希望清廷不要再以假招蒙人了，否则时不我待，错过了这次机会，后果就不堪设想了。

袁世凯在将这个报告呈递朝廷的时候，向监国摄政王载沣当面做了一个相当详细的汇报，汇报情形虽然至今不太知道，但知道监国摄政王载沣很快向隆裕皇太后提出了退位的请求。这里面的曲折细节还是不太清楚，但结果就是袁世凯真的就此成为真正的一人之下万人之上了，隆裕皇太后成了袁世凯的唯一领导，而皇太后又明确发话了：我只是一个妇道人家，没有什么政治经验和政治常识，一切都拜托你袁世凯了。

在获得皇太后授权后，袁世凯于 12 月 7 日派出强大的谈判阵容，自己身兼全权大臣，委托唐绍仪为代表，又委托严修、杨士琦两人参与讨论，南北和谈终于紧锣密鼓开始了。

唐绍仪是袁世凯的铁杆，由他出面与南方议和，也是袁世凯几天前就确定了的事情。12 月 2 日，袁世凯在锡拉胡同官邸召集南下和谈代表团成员及各省代表 20 多人开会，年纪大点的有陈宝琛，所以当袁世凯穿着便服出来见到陈宝琛就客气地说，这番和议是朝廷的大事，所以请老世叔出来，并希望老世叔为国辛劳。陈宝琛谦逊地说，近来年岁大了些，身体也不是很好，还是请严又陵严复这样年富力强的人去，要好得多了。严复等人也都在这个各省代表名单中，也参加了这次谈话会。

在这次谈话会上，与会者提出不少建议，根据严复的手记，至少有这样六个主题：一是车驾无论何等，断断不可离京。这大概是说不要让朝廷让皇室成员感到恐惧而离开北京前往其他地方“狩猎”，那样的话，南北和解可能难度更大。二是须有人为内阁料理报事。禁之不能，则排解辩白。这大约是要办个政府公报之类的事，或者是设立一个新闻官、发言人，专门为袁世凯的责任内阁发言。三是梁启超不可不罗致到京。这大约是因为梁启超到现在依然站在君宪主义立场发言，且活跃，且有很大影响。四是收拾人心之事，此时在皇室行之已晚，在内阁行之未迟。这就是希望内阁能够很好利用当前时机，推动和平推动南北和解。五是除阉寺之制是一大事。又，去跪拜。这都是涉及礼制改革体制改革。六是设法募用德、法洋将。这六点建议或许是严复个人的看法，或许严复是记录别人的看法，但这六条大致反映了北方对南北议和的一般立场。

12 月 8 日，袁世凯又与各代表进行了谈话，强调此次谈判，君主制度是万万不可变更的，我袁世凯家族世受国恩，不幸局势如此，更当捐躯图报，只有为此君宪到底，不知其他。袁世凯就这个意思反复推论至数十分钟，语极沉痛。听众也深受感动，如代表刘若曾、许鼎霖等出来之后无不喜形于色，以为君主制度的保存应该没有什么大问题了，至少在袁世凯在内阁已经没有什么疑问了。

袁世凯的谈话为南北和谈定了调子，这既是对朝廷对隆裕皇太后的承诺，也是对南下代表的训示，是向全国发表的宣言，所以不能像过去那样一概以欺骗舆论愚弄人民而视之。其实，如果从代表们留下的文字看，他们对袁世凯的态度并不曾怀疑，而且他们也相当认同这一主张。

当天晚上，南下议和代表团在唐绍仪带领下登上专车，唐绍仪还在卧铺四号房里剪掉了象征清朝顺民的辫子，同行的梁士诒和其他一些人大概是在同一房间里把头发缒子放了下来。同行的还有参赞杨士琦、严修，幕僚有王孝绳、欧赓祥、廖恩涛、唐宝锷以及袁世凯指定的各省代表福建严复、四川傅增湘、浙江章宗祥、直隶刘若曾、江苏许鼎霖、广西关冕钧、湖北张国淦、山东侯延爽、广东冯耿光、安徽孙多森等。另有陈善同、庆山、绍彝、齐忠甲、郑沅、朱益藩、刘庆笃、雷多寿、段钰、蹇念益、渠本魁、张楷等人，他们因为当天没有赶上车，所以拖到12月11日方才有机会离京。

按照严复的说法，此次北方和谈代表团原本计划派出20多人即可，不料一些京官莫名其妙地争着前往，结果代表就有50多人，至于随从就更多。大家或许看到了新的希望与未来，或许要在未来上下赌注。

12月11日，唐绍仪一行抵达汉口，入住英租界嘉宾馆。此时的汉口，刚刚经过战火的摧残，自是一片凄凉萧索。舆论于北军之焚烧汉口尚有余痛，按照严复的观察，汉口的民心大抵倾向于南方的革命党人。

抵达汉口的当天，唐绍仪一行在那里会见了黎元洪的代表王正廷，王告以南方全权代表伍廷芳不能来汉，约唐绍仪等转往上海，伍廷芳等南方代表将在那里与北方代表开议。

对于这个消息，唐绍仪等人不应该感到吃惊，因为唐绍仪也有自己的联络渠道。他在离开北京的前一天，就有电报给上海达人赵凤昌，报告自己明天将去汉口开议的消息，叮嘱赵凤昌约同东南人望张謇、汤寿潜等赴汉会议。12月11日即唐绍仪抵达汉口当天，张謇就请袁世凯内阁转给唐绍仪一封电报，报告黎元洪的全权代表伍廷芳虽为独立各省公认，但现在无法前往汉口与唐绍仪一起讨论大局，因而转请唐绍仪等人前往上海。

伍廷芳等人无法前往汉口的理由似乎也并不是什么阴谋，根据赵凤昌12月10日复唐绍仪电，各省公举代表有留沪者，有赴鄂者，赴鄂者亦已折回。伍廷芳、张謇和汤寿潜等人均不能远行，你唐绍仪到了汉口也无可与议，所以还是请径来上海举行谈判好了。

上海方面的电报显然还是晚了半拍，唐绍仪一行既然已经到了汉口，那总要和黎元洪等人见见面吧。何况代表团中不少人都与黎元洪有着这样那样的关系，他们参与议和，本来就是想利用这层关系。

在南下议和代表团中，严复的身份比较特殊，他于12月12日下午以“师弟情分”过江往见黎元洪。对于严复的到来，黎元洪备极欢迎，感动之深，至于流涕。根据严复的观察，黎元洪为人诚笃，初无意于叛，事起为党人所胁持，不能摆脱，而既以为之，又不愿学黄兴、汤化龙辈之临难苟逃。这当然只是严复的个人观察。

或许是因为严复的身份比较特殊，黎元洪在当天安排了二三十比较有名望的革命党人与严复座谈，所涉及的主要问题是：

一、党人亦知至今势穷理屈，非早了结，中华必以不国。故谈论虽有辩事，却无骄嚣之气，而有忧深远虑之机。

二、党人虽未明认君主立宪，然察其语气，固亦可商，惟用君主立宪而辅以项城内阁，则极端反对。

三、党人以共和民主为主旨，告以国民程度不合，则极口不承；问其总统何人为各省党人所同意者，则以项城对。严复的猜测是，南方革命党人宁愿以共和而立袁世凯为总统，以民主宪纲钳制之，也不愿以君主而用袁世凯为内阁。大约他们担心后将坐大，而至于必不可制。严复说，此中之秘，极耐思索。

四、根据严复的观察，此次南北冲突无论如何结束，南方革命党人大约有两点所必争的：一是事平日久，复成专制，此时朝廷虽有信条誓庙，但朝廷也皆不可信，须有实际的钳制措施方能使他们放心；二是党人有的确可以保全性命之方法，以谓朝廷累次失大信于民，此次非有实权自保，不能轻易息事。党人的目标不是对着袁世凯，而是对着朝廷。

五、根据严复的研判，如果继续沿用君主制，则小皇帝的教育必从新法，海陆兵权必在汉人之手，满人须规定一改籍之制。

总而言之，根据严复的观察和研判，南方革命党人态度还算积极，只是对朝廷相当失望，但如果能够给予适当说明或制度性保证，重回君宪主义轨道并非无望。

12 月 13 日下午，唐绍仪和严复等几位代表又从汉口渡江前往武昌，到青山织呢厂拜访黎元洪。黎元洪见到唐绍仪时表示，使君远来，倘能赞成共和，实为四万万同胞造福无量。唐使唯唯，不曾明确表达。

在与黎元洪等南方革命党人会晤之后的第二天（12 月 14 日）早晨，唐绍仪率领北方议和代表团上百人，在南方代表王正廷、谭人凤等陪同下，乘坐“洞庭”号客船浩浩荡荡离开汉口，前往上海。

谈判地点由武昌转移至上海，有多方面的原因，最直接的原因是说南方各省代表早已先期抵达武昌了，但由于袁世凯采用以战逼和的策略对武昌发动猛烈攻击，迫使独立各省议和代表不得不离开武昌前往上海。其实还有一个更重要的原因是，列强的重心在上海，上海的地位远比武汉三镇更重要，所以列强也就不愿南北议和溢出其视野其范围。第三个原因当然也有赵凤昌、伍廷芳等人所说的理由，东南大佬张謇、汤寿潜等人不便远行，所以希望将谈判地点转到上海。

12 月 17 日，北方议和代表团百余人抵达上海太古码头，代表团成员入住静安寺路沧州旅馆。第二天（18 日）下午两点半，南北议和代表在上海英租界内市政厅举行了第一次会议。民国总代表伍廷芳，中央军政府代表王正廷，民国总代表参赞温宗尧、王宠惠、汪精卫、钮永建，与袁内阁全权代表唐绍仪，随员欧赓祥、许鼎霖、冯懿同、赵椿年等参加了这一次会议。

南北和谈不能说双方有谁是不真诚的，只是他们在真诚的同时也都各有各的算计。早在 12 月 4 日，当袁世凯与英国公使朱尔典拟就南北停战协议时，北方就有意在第五条设置了一个特别条款，表示南北停战并不包括山、陕及北方土匪在内。

对于北方的这个特别条款，南方独立各省也曾在回复中有所拒绝，但并不坚定，于是这个争论就不了了之。结果在停战、准备议和的这些日子，北方毫不客气命令毅军统领、总兵赵倜率部攻占了陕西的门户潼关，时间就在唐绍仪抵达汉口那一天。紧接着，北洋第三镇统制曹锟、协统卢永祥又率部攻占山西门户娘子关。毫无疑问，北方在战略上取得了局部优势，北京的困境有了一些舒缓。

南方独立各省原本就不是一个整体，北方的这个举动当然引起了南方的严重恐慌，他们理所当然担心北方会用这种办法各个击破，逐一收拾，到了那个时候，已经获得的独立、反正都将是竹篮打水一场空。于是在第一次会议开始，双方代表在交换了各自手续后，南方首席代表伍廷芳就很严肃地表示，在正式谈判之前，有一个问题必须提出解决，双方原本约定自 12 月 9 日起一律停战，然而最近几天迭接山西、陕西、安徽、山东等处报告，都说清军已经入境攻战。清军如此违反双方达成的协议和共识，那又怎么能在这里议和呢？即便议和达成了什么协议，那又怎么获得执行呢？所以谈判之初必须解决的问题，就是请贵代表唐绍仪先生即刻向袁世凯内阁发出电报，请袁世凯命令各地一律停战。伍廷芳所说的具体条件是，山西方面，不得由娘子关及大同进兵；陕西方面，不得由河南及甘肃方面进兵；安徽方面，不得由河南及他处进兵；其余各省，亦须一律停战。且清军于停战期间所攻取的地方，均须悉行退出。伍廷芳请唐绍仪以此意电致袁内阁，得确实回电后，始可开议。伍廷芳的态度上来就趋于强硬，反正你唐绍仪就在我的地盘里，看你能够怎样。

对于伍廷芳的指责，唐绍仪当然不愿承认。他在稍后的发言中强调，致袁内阁的电报，今天就可以发出。惟贵代表亦须致电各处，实行停战。唐某到汉口后，曾与武昌外交总长胡瑛举行过会晤，胡君曾诘问山西清军，何以在停战期内，擅自开仗攻取娘子关。唐某据此致电袁内阁，据其回电声明，是山西革命军先行开仗。

对于唐绍仪的辩解，伍廷芳当然不会承认，他表示根据此处消息，是山西清军先行开战。

唐绍仪接着说，我们都不是职业军人，且战地甚远，若调查双方谁先开枪，恐怕需要很长时间。不如今天即发电致袁内阁，请其饬各军队一律停战，贵处亦即发电致山西、陕西等处，知会停战。

对于唐绍仪的建议，伍廷芳并不反对，不过他更有一建议，以为谁先开战，虽然调查起来比较困难也会耗去不少时间，目前有一最简捷的办法，就是凡停战期间违约进占的地点，都应该让清军先行退出，如娘子关、潼关等处。此外，地点还有很多，都应该如此照办，方才合乎情理合乎道理合乎初意。

伍廷芳的建议当然只说到清军，对于民军在停战期间所占地方，他自己当然不会说。唐绍仪说，伍代表的建议很好，唐某完全赞同，只是贵处在停战期间违约所占之地，亦应一律退出。据唐某所闻，民军于停战期间亦抢占了不少地方，如江西等处。所以要说均衡，要说合理，双方一起这样做吧。

唐绍仪只是一种道义宣示，要说具体的，他还真没有办法列举。伍廷芳接着唐绍仪的话追问：民军于停战期间违约进占之地，共有几处，请即开示。唐绍仪说，这就需要调查。

其实，双方只是一些原则性争辩，谁都说不清楚前线的具体情况，谁也弄不清楚各地民军、清军冲突的真相与实质。经过如此反复争辩，当天的会议决定由双方总代表分别致电各方实行停战，并当场各自拟就准备发给袁内阁和准备发往各前线的电报稿。

君主立宪抑或民主共和

正如许多当事人和研究者早都意识到的那样，南北和谈表面上是唐绍仪与伍廷芳两个总代表在谈判，其实是南北各界通过各种各样的关系在谈判，谈判的重点也不是停战之类的琐事，而是未来中国的政治前途，即中国究竟是应该在大清国已有政治架构基础上重建一个君主立宪的国家，还是应该抛弃清朝，直奔现代，仿照美利坚建立一个民主共和的政治体制呢？

力主民主共和的主要是南方革命党人中的主流派，北方代表一般说来都认为君主立宪是最合乎中国国情的一种政治架构。北方的民间代表严复当时曾就这两种体制的利弊得失有过比较中肯的分析，他以为东南诸公欲将中国一变而为民主体制，这在他看来是万万不可一试的事情。严复认为，南方的民族主义理想诚然有其值得理解的内容，但是如果按照南方的排满理论去做，剔除满洲人而重建一个新的政治架构，可能最大的问题还不是民族主义，而是中国很有可能就此解体。因为不被革命党所看上的满洲人，被革命党斥为异种犬羊而不屑与伍者，在他人方引而亲之，视为同种，所以真的像革命党人所期待的那样排除满洲人重建中国，那么长城及玉门关以外断断非我中国所有。这是许多反对立马共和的人一个最重要的担心。其次，在严复等人看来，民主共和之于中国，还有一个问题，即中国人当时的情形与西方社会实行民主共和的程度有很大差别，中国之所以贫弱腐败如今日之甚者，除了满洲人的责任外，其实也有一个汉人自身的问题。这种说法虽然会遭到许多人的反对，但在严复看来，这毕竟是一种事实，是一种不得不如此的言说。

像严复这样冷静观察沉着应对的人毕竟是少数，在南方革命思潮激荡影响下，许多人都觉得中国应该趁此机会一步走上民主共和的新路。所以当南北总代表第二次会谈时，民主共和还是君主立宪，就成为讨论的主要问题了。

第二次会谈的时间在第一次会谈之后的第三天，即12月20日。会谈开始时，双方代表互换各自得到的报告，知在停战期间，彼此均有违约进攻的行为，大家彼此彼此，也就没有更多的责任追究。双方又讨论了继续停战问题，决定再按原先的条件，展期七天，即至12月31日止。对于停战规条，双方也有一些讨论。唐绍仪认为，原规条中的"按兵不动"四个字语义模糊，易起争端。其实所谓停战，就是停止进攻的意思，若于自己控制的地区做军事上之调遣，固无不可，比如广东运兵至上海，山海关运兵至北京，均为军事上之调遣，与停战条约并无违反，似乎不应该禁止。所以原规条的"按兵不动"就显得范围太泛，大而无当了。

续停战协议谈妥后，双方又谈了前一天英美德法日俄六国公使致伍廷芳和唐绍仪两总代表的电报，这个电报劝双方早日解决和局，以息纷争。对于列强的劝说，双方都表示接受，并无异议，双方的最大分歧，主要还在未来政体的选择上。

奇怪的是，根据会议记录，唐绍仪就这个问题最先发言，表示现在民军主张共和立宪，不知应该如何办法。

而伍廷芳闻言即表示，民军主张共和立宪，君如有意，愿为同一之行动。唐绍仪迅即表示，愿闻其详。紧接着，伍廷芳发表了一大通理由。他表示，我伍廷芳个人在最初阶段亦以为中国应该走上君主立宪的路，共和立宪可能还不到火候。唯现在中国的情形与先前大不相同，今日中国人的程度其实已经达到了共和民主的水平。人心如此，不独留学生为然，即如老师宿儒，素以顽固称者，亦众口一词，问其原因，则言可以立宪，即可以共和，所差者只选举大总统耳。现在各省咨议局、北京资政院，皆已由民选，则选举大总统何难之有？我伍某人甚以此说为然。现在时局变迁，清廷君主专制二百余年，今日何以必须保存君位？且清帝本非中国之人，据君位已二百余年，使中国败坏至于如此。譬如银行总办，任事十余年，败坏信用，尚须辞职，况于国家乎？中国之可收拾，人所共知，立宪云云，皆涂饰耳目之事，如何整顿？为今日计，中国必须民主，由百姓公举大总统，重新缔造，我意以此说为确不可移。今天我们所争论的是国家大事，并非哪一个民族哪一个省哪一个县的事情。所以这个改制不仅是汉族人的事情，也是各族人民的事情。改为民主，不仅有利于汉人，且有利于满洲人，条件就是满洲君主逊位，其他满人皆可优待，皇室犹然。现时规制，满洲人株守京师，无贸易自由。改革之后，满洲人与汉人必无歧视，将来满洲人亦可被举为大总统，享有同等权利，所以说改制对满洲人来说并没有什么损害，所以这次改革必然要将皇帝拉下来，要将中国引向完全的民主形态，不可如庚子事变后，为有名无实的假改革。伍廷芳强调，今天在座的各位代表，包括唐绍仪在内都是汉人，都应该赞成这个提议。不独各位应该赞成，更重要的希望袁世凯亦能够赞成。不然，流血愈多，于人道何忍？现在各国公使已奉其本国之命要求我们和平了结，那么我们中国有人心者，当求从速解决的办法。

对于伍廷芳的演说和动议，唐绍仪当即表示：共和立宪，我等由北京来者无反对之意向。只是这个事情现在说起来并不那么简单。如果没有清廷这个因素，实行民主共和并没有什么难处，既有清廷，则我等欲为共和立宪，必须完全无缺之共和立宪，方为妥善。黄兴曾经有电报致袁世凯，表示如果袁世凯能够赞成共和，必可举为总统。此电由汪精卫转杨度代达袁世凯，袁世凯表示，此事我不能为，应让黄兴为之。由此可见袁世凯本人并不反对民主共和，不反对共和立宪，不过不愿由他说出口而已。共和立宪，万众一心，我等汉人，无不赞成。不过宜筹一善法，使和平解决，免致清廷横生阻力。且我唐绍仪的共和思想尚早于你伍秩庸先生，因为我在美国留学的时候，就深受共和思想的影响。所以今天讨论共和立宪，我并不是要反对共和宗旨，但求怎样能够和平达到共和的办法而已。很显然，唐绍仪的这番话，是在认同共和立宪大前提下讨论问题，完全将清廷抛在了一边，这显然与离开北京时朝廷乃至袁世凯内阁的既定方针相违背，因而也就由此衍生了后来一系列问题。

和唐绍仪一样，伍廷芳也有非常丰富的留学经历，据说他是近代中国第一个获得英国伦敦学院法学博士的人，后又在香港当律师多年，再后来成为李鸿章的法律顾问，成为清政府的命官，出任驻美公使等多个公职。伍廷芳的民主共和意识当然不比唐绍仪差，他当然知道唐绍仪所要表达的意思。于是他接着唐绍仪的话往下说，今天既然谈到了民主共和，那么当然应该注意要使中国的民主共和完全无缺，不为外人瓜分。皇室之待遇，旗兵之安置，自有善法。11 月 24 日，我伍廷芳曾与张謇、唐文治、温宗尧等通过美国驻华公使联名致电监国摄政王载沣，劝说他放弃君主立宪的旧主张，转而赞成共和政体，为大清争取主动，以为非共和无以免生灵涂炭，君主政体断难相容于此后之中国，倘能幡然改悔，共赞共和，国民必能以安富尊荣之礼报皇室。与此前后，汤寿潜、程德全等独立各省都督，也都向监国摄政王有过类似表示。伍廷芳说，现在既然唐代表承认共和民主是未来中国的必然之路，那么剩下来的所有问题其实都是非常具体的琐碎事情，都不难解决。盖承认共和，则一切办法皆可商量。

唐绍仪就此问道：对于满洲如此，那么对于蒙回藏何如？

伍廷芳答称：等于各行省，如果他们程度不够，则暂如美国初立国时，对于十三省以外之新地设总督治之，决不授之外人；若外人干涉时，必以全力抵之。很显然，这一点是许多坚持君宪主义的人最担心的，伍廷芳的这个回答当然有助于重建这些人对民主共和的新认识。

唐绍仪再问：我闻人言，十八行省将尽逐满人？

伍廷芳答：决无其事。我等革命党人并非痛恨满人，只是不想让他们成为中国政治上的进步障碍而已。伍廷芳的这个回答对于先前各界歪曲革命党人的民族主义理想有拨乱反正的作用。

对于伍廷芳的这番话，唐绍仪表示认同。他强调，今天听了你的这些发言，我很高兴也很愿意听。但你必须给我们一定的时间予以消化，并用这些时间去劝说各方面，劝解若成，可用和平的办法化解纷争，这对大家对各方面都有好处。

伍廷芳说，给你时间没有问题，只是需要多少时间啊？

唐绍仪说，既然我们前面谈过七天续停战的期限，那么就以这个七天为限吧。我希望用七天时间去说服各方面接受和平方案，化干戈为玉帛，一笑泯恩仇。

就身份而言，唐绍仪是袁世凯的全权代表，也就是清廷的全权代表，他的职责是来议和，所谓议和当然是通过和平的方法去解决纷争。而之所以会有纷争，就是大家有不同看法，有不同意见不同主张，现在好了，唐绍仪个人倾心于民主共和了，一边倒了，议和变成了善后，南北之间似乎没有什么分歧要解决了，只是怎样善后，怎样安排朝廷和袁世凯了。这显然不合乎唐绍仪离开北京时得到的指示。

当然，就个人政治立场而言，唐绍仪原本就是清廷内部比较倾心于共和的开明派，正如他坦然告诉过黄兴也告诉过伍廷芳的那样，当武昌起事发生后，他就向朝廷上过一个折子，请国民大会决定君主民主问题，服从多数之取决，清廷不允。他对伍廷芳说，他个人现在还是持这种观点，以为只有这样的办法，才能使袁世凯接受，也才能将军队解散。开国会以后，必为民主，而又和平解决，使清廷易于下台，袁氏易于转移，军队易于收束。所以唐绍仪认为和平解决未来国体政体问题，只有这条正路。

从唐绍仪的解释看，他的意思是要将南北会谈纳入国民会议的轨道，他过去曾经这样向袁世凯向清廷做过建议，但没有获得清廷的批准，清廷当然是担心在国人被严重煽惑的情形下，所谓国民大会只不过是个形式，其结果一定是让皇上退位，一定是让中国走向共和。然而现在唐绍仪向伍廷芳重提这个建议，这在伍廷芳这里却又得到另外一种回应或担心。伍廷芳对于国民大会通过走向共和的议案并没有绝对把握，所以他只希望在这个一对一的谈判中解决，而不想将这个问题提交给什么国民大会。伍廷芳表示，唐先生的建议是不错，但是现在已经有多数省份主张共和，为什么还要让国民大会去讨论呢？

伍廷芳的担心当然有自己的道理，但唐绍仪认为，如果绕开国民大会这样的合法机构，不管怎样决定，可能都侵害了一部分人的权利，因为并不是所有省份都宣布独立，都宣布脱离了朝廷。

对于唐绍仪的质疑，伍廷芳也有自己的解释。他说，现在各省代表正在南京开会，他们将像唐先生所说的国民会议一样去决定民主还是君主。而且参加南京这个会议的代表也有那些未宣布独立省份的，所以这个会议具有唐先生所说的国民会议性质。

伍廷芳显然没有理解或装着理解了唐绍仪的意思，唐绍仪不反对未来的中国实行民主共和制度，但他希望实行民主共和的决策过程能够合理合法，现在南京准备召集的临时会议其实并不能代表独立的和那些未独立的省份，并不能充分反映民意，是一种很匆忙很不负责的举措。经过美国民主训练的唐绍仪不仅希望结果理想，更希望程序合法，希望国民大会的代表能够经过合法的选举程序产生，能够充分反映民意反映人民的心声。唐绍仪举例说他听严修提到，直隶派谷钟秀到上海、南京参加代表会议，这个谷钟秀就不是直隶全省公举的，而是天津咨议局提名的。谷钟秀显然不具有代表性，没有决断之权。而且从理想言，直隶既然没有宣布独立，则所谓代表者，就更没有资格到南方表达共和与否的权力。直隶全省人民并没有受到民国的命令，他们实际上还在清廷统辖下。所以南方正在酝酿的类似于制宪会议的代表会，其合法性在唐绍仪那里还是很值得怀疑的。

唐绍仪的质疑，伍廷芳当然懂得，作为英国的法学博士和香港著名律师，伍廷芳当然知道准备召开的这个制宪会议确实有合法性的障碍。但是形势刻不容缓，伍廷芳以为既然大多数国民，大多数省份都认为共和立宪是未来的国家形态，那么少数服从多数，就不必过于计较了。至于直隶代表的合法性及权限问题，伍廷芳更认为彼此皆同胞，彼不过为势力所迫，并不是这些代表不期望共和。现在万众齐心，古所未有，可以观国民多数心理都倾向于共和，倾向于早日共和。现在的问题，就是要从速解决，各省代表望此决断宜以速定为佳，如果按照唐先生所说，一切按部就班，就怕中间再出什么风波，所以伍廷芳代表南方要求唐绍仪务必在下一次开议时明明白白承认共和，即下次开议须以承认共和为前提。这个口吻当然类似于最后通牒。

对于伍廷芳的要求，唐绍仪当然不敢明白回答，他表示在会议之后会向袁世凯做详细汇报，等候袁世凯内阁和朝廷的进一步指示。

清廷终于同意由国民大会决定政体了

唐绍仪的表态可能确实超过了袁世凯内阁的授权，更有点明显违背朝廷的利益，不像是朝廷的代表，反而很像来自革命党方面的代理人。不过，值得注意的是，唐绍仪和伍廷芳两个人都有留学美国和英国的经历，他们对民主共和的认识，对民主共和体制与君主立宪体制的优劣，当然也较一般人认识得更清楚。南北双方选择他们去对谈，不知是一种巧合，还是一种有意识的安排。

当然，在十几个省份如大厦将倾似的纷纷独立，清廷在不得不接受谈判的时候，其实也没有多少筹码在手中，唐绍仪能够替朝廷说的，只是还有北方一些省份特别是东北几个省份还在朝廷手中，就连那个山东，也是先宣布了独立，然后又宣布取消。所以，唐绍仪认为，走向共和或许是一个无法更易的政治选择，但为了使这个选择更具有合法性，最好能够有一个更具代表性的制宪机构予以决定。从这一点来说，唐绍仪的坚守当然是合乎清廷利益的，但在当时一片混乱之中，当民主共和已经成为人们口头禅的时候，实际上也就没有什么人会认真考虑什么合法性或程序正义了。

南北和谈并没有多少秘密，但在当时，对于南北双方谈判的真实情况，随团参加的南北各省代表都表示不清楚。其实，从史料看，南北双方代表的正式谈判并没有什么不可公开的内容，只是大家的怀疑在于谈判之外，南北双方究竟有哪些接触，有哪些妥协，大家最感到纳闷的，就是袁世凯究竟有哪些想法无法拿上台面，而需要外国人居间沟通，需要赵凤昌、张謇等社会名流社会贤达上转下达。

各方面的怀疑当然有怀疑的道理，特别是随着后来大局已定情况明朗，是袁世凯取清廷而代之，成为民国大总统，大家不免更是恍然大悟，以为袁世凯从一开始就在耍弄阴谋，就想利用这场政治危机夺取天下。这个说法你不能说不对，不能说没有道理，但从历史事实的层面说，这个说法显然将袁世凯看得太小了，好像真的是小人一样算计着主子，算计着革命。

实事求是地说，作为清末民初最具实力的政治强人，袁世凯的内心深处和他的幕僚班子，从政治危机一发生确实就有两套预案，或者说叫做双轨策略。他们并不愿意在一条道上走到黑，这也是事实。但是要说袁世凯上来就准备着背叛朝廷攫取天下，这显然也不是事实，而是后来一种观念的倒逼。

正面的方案，为朝廷化解危机，我们在这之前已经说了很多，现在应该简单追溯一下那些双轨预案了，即袁世凯的幕僚班底究竟有怎样的应变策略，怎样准备着另外一套方案。

根据一个比较可信的说法，袁世凯受命处理武昌危机后，曾有信致黎元洪和黄兴，商议南北和解，和平化解危机的方案。而黎元洪在11月8日的复信中反过来劝说袁世凯赞助民军，如此民军将在未来的政治架构中推举袁世凯为中华共和国第一任大总统。黄兴在9日的复信中也有类似的表达。不过应该相信，袁世凯此时对这种建议根本不会予以考虑，否则就不会有后来的故事了。

11日，袁世凯的代表刘承恩、蔡廷干至武昌与黎元洪面商议和事项，黎元洪旧话重提，并坚定表示国体问题对于南方来说是不可讨论的，必须实行共和，唯一可以讨论的是，如果袁世凯反正，逼退清廷，那么可望被革命党人推举为第一任大总统。许多人认为这个建议对袁世凯很有吸引力，是后来政局变化的一个重要因素。这个判断显然低估了袁世凯的人格，因为袁世凯此时刚刚接受朝廷的任命，出任责任内阁总理大臣。一个根本不确定的虚幻的共和国总统，和一个实实在在的内阁总理大臣，相信对日本对德国政治架构异常崇拜的袁世凯一定会有自己的明智判断，他想做的一定是伊藤博文或俾斯麦。

袁世凯前往北京组阁的时候，当然内心深处是希望在原有政治架构内化解危机，重建和平与秩序，但是作为一个成熟的政治家，在当时国内外民主共和呼声一片的时候，他也不能不对这些呼声有所考虑。11月15日，也就是南方独立各省都督府代表在上海召开联合会筹组新政府的同一天，袁世凯指使杨度、汪精卫、汪大燮等在北京成立国事共济会，主旨就是研究怎样用和平的方式化解南北纠纷国内冲突，使君主民主问题不再诉诸武力不再以兵刃解决。

国事共济会的代表也很有意思，一部分是先前立宪党人，另一部分就是汪精卫这样的革命党人，他们结合在一起共同研究的结果，就是向资政院陈情，要求资政院上书朝廷声明实行停战，请求召开临时国民大会，议决未来中国究竟是实行君主立宪，还是民主立宪的问题。

由临时国民大会去决定未来政体肯定是化解危机的一个新思路，但这个思路并不被南北双方即朝廷和革命党人认同。当上海的革命党人和武昌的军政府收到汪精卫的这个建议后，他们几乎一致认为汪精卫已经沦为革命的叛徒，以为国事共济会是一个最无聊的机构，因为中国未来为君主还是为民主是一个根本不需再讨论再啰唆的事情。而资政院在收到这个建议后也曾三度集会，但议员们不论来自何种阵营，都认为这个建议很荒唐，因为这个举措实际上剥夺了资政院在制度设计上的主导权。当然，还有一个原因，就是如果允许创设一个什么临时国民大会去决定国体，谁能保证还会多数赞同君主立宪？这毕竟是一个未知的事情，朝廷当然也不会乐意。

国事共济会毫无结果地终结了，但南北冲突究竟应该怎样化解，中国未来究竟应该实行怎样的制度，依然没有获得解决，南北沸腾，选举难行，国会无由成立，下一步究竟应该怎样做，好像谁心里都没有数。南方按照自己的惯性继续新政府的筹组和整合，朝廷在袁世凯和各种因素促动下，也在加快立宪的步骤。南北双方很难找到交集点。

11 月 19 日，与袁世凯、庆亲王有着非同寻常关系的山东巡抚孙宝琦致电袁世凯，给他出了一个新主意，以为独立各省军民多主共和，朝廷如果执意不理睬不接受，只会越闹越僵，现在由朝廷由内阁出面邀请各省代表赴京讨论已经不太可能，各省差不多都不会接受，各省倾向于在上海在南京另起炉灶重新开张，议设政府。为转圜计，孙宝琦建议袁世凯不妨考虑从北京派员前往上海参加会议，俯就舆情，顾全大局，寻找机会。

孙宝琦的建议肯定引起了袁世凯的重视，于是孙宝琦稍后又向黎元洪或南方其他领导人发出倡议，准备请程德全联名致电清廷，如朝廷承认不私君位，宣布共和，仍承认北京为中央政府，各省派员赴京会议，优待皇室，制定国法。孙宝琦的建议是牺牲清廷以化解时局危机，但同时也强调了优待皇室。孙宝琦的这个建议是否事先征得袁世凯或庆亲王的同意，我们不太清楚，但很显然这个主张比较容易被清廷之外的所有当事各方所接受，以作为讨论的基础。所以黎元洪在 11 月 23 日电复孙宝琦，表示可以考虑在未来优待皇室，但无法接受继续承认北京为中央政府的动议。

就在黎元洪复电孙宝琦的第二天，孙宝琦又向独立各省发出通电，呼吁各省派员于北京或天津召开临时议会，决定国体政体，以免战祸。很显然，孙宝琦依然希望北京的朝廷或者袁世凯的内阁能够成为未来政治变动中的主导者。而且也就在这一天，孙宝琦以第五镇标统吴鼎元、张树元等要挟，宣布取消独立，这显然都在为袁世凯或朝廷加分，增加北方谈判的筹码。

然而，清廷真的是大势已去。过去说树倒猢狲散不知道是什么意思，看看那几天中国的进展，一个省份接着一个省份宣布独立宣布光复，这才明白什么叫树倒，什么叫猢狲散。就在这种形势下，南方社会贤达伍廷芳、张謇、唐文治、温宗尧等于 11 月 24 日通过美国公使向监国摄政王载沣发了一个忠告电，希望载沣能够认清形势，幡然悔悟，赞助共和，放弃君权，以免生灵涂炭，如此国民或许能够原谅清廷的过去，能够让皇室在未来继续享有安富尊荣之礼。

社会贤达的忠告，美国公使的转达，大约都使监国摄政王载沣有所触动，使他对先前坚决不愿妥协的立场有所松动。第二天（25 日），朝廷命张謇等人迅速来京，与廷臣一起详细讨论共和政体及政治改革的具体事宜。这个命令虽然没有触及国民大会等敏感话题，但让他们来京商量共和政体，其实已经蕴涵非常丰富的意思了。

不过，袁世凯此时似乎并不愿就此罢手，或者说即便他意识到了什么，他也不愿意就此被动，所以在安抚了朝廷内部各派力量后，终于向武汉三镇发动了一连串猛烈攻击，即便在此前后失去了南京，袁世凯的北洋军依然在武汉前线获得了局部优势。这一点非常重要，这又使袁世凯谈判的筹码突然加重，他继续以君宪主义压制南方，而黎元洪在北方军事优势压迫下，还真的差一点就同意了君宪主义方案。换言之，即便到了这个时候，袁世凯也没有放弃在原有框架中化解危机的想法，他之所以需要军事上的胜利，其实就是要争取谈判中的主动权。

袁世凯没有放弃在君主立宪原有政治架构中解决问题的想法，当然不意味着他的幕僚班子不对未来可能性进行双轨探讨。事实上，在民主共和呼声传遍全国的时候，完全无视这个可能性，当然也是智者所不为，何况聪明如袁世凯者。11 月 29 日，袁世凯的长子袁克定秘密派遣留日学生朱芾煌带着汪精卫的信前往武昌，主张南北联合，要求清帝退位，举袁世凯为总统。这个建议原本就是黎元洪、黄兴等南方革命党人最先提出的，所以当朱芾煌将汪精卫的信和这个建议提出的时候，湖北军政府在北洋军兵临城下大兵压境的时候，更乐于同意。

不过，依然存疑的是，朱芾煌和汪精卫的这个建议究竟在多大程度上代表了袁世凯的真实意思，可能还有探讨的空间，因为此后一段时间里，袁世凯在北京所作的布局，看起来依然是要维护清廷既有政治格局，依然期待南北和解无损于君主立宪。12 月 8 日，袁世凯在与即将南下的议和代表谈话时仍口口声声坚持君主立宪制度，一再表示君主制度万万不可变更，强调本人世受国恩，不幸局势如此，更当捐躯图报，只有为此君宪制度到底，不知其他；反复推论这个道理长达十几分钟，语言诚恳，话极沉痛，听者无不相信，没有谁怀疑袁世凯此时对朝廷对君主立宪体制的忠诚。

袁世凯给代表团的指示是要坚守君宪主义的底线，而唐绍仪在上海的谈判好像上来就说自己其实在心里是认同共和体制的，并说自己当武昌起义发生后就曾向朝廷提出过建议，建议朝廷就国家未来政体进行讨论。

而更为诡异的是，就在唐绍仪做出这个表示的同一天，得到段祺瑞等军方将领支持的另一场谈判也在上海秘密进行。其南方代表是顾忠琛，北方代表是廖宇春、靳云鹏和夏清贻。顾忠琛毕业于安徽武备学堂，曾任江浙联军攻打南京的参谋总长，此时为黄兴的特别顾问。廖宇春早年留学日本，后协助冯国璋、段祺瑞创办北洋陆军学校等军官学堂，此时为直隶陆军学堂总办。靳云鹏为段祺瑞的老部下，深得段祺瑞的赏识与器重，与徐树铮、吴光新、傅良佐同列，被视为段祺瑞皖系四大金刚，时任北洋军第一军总参赞官。夏清贻此时为北京红十字会会员。

廖宇春、靳云鹏和夏清贻等人认为，现在南北兵力相当，长此下去，不是造成南北分裂，就是和平永无了期，长此以往，受难的还是老百姓，是全国人民。现在南方革命军的宗旨就是实现共和，而这一点北洋军并不反对，北洋军只是忠于袁世凯才与革命军作战，所以南方能够推举袁世凯为大总统，则共和可望，和平可期。他们以此意上报段祺瑞，获得认同，因为正在湖北的段祺瑞当然知道战争的后果，知道最终的结局只能如此。

有了段祺瑞的首肯，廖宇春等人来到上海找到顾忠琛，说明来意。由于黄兴先前已有这样的动议，所以也就很容易接受这个方案，顾忠琛代表黄兴表态说，袁世凯果真像各位所说的那样颠覆清廷，为民造福，那么大总统一席，南方革命军一定会全力支持袁项城。黄兴获知这个情报后也表示，自己之所以在这几天不愿接受各方面拥戴出任临时总统，其实就是虚位以待袁项城。于是正式授权顾忠琛与廖宇春等人在上海甘肃路文明书局进行谈判，并于12月20日达成五项秘密协议：一、确定共和政体；二、优待皇室；三、先推覆清政府者为大总统；四、南北满汉军出力将士各享其应得之优待，并不负战时害敌之责任；五、同时组织临时议会，恢复各地秩序。

廖宇春、顾忠琛的这个方案是经过段祺瑞同意的，但这个方案在多大程度上代表了袁世凯的意思，历来众说纷纭。许多人认为这个方案就是袁世凯内心深处所想，只是段祺瑞悟了出来，代为进行而已。这当然是一种值得注意的揣测。不过更值得注意的是，当靳云鹏奉段祺瑞的命令携带这个方案前往北京向袁世凯禀报，请其赞成共和，重建秩序时，袁世凯还是发了一通脾气，强调我袁世凯为大清国总理大臣，焉能赞成共和，以负重托？

袁世凯的生气应该是真实的，但他稍后的变化也应该是真实的。袁世凯生气是因为这实在牵涉道德层面的东西，这是一个政治家最忌讳的东西。靳云鹏对此做了详细的解释，特别强调这个方案已经段祺瑞等军方将领首肯，甚至会说这就是段祺瑞等将领的指示。

靳云鹏的这个说法当然是有根据有事实的。段祺瑞等武昌前线的将领也确实是袁世凯最仰仗的一支力量，甚至可以说就是老袁的生命和根基。那么，这些高级将领都这样认为了，这样去做了，袁世凯如果继续坚持先前的立场究竟会怎么样呢？这就是袁世凯转变的关键。袁世凯再问：南方革命党人有这样的建议不稀奇，北方军人有这样的想法似乎还不可能，大家都是为朝廷效力，怎么能有这样的想法呢？段祺瑞究竟是怎样的考虑呢？

对于袁世凯的疑虑，相信靳云鹏早就和段祺瑞等人对过口径，靳云鹏毫不含糊地回答说，段祺瑞统率的第一军全体一致，主张共和，并拟推举宫保为临时大总统。袁世凯对此仍不敢太相信，以为军心为什么会突然变成这个样子，这样做的后果你们想过吗，这将把我袁世凯置于何种境地，这不是明明白白要让我袁世凯不忠不义，不就是要让我背负欺负人家孤儿寡母的罪名吗？

袁世凯的这段表白，研究者根据其后来帝制自为的经历总以为是一种虚情假意，是其政治上不诚实的表现，甚至说袁世凯真是老奸巨猾，竟然对北洋嫡系都不愿说真话露真情。其实这种说法还是值得探讨的。那时还是帝制时代，像袁世凯这样的传统政治家更注意维护自己的政治信誉和政治形象，现在事情既然闹到了这个份上，要相信袁世凯生气也并非完全是做作。

当然，生气归生气，事情还得接着往下办。北方谈判总代表唐绍仪将与伍廷芳第二次谈判的情形报告内阁和朝廷后，其情形与靳云鹏所说大致相似。伍廷芳的要求就是那么简单，清廷如果不能承认共和的话，那就不要耽搁工夫进行什么谈判了，言下之意有谈判决裂的意思。唐绍仪当然不愿意谈判决裂，所以他答应向北京请示，希望朝廷能够同意回到由国民大会决定君主民主问题。

由国民大会去决定未来国体政体，对于朝廷来说原本就是一个废弃的方案，唐绍仪此时旧话重提，实际上是将球踢给了袁世凯踢给了朝廷。但是朝廷在随后几天都没有任何表示，袁世凯和他的内阁也就没有办法。12 月 25 日，清廷绕开国民大会这个话题，指示袁世凯可以办理国会选举，并且同意国会选举及开会地点可以酌量变通，这似乎要用国会办法去冲淡去抵消唐绍仪提出的国民大会办法。

朝廷的方案当然无法满足南方的要求，当然也就无法化解危机，重建和平，更不要说继续维护君宪主义了。所以到了第二天（12月26日）御前会议时，袁世凯只好宣布南方革命党人的要求，并对变通国会选举及开会地点、选举区等问题提交了自己的建议。这显然没有正面回应唐绍仪的建议。于是又过了一天（12月27日），唐绍仪再电袁世凯，强调民军坚持共和，请朝廷即明降谕旨，召集临时国会，决定国体，并撤退汉阳、汉口兵队，以示相见以诚。

唐绍仪的紧迫感是因为南方的形势在急剧地变化着，孙中山的到来为南北和谈注入了新因素。然而唐绍仪的着急是没有用的，没有朝廷的决定，谁也做不了这个主。28日，袁世凯将唐绍仪的这个建议报告给了朝廷，明白表示南方革命军力主共和，唐绍仪请开国会，建议朝廷尽快召集王公会议，请旨以决大计。

对于袁世凯的这个请求，隆裕皇太后这次倒是有了爽快的答复，很快召集王公大臣会议，明白告诉袁世凯，君主民主，我与皇帝无所容心，并不懂得，袁世凯可以此意电令唐绍仪转告伍廷芳，召集国民大会公决国体。隆裕皇太后终于做出重大政治让步，然而能否由此挽救时局，拯救朝廷，其实还是一个未知数。

第十章　帝制终结：紫禁城的黄昏

当隆裕太后出手清除监国摄政王载沣的时候，其实就斩断了大清王朝的最后一根柱石。此后，大清王朝在中国政治格局中，基本上不再是有力量的一方了，反而成为其他各方议论谈论的对象，或主张清除，或主张优待，主导当时中国政治的主要派系主要政党，几乎没有一个人还愿意保留这个旧象征，哪怕这个象征已经同意彻底走上立宪之路。这是大清王朝的悲哀，尽管这个王朝在两百多年的历史进程中也做过一些好事，也使许多家族三代甚至更多代受到恩惠，得到扶持，即便是那些出面闹事的革命党人，除了极少数从一开始就与清政府对立外，大多数人还不都是清政府体制内的“干部”？可是他们在清政府最危急的时刻，什么时候想到过为这个王朝说话为这个王朝殉葬呢？墙倒众人推。他们在一夜之间都“反正”了，革命了，成了革命党了。于是，那个原先有恩于他们的旧体制就成了历史的陈迹，成为被唾弃的对象了。

惜阴堂高人高招

大清王朝最后落到这样悲惨的境地，其实是咎由自取，其内部纷争最终导致了这样的结果，假如他们在最后的十几年还能像过去几十年那样团结一致卧薪尝胆，何至于走上这样一条道路，沦落到这种惨境?

清廷的分裂最先应该是从皇族内部开始的。我们后来都不太知道真实的情形了，其实皇族内部特殊的权力结构，早就不是一个利益整体了，早就有了裂痕，甚至早就借助于外部力量谋取自己家族特殊的私利了。这种分裂当然也有其无法克服的原因，因为自从光绪帝无法生育自己的皇子之后，皇族内部其实都在争取着被挑选被看上的机会，然而能够获得这个机会的毕竟只有一人，于是更多的家族收获的只是落寞只是无奈和失望。所以清廷最后十几年在接班人的选择上虽然没有闹出公开的丑闻，但其内在的冲突、隐性的矛盾，其实还是有迹可循的。

准确地说，1898 年那个可怕的秋天之后，光绪帝确实病得不轻了，在此后一年多的时间里，似乎皇上的病情日趋严重，所以到了 1899 年下半年，为皇上选择接班人的事情就提上了议事日程，皇族内部围绕着这个问题也展开了激烈的但却是隐蔽的争斗。从后来立端王载漪的儿子溥俊为大阿哥看，接近于类似于甚至超过端王一支的人可能更多。端王载漪是道光帝第五子醇亲王的第二个儿子，光绪十九年授御前大臣，二十年晋封为端郡王。其原配福晋叶赫那拉氏与隆裕皇后是亲姐妹，是桂祥的女儿，也就是慈禧太后的侄女。其婚姻，也是慈禧太后给确定的。这是端王的优势。

像端王的这种优势在皇族中还有很多，别的不说，只说那个在晚清十几年政治史上高度活跃的庆亲王奕劻，他的家族和势力，尤其是庆亲王奕劻本身的能力，好像都比端王更有优势更有机会。奕劻是乾隆帝第十七子永璘之孙，光绪十年任总理各国事务衙门大臣，封庆郡王，十七年迁总理海军事务衙门大臣，二十年晋封庆亲王。在那前后很长时间，庆亲王奕劻都是大清国实际上的外交部长，与各国公使有着非同寻常的关系。

然而奇怪的是，当大阿哥被立的消息公布后，各国公使拒不承认拒不拜会，中外双方就在误解和僵持中走向战争走向冲突，身为总理衙门大臣且负责外交事务的庆亲王不很值得怀疑吗？

庚子事变结束后，端郡王成了历史罪人，庆亲王继续掌管着大清国的外交，但到了 1908 年，当两宫在不到一天时间相继辞世时，庆亲王又被排除在定策之外，只能在监国摄政王载沣手下继续当差，尽管权重一时，其内心的烦恼一定不少，所以他与袁世凯结为朋党，成为袁世凯最后搞垮朝廷的一支重要的内援。

像庆亲王这样的例子在晚清并不是孤立的，皇族之所以在清亡之后四分五裂，皇族之所以在监国摄政王倒台时没有人为其说情，甚至表示同情，还有许多人将清亡的责任推给摄政王，说什么摄政王心胸狭小等，其实都是因为清廷内部派系林立矛盾重重，已经没有办法团结一心一致对外了。

我们之所以这样说，当然并不是要追究清亡的责任特别是清廷内部的问题，而是说清廷到了最后那些年，确实变得心胸太小，气量太小，不仅无法容忍那些对体制持有反对力量的异见者，而且更重要的是将许多体制内的健康力量推到反对立场上，把原本并不准备与体制决裂的同志变成了敌人，用自己的手把自己死死地捆住。这里要说的一个最重要的人物，也是将清朝送进历史的关键人物，就是常州人赵凤昌。

赵凤昌生于 1856 年，辛亥那一年已经 55 岁，较孙中山年长 10 岁，较袁世凯长 4 岁，较黄兴长 18 岁，较监国摄政王载沣长 27 岁，较唐绍仪长 6 岁。只有南方全权代表伍廷芳较赵凤昌年长 14 岁。很显然，赵凤昌是当时国内政治家中年长者，属于德高望重型。

要说赵凤昌德高望重，当然也不仅仅在于年龄，这可能还与其人脉资源、政治经历有着相当密切的关系。赵家属于常州望族，其家族中或者说其常州赵姓往上推比较有名者，大约要数曾国藩的高级幕僚赵烈文，赵烈文曾准确预见大清王朝不出50年而亡，只是曾国藩没有接受赵烈文的判断，弄个什么陈桥驿兵变之类的事成就帝业，而是继续为清廷贡献愚忠，使清廷得以度过极为艰难的十几年，重新振作，甚至迎来了所谓的“同光中兴”。

与赵烈文的政治经历相类似，赵凤昌也是科举道路上的失意者，只是后来获得张之洞的赏识，成为湖广总督衙门总文案，大约相当于今天的秘书长或者办公厅主任，行政级别并不很高，而且按照那时的体制，可能还不算是体制中的人，只是张之洞的私人助理而已。关键在于赵凤昌真的是足智多谋，处事灵活，是张之洞幕府中的知己，有“一品夫人”之称。后来因替主子受过，被朝廷开缺，永不录用，遂由张之洞在电报局为其谋了一个闲差，常驻上海，遍交天下名流，拥有最广泛的人脉。

赵凤昌究竟因为什么事情而被开缺现在已经不太清楚了，能够隐约感觉的总和政治有关，所以当他被安排到上海一个悠闲而待遇更高的地方后，他的政治热情并没有因为这个挫折而减弱，他的政治激进反而因被剔除出体制外而更厉害。他的公子赵尊岳在后来所写的《惜阴堂革命记》中说，闲居上海的赵凤昌虽然是一个闲人，但他对政治的关爱丝毫未减反而更多更活跃，他日趋感觉到清廷的政治有着很多问题，早就意识到清廷如果不能改弦更张，可能就无药可救。

或许基于这种政治考虑，无官一身轻的赵凤昌与各方面人物密切接触，张謇、汤寿潜、唐绍仪、梁敦彦、胡元倓、熊希龄、郑孝胥、庄蕴宽、王清穆等闻人都是其好朋友，凡经过上海，必定前往惜阴堂与赵凤昌交换对大局对中国前途的看法。还有湖北历年派往日本习陆军的留学生，往来上海亦必受到赵凤昌的关照，赵凤昌依然以湖北军界前辈身份教导这些新式军人做人做事的原则，如蒋作宾、何成浚、李书城等，都与赵凤昌有着相当密切的关系。

在稍后的立宪运动中，赵凤昌原本并不相信清廷能够取得成功，但碍于新知旧雨的盛情也就参与其间。及至皇族内阁出台，大用亲贵，国人群起诟责，赵凤昌与张謇等越来越感到清廷政治无望，中国未来或许必出他途以制胜，所以当武昌起义发生时，赵凤昌正在请客人吃饭，他对此一点不感到惊奇，在第一时间密电汉口电报局长询问详情，又立约上海商人、闻人就相关事项相商。

第二天，当赵凤昌获悉武汉方面进一步报告后，他立即采取了几项重要措施，一是往晤上海商会负责人，告以革命既起，沪汉商务息息相关，倘若战火由武汉而下延及上海及长江中下游，后果不堪设想，所以他建议商会应该召集各业开会，请上海各界保持镇静；二是电达两江总督张人俊，仿 1900 年故事划地自保，绝对不能轻易介入长江上游的事务，不要发兵援助湖北，以免遗祸上海；三是请求各国领事、公使最好局外中立，不要偏袒清廷。不久，列强宣布中立，宣布承认民军为交战团体。赵凤昌帮助湖北军政府化解了外交上的被动，使湖北军政府和革命军有了与清廷争一日之短长的资本。

然而仅仅凭借商人当然无法解决国家在政治上的困扰，真正能够对这种困扰提出解决方案的，无疑还是那些政治家，于是赵凤昌邀请各省咨议局及旅居上海的各方面人士，无论其赞成共和，还是君宪，均可来惜阴堂集商讨论。奔走最力者，江苏人有黄炎培、沈恩孚、孟森、刘垣、冷遹、雷奋，浙江人有诸辅成等。时，张謇为江苏咨议局议长，人望所属，函电四方，各省多闻声响应，于是先后有十多个省份的代表晨夕相见于上海南阳路十号惜阴堂，共谋良策。

稍后，张謇、汤寿潜、赵凤昌等人共推庄蕴宽为代表前往湖北，利用赵凤昌、庄蕴宽等人先前在湖北的关系和人脉，找到黎元洪、黄兴等军政府领袖，商量下一步如何进行，并邀请黄兴尽快前往上海，争取早日在上海或在南京组织一个真正意义上的全国共和政府。

当南北会谈转移至上海时，南北双方不谋而同以惜阴堂为消息中转汇集中心。南北双方公开讨论的每一个议题，差不多都在惜阴堂提前讨论，拟订方案，或者找到寻求解决的大致方向。那些来自北方的议和代表团从武昌转移至上海后，入住理查饭店，但他们相互之间很少见面，只知道北方总代表唐绍仪和南方总代表伍廷芳以及两方人员，并没有正式指定会场正式开议。双方的接头都是由赵凤昌经过英国人某居间联系，在这个英国人的家中，唐、伍两人开始会面。嗣后南北双方的意见，由唐绍仪、伍廷芳两人直接秘密交谈，始终没有公开。北方代表团一般代表所知道的，只是两方意见相差很远，这次议和恐怕很难成功。

根据很多人的记载，赵凤昌在南北和谈中居间功能非常重要，那时唐绍仪作为总代表要和北京保持随时联系，而在北京邮传部任职的梁士诒，其实就是袁世凯的秘书长，唐绍仪与北方的密电，其实就是唐与梁士诒之间的密电，他们两人又都是广东同乡，而唐绍仪在上海的电报技术员也是一个广东人区某，每天有电报来，都是由区某翻译出来送给唐绍仪看，唐绍仪有时将这些电报交给代表团其他成员看，但看和谈的范围，始终很小，据说也就只有两三个人。唐绍仪看过电报，往往就去打个电话，代表团成员总以为唐绍仪是要找南方总代表伍廷芳商量，却不料唐绍仪每每找的是赵凤昌。

有一天，区翻译出一件北京来的密电，照例递给唐绍仪，唐看过很兴奋说，北京回电来了，赶紧打电话给赵老头子，一边说一边挂电话，电话里和对方仍是和过去一样谈得有说有笑，很融洽。代表团许多成员感到奇怪，就问唐绍仪为什么有事不是最先找伍廷芳，而是找赵凤昌呢？唐绍仪解释说，伍廷芳名义上是南方总代表，实际上做不出什么决定，真正能代表南方意见，能当事决断的只有这位赵老头子。

至于赵凤昌为什么会有这样的本事和能耐，唐绍仪也有解释，他说，由于赵凤昌在张之洞那里干过，拥有广泛的人脉，后来又被张之洞推荐到上海办洋务，接触了江浙两省许多重要人物，尤其为张謇所尊重。张謇、赵凤昌的交情决非泛泛，现在的江浙都督程德全、汤寿潜和南方其他几个省的都督，都同赵凤昌有着非同寻常的交情。民党由于长时期被清政府排斥在外，对国内情形并不熟悉。张謇是提倡实业救国的新人物，孙中山、胡汉民、汪精卫等革命领袖对张謇不仅慕名，而且很佩服很重视。他们为了熟悉情形，有不少事要请教张謇，而张謇往往趋而谋于赵，张謇每自南通来沪，必住赵家。这样民党中的人自然敬重赵凤昌了。因此，南方要人如孙中山、汪精卫、陈其美、程德全等有重要的事也来决策于赵凤昌。又因赵凤昌长年病足，不能下楼，大家为了迁就他，就到他的南阳路私邸惜阴堂去会见或开会，在和议过程中每星期当中总有一天或两天，程德全、汤寿潜、张謇、汪精卫、陈其美等要在赵家聚会。所以，赵凤昌实际上是众望所归，洞悉全盘局势的南方策士，唐绍仪通过赵凤昌去谈判，在很多时候比直接找伍廷芳还有效果。由此不难理解赵凤昌、张謇以及和他们关系密切的那拨人庄蕴宽、汤寿潜、程德全等人在南北议和中所发挥的特殊作用。

就政治理念而言，赵凤昌、张謇、程德全、汤寿潜等人，都是所谓立宪主义者，他们与袁世凯一样，在过去十年间为君主立宪摇旗呐喊鼓吹呼唤，是预备立宪运动的积极参与者甚至是领导者，然而当数次国会请愿运动被清廷无情拒绝乃至镇压之后，他们基本上对清廷失去了信心与信任，他们没有找到下一步的方向，但实际上已经不愿听信监国摄政王那班人继续瞎说胡闹，所以当清廷出台皇族内阁后，他们曾经联名劝告过摄政王，以为此时的朝廷去重用汉大臣比提升这些皇族官二代更重要更有意义。至铁路国有政策出台时，张謇一方面认为盛宣怀的政策出发点是对的，铁路如果继续按照原来的思路搞下去确实有问题，但是政府无论如何不能与人民争利，四川官绅的亏空贪污挪用等，都应该由政府继续追究，严加惩处，如数追回，但政府毕竟为先前政策背过书，实际上就是为四川官绅提供过担保，因此现在铁路收归国有，政府第一件必须承诺的政策就是要公开明白无误地宣布将先前官绅借款、集资款如数偿还给人民。如果当时朝廷、盛宣怀听从张謇这样的建议，或许后来的事情就不会发生。

武昌起义爆发后，张謇等人并没有意识到这是改变中国历史进程的大事件，他的本能和智慧都使他觉得中国还是应该要稳定要团结，所以他不厌其烦劝说江宁将军铁良、两江总督张人俊等出兵援鄂平息叛乱恢复秩序，同时运用这个难得的机遇奏请朝廷速定宪法，改革内阁，推动中国政治改良与进步。在征得江苏巡抚程德全和山东巡抚孙宝琦同意后，张謇以他们的名义主笔起草了一份奏请朝廷改组内阁宣布立宪的意见书。凡此，都表现了他们对革命的恐惧与反对，同时又表达了他们对时局的担心，对未来风云的忧虑。然而当湖南独立、山西独立、陕西独立、江西独立、云南独立，甚至上海及江浙也将宣布光复后，张謇等人终于改变了看法，终于觉得清廷大约已经成了历史的陈迹，已经无法扶持了，所以他们就积极介入了光复，参与了反正，投向了光明，转而认同和支持共和主义，放弃了坚守十年的君宪主义。

张謇、赵凤昌等人的转变是时代使然，不过他们的这个转变对后来的政治发展确实影响至巨，因为他们是东南半壁江山中的大佬，他们不仅支持上海都督陈其美、江苏都督程德全、浙江都督汤寿潜等好友，而且他们联名致电摄政王，以大清国忠臣的身份提出了自己的最后忠告，劝告摄政王认清大局，转向共和，保满汉之和平，为皇室换取最后的尊严，为皇室留百世禋祀之爱根。这是一批忠臣对清王朝的最后忠告和最后奉献。此后，他们就坚定地转向了共和主义立场上去了，成了南方革命党人的代言人和居间联系人，这也是他们为什么在南北和谈中充当着如此重要角色的根本原因。

经过赵凤昌、张謇、庄蕴宽等人从中联络和一系列紧密磋商，南北双方很快就国体以及此后的清廷优待条件、袁世凯出处等达成一致。南方同意，只要袁世凯能够逼清帝逊位，那么就举他为共和国大总统。“甲日满退，乙日拥公，东南各方一切通过。”这就是张謇当时发给袁世凯的密电。

赵凤昌能够一手托南北，将中国政治玩弄于股掌之中，除了政治智慧、胆略胆识之外，最重要的是人际交往，而这种人际交往，又绝非泛泛的酒肉朋友，不能说是肝胆相照，至少也应该是利益共同体。

在湖北方面，新军是武昌起义的主体力量，黎元洪等一大批湖北军政府的领袖，其实都算得上是赵凤昌的学生，都多少受到过其关照。而北方，袁世凯等人也与赵凤昌等人有着非同寻常的关系。多年来与赵凤昌一起谋划君主立宪的同党张謇曾是袁世凯的老师，尽管在过去很长一段时间，张謇对袁世凯有所不满有所抱怨，但他们之间在最关键时候仍然与一般人之间的关系不一样。张謇之所以能够替大清王朝撰写最后一份重要文件清帝退位诏，这绝非凭借才华那么简单。

至于赵凤昌与袁世凯之间，还有一层过去不太知道或不太被重视的关系。赵凤昌的妻弟洪述祖，据说洪述祖还有一个胞妹又是袁世凯最为宠爱的姨太。换言之，赵凤昌不仅与武汉方面有着他人无法比拟的亲密关系，就凭他与袁世凯这种一肩挑的关系，又有他们的小舅子洪述祖从中穿梭，所谓南北和谈，还不就是赵凤昌、袁世凯他们自己家的事吗？

顺便说一句，袁世凯之有洪姨太，是当时各方面公认或者说是不言而喻的事情，但到了二次革命之后，特别是由于袁世凯帝制自为失败后，洪述祖成为替罪的羔羊，袁家后人慢慢地就剔除了这个洪姨太的记忆。在赵凤昌所保留的历史文件中，还有一份洪述祖在北京致赵凤昌的密函，从这个密函看，洪述祖很亲切地称呼赵凤昌为“竹哥”为“吾哥”，因为赵凤昌的太太就是洪家人，据说就是洪述祖的姐姐；称袁世凯为项城，称唐绍仪为少川，称庆亲王为“老庆”，称摄政王为载沣，称徐世昌为菊人，其亲疏远近分明。至于里面说的内容，更是有关南北和谈最机密最紧要的东西。大要是洪述祖向赵凤昌汇报京中政治高层载沣、庆亲王以及袁世凯等人之间的互动和冲突，归结为他们在北方会继续力争，但也希望赵凤昌等人在南方不要松劲，南北配合，就一定会迫使朝廷就范，按照他们的规划而发展。

建府开基：一个不得不出的狠招

由于赵凤昌的地位和影响，惜阴堂已经成为当时中国的政治中心，各方面的共同努力，至 12 月中下旬就基本上达成了政治妥协，这个妥协就是清廷确实已经彻底失去了人民的信任，失去了政治上的合法性，中国的未来必须在抛弃清廷之后往前走。不过，各方面差不多也都考虑到了清廷孤儿寡母的事实，几乎从一开始就考虑到了在清帝退位之后如何对待皇室，怎样使一个王朝享有应有的尊严体面地退出历史舞台。

各方面的妥协方案就是唐绍仪与伍廷芳 12 月 20 日的第二次会谈所达成的，其主旨就是清廷在下一次谈判时必须以承认共和为前提。而唐绍仪表示并不反对这个前提和动议，但强调和平的达成，还是应该由国民大会去决定究竟是实行民主，还是实行君主。

唐绍仪将谈判情况及各方面意见都通过袁世凯内阁报给了朝廷，然而朝廷在这之后的几天里大约依然存在着侥幸的心理，迟迟不愿给予明确答复，任由时间流逝。直至 25 日，清廷方才绕开国民大会这个重要话题，指示袁世凯重回国会选举的旧方案，以为国会选举既然是立宪党人过去一再要求而朝廷不曾答应的，现在答应去办理，你们这些老立宪党人还有什么不满意的呢？

朝廷的错误其实就在时机的把握上，在朝廷最后存在的那些日子里，它的每一个承诺如果提前半拍都是成功之举，然而它却往往是迟了半拍，因而怎样真诚都没有效果没有用。这一次，清廷旧疾复发，老调重弹，当然无法引起任何的兴趣了，朝廷的最后机会就这样悄然消失了。

在朝廷宣布的第二天（26 日），袁世凯大约真的是忍无可忍了，他大约觉得朝廷可能是装疯卖傻装着没有看懂南方的要求和条件，于是袁世凯在御前会议上明白宣布南方革命党人的要求，并对朝廷变通国会选举及开会地点等问题发表了意见。

又过了一天（27 日），唐绍仪的电报又来了，再请袁世凯报告朝廷，南方的要求就那么简单，就是坚持共和，坚持让朝廷明降谕旨，召集临时国会决定国体。此外，就没有什么可讨论的了。

唐绍仪的着急，是因为南方增加了新的因素，这个新因素就是孙中山从海外归来了。28 日，袁世凯将唐绍仪的这个建议向隆裕皇太后做了报告。这一次，隆裕皇太后倒是很爽快，答应一切由袁世凯看着办。只是此时确实说什么都晚了，南方的态势已经是箭在弦上不得不发了。清廷最终还是错过了这个最后机会。

孙中山是最早意识到中国现代化只有剔除满洲贵族这个领导集团才能进行的先知先觉者，他在 1894 年意识到这一点之后持之以恒，从不妥协，不管顺境还是挫折，孙中山一直是最坚定的反满主义者。当然，也正因为他的不妥协，所以在晚清十年的政治变革进程中，孙中山也就基本上被排除在社会主流之外，迫使他几乎一直在西方流亡，不能说他凄凄惶惶如丧家之犬，但他确实是有家不能归，有国不能回。

进入1911年，黄花岗起义是孙中山等革命党人策划的一次最大规模的军事行动，有人说这标志着中国革命高潮，因为几个月之后清政府就如大厦将倾一样哗啦啦倒下；也有人说，黄花岗起义只是孙中山领导的中国革命陷入空前低潮的表征，因为那时由朝廷主导的政治变革正在如火如荼进行，各种政治设施全面构建，有些政治设施如资政院、咨议局等，都已经开始了试运行。这些试运行不仅表明中国人具有良好的民主素养和对民主政治的天然酷爱，而且预示着中国的未来最合理的政治走向就是君主立宪，这几乎彻底封杀了孙中山等革命党人的生存空间，郁闷的孙中山只好继续在西方晃荡。

当武昌起义发生后，孙中山正在美国旅行，他获悉这些消息后，并不相信这个不经意的意外爆炸会发生后来那么大的魔力，于是他并不急着回去，他后来的解释说是要在外面从事外交活动，争取英国政府对中国革命的支持，这个想法到后来或许是真的，但在最初，其实是因为孙中山对武昌起义并没有信心，他先前精心策划的那么多军事行动都失败了，这一场未经策划的意外事件怎么可能就成为改变历史的大事变了呢？

湖北军政府成立后，情形就不一样了。南北对峙的局面出现了，黎元洪虽然不是革命党，但被迫参加革命了，他要想增加自己与北方与朝廷对峙的分量，就必须借助于革命力量，而革命力量为了增加自己的筹码，也必须将那些游走世界的革命前驱和革命大佬尽快请回来以壮声势，于是国内外呼吁孙中山归来的声音不绝于耳。

孙中山是一位很会借势发力的政治家，国内外的呼吁为孙中山造势，孙中山和他的追随者也在那短暂的时间里想尽了各种办法。几天后，国外的报纸刊登孙中山向伦敦、纽约、旧金山、新加坡等地金融界借款或寻求赞助的信函，承诺将来共和国将会对这些帮助给予更多的回报。于是国内外舆论都在猜测孙中山弄到多少赞助，这大概就是后来孙中山成为临时政府大总统的舆论支持。这一点对后来的政治发展确实非常重要。

在海外的那些日子里，孙中山确实尽一切可能与一些国家的政府或金融机构进行了广泛接触，确实请求他们向将要成立的临时政府提供帮助，但是各国政府和那些金融机构对这些请求并没有爽快答应，于是孙中山回国究竟带回来多少钱，成为社会各界竞相猜测的事情。

孙中山的厉害还在于，对于各界竞猜，他并不给予肯定或否定的回答，不置可否，不正面回应，反而一再强调我孙文带回来的不是金钱，而是革命精神。这种绝妙的回应越发使人们捉摸不清，猜不透孙中山究竟带回来了多少银子。

不管孙中山带回来多少银子，他的归来都是中国政治发展中的新因素。12 月 15 日，孙中山抵达新加坡，他在那里明白向各方面表示，将前往上海组织临时政府，并表示新政府将全力坚持北伐，唯一的妥协就是皇室完全退出中国政治及北京，作普通公民。清政府如果不能同意这一点，孙中山表示革命党即不惜流血牺牲直至攻下北京。同时还有一个消息说，假如孙中山被独立十四省举为大总统，那么欧洲银行团将会通过贷款协助中国建设。

按照革命党人最初构想，孙中山回国固然可以增加革命的声势，壮大革命的力量，但在已有的政治议程中，似乎并没有给孙中山预留太大空间，南北会谈并没有触及孙中山问题，既没有在设想的政治架构中为他预留位置，也没有考虑孙中山的政治构想，广东都督胡汉民以及陈炯明、朱执信等人，似乎希望孙中山留在广东。然而当孙中山 12 月 21 日抵达香港后，突然决定携胡汉民等人前往上海参与全国政治。孙中山的理由是，以形势论，沪宁在前方，不以身当其冲，而退就粤中，以修战备，此为避难就易，四方同志正引领属望，我这样赖在大后方不走，他们会怎样想？我恃人心，敌恃兵力，既如所云，何故不善用所长，而用我所短？按照孙中山的解释，他之所以急着去上海去南京，就是要将自己的满腹经纶文韬武略贡献出来，我孙文若不至沪宁，则此一切对内对外大计主持，绝非他人所能任。这就是一个大革命家的自信和自负。孙中山的到来，确实为南方革命党人注入了新的活力，为中国政治的发展注入了新的因素。

12月25日9时许，孙中山一行乘坐轮船抵达上海，时值细雨如织，海口雾集，孙中山依然受到上海各界热烈欢迎。督军府派出兵轮出海迎接，伍廷芳、黄兴、陈其美、汪精卫等在静安寺哈同公园迎候。人们对孙中山普遍感到神秘，当然也有很多的期待，加上各种各样来自孙中山本人或其随员有意无意向外散布的一些消息，诸如孙中山自谓携兵舰4艘，且挟多金；孙中山自谓在美国募集了美金千万元，兵船10艘等。还有的说，孙中山已与世界各国建立了广泛的外交联系，新政府肯定会有一个更好的国际环境。这些传言给人们带来了希望，而孙中山又总是显得那么谦虚，当欢迎的人们找到他当面证实这些消息时，孙中山总是那么坚定不移地告诉各位：我孙文其实不名一钱，我所带回来的，只是革命的精神而已。孙中山越是这样说，人们就越是倾向于相信那些传言，越是从好的方面去猜想这些伟大人物的谦虚和谦逊。

这些真真假假的消息迷惑了人们的视野，但在当时从革命党人方面说，还是起到了正面的积极作用。人们的窃窃私语，正证明了孙中山在人们心目中的形象正在增高，正在扩张。同盟会代表及光复各省军政首脑纷纷通电欢迎孙中山归来，以为孙中山曾以共和提倡宇内，现在只要登高一呼，乾坤回转，南北纠纷迎刃而解。

当孙中山抵达上海时，南北和谈其实已经进入一个关键时期。正如我们前面已经说过的，唐绍仪与伍廷芳的第二次谈判已于12月20日结束，双方已经达成继续停战的协议，伍廷芳要求唐绍仪必须在下一次谈判时首先宣布清廷承认共和的原则，唐绍仪也已经明白表示他个人赞成共和立宪，并表示将会把南方的意见尽快传给袁世凯内阁，由内阁转请朝廷尽早决定。袁世凯收到这些消息后，在朝廷内部也进行了广泛的讨论，朝廷的侥幸与拖延确实使南方心里很不耐烦，直至孙中山抵达上海的25日，朝廷都没有就唐绍仪所说的国民大会这个话题做出指示，这不能不让南方革命党人觉得有点被愚弄的味道，迫使南方革命党人采取更为主动的措施往前走，或者以南方的往前走去促动清廷做出抉择。

孙中山抵达上海的第二天，即12月26日就前往各界名流政要敬仰的惜阴堂拜会赵凤昌，征询赵凤昌对时局的看法，强调诸君子功定垂成，我孙文愿步诸君子之后继续努力，只是因海外消息梗滞，百不得一，亟须请德高望重的赵先生悉心指教。

对于孙中山的求教，赵凤昌想必也非常受用，他本着知无不言言无不尽的原则，详细解读武昌起义之后中国政治发展演变的大势及存在的问题，并明确建议孙中山建府开基，用新政权去压旧政权，寻找南北关系的新突破。此后，孙中山多次前往惜阴堂求教，与赵凤昌及南北政界要员协商统一建国诸要政，特别是怎样罗网英才，兼纳众流，怎样筹款，化解财政上的困境等，赵凤昌都有很好的建议，熊希龄、庄蕴宽、汤寿潜、张謇等，都是赵凤昌向孙中山、黄兴、宋教仁等人推荐的，而孙、黄、宋也就其他一些人选先期征询赵凤昌的意见，赵凤昌从袁世凯的重要帮手一变而成为南方革命党仰仗的重要靠山。这对于南京临时政府的成立，以及此后南北关系的突破，都起到了很大作用。

孙中山等革命党人请教赵凤昌是事实，赵凤昌真诚提供帮助也是事实，但在过去的研究中，大家其实不明了赵凤昌为什么要这样做，就连赵凤昌的儿子赵尊岳其实也不明白这其中的奥妙，以为是赵凤昌利用革命党人去倒袁。这个看法显然还有重新探讨的空间。

其实，如果回想赵凤昌在孙中山抵达上海前一直帮助袁世凯，帮助南北和谈的事实，就知道赵凤昌高人高招，是要用南京临时政府打破清廷制造的僵局，赵凤昌不仅没有背叛疏远袁世凯，而且是在用孙中山为袁世凯化解危机化解困境。道理非常简单，就在赵凤昌向孙中山做出这样建议的时候，唐绍仪发给袁世凯的电报，要求清廷承认共和，要求以国民大会去公决未来国体和政体的建议犹如泥牛入海，朝廷用了差不多一个星期都没有给出肯定或否定的答复，这个僵局在已有的南北和谈框架内很难打破，而且还有一个重要的障碍是，如果没有南京临时政府的过渡，而通过南北和谈直接将清廷移交给袁世凯，那么袁世凯势必成为中国历史上最尴尬的人物，成为乘人之危火中取栗的奸臣权臣，这既是袁世凯所不乐于为，当然他的这批朋友也不会让他这样做。这毕竟会有道德上的亏欠，非智者所为。而现在如果用孙中山，用南京临时政府予以过渡，一切都是那么顺理成章，一切都是那么自然天成。

更重要的一点是，孙中山恰恰具有这种素质和想法。当孙中山听到赵凤昌的这个建议后，他在当天（12 月 26 日）就主持召开了同盟会最高干部会议，讨论将要成立的南京临时政府究竟应该选择总统制还是内阁制。在孙中山已有的政治构想中，他其实可能更倾向于权力制衡的内阁制，以免总统总是处于权力要冲，成为各方攻击的目标。如果实行内阁制，总统只是国家象征，只是到了关键时期，到了内阁倒台或重大政治危机发生时，总统才具有协调的功能。然而，就在这一天，由于黄兴、陈其美、宋教仁等人分别向各省代表做了工作，提议由孙中山出任临时政府大总统，所以等到晚上开会讨论政治架构时，对民主政治、议会政治有着很深研究的宋教仁依然力主内阁制时，孙中山却坚决反对，以为内阁制不管有多少优长之处，但在目前并不合乎中国的需要。孙中山强调，内阁制乃平时不使元首当政治之冲，故以总理对国会负责，这个体制断非目前非常时代所相宜。我们现在不管谁去当总统，都不能既让他去当总统，又想方设法从制度上去怀疑这唯一置信之人。孙中山表示，我不肯听从各位的意见，自居于神圣赘疣，以误革命大计。他这实际上是威胁，各位如果一定要坚持内阁制，那么就请各位自便吧。

孙中山的态度深刻影响了黄兴，于是黄兴从挽留孙中山的立场上，反复劝说宋教仁谦让，劝说他取消提议。在黄兴等人劝说施压下，宋教仁从大局着想，表示让步，于是新政府的架构就完全采纳了孙中山的主张，实行总统制。而这恰恰又为后来的政治纷争预留了空间，埋下了伏笔，且使孙中山的政治信誉在民国初年受到了严重影响。这都是后话。

红脸与白脸：孙中山与袁世凯

在策动孙中山出任临时政府大总统的问题上，黄兴是一个重要人物，而黄兴与赵凤昌也有着非同寻常的关系，在孙中山抵达上海之前，他也是惜阴堂的常客，同时也有自己的管道与北方的袁世凯保持着密切联系，他授权江浙联军参谋总长顾忠琛与段祺瑞的特别代表廖宇春等人进行秘密谈判，其目标也就是让清廷和平地退出历史舞台，然后推举袁世凯为共和国大总统，这个协议也是 12 月 20 日在上海达成的，与伍廷芳、唐绍仪的第二次谈判同一时间，目标也大体一致。只是这些谈判都不被清廷所接受，袁世凯也就无法顺利实现黎元洪、黄兴等南方革命党人的期待，劝退清廷，走上共和。当然，袁世凯在这个时候，依然存有忠君的情结，他对廖宇春、靳云鹏等人批评，也不能说完全是演戏，也有他的真情实感在内。

现在有了孙中山，一切都不一样了。黄兴在劝说宋教仁放弃内阁制的方案后，也改变了孙中山到来前的方案。27 日，黄兴与宋教仁等专车前往南京，当天晚上前往江苏省咨议局参加各省代表会，提议三事：一、改用阳历；二、改为中华民国纪元；三、政府组织取总统制。经讨论，将第一、二两件事合并为一，全体赞成。至于总统制还是内阁制，会上仍有争论，宋教仁依然坚持自己的内阁制构想，最后还是黄兴剀切说明，结果多数赞成总统制，并决定临时政府组织大纲及隔日选举临时大总统。

会议在讨论总统问题时，仍有分歧，因为按照黎元洪、黄兴最初承诺，民国大总统是要留给袁世凯的，所以即便成立临时政府，也不应该选举大总统，可以考虑像先前构想一样，选举大元帅，而先前黎元洪和黄兴也就是这样做的。现在要选总统而且是正式，这不仅意味着放弃先前的承诺，会为后来的政治变故留下理由，而且现在各省并未完全独立，正式宪法也没有制定，正式总统怎么能够产生呢？

对于这些分歧，孙中山有自己的坚持。他认为，要选举，就选举大总统，不必选举大元帅，因为大元帅的名称，在外国并非国家元首。至于黎元洪、黄兴等革命党领袖先前对袁世凯的承诺，孙中山表示他可以遵守，表示只要袁世凯真能拥护共和，我孙文绝不恋栈，一定让给他。至于总统的临时字样，孙中山认为大可不必，总统就是总统，没有什么临时不临时。

在袁世凯没有劝退清廷时，黎元洪、黄兴的承诺当然没有意义，现在有了孙中山的新承诺，也算是给了袁世凯一个新的机会。这一环扣一环的政治设计，或许能够促动政治僵局早日解决。所以当这一系列消息传到北京后，朝廷终于坐不住了，沉不住气了，同意袁世凯去全权处理与南方的交涉了，然而这一切都晚了，南京临时政府和孙中山的大总统，已经成为启动了的程序，要停下来已经不可能了。12 月 28 日晚，各省代表会举行临时大总统选举预备会，投票选举临时大总统。投票后，并未开箱，决定次日举行正式选举时，采用无记名投票法。

南方革命党人的单方面行动当然意味着南北议和不断而断，其实在第二次伍廷芳、唐绍仪谈判结束时，他们两人就对继续停战的时限及下一次会谈的时间有所讨论，大致以 7 天为限，那么从 12 月 20 日算起，至 12 月 27 日，也刚好到时间，所以说南方革命党人单方面行动也很难说违反了伍廷芳、唐绍仪的约定。

坐镇上海的唐绍仪与赵凤昌及南方革命党人有着密切往来，南方党人的所有活动也没有刻意瞒着唐绍仪，唐绍仪也将南方的情形及时向袁世凯内阁做了报告，并于 12 月 27 日明白电请袁世凯代奏，报告南方民军坚持共和，请即明降谕旨，召集临时国会，决定国体。

唐绍仪的报告引起了袁世凯内阁政治危机，袁内阁当即召开全体会议，以南方坚持共和，和议难以进行为由，议决总辞职。这当然也是对朝廷迟迟不就君主民主给予明白表态的软性抗议。第二天（12 月 28 日），袁世凯在御前会议上提出总辞职的请求，朝廷这时感到恐慌了，感到真的离开了袁世凯，可能更加玩不转，于是在诚恳慰留的同时，也爽快批准了袁世凯的建议，责成他召集临时国会公决国体，并命袁世凯将此意迅即电示唐绍仪，转告民军代表伍廷芳，显然是希望民军能够接受这个方案，一起去拟定选举办法，协定施行，并请唐绍仪妥商伍廷芳，彼此先行罢兵，以便让清廷度过这次政治危机。

袁世凯内阁代转的清廷电令是当天（12 月 28 日）夜里送达唐绍仪之手的，唐绍仪迅即约定伍廷芳于第二天（12 月 29 日）举行会谈。会谈伊始，唐绍仪解释了朝廷的意思，表示朝廷已同意南北协商召集国民会议，然后由这个会议去决定未来的国体和政体。就停战及国民会议或者说临时国会等问题，唐绍仪和伍廷芳进行了讨论，或许是因为唐绍仪发自内心已经认定即便召集国民大会也必然是通过实行共和的方案，既然要实行共和的方案，就必然要让清帝退位，于是唐绍仪的谈判不是怎样挽救清廷，而是与伍廷芳一起讨论了退位后的清帝待遇以及满蒙回藏之待遇。而关于国民大会问题，两人商量了几个会议条件，这些条件不是让这个国民会议去决定中国的未来，而是实际上已先期认定中国必然走上民主共和，于是由此去约束清廷的行动。这种谈判已经不是双方相互妥协，而只是善后，是清廷必须接受南方革命党人的安排，必须配合行动的善后。清廷其实已从对等的一方变成屈从的角色，成为一个令人可怜的对象而不再是对手。

也正是因为这样一种心理上的转变，南方革命党人确实不再太在意清廷了，甚至也不太在意袁世凯了。就在唐绍仪与伍廷芳进行第三次会谈的同一天，十七省都督府代表会在南京举行选举临时大总统典礼，每省一票，投票结果是孙中山以十六票当选，另外一张票投给了黄兴。

孙中山的当选当然是辛亥年的最大事件，这一下子将南北纠缠不清的问题快刀斩了乱麻，将南方的革命对象一下子变成了第三者，可有可无，因为十七个省份的独立和投票选举，不管怎么说已使清廷失去了合法性，现在剩下的唯一问题就是黎元洪、黄兴等人先前对袁世凯的承诺。假如袁世凯不接着做，南北僵持一段时间，或南方找准机会北伐，直捣黄龙；或清廷重新振作，利用剩下来的几个省份，找准机会南征。总而言之，清廷如果誓不和平退位，中国就将立马陷入南北朝对峙之中，袁世凯的价值就在这非常微妙的环节中。所以孙中山当选后尚未就职前，立即致电袁世凯进行解释，强调之所以在南方组织临时政府，主要是因为东南诸省久缺统一之机构，行动非常困难，故以组织临时政府为生存之必要条件。我孙文既审艰虞，义不容辞，只得暂时担任。袁公方以旋转乾坤自任，即知亿兆属望，而目前之地位尚不能不引嫌自避；所以我孙文虽暂时承乏，而虚位以待之心，终可大白于天下。孙中山在这份电报结尾，呼吁袁世凯早定大计，以慰四万万人之可望。孙中山所曲折表达的意思，就是要袁世凯遵守承诺，早日劝退清帝，那么我孙文还会遵守黎元洪、黄兴等人的承诺，将大总统之位交给你袁世凯。

南北之间的问题由此转换成了孙中山与袁世凯之间的问题了，清廷已经没有什么发言权，用孙中山的话说，南北之间继续谈判，已非议和，只是一种善后安排，盖清廷必须完全服从民军，服从南京临时政府。

对于南方的变化，袁世凯的反应还是慢了半拍。当他还在落实南北第三次和谈成果，为南北双方撤军进行动员时，南方就发生了这么多的变化，甚至直到 12 月 29 日即孙中山电告他当选大总统，不得不勉为其难暂时承乏时，好像袁世凯都还蒙在鼓里，所以他的代表唐绍仪在第二天（30 日）依然还和伍廷芳谈撤军，谈怎样召集国民会议，在哪里召集国民会议，并拟定了四条办法。然而，也就在这一天（30 日），各省都督府代表联合会以清内阁代表唐绍仪要求召开国民会议一事，议决由伍廷芳答复唐代表毋庸再开，理由是已经选举了临时大总统，已足见国民多数赞成共和，国民会议已经失去意义。还是在这一天（12 月 30 日），袁世凯电告唐绍仪，承认第三次议和协议，又电告否认第四次议和会议所议办法。

根据袁世凯的指示，唐绍仪与伍廷芳于 12 月 31 日举行第五次议和会议，伍廷芳提议明年 1 月 8 日在上海召开国民会议。唐绍仪旋将此意电达袁世凯。袁世凯接电后，即将内阁所拟国民会议选举法九条电唐，并力主国民会议在北京召开。

唐绍仪接到袁世凯的电报指示后，以为自己与伍廷芳所议条款不被袁世凯内阁认可，而袁世凯要他设法阻止南方选举临时大总统又无法做得到，进退维谷，左右为难，于是遂与北方议和代表十三人联名于 12 月 31 日致电袁世凯内阁请辞。

袁世凯接到唐绍仪等人的辞职电报后，竟然以唐绍仪职权所限，只以切实讨论为范围，而唐与伍所达成的协议，没有提前与他袁世凯商量，遽行签订，逾越职权，因而准唐绍仪辞职，并电告伍廷芳，现在还没有合适的人选接替唐绍仪，所以此后南北之间有什么需要商量的事件，就请你伍代表廷芳先生与本大臣袁世凯直接电报联系吧，以期简捷，冀可早日和平解决南北分歧。袁世凯以撤销唐绍仪代表职务为代价从根本上否认了先前南北所达成的协议，从而使南北和谈突然陷入僵局，濒临破产。

按照过去的说法，袁世凯此时突然变卦，是因为孙中山用南京临时政府和当选大总统的办法堵塞了袁世凯的总统道路，粉碎了袁世凯的总统梦。这个说法在后来袁世凯因帝制自为被妖魔化之后确实很动人很动听，其实在当时，袁世凯大约还真的不是这样想，而是另有原因在。这个原因就是清廷还没有退位，他个人还有重大责任，南方的立宪党人也就是赵凤昌、张謇等那些老朋友以及革命党人中的黄兴等人，都还会遵守而且有把握让孙中山遵守革命党人先前的承诺，只要袁世凯将清帝和平退位，大总统还是要移交给袁世凯的。这既是赵凤昌等人与孙中山达成的妥协与谅解，也是黄兴等人坚持的结果，据说当孙中山被定为大总统时，黄兴就拿出顾忠琛与廖宇春所订那五条秘密协定，并确认孙中山到时候不会让国内外失望，不会在政治上失信。

孙中山和南京临时政府只是一个过渡，“非袁莫属”是一个国内外公认的定论，不会因孙中山这个偶然因素而改变。而且说真话，孙中山非常可怜，他只是在这场被规范的戏剧中充当一个白脸的角色，他往后的功能主要是以强硬的姿态去逼清廷就范。换言之，他的这种强硬其实就是配合着袁世凯的红脸，让袁世凯继续在清廷那里充当着好人、忠臣的角色，所以袁世凯在这场空前绝后的政治大变动中几乎没有什么道德上的亏欠，不论是他的政治同盟者、追随者，还是他的政治反对派，除了极个别的宗社党之外，几乎一致肯定了袁世凯的所作所为，这就是 1911 年中国大革命中最耐人寻味的一个情节。

对于袁世凯出任新中国的大总统，孙中山几乎从一开始就这样认为，甚至可以说他最初并没有想到这样的事情会轮到他这个并没有任何行政经验的老革命家。11 月中旬，孙中山还在法国巴黎的时候，他就给民国军政府发了一个电报，表示新政府的总统自当推在这场革命中亲临第一线并承担着重大责任的黎元洪。而当他听说黎元洪又推袁世凯的时候，孙中山坦然表示这是一个好主意。他此时真的没有想到后来的结果，否则他可能会回来得更快些。

到了香港，孙中山与胡汉民及廖仲恺有个谈话，表示他知道国内外也有一些人以为袁世凯在坚持民主共和问题上不太可行，但他个人倾向于利用袁世凯去逼退清廷，以为如果用袁世凯逼退二百六十余年贵族专制之满洲，则贤于用兵十万，可以减少社会动荡和百姓苦难。至于将来袁世凯假如真的准备接续满洲人继续为恶，那么其基础已不一样了，推翻他颠覆他都不是什么太难的事了。这里可以看出孙中山此时不仅倾向于支持袁世凯出任新政府的大总统，而且有了怎样限制袁世凯的考虑，这也就为后来的政争留下了伏笔。

孙中山 1912 年 1 月 1 日深夜就任临时政府大总统之后，复杂的中国问题趋于简单，就是孙中山、袁世凯和清廷这个三角关系，假如袁世凯如约逼退了清廷，那么孙中山就会如约将大总统让给袁世凯，而怎样让袁世凯顺利而不受伤地逼退清廷，这就是政治智慧。

在孙中山就职第二天（1 月 2 日），袁世凯直接致电伍廷芳，决定再延缓停战期限 15 天。而就在这一天，北洋系将领姜桂题、冯国璋、张勋、曹锟、张作霖等 15 名将领致电袁世凯内阁，发誓要维护君主立宪的原则，坚定不移地反对共和。对于南京方面不断抛来的橄榄枝，袁世凯始终不愿表态，不置一词，他甚至到了 1 月 4 日，依然义正词严致电伍廷芳，指责南方违背了双方达成的谅解，单方面决定了国体政体，他指出，国体问题由国会解决，业经你伍廷芳和南方确认，现在大家正在商议正当办法，自应以全国人民公决之政体为断。然而你们突然在南京宣布成立什么政府，甚至宣布什么驱逐“满清”政府，这些言辞与举动显然都违背了南北双方先前所达成的共识和谅解。应该承认，袁世凯的这些指责是有一定道理的，毕竟双方就国民会议等问题已有共识，北方即朝廷并没有就此断然拒绝，现在突然出现了新政府，确实让袁世凯比较恼火，相信袁世凯这通脾气不是装的。

对于袁世凯的指责，伍廷芳据理力争，提出两条理由，一是现在民军已经光复了十多个省份，不能没有统一的机关。在国民会议未议决之前，民国组织临时政府，选举临时大总统，都是民国内部的事情，为政治上的通例，与南北并不相涉。伍廷芳还质问袁世凯，你不让我们在国民会议召开前成立临时政府，那么你为什么不在国民会议召开前自行解散清政府？二是在先前与唐绍仪所讨论的国民会议条件中，第一条就说国民会议取决于多数，议决之后双方均须依从。伍廷芳问袁世凯，按照这一条，国民会议如果议决为共和立宪，是否意味着清帝立即退位？

伍廷芳的质疑并没有正面回答袁世凯的问题，其实只是一种外交辞令，南北必须重回和平解决的轨道，真的走上战争，其实是当时任何一方都不愿见到的，尽管北洋系将领叫嚣着要武力南征，尽管孙中山也一再向部属强调不管和议结果如何，北伐断不可放松准备。但是对双方来说，还是在寻找和解的机会。1月6日，伍廷芳致电袁世凯，敦促他早日开国民会议以决定国体，并建议会议地点定在上海。8日，袁世凯给予善意回应，致电伍廷芳建议各战场继续停战15天。11日，袁世凯再电伍廷芳，要求将国会地点定在北京，并表示这是最后决定，万难更改。袁世凯依然以清廷利益代表人行事。

然而，南方民军在这几次停战中，并没有停止对北方的压力和进攻，特别是革命党人在北方发起的起义与光复，也在不断蚕食着清廷最后的地盘。1月3日，直隶滦州新军起义，成立北方革命军政府；7日，伊犁新军起义，组织军政府；13日，山东同盟会会员据登州起义，组织军政府和北伐军；16日，京津同盟会会员张先培等在北京东华门投掷炸弹谋炸袁世凯。这一系列混乱促使袁世凯和清廷必须痛下决心，于是袁世凯在被炸那一天率内阁诸大臣联衔密奏清廷，以为大局危迫已极，民军坚持共和，别无可议，望朝廷从全局考量，迅速宣布共和，请开皇族会议速定方案。袁世凯终于借力发力，以大清王朝忠臣的姿态提出了这个历史性建议。

最后一击：段祺瑞和那些北洋将领们

孙中山有段至理名言：世界潮流浩浩荡荡，顺之者昌，逆之者亡。中国古代圣贤也一再告诫国人：识时务者为俊杰。从这个视角进行观察，我们应该说袁世凯在辛亥那一年的政治表现还是值得称道的，尽管他没有在武昌起义之后迅即迎合共和投奔革命，尽管他在那之后两个多月中一直站在革命的对立面，但他确实坚守了做人的原则，受命于危难之中，确实想救大清王朝于既倒。

然而形势比人强。在经过两个多月的战火、争夺和几轮和谈之后，君宪主义理想逐渐破灭，共和民主的思想渐渐深入人心，更重要的是，由于清廷毕竟是一个满洲贵族组成的利益集团，两百年来的罪恶到了这个时候显得格外突出，历历在目，因为清廷在最关键的时候表现出了一个王朝本来不应该有的自私狭隘：亲贵内阁就是不愿向广大汉人开放政权，铁路国有化就是与民争利。这两项新的罪恶唤起了人们的历史记忆，先前久已淡忘的扬州十日嘉定三屠都又非常清晰地呈现在人们面前。于是在经过两个多月的战争与谈判之后，反满的情绪不仅没有获得必要舒缓，反而日趋高涨，先前并没有多少这种民族种族见解的立宪党人也逐渐转向了民族主义和民权主义，满洲人和皇帝成了那时中国人非去不可的两个东西了。在这种形势下，袁世凯一味坚守，即便真的像满洲贵族中有人所指责的那样，拿起大炮去猛烈轰击南方革命党人，但其后果也必然像袁世凯所认识的那样，革命党人或许能够杀绝，但你能把那些汉人都杀死吗？你们要我袁世凯去讨伐黎元洪、程德全，我可以办得到。但你们要我袁世凯去讨伐张謇、汤寿潜、汤化龙、谭延闿等，我袁世凯实在是办不到，因为他们代表了老百姓，老百姓是斩不尽杀不绝的。

所以在勉力支撑至 1912 年 1 月中旬之后，在各地的反叛根本没有停息反而越演越烈的时候，袁世凯实在有点支撑不下去了，他遂于 1 月 16 日与内阁大臣联衔向朝廷上了一个密折，分析当前形势，建议朝廷尽快召集皇族会议，讨论究竟是否能够接受南方民军提出的共和方案，如果不能接受，那么应该怎么办。

在这份密折中，袁世凯详细回顾了南北议和的全过程，强调现在是海军尽叛，军饷无着，强邻虎视辽东，库伦不稳，人心涣散，继续僵持下去对谁都没有好处。为朝廷计，为皇太后和皇上计，袁世凯态度明朗，建议接受南方民军提出的优待皇室条件，这样不仅能保证皇室尊严和体面，也为大清国历来宣扬的爱民如子树立一个典范，提供一个证据。袁世凯说，我朝继承历代帝系，师法孔孟，以为百王之则，是民重君轻，圣贤业已垂法守。根据现在与南方民军谈妥的条件。民军表示他们会尊重历史，尊重皇室，尊重大清国的过去。现在南北战争已经僵持数月，东西友邦均因战祸而付出相当代价。列强现在还乐于调停者，是因为他们看到南北纷争说到底只是一个政治制度的改变和改善，所以他们还能坚守中立不介入不干预，但是如果这种僵局不打破而持续下去，谁也没有办法保证列强不出手，因为他们毕竟在这里有着重大经济利益。到那时，列强的抱怨，南方民军的抱怨，都会将朝廷视为乱源，视为罪恶之首。感情既恶，谁又能保证朝廷未来还会享有什么样的优待条件，谁又有办法去约束去规范南方民军的行动呢？袁世凯说到这里不露声色警告道：读法兰西革命史，假如法王路易十六能够早点顺应舆情，接受妥协，何至于让其子孙后代一起受戮。现在南方民军所争者政体，而非君位；所欲者共和，而非宗社。我皇太后、皇上何忍九庙之震惊，何忍乘舆之出狩，必能俯鉴大势，以顺民心。袁世凯给隆裕皇太后戴上了一顶高帽，端看满洲贵族统治集团如何回应。

袁世凯的态度是诚恳的，所做的分析也是真诚的，隆裕皇太后听了之后说不出一句完整的话，据说只能默默垂泪，不知如何是好。不过，皇太后答应按照袁世凯的建议尽早召开御前会议去决定大清国的未来和命运，她同时也请求袁世凯在这个时候无论如何不能撂挑子，不能放下她们孤儿寡母不管。隆裕皇太后把她们母子的未来和希望都寄托在袁世凯身上，她相信只要袁世凯想办法，一定会让她们母子体面有尊严地存在。

这大约是袁世凯第一次向朝廷表明自己已经从先前的君宪主义上动摇了，他个人此时已经开始转向民主共和的立场上了，这个转变当然很痛苦很痛心，但大势所趋，谁也没有办法。然而，更为蹊跷的是，当袁世凯在养心殿和隆裕皇太后谈完这段话，中午时分从宫中出来，行至东华门外丁字路口的时候，却意外遇到革命党人张先培、黄之萌等人的追杀和炸弹袭击。袁世凯侥幸逃脱，但他的护卫管带袁金标被炸成重伤，袁金标的坐骑被当场炸死，另外还有两名亲兵被炸身亡。

袁世凯侥幸逃脱了革命党人的追杀，不过这件事情的后果对袁世凯来说并不算太坏，因为可以证明袁世凯至少到了这个时候并没有像满洲贵族中一些别有用心的人所猜测的那样，与革命党人勾勾搭搭狼狈为奸，损害朝廷的利益，朝廷特别是隆裕皇太后由此对袁世凯更加信任，这一方面有助于袁世凯慢慢劝说清廷接受和解方案，另一方面也在一定程度上遏制住了满洲贵族中的强硬派乱来胡闹，这对于整个中国后来走上比较平和的交权无疑是有帮助的。

革命党人的炸弹确实震动了袁世凯，他借着这个机会向朝廷提交了一个报告，从此不再去宫中上班，每天躲在自己家中的地窖里处理公务。袁世凯的这些做法当然不是装给别人看的，这说明他个人对于形势的估计也并不是那么乐观的，或者说他并没有稳操胜券的把握。

意外的炸弹当然没有阻止住南北和谈的趋势，清廷本身也在评估着究竟是应该继续做最后的挣扎，还是应该以人民的福祉为最高诉求，退一步结束纷争，重建秩序与和平。根据袁世凯的建议，隆裕皇太后于1月17日召集宗室王公御前会议，讨论是否同意南方的共和，以及应该如何应对等问题。早已被南方革命党人深刻影响的庆亲王奕劻和贝勒溥伦在会议上主张朝廷主动退位，颁布共和，化被动为主动，一定会为朝廷为皇室赢得体面尊严和实在的利益。

庆亲王和溥伦的看法当然没有被与会者全部接受，溥伟和载泽等人对此坚决反对，他们相信朝廷仍然拥有一些南方所不具有的优势，鹿死谁手，好像现在还很难说得定。走一步看一步，未尝就一定吃亏，如果现在宣布共和，无疑等于缴械投降，断送了大清王朝几百年的江山，成为历史罪人。

御前会议上的争论当然没有办法下结论，第一天的讨论就在这一片乱哄哄的争吵中结束。第二天，宗室王公中的强硬派良弼、溥伟、铁良等纠集几十人大闹庆王府，围攻庆亲王。他们指责庆亲王奕劻身为朝廷重臣，竟然到了关键时刻这么不给力不争气，这么快就背叛了朝廷。他们当然无法理解庆亲王的苦衷，而相信社会上到处流传的庆亲王与民军与袁世凯相互勾结出卖朝廷的各种流言。

实事求是地说，庆亲王或许是晚清官场最贪婪的高官，但他的职业操守可能还不会使他为一己之私利去出卖朝廷，他之所以在御前会议提出自己的看法，可能更多的来源于他对形势的分析判断，来源于他替朝廷想到的利益最大化，所以他的这些见解尽管遭到宗室王公的围攻和反对，但并没有在朝廷立即形成一边倒的政治格局。在当天继续举行的第二次御前会议上，与会者依然各说各话。良弼、溥伟、铁良等人几近疯狂，宣布成立以保卫清室反对南北妥协为宗旨的宗社党，从而使南北议和更趋于复杂化，南北和谈面临更加严重的困难。

第三天（1 月 19 日），御前会议继续举行。庆亲王的态度早已明朗，赞成退位。已经下野的前监国摄政王载沣及载润、载涛、毓朗等皇亲国戚朝廷重臣沉默不语，恭亲王溥伟、镇国公载泽、肃亲王善耆、宗室良弼以及江宁将军铁良，还有蒙古亲王那彦图等坚决反对退位。他们的理由各不相同，基本主张是置之死地而后生，利用新军中的保皇力量进行反击，或许能够将战局扳回来。镇国公载泽坚定地以为大清国气数并没有终结，利用冯国璋这样的力量，除掉庆亲王和袁世凯这些败类，或许结果就不一样。

载泽的说法当然是一种可能，问题是这个说法仅仅是可能，谁也不敢打包票说组织反击一定会赢，特别是在十几个省份已经相继宣布脱离朝廷后，特别是这些反叛者已经在南京建立了政权之后，谁又是当年的曾国藩，当年的李鸿章？那不仅需要智慧、魄力，还需要忠诚和机遇。载泽的建议给朝廷给隆裕皇太后一丝希望，但这种希望确实太渺茫太不靠谱，皇太后说，任命冯国璋去打革命党，胜了固然好，要是败了，连个优待条件都没有了，岂不是要亡国了吗？就是打仗，也不能只有一个冯国璋，只靠人家一个冯国璋，焉能有功？在皇太后的概念中，现在与南方革命党和解了，只是退位并不是亡国，大清国的一切体制继续保留，如果抵抗到底而失败，那可真的就是亡国了。

皇太后不相信这帮子皇亲国戚有能力从头来收拾旧河山，她毫不客气地询问曾经担任过军咨大臣的载涛：你是皇帝的亲叔叔，你也管过陆军，你说说我们的兵力怎么样？载涛对曰：奴才没有打过仗，不知道。正是这样的回答，使皇太后彻底放弃了抵抗的想法，大清国过去几十年的最大错误，在皇太后此时想来，莫过于这一帮子皇亲国戚逐渐成了废物。

连续三天的御前会议并没有就是否接受共和做出决定，南北之间的僵局并没有打开，列席当天会议的清外务部大臣胡惟德、民政大臣赵秉钧、邮传大臣梁士诒实在有点儿按捺不住了，他们合辞奏称，现在的形势不是我们能不能打得过南方的革命党，而是我大清国人心已去，君主制度已经很难保全了，为朝廷计，为皇太后和皇上计，他们恳请皇太后和诸位皇亲国戚转变观念，赞同共和，以维大局。

一个老大帝国，让人家说结束就结束，也确实太难了，既没有兵临城下，又没有短兵相接，刀架在脖子上，所以朝廷并没有因为这几位汉大臣的愤怒而痛下决心，就此结束。相反，清廷在随后几天调整了布局，以会办江防事宜、江南提督张勋护理两江总督；以山东布政使张广建兼署山东巡抚；赏协统领吴鼎元陆军副都统衔，会办山东防务。大有调整阵容，重新开始的味道。

然而，这一切确实都太迟了。还是1月19日那一天，清驻俄公使陆征祥联合驻外各清使电请清帝逊位，体制内的逼宫行动至此正式开始；22日，清出使意国大臣吴宗濂致内阁请代奏，呼吁朝廷从速宣布共和，间不容发，以全满汉两族；同一天，出使日本大臣汪大燮致内阁请代奏，以为举国趋向共和，明诏取决国会，昭示大法，光垂史册，也是我大清国软着陆的唯一机会，倘相持，为祸烈，他建议朝廷驾幸热河，以全皇裔而保国境。也就是几天时间，大清国出使意、日、美、德、奥等诸大国大臣都向朝廷表达了同样的意思，言下之意，朝廷如果不这样办，他们就可能会转而服务于南京的中华民国政府。这对清廷来说确实是一个致命的打击。

更严重的打击还在后面。22日，隆裕皇太后谕饬内阁诸大臣胡惟德等仍按照先前召集正式国会的办法与南方革命党接议。这就意味着清帝是否退位还是交给了那个暂时并不存在的正式国会。尽管袁世凯因早几天的炸弹案闹得在家病休，但南方的革命党依然将袁世凯视为谈判对手，双方就相关问题进行了探讨，按照袁世凯稍后（25 日）向朝廷的报告，关于国体问题，南方革命党同意可以按照朝廷的建议提交给未来的国会去讨论去决定，但是相应的，先前南北谈妥的清室优待条件也必须提交这个国会去讨论。袁世凯就此表态说，未来的国会能否履行南方先前所承诺的条件，臣袁世凯实在未敢预决。这一点无疑对朝廷特别是对隆裕皇太后有着深刻的刺激。

23 日，署湖广总督段祺瑞致内阁军咨府陆军部电，报告前线军心不稳，请求朝廷就战和问题，君主还是民主问题尽快做出决策。军心不稳可能还不止湖北前线，于是朝廷在第二天（24 日）发布一个通告，告诫全国军民不要轻信浮言，更不能转相煽惑，以维持秩序。

秩序的混乱，京城的恐慌，已经成为不争的事实。更严重的情形是，革命党人彭家珍竟然于 25 日堂而皇之潜至良弼寓所，以锄奸的名义将这个顽固的宗社党头目炸成重伤，两天后死亡。

彭家珍自杀性攻击引起京城一片混乱，宗社党的主要骨干听到这个消息后不寒而栗，纷纷作鸟兽散。至于那些皇亲国戚王公贵族更是闻风丧胆，纷纷出京，潜赴青岛、天津、大连等地。朝廷里留下的忠臣重臣越来越少。

大清王朝至此已经毫无办法了，但让朝廷主动考虑怎样结束朝政，怎样停止政治运行，也确实是一个困难问题，因为历史上还没有遇到过类似情形，所以不管朝廷如何恐慌，其实都在等待着偶然的突发的致命一击。26 日，大清国会办剿抚事宜第一军总统官段祺瑞率清军将领姜桂题、张勋、何宗莲、段芝贵、倪嗣冲、王占元、曹锟等 46 人联名致电内阁代奏，痛陈利害，恳请朝廷立定共和政体，以巩皇位而奠大局，明降谕旨，宣誓中外。这致命一击对于清廷来说虽然太过沉重，但实际上还真的让清廷解了套，在一定程度上保证了皇室的尊严体面和这些北洋将领所说的“巩皇位而奠大局”，毕竟以一种非常规的办法实现了君主立宪梦寐以求的理想，皇位永固，万世一系。假如废帝后来不是受到外界蛊惑从事复辟，相信“紫禁城的黄昏”可以一直那样美丽。

一个王朝的尊严与潇洒

军队是靠不住的。军队只是国家机器中的一个螺丝钉，是工具，统治者如果想让工具介入国内政治，那么军队就是一把锋利的双刃剑：听统治者的话，所向无敌，风卷残云；一旦反水，阵前倒戈，那么统治者就只好自己认输认罚。

按理说，北洋新军和湖北新军，都是大清国投入极大精力、财力和物力创建的新式军队，是仿效东西洋各现代国家创建的国防军，这支军队诞生的直接动力和背景就是甲午战败，就是向敌国复仇，尽管学习的是敌国的军队建制和军队建构，采纳的是敌国的训练方式，引进的也是他们的武器装备。然而问题在于，甲午战争后的十几年，中国军队一直没有对外用兵的机会，好不容易遇到了义和团运动和八国联军进中国，但又因各种特殊的原因，既没有向义和拳开战，更没有向联军开炮。至于稍后的日俄战争，清政府更是下错了注，没有坚定不移地支持日本去打俄国，错过了一次练兵的机会和将国防军弄成国防军的机会，当然这一次也是因为日本根本不愿给清政府这个机会。于是阴差阳错，大清国用举国之力十几年训练出的一支新军，最后却成为对付自己的生力军或劲旅。这一点是清廷当初无论如何也没有想到的。

在段祺瑞呼吁书上签名的，囊括了清军几乎所有将领，这就将清廷逼到了一个死角，打吧，那些八旗弟子早就被长期执政的优越环境给腐化掉了，早已没有努尔哈赤时代的英气和智慧，王公贵族除了吃喝玩乐没有几个懂政治懂军事，更没有几个能够上马提枪为皇上卖命。一个存在了两百多年的大清王朝成了任人宰割的羔羊，作为这么一个庞大帝国的当家人，隆裕皇太后大约不是因为幼主太小，估计连死的心都有。两百多年的统治怎么就养了这些无用的人呢，怎么突然发现稍微能干的大臣，都是汉人呢？可惜这一切觉醒都来得太晚了。大清国的终结只剩下一个程序了。

1月29日，与袁世凯关系密切的杨度在北京发起成立“共和促进会”，这对一直主张君宪主义的杨度来说是一个重大转变，标志着他已经从原来的君宪主义立场向民主共和的立场转变，这当然也在某种程度上预示着袁世凯在转变，整个中国恐怕都在发生巨大的转变。杨度强调不能以党见之私招瓜分之祸，先前大家主张君主立宪是以救国为前提，而不是以保存君主地位为唯一目的，是以保存君主地位为手段推动政治改革，而绝不愿以杀人流血去保留君主的地位。现在的中国已经错过了君主立宪的良机，南方革命党武装起义之后，就意味着君主立宪走到了绝境，现在南北分裂，国将不国，要想拯救中国，保全中国，保全皇室，唯一的出路就是接受南方的条件，走向共和。舍此，南北并败，满汉俱亡。

杨度等文人的发言只是在讲一个道理，这个道理或许还不足打动清廷特别是清廷中的那些顽固派保守派，他们或许内心深处还存在着某种侥幸。然而，段祺瑞的北洋系再次向朝廷展示实力，告诉朝廷不要再存在什么意外的幻想。段祺瑞的全权代表吴光新、徐树铮等与湖北军政府代表孙武等密切磋商，双方达成妥协，如果朝廷不能在旧历年之前即2月17日之前转向共和，那么段祺瑞的北洋军将挥师北上，直捣龙庭，而湖北军政府和南京的中华民国临时政府将作为后援予以支持。孙中山、黎元洪等南方领导人都同意了这个方案，都承诺一定支持段祺瑞和北洋新军走向光明投诚反正，绝不会在段祺瑞军队挥戈北上时袭击后方。于是，清廷终结的时间表从这时开始倒计时，辛亥年的事情一定要在辛亥年结束，满打满算也就只有半个月的时间了。

南方的武力威胁当然也不是说到就到，鉴于当时的特殊困难，清廷当然也知道南方民军的力量并不是想象的那么大，再加上时值冬季，南方人真的打到北方也不是那么容易，所以朝廷在获悉段祺瑞与黎元洪、孙中山等人合作的消息后，不是立马宣布安排善后，而是由隆裕皇太后于 2 月 1 日主持召集近支王公及国务大臣御前会议，讨论的结果是准备采用虚君共和政体，并筹商宣布召开国会、颁发君主不得干预国政诏旨等事宜，以保留君主地位的虚君共和政体应对南方及部分清军将领所要求的完全共和。这个主张当然有点儿一相情愿的味道了。

清廷的拖延主要还是因为朝廷内部特别是王公贵族实在不愿就此罢手，不愿就此丢弃两百年的江山，然而各方面的压力和不满也使朝廷招架不住，所以到了 2 月 3 日，朝廷又发布了皇太后懿旨，对两天前的决定再作让步，表示现在时局阽危，四民失业，朝廷亦何忍因一姓之尊荣，贻万民以实祸。惟是宗庙陵寝，关系重要，以及皇室之优待，皇室之安全，八旗之生计，蒙古回藏之待遇等，均应豫为筹划，所以耽搁了一些时间，现在责成袁世凯以全权研究一切办法，先行与民军商酌条件，奏明请旨。这又将皮球踢到了袁世凯的脚下。

说句实在话，开创一个王朝不容易，结束一个王朝也很难。袁世凯在接到皇太后的命令后，当天（2 月 3 日）迅即与南方总代表伍廷芳取得联系，并按照先前数次谈判的结果，提出一个综合性的清帝退位条件：甲，关于大清皇帝优礼之条件九款；乙，关于皇族待遇之条件四款；丙，关于满蒙回族各族待遇之条件七款。

伍廷芳在上海收到这些文件后，于 4 日下午会同袁世凯特别代表唐绍仪及汪精卫前往南京向孙中山做了汇报。当天晚上，孙中山召集中华民国临时政府各部总次长在总统府讨论。第二天（5 日）上午，南京临时参议院开议孙中山交议的优待清室各条件，孙中山委派胡汉民、伍廷芳及汪精卫到会说明。参议院对这些条款逐条讨论，将《关于大清皇帝优礼之条件》改作《关于清帝逊位后优待之条件》，并对原案中尊号、岁费、住地、陵寝、崇陵工程、宫中执事人员、清帝财产、禁卫军等项做了修改，删去第八款“大清皇帝有大典礼，国民得以称庆”。会议否决了丙案，以为关于满蒙回藏之待遇，实为民国五族共和应有之义，与优待清帝无涉。

临时参议院会议第二天（2月6日），南方议和总代表伍廷芳将这个修正案电告袁世凯。袁世凯在收到这份电报后，立即委派梁士诒携带这些文件进宫觐见隆裕皇太后，请旨验准。皇太后依然坚持应该保留“大清皇帝尊号相承不替”等三项条件。

退出后，梁士诒遂将隆裕皇太后的意思向袁世凯做了转达，大约也劝袁世凯还是想办法说服南方接受这些面子上的条件，反正清廷决定退位了，这些枝节末叶也没有什么大不了的了。

梁士诒的建议无疑是一个比较厚道的主意，这个主意也就很容易被袁世凯所接受。袁世凯按照这个意思迅即密电唐绍仪，嘱他务必劝说伍廷芳和南方革命党人不要在这些枝节末叶上节外生枝，对清廷能让一步就让一步，强调“大清皇帝尊号相承不替”这个提法万难更改，并按照皇太后的意思，建议将文件中的“逊位”二字改为“致政”或“辞政”。袁世凯诚惶诚恐真诚希望伍廷芳和南方革命党人能够从大局出发予以理解，在不影响大原则的前提下尽量满足清廷的要求，尽早结束南北纷争，结束战乱。

对于大清王朝的尊重，其实也是尊重历史的一部分。不管怎么说，清廷在这个历史关键时期，因为隆裕皇太后深明大义，制止皇族中的强硬派，接受了和平方案，现在如果对清廷的历史彻底否定或者给予羞辱，那么真正感到高兴的恐怕只有一直被主流社会排除在外的革命党人，即便那些投诚反正的立宪党人、新军将领也难以接受。

在袁世凯与伍廷芳密商的同一天（2月8日），冯国璋、段祺瑞等北洋军将领64人联名致电伍廷芳，表示优待清室条件中的“大清皇帝尊号相承不替”应请仍照朝廷提供的原文不要更改，“逊位”这样带有刺激性的词语无论如何都不能出现在正式文件中，否则很难说服军界同仁，大家都是历史的过来人，只有尊重历史，才能说服同仁。

军人一旦干政，就是力量巨大。你可以说是南京临时政府对北洋军人愤怒的善意回应，也可以说是南方革命党人对北洋军人的屈服和顺从，不管怎么说，冯国璋、段祺瑞等军界将领的建议得到了南京革命党人的极端重视，所有条款都按照袁世凯、梁士诒、冯国璋、段祺瑞等人的建议予以恢复和保留，最具刺激的字眼“逊位”改为“辞位”。这也算是北洋军将对清廷的最后一次效忠。

2月9日，伍廷芳代表南京临时政府将清帝退位条件最后修正案电达袁世凯，紧接着，唐绍仪和张謇也相继发来两份加急电报。唐绍仪的电报强调南方独立14省军民以生命财产力争数月，其实目标就在一个“位”字，因此他请求袁世凯务必说服清廷接受“辞位”这个措辞，并及时发表。否则，如稍不忍，南方不满，转生大乱，一切谈判得来的东西再成泡影，得不偿失。唐绍仪还在电报结束处表示，他个人已经言尽意竭，因此他请求袁世凯只能这样做，不要再为这个事情给他打电报发指示。

张謇在电报中也说南方最后修正案中之所以同意那种种优待条款，主要是因为条款中有了“辞位”二字。这两个字的代价不可估量，这是南方革命党人同意妥协的前提和根本。张謇恳请袁世凯想尽一切办法务必说服清廷接受这个措辞，否则，迁延两误，败破大局，战火重开，一切从头开始，追悔无及。

唐绍仪、张謇等人的警示无疑是严肃的。袁世凯遂于2月10日召集内阁各部大臣及近支王公会议进行讨论，他向各位详细介绍了南方的意见，并表明自己的妥协立场，以为在能让则让的原则下接受和平，这对朝廷对国家都有利。会议经过慎重讨论，还算比较顺利地接受了南方的这个最后修正案。并在第二天（11 日），获得了隆裕皇太后的认可。

隆裕皇太后对优待条件的认可扫清了和平道路上的一切障碍。袁世凯立即将朝廷的决定及待颁清帝退位诏旨电达唐绍仪、伍廷芳并转孙中山、黎元洪及南京临时政府，又致电南京临时政府，承认共和为最良国体，以为大清皇帝既明诏逊位，且经世凯署名，则宣布之日即为帝政之终局，即为民国之始基。我同胞从此努力进行，务令达到圆满地位，永不使君主政体再行于中国。

第二天，也就是 1912 年 2 月 12 日，隆裕皇太后忍痛连发三道诏书：一为清帝退位诏，二为公布优待条例诏，三是劝谕臣民诏。在这些文件中，皇太后表示现在全国人民的心理多倾向于共和，人心所向，天命可知，因此朝廷不忍以一姓之尊荣，拂兆民之好恶，所以根据国内外大势判断，做出这个艰难的决定，特率皇帝将统治权公诸全国，定为共和立宪国体。袁世凯前经资政院选举为总理大臣，当兹新旧代谢之际，宜有南北统一之方，即由袁世凯以全权组织临时共和政府，与民军协商统一办法。总期人民安堵，海宇乂安，仍合满汉蒙回藏五族完全领土为一大中华民国，我和皇帝得以退处宽闲，悠游岁月，长受国民之优礼，亲见郅治之告成，岂不是一件令人高兴的事情吗?

至此，在中国五千年历史上显赫 268 年的大清王朝正式终结。连带所及，中国历史上几千年的帝制，也从此成为历史陈迹。这一天为辛亥年十二月二十五日，距段祺瑞等北洋将领给出的最后期限还提前了 5 天。

辛亥革命之所以能够从一个武装暴动转化为一场和平的权力交接，不能不说是当时各大政治势力以大局为重，以国家民族的根本利益为重。清廷、清政府、革命党、立宪党人和袁世凯以及他的那些北洋将领，各方政治势力不论拥有怎样的力量，他们都没有在这场大危急关头执意诉诸武力，而是坚持谈判，各自让步，从民族大义、国家前途着眼，退一步海阔天空。各方政治势力在坚持原则的基础上尽量体会对方的感觉，尽量多地牺牲自己，满足对方，他们的目的就是要阻止战争爆发或延续，使亿万无辜国民不受战火侵袭骚扰，将政治交给政治家。这里不仅有孙中山的襟怀坦白、大公无私、光明磊落，也有袁世凯的勇于担当、郑重承诺。

更值得感念的是，隆裕皇太后和她的执政团队满洲贵族集团在关键时刻深明大义，以人民安危国家前途作为自己的最大利益，并没有在最后时刻鱼死网破焦土抗战摧毁国家，而是接受现实，坦然让步，表现出一个王朝本有的潇洒和智慧。后世中国人应该将这些和平的权力转移历史过程铭记心头，以温情和敬意去看待一个王朝一个帝国的消失。

谁都知道，辛亥革命是在刻意模仿一百多年前的法国大革命，就是要推翻皇权，实现民权。法国大革命经过无数波折，血流成河。而1911年发生在中国的大革命，却从战争走上了和平，以战止战，不战而屈人之兵。这就是中国人的大智慧，辛亥革命不仅值得中国人永远感念，而且很值得中国人好好总结，将这笔宝贵的精神财富汇入人类文明的长河，成为全人类不战的典范，为人类持久和平贡献中国人的心力和智慧。

附　录　走出传统，步入现代，重构中国社会①

在义和团战争终结之后，庆王爷还是清廷中最重要的角色，直至清帝退位，他始终是皇室、满洲贵族的最高代表。只是到了 1905 年五大臣出洋考察宪政后，更年轻一代皇室成员、满洲贵族渐渐成长起来了，庆亲王在清廷政治架构中依然很重要，但不再是唯一。年轻后辈如载沣、载洵、载涛、载泽等渐渐成熟，庆亲王已属老辈，尽管还在发挥作用，比如后来成为第一届责任内阁的总理大臣，但其影响力已经没有办法与年轻一代王爷相比。

王爷的觉醒

新一代王爷介入政治，大约发生在 1900 年国难之后。义和团战争

① 马勇撰 2017 年版“晚清四书”自序之四。

不仅使中国蒙受了巨大损失，皇族、满洲贵族也受到了巨大打击，一大批追随端郡王载漪利用义和拳、大刀会排外的王爷、贵族，或被杀，或被囚，皇权中心利用这样的历史机遇，重新洗牌，一批更年轻的王爷登上历史舞台。一个最具代表性的事件是，年仅十八岁的醇亲王载沣，在1901年被委派充任头等专使赴德国道歉谢罪。这虽然有德国为君主制国家，不得不遵从皇室礼仪去考虑。其实从清廷政治发展视角看，载沣出使德国也有提升皇族成员世俗政治地位以推动政治发展的意思。一趟德国之行为载沣赢得不少政治资本，为他们后来的政治作为提供了一个非常重要的机会。[①]

载沣等皇族成员被清廷刻意提拔起来之后，在政治上逐渐发挥了重要功能。1901年开始的新政和1905年开始的预备立宪，几乎全程可见皇族青年才俊的身影，他们可能没有汉大臣在科举道路上一步一步爬行的艰辛，没有汉大臣的文史功底和才华，但是他们从小长在深宫大院，从小就在政治高层长者身边玩耍，经多见广，举止谈吐也颇有令人自叹弗如处。所以他们在政治改革中大胆昌言，痛陈旧体制弊端，呼唤新体制，这些都是发自真诚，也确实都对政治发展作出相当重要贡献。考察宪政大臣端方、戴鸿慈上《请定国是以安大计》折，明确指出中国未来政治出路只在君主立宪一途，君主立宪的意义并不是立意限制君主权利，而是通过议会和一个负责任的政府分担责任，使君主“常安而不危”。[②]

至于载泽，他是康熙皇帝六世孙，生于1868年，1905年出国考察宪政时三十七岁，年富力强，头脑清晰。1906年六月底七月初，考察归来的载泽上了一份奏请宣布立宪的密折：“窃奴才前次回京，曾具一折，

---

① 随载沣出使德国并拜谒德皇的还有荫昌，他们此次出使赢得了通知外国事务的美名。见《清史稿》卷一五七《邦交志·德意志》。

② 《端忠敏公奏稿》卷六。

吁恳改行立宪政体，以定人心而维国势。仰蒙两次召见，垂询本末，并谕以朝廷本无成见，至诚择善，大知用中，奴才不胜欣感。旬日以来，夙夜筹虑，以为宪法之行，利于国，利于民，而最不利于官。若非公忠谋国之臣，化私心，破成见，则必有多为之说，以为荧惑圣听者。盖宪法既立，在外各督抚，在内诸大臣，其权必不如往日之重，其利必不如往日之优，于是设为疑似之词，故作异同之论，以阻挠于无形。彼其心，非有所爱于朝廷也，保一己之私权而已，护一己之私利而已。顾其立言则必曰防损主权。不知君主立宪，大意在于尊崇国体，巩固君权，并无损之可言。”载泽据日本宪法及伊藤博文等人介绍，以为立宪后君主仍然享有裁可法律、公布法律、召集议会、任官免官、宣战媾和、授予爵位勋章等十七项权利，凡国之内政外交、军备财政、赏罚黜陟、生杀予夺，以及君主皆有权以统治之。论其君权之完全严密，而无有丝毫下移，日本等情形盖有过于中国者矣。载泽强调：“以今日之时势言之，立宪之利有最重要者三端：一曰皇位永固。立宪之国君主，神圣不可侵犯，故于行政不负责任，由大臣代负之；即偶有行政失宜，或议会与之反对，或经议院弹劾，不过政府各大臣辞职，别立一新政府而已。故相位旦夕可迁，君位万世不改，大利一。一曰外患渐轻。今日外人之侮我，虽有我国势之弱，亦有我政体之殊，故谓为专制，谓为半开化而不以同等之国相待。一旦改行宪政，则鄙我者转而敬我，将变其侵略之政策为平和之邦交，大利二。一曰内乱可弭。海滨洋界，会党纵横，甚者倡为革命之说，顾其所以煽惑人心者，则曰政体专务压制，官皆民贼，吏尽贪人，民为鱼肉，无以聊生，故从之者众。今改行宪政，则世界所称公平之正理，文明之极轨，彼虽欲造言，而无词可藉；欲倡乱，而人不肯从，无事缉捕搜拿，自然冰消瓦解，大利三。”[①] 载泽在这里提出的

① 《奏请宣布立宪密折》，《辛亥革命》资料丛刊卷四，29 页。

"利于国，利于民，而最不利于官"，以及"皇位永固、外患渐轻、内乱可弭"等"三个有利于"，对两宫，对政治高层，震撼极大。这是清廷迅即宣布预备立宪最有力的推动。我们必须承认，皇亲国戚的危言耸听、激烈言论极大震撼了慈禧太后、光绪帝，但统治高层并不会因为他们的言论心生不满，或治罪，毕竟这些王爷都是爱新觉罗的子孙，是体制内的铁杆，一荣俱荣，一损俱损，因而王爷的觉醒是晚清政治变革一个非常重要的动力。这是我在解释晚清政治史时与学术前贤略有不同的地方。

在端方、载泽等考察宪政大臣通过秘密或公开管道向朝廷建议实行君主立宪的同时，一大批封疆大吏、中枢大员也通过各种方式建议朝廷勇于改革，宣布立宪。1906 年 8 月 12 日，直隶总督兼北洋大臣袁世凯奏请立宪预备，宜使中央五品以上官吏参与政务，为上议院基础，使各州县名望绅商参与地方政务，为地方自治基础。

各方面不断强化的政治压力，载泽等王公大臣力挽狂澜的透辟分析，终于使朝廷痛下决心，于载泽呈递密折第三天即 8 月 25 日毅然决然宣布按照预先计划继续进行，加派醇亲王载沣、北洋大臣袁世凯等参与其事。

朝廷之所以在这份御旨中命令袁世凯参与此事，大概是因为此时袁世凯也有重要建言，已俨然成为立宪政治的重要推动者之一。考察政治大臣戴鸿慈、端方等此时上的《奏请改定官制以为立宪预备》折，据说就是他们与袁世凯密商后由张一麐起草的。张一麐是袁世凯此时重要幕僚。这份奏折规范了预备立宪的政治路线图，建议朝廷以日本为榜样，宣布以十五或二十年为期，达成完全立宪。至于这十五或二十年中间的重要准备，奏折建议先从组织内阁作为突破点，也就是将皇室与政府进行必要区隔，以维护皇室至上尊严。而组织内阁入手处，奏折建议从改革官制开始。这大致描绘了一幅不伤筋动骨而又能实现君主立宪的和平改革路线图，因而获得两宫嘉许，遂急召袁世凯进京与王公大臣会商。

8 月 26 日，袁世凯抵京。27 日，与醇亲王载沣、庆亲王奕劻及世续、那桐、铁良、荣庆，还有汉大臣瞿鸿几、孙家鼐、张百熙、徐世昌等军机大臣、政务大臣、大学士等就考察政治大臣所提出的十份文件进行两天密集讨论。在大原则上，各位与会者一致赞成朝廷宣布预备立宪，只是在实施步骤轻重缓急等技术性层面，各位大臣的看法稍有差别。激进如袁世凯、徐世昌、张百熙及庆亲王奕劻等主张从速实施宪政，略微保守的孙家鼐、铁良、荣庆等强调不要操之过急，力主稳步推进。这里的所谓激进，所谓保守，只是改革策略而已，在改革大势已确定前提下，没有人至少是这些参与者中没有人执意反对立宪，他们的争论只是一些具体细节，是策略而不是战略。在这一点上，应该说皇族和庶族并没有什么分歧和冲突，过去刻意渲染袁世凯等人与皇族载泽、铁良之间的争论，可能有夸大的地方，并非历史真相。

高层会商的结果及时向朝廷做了详细汇报。1906 年 9 月 1 日，光绪帝钦奉皇太后懿旨，宣布预备立宪正式开始，委派载泽、世续、那桐、荣庆、载振、奎俊、铁良、张百熙、戴鸿慈、葛宝华、徐世昌、寿耆、袁世凯编纂新官制；命端方、张之洞、升允、锡良、周馥、岑春煊选派司道大员来京随同参议；派庆亲王奕劻、孙家鼐、瞿鸿几总司核定。宣布镇国公载泽在御前大臣上学习行走。由此可见，预备立宪不仅在推动力上，而且在后来实际运作中，皇族和那些满洲贵族高干子弟都起到了别人无法替代的重要作用。

预备立宪是清末政治史上重大事件，过去出于革命史观对这场大变动多有保留，从比较恶意的视角怀疑清廷立宪诚意，以为清廷特别是慈禧皇太后对权力的酷爱，使她不可能真的同意让权，清廷也不会真的使用君主立宪分享权力。再加上后来突发事件影响，几乎从事实上正面证实了这种恶意推测相当准确，清廷特别是皇族确实到关键时刻不知权力分享的真谛，不知君主立宪究为何物，大清王朝最后之所以被送进历史，其实就是满洲贵族对权力的垄断，是一种自私本能。

立宪的阻力

从后来的事实看，这个判断当然是对的。只是在1906年时，皇族和满洲贵族确实是支持清廷走上政治变革之路的，力主君主立宪权力分享的。反对君主立宪，反对政治变革的确实有一股力量，但这股力量并不来自皇族，也不来自满洲贵族。

1906年9月30日，御史刘汝骥上了一个奏折，以为载泽改革密折强调君主在立宪体制下没有政治风险没有政治责任是不对的，没有风险没有责任就意味着没有权力，意味着大权旁落，因此他建议朝廷“大权不可旁落，总理大臣不可轻设”，若设之，必将把持朝局，紊乱朝纲，必将招致内乱。

10月8日，御史赵炳麟也上了一个折子，以为端方、载泽、袁世凯等人提出的政治改革思路是不对的，下议院没有开设就去创设什么责任内阁，将使一切大权归之于二三大臣之手，内而各部，外而诸省，皆二三大臣之党羽布置要区，行之日久，内外皆知有二三大臣，不知有天子。

同一天，御史张瑞荫也有一个奏折，以为军机处关系至大，尽善尽美，废之恐君权下移。御史石长信也在10月11日上书说总理大臣不宜设，理由是总理大臣几近专擅，不利于皇权。吏部主事胡思敬指责君主立宪是窃取外国皮毛，纷更我国制度，惑乱天下人心。这些说法虽说并不理解君主立宪真谛，但这些反对声音恰恰不是来自皇族，而是来自汉人来自庶族。

这些反对声音当然没有阻止清廷立宪步伐，预备立宪大致上说获得了整个官僚阶层比较一致拥护。根据清廷规划，预备立宪入手处是官制改革，所以不论是皇族还是庶族，在最初阶段都将注意力集中在中央官制怎样更加合理化。9 月 2 日，清廷宣布成立编纂官制馆，特派镇国公载泽以及世续、那桐、荣庆、载振、奎俊、铁良、张百熙、戴鸿慈、葛宝华、徐世昌、陆润庠、寿耆、袁世凯等酌古准今，旁采列邦，折中至当，制定新官制。

两天后（9 月 4 日），官制编纂大臣举行第一次会议，讨论相关事宜。紧接着，清廷于 9 月 6 日下令成立官制编制馆，吸收一些宪政专家参与起草。9 月 18 日，他们就拿出了一个初步方案，由载泽领衔报朝廷。这个方案只是规划官制改革大原则，比如在议会还不能很快建立时怎样落实君主主导下行政与司法分立，以及中央部院应该怎样合理设置等。

对于这个方案中的大原则，在此后讨论中也有相当争论，而且一个最重要的争论就发生在铁良和袁世凯之间。大致上说，袁世凯主张，既然官制改革已经构建了共识，那么就应该乘着这个难得机会一步到位。而在当时中央官制体系中最不合理的就是权力至大而又无法负责任的军机处，按照君主立宪原则，肯定要设立责任内阁。既然设立责任内阁，就必然要裁撤合并一些部门，军机处就在这些当裁当并名单中。

军机处对于满洲贵族、皇族来说，或许是落实权利的重要体现，他们无法想象没有了军机处，只有一个责任内阁，而这个责任内阁将来还要向议会负责，他们担心这样一来必然使君主权力旁落，因而铁良等人坚决反对废除军机处，反对设立责任内阁，力主乘此改革机会削减督抚权力，增加中央权力，设立陆军部统辖全国军队，限制官吏兼差兼职。这是一个收权思路，与袁世凯等人行政体制改革思路不太一致。

与军机处、责任内阁相仿的改革意向还有内务府的设置，既然君主立宪了，也就不存在一个庞大的特权阶层了，内务府在君宪体制下也就没有存在必要。

以此类推，还有八旗体制。君宪了，八旗也就从原来被养起来的状态解放出来了，他们应该恢复平民其实就是公民的身份，可以经商可以从政，不再受制于原来的体制和束缚。

类似事情还有翰林院，还有太监的存与废。这些问题，放在一个常态的君主立宪体制下，当然都没有存在的空间和必要了，君主立宪体制下，国家能够负担的只是君主和皇室，还有君主的当然继承人，皇室之外的远亲，还有那些依附在这个旧体制下的太监、内务府等，当然不会存在。所以力主彻底改革的人以为，既然改革，何不一步到位，彻底改革呢？

对于袁世凯与铁良以及其他一些人之间的争论，朝廷很清楚，但根据先易后难稳步推进的原则，清廷很快对此给予明确的政策界定，划出中央官制改革“五不议”的范围，即军机处不议，内务府不议，八旗事不议，翰林院事不议，太监事不议，以此减弱改革压力和阻力，以此推动预备立宪不在这些细节上争执。这是一个大智慧，也就几年时间，被恭亲王以来视为大清命根子的军机处，到了1911年第一届责任内阁名单发布时，自然而然被裁撤被合并，波澜不惊，再也没有一个人认为不应该。这是铁良1906年无论如何想不到的。

清廷的改革，不论是行政改革，还是政治改革，无疑都有不能逾越的政治底线，他们的这些改革都是为了修正旧体制，改变旧体制中不合乎现实的东西。但改革从来不意味着统治者从权力体系中自动退出，更不意味着满洲贵族、皇族放弃对大清国的所有权，“保中国不保大清”始终是满洲贵族、皇族的心头之患，任何有可能伤害他们权利的改革，自然不会被接受。

我们后来者在总结清廷最终失败的教训时，一般喜欢指责清廷在最后时刻不知让权不知权力共享，特别是满洲贵族、皇族到了最后时刻依然斤斤计较反复折腾。假设这些皇族、贵族在改革中不是加强对权力的控制而是逐渐减弱对权力的控制，君主立宪或许应该像九年规划或后来调整的五年规划那样顺利实现。

历史当然不能假设。而且这个善良假设也有不合情理的地方。大清国就是这些皇族、贵族的祖上一起打下来的，现在改革了，要君主立宪了，原本就是要让大清更好，凭什么要让他们这些达官显贵皇亲国戚退出政治。而且，既然在预备立宪时就要实现满汉平权，既然立宪了除了皇室，再也不存在什么皇亲国戚、皇族、贵族，那么他们这些政治舞台上已经站了位子的人为什么不能一如既往继续站下去？至少这是一个既成事实，何况在过去几年时间里，他们这些皇族贵族在预备立宪运动中也是中流砥柱改革先锋呢？

而且还有一个重要事实是，在预备立宪几年过程中，以袁世凯为代表的那些庶族出身的汉大臣也确实毫不掩饰对权力分享的高度觊觎，1906 年关于军机处存废等问题的一系列争论，在某种程度上就意味着满汉之间或许存在着不可调和的利益冲突。庶族出身的汉大臣愈是表现出对权力的急切与渴望，愈使这些皇族、贵族心里不踏实，愈觉得这些汉臣居心叵测，好像政治改革本身就是一个阴谋。这种情形在慈禧太后、光绪帝在世时当然问题不大，慈禧太后几十年与汉大臣打交道的经验和光绪帝亲政以来的经历，使他们有办法让这些庶族出身的汉大臣忠心耿耿兢兢业业任劳任怨，所以能够在 1908 年达成君主权力至上的改革共识，能够宣布那个后来引起争议而当时却获得大家一致认同的《钦定宪法大纲》。

然而 1908 年之后，光绪帝不在了，强势的慈禧太后也不在了，强势的权力中心被弱势的摄政王监国载沣和隆裕皇太后组合所取代，不论是汉大臣还是满洲贵族还是皇族，似乎都对这个变化缺乏心理准备和调适，特别是稍后的外部危机尤其是日俄不断在东三省挑起的外交危机，使满洲贵族、皇族在对权力的看法上产生了严重错觉。换言之，如果慈禧太后和光绪帝继续执掌政权，满洲贵族、皇族心里可能比较踏实。对于摄政王，他们好像心里并不是太踏实，总觉得自己有责任出来协助渡过危机。所以在摄政王接收权力之后第一步，这些满洲贵族为了防止汉大臣利用机会攫取更大权力，首先找到一个机会和借口，将袁世凯开缺。在随后的改革中，有意无意让满洲人加强了对军权对中央权力的垄断，皇族中的载涛、载洵在政治上逐渐进步，获得重用。这一方面说明摄政王在政治上的信心越来越弱，不似前朝那样重视汉臣、重用汉臣了；另一方面必然使汉臣尤其是那些逐渐失去权力的汉臣在内心深处生出一种反叛的心，至少不像先前那样忠心耿耿了。君为臣纲，原本就是一个相对待的关系，君爱臣，才能让臣爱君。既然皇权中心不再像前朝那样信任这些庶族了，那又怎能指望这些汉臣继续效忠呢？先前早已消失的满汉官僚阶层的心结在 1908 年之后突然明显了，皇族、满洲贵族逐渐上位，占领一个又一个权力要冲，而汉大臣则随着袁世凯出局逐渐受到冷落。

如果从政治忠诚度来说，满洲贵族、皇族无疑对体制更加忠诚，他们所鼓吹的变革，所期待的君主立宪，一定是改善满洲贵族对中国的统治，而不是相反，取消或者削弱满洲人对中国的统治。这是一个根本原则问题。庶族汉臣对于中国未来肯定没有满洲贵族、皇族的这些忧虑，无论这些汉臣比如袁世凯对大清国的政治体制多忠诚，多么坚持君主立宪既定立场，但在他们思想深处，一定是想着国家好，只要中国好，就是大清国好；只要大清国好，就是皇上好。至于满洲贵族，大约真的不在汉臣或那些立宪党人思考范围中。

从真正意义的君主立宪说，这些想法是对的。君主立宪的实现，就是皇室之外的皇族、贵族退出政治。比如那些康熙大帝、乾隆大帝的五世孙、六世孙，凭什么还去占领权力要津，就因为拥有纯正的血统吗？孟子早就说过：“君子之泽，五世而斩；小人之泽，亦五世而斩。”既然如此，满洲贵族、皇族凭什么永远垄断权位？于是，这就发生了一个不可避免的冲突，任何朝着君主立宪原则走去的变革，在满洲贵族、皇族看来，都是对他们既得利益的剥夺。所以到了关键时候，到了将要进入君主立宪新时代的时候，清廷宣布成立第一届责任内阁，十三名内阁成员中竟然有九名不是来自皇族，就是来自满洲贵族，这就在预料之中了。这就是满洲贵族、皇族对自家之外的人不信任。他们的概念中，对体制最忠诚的人，一定还是自己的子孙。

按照君主立宪的一般原则，或者说根据 1908 年《钦定宪法大纲》的规定，为了保证君主享有至上权威和永远不出错，皇族亲贵不得出任政府要职，不得担任任何享有政治权力的行政职务。然而，此时的满洲贵族和皇族错误理解《钦定宪法大纲》中关于皇权至上的另一个规定，即大权统于朝廷，皇帝享有颁布法律、召集解散议会、设官制禄、黜陟百司等权力，以为君主立宪体制中的黜陟百司就是皇上有权任用一切官员。这显然是对《钦定宪法大纲》的误解。

君主立宪政体下的黜陟百司，只是君主根据议会的选举结果，或根据政府的提名享有任命官员的权力，而这个权力显然只是礼仪性质的，并不具有实质性意义。也就是说，皇帝的任命并不是皇帝的决定，而皇帝根据议会、政府的决定加以宣布，从而使这些政治任命具有神圣、至上性。所以，君主立宪政体下黜陟百司和君主专制政体下黜陟百司具有完全不同的性质。

至于皇族亲贵不得担任政府要职，这是君主立宪政体下的必然规定，因为主要是规避皇族被某些亲贵拖入某些政治的或经济的丑闻。要保持皇室神秘、至上、榜样的功能，就必须在制度上保证皇室亲贵只做好事不做坏事，比如皇室亲贵可以从事慈善事业、亲善事业，但绝不能担任任何实质性官职。政府或者说国民可以全资将皇室宗亲养起来，就是要使这个特殊的第一家庭不发生任何影响国民信仰的丑闻。

通观世界各君主立宪国家，其实都是这样做的，这是君主立宪的起码要求。

最后的王爷

君宪体制的这些要求，对于皇族、贵族来说，并不是不知道。当第一届责任内阁演变成皇族内阁、亲贵内阁后，皇室出身的内阁总理大臣庆亲王奕劻和协理大臣那桐、徐世昌在第二天就向摄政王提出辞职，这一举动虽然带有传统政治虚应故事的性质，只是他们多少或许意识到了问题的严重性。

摄政王当然不会对朝廷的决策朝三暮四，没有同意庆亲王等人辞职。但是庆亲王到了第三天，也就是5月10日再次请辞，而且这次请辞的理由很直白，明确表示由于责任内阁人员构成太偏皇族、贵族，这与立宪体制明显不合。现在的中国正处在改革关键时期，决不应该以“皇族内阁”为发端，以辜负朝廷期待和臣民厚望。皇族内阁既不利于天下，也有害于皇室。奕劻已经说得很明白。

庆亲王第二次请辞依然被摄政王拒绝。摄政王当然明白这些理由，但权衡利害，还是坚持原议，让庆亲王走马上任，出任责任内阁第一任总理大臣。

摄政王之所以坚持既定方案，显然有着自己的考虑。这个考虑就是，现在公布的内阁名单，只是一种过渡时代的过渡形态，还不是完全意义上的责任内阁。这是第一。

第二，立宪国家的政治改革，是泯灭一切种族身份，所有种族一律平等，所有出身都不再区分贵贱。汉人可以出任内阁总理大臣，满洲人乃至满洲贵族也同样可以出任内阁总理大臣。立宪政治人无分贵贱，是对所有人而言，那么为什么要限制皇族成员出任政府要职呢？更何况，从当时实际情况看，这几个出身皇族的内阁成员，也并不是五谷不分的草包饭桶吧？他们毕竟在过去几年预备立宪运动中冲锋陷阵，做了不少事情，也属于当时难得的一流人才。

第三，当时中国的政治精英似乎也就那些人，那么多人，可供摄政王选择的实在太少了。汉大臣自老一代李鸿章、张之洞相继去世，袁世凯被开缺回籍后，真正有力量有影响的人物实在还没有出来，北洋系自袁世凯以下的政客如段祺瑞、冯国璋等还不算成熟，汉人士大夫杨度、张謇、汤寿潜等，给人的感觉是还差那么一个层次。满洲贵族统治集团的人才其实也是如此，自恭亲王奕䜣去世后，中间虽然也出现过端郡王载漪之类的人物，但真正为大清王朝撑起门面的，也就只有庆亲王奕劻。至于新内阁中另外几个满洲贵族政治新秀，那都是最近若干年刻意培养出来的，现在除了他们，也真的没有多少可用之才。

在立宪政体下，人人当然都有从政的自由和权力，只是在君主立宪政体下，皇族出身的人依然享有皇权带来的许多好处和优先，这些人介入实际政治或许会给现实政治带来许多意想不到的好处，但更多时候则会给皇室带来无穷无尽的负面影响。所以东西方各立宪国家从来都对皇室成员采取厚养办法，由国家拿出相当钱财让他们过着体面尊严生活，成为国家名片，从事一些善事，而不让他们介入实际的政治活动，更不会让他们出任政府要职。

只是中国情形太特殊了，处于过渡期的立宪政体，如果不让满洲贵族、皇室成员承担主要角色，那么满洲贵族、皇室怎么能够愿意逐步放弃权力呢？说到底，立宪政治就是要逐步削弱乃至剥夺皇帝的绝对威权，如果上来就这样做，又有多少可能呢？所以说，皇族内阁的出现，在当年中国是个不得已的“赎买政策”，既然先前那么多年都容忍了皇族成员对现实政治的干预、介入，现在又有什么不可以呢？

而且，还有一点值得注意，清廷确定立宪目标已是不可更易的，

1913年就要实行完全意义上的立宪政体，也是确定无疑的。届时，政府必须重新组织，而新政府就是立宪政体下与议会真正对立制衡的两极，如果此时筹建的政府是一个比较弱比较没有效率的机构，那么怎么能够保证两年筹备期诸多事务能够按时按质完成呢？一个强有力的中央政府不仅是社会所需要，也是任何政治改革过程中都必需的，自上而下的政治改革必将遇到无数压力和困难，必将遇到来自皇族、贵族的反对和抵制，因为他们毕竟是改革的利益受损者。当皇族、贵族出面反对时，谁最有力量出面反击或劝阻呢？当然是皇族自身。

实事求是说，新宣布的责任内阁较之先前旧体制还是有很大进步。过去的军机处虽为全国行政中心，但在事实上对全国行政并不负有责任，而只是皇帝的办事机构、秘书处，只负责上传下达而已。现在新成立的责任内阁，依然是辅弼皇帝，但明确规定了内阁要担负起自己的责任，国务大臣不能再像过去的军机大臣那样遇事敷衍推卸，不愿不敢实际上也无法承担实际责任，因为所有的决策都来自皇上，即便是军机大臣的主意，也毕竟因为变为皇帝意志了，因而军机大臣无法继续承担责任了。现在的内阁制，内阁处于行政第一线，总揽全局，独立决策，许多政策的制定颁布，都是内阁应有的权力、责任，所以内阁总理大臣、国务大臣，就无法像过去那样推卸敷衍。于是“倒阁”的情形是立宪政体下最常见的事情，内阁再也不可能像军机处那样从来只是局部改组，遇到重大政治失误，内阁必须承担责任，这是立宪政体下内阁的基本功能。所以，内阁成员是不是皇族出身，其实已经没有那么重要了。只是更高要求，从皇族自身安全说，皇族成员确实应该重回清朝早期祖制所规定的那样，不得介入现实政治，不得出任政府要员。

新内阁名单的发布引起了国内外一些人的反感，以为这个名单确实不是一个理想名单，尤其不合宪政原则，不过是过去军机处班底换个新名字而已。更重要的是，这个以皇族为主的新内阁，恰恰证明了孙中山等人多年来的指责，证明满洲贵族统治集团决不会轻易放弃自己的权力，决不会还政于民，决不会让汉人掌握政府主导权。凡此，对清廷尤其是摄政王政治威信的伤害都是巨大的，也是此后政治演变越来越不利于清廷的一个关键点。

满洲贵族或许真的相信自家孩子最值得信任，或许真的具有比较狭隘的心胸和种族主义立场，但是现在确实是弄巧成拙，得不偿失，坐实了革命党人的指责。“皇族内阁”不是一般的有碍观瞻，而且深刻影响了大清王朝的政治前程。

皇族内阁立即招致各方面反对。6 月 10 日，都察院代递咨议局联合会呈请亲贵不宜充任内阁总理折，以为皇族内阁与君宪体制不合，请求清廷务必尽快在皇族之外另行选派大臣重新组阁。稍后，山东巡抚孙宝琦也向朝廷表达了类似意思。

这些反对并没有引起清廷重视，摄政王始终不愿接受这些意见裁撤这届内阁。摄政王或许担心政治的恶性互动，因而不愿让步。7 月 5 日，都察院代奏直省咨议局议长议员袁金铠等请另组内阁的奏折。在这个奏折具名的有四十多人，分别来自奉天、吉林、黑龙江、直隶、江苏、安徽等十几个省份，其言辞也较咨议局联合会先前更激烈，指责朝廷将责任内阁演变成皇族内阁，适与立宪国原则相违背，这不能不令人怀疑朝廷是否还具有立宪诚意。

袁金铠等人的奏折引起了摄政王注意，但摄政王不仅没有接受这个批评，予以改正或改组内阁，哪怕只调整几个人。相反，摄政王借题发挥重申任命百官是君主的权力，这在 1908 年《钦定宪法大纲》中写得明明白白，并注明议员不得干预。至此预备立宪之际，凡我君民上下，都不应该超出大纲所表达的共识、范围。至于各省议员一再呈请，几近干政，超出了职权范围，议论渐近嚣张。若不亟为申明，日久恐滋流弊。摄政王重申，朝廷用人，审时度势，一秉大公。各位臣民均当遵守

《钦定宪法大纲》，不得率行干请，以符合君主立宪的本来意思。

如果从国会请愿运动的教训说，摄政王的坚持或许有道理，毕竟他期待“有计划政治”能够落实，一切都照计划走，不能朝三暮四，也不能暮四朝三，第一届责任内阁并不是随意出台的，也是朝廷慎重考虑、全盘考虑的结果，怎能说变就变？然而，由于各方面压力太大了，庆亲王有点顶不住了。再加上各地抗议铁路干线国有政策风潮日趋严重，庆亲王于9月24日奏请开缺。假如摄政王当此时借坡下驴，不管庆亲王出于什么原因请辞，都利用这个机会改组内阁，重建政府，比如就像后来在滦州新军将领压力下任命袁世凯组阁那样，结局肯定不一样，摄政王也一定能获得听从民意，从善如流的美名。然而不知摄政王出于什么样的考虑，他竟然一口拒绝了庆亲王的辞呈。

清廷错过了一次改组内阁的机会，紧接着就是武昌起义，就是政治危机，在这种状况下，改组内阁更不可能，因为哪一个大臣也不愿在这个时候显得自己不出力，显得自己想疏远朝廷。然而，武昌起义原本就是对皇族内阁、铁路国有的抗议，清廷不愿正面回应这两大问题，只能激起更大范围的反抗。紧接着，湖南、陕西等省相继独立，清廷除了按照常规派兵镇压，根本无法拿出能够平息事态的有用办法。

各省危机像传染病一样持续发酵，但只要有中央军在，各省新军在摄政王看来或许并不是心头之患。然而让摄政王想不到的是，10月29日，驻扎在滦州的第二十镇统制张绍曾联合第二混成协统领蓝天蔚等起兵发难，通电奏请立即实行立宪，又奏政纲十二条。张绍曾等中央军将领的通电直指问题本质，要求清廷明白宣布组织责任内阁，内阁总理大臣由国会公举，国务大臣由总理大臣推任，皇族永远不得充任内阁总理大臣及国务大臣。

中央军发难终于使清廷感到了恐惧。当天，资政院经议决，奏请罢亲贵内阁，特简贤能为内阁总理大臣，并使其组织各部国务大臣，负完全连带责任，以维持现今之危局，团结将散之人心。稍后，朝廷以小皇帝名义下诏罪己，承认皇族内阁多用亲贵是不对的，是违反立宪宗旨的，宣布解散皇族内阁，以袁世凯为内阁总理大臣；宣布军谘大臣载涛开缺；这多少有点认错意思。

在随后宣布的《宪法十九信条》中，清廷也对未来的政府组成提出新规定，强调总理大臣由国会公举，皇帝任命。其他国务大臣由总理大臣推举，皇帝任命。宣布皇族不得为总理大臣及其他国务大臣并各省行政长官。应该说，这些规定都是对的，基本上满足了先前各方要求，由皇族内阁引发的政治危机大致可以平息。

11月3日，清廷匆忙中颁布《宪法十九信条》，这是一个重大的政治进步。16日，袁世凯的责任内阁正式组成。应该说，这两件大事相当漂亮，立宪党人的怨言大致平息，中国离转向真正意义的君主立宪只有一步之遥。这一步就是根据《宪法十九信条》召集正式国会。国会召集，就意味着君主立宪全部完成。

然而，正式国会究竟是个什么样子，应该怎样召集，在《宪法十九信条》中并没有明确规定。第七条说，上院议员由国民于有法定特别资格者公选之。至于怎样公选，这个信条没有进一步的解释。

再看1908年《钦定宪法大纲》，虽然其中多处说到国会功能，但关于国会怎样组织怎样召集，也没有具体规定。其“君上大权”部分第四条，说君主享有召集、开闭、停展及解散议院的权力。解散之时，即令国民重新选举新议员，其被解散之旧员，即与齐民无异。倘有抗违，量其情节以相当之法律处治。很显然，这两个重要文件都没有国会选举的具体办法。

鉴于这种实际情形，资政院于11月5日议决几件大事，一是奏请清廷准许革命党人按照法律改组为政党。这当然是为议会选举做准备。二是奏请速开国会以符合立宪政体。清廷对这两个奏请都有积极正面回应。指令资政院从速拟订议决《议院法》《选举法》，办理选举。表示一俟议院选定，即行召集国会。君主立宪的可能性依然存在。

然而不论是清廷，还是资政院，觉悟都显得太迟了，动作都显得太缓慢了，南方独立各省等不及了，没有独立的省份也有点等不及了，大清帝国大厦将倾的感觉越来越严重，不得已，清廷于11月14日下诏命各省督抚从速公举素有声望，通晓政治，富于经验，足为全省代表者三五人来京共同参加会议，以定国是而奠民生。又派张謇、汤寿潜等人为宣慰使，前往各省宣布朝廷政治改革的决心和宗旨。只是这些宣布已经意义不大，这些人即便有几个愿意从命，但他们又能说什么、做什么，南方独立各省沿着已有的轨道前行，23日，伍廷芳、张謇、唐文治、温宗尧等联名通过美国公使致电清廷，要求清帝退位，宣布共和。

南方的要求并不意味着清廷就没有机会。事实上，如果各位王爷给予密切配合，已经就任内阁总理的袁世凯应该还有办法让南方放弃成见，重回君主立宪轨道。所以袁世凯12月8日在与北方和谈代表谈话时依然强调君主体制是万万不可更易的，这个制度是他们那一代中国人十几年来的政治选择，是君主专制、民主立宪两个极端体制的中和。袁世凯极沉痛地表示：我袁家世受国恩，不幸局势如此，更当捐躯图报，只有为此君宪到底，不知其他。袁世凯就这个意思反复推论之数十分钟，语极沉痛。听众也深受感动，如代表刘若曾、许鼎霖等出来之后无不喜形于色，以为君主制度的保存应该没有什么大问题了，至少在袁世凯在内阁已没有什么疑问了。

按照袁世凯这个调子，唐绍仪与伍廷芳在上海开始了谈判，君主立宪依然是供讨论的方案。根据随团代表严复与其弟子黎元洪晤谈，以及对黎元洪身边党人的观察、了解，严复此时有这样几个判断：

一、党人亦知至今势穷力屈，非早了结，中华必以不国，故谈论虽有辩争，却无骄嚣之气，而有忧深远虑之机。

二、党人虽未明认君主立宪，然察其语气，固亦可商。惟用君主立宪而辅以项城为内阁，则极端反对。

三、党人以共和民主为主旨，告以国民程度不合，则极口不承；问其总统何人为各省党人所同意者，则以项城对。盖彼宁以共和而立项城为伯理玺得，以民主宪纲钳制之，不愿以君主而用项城为内阁，后将坐大，而至于必不可制。此中之秘，极耐思索也。

四、若用君主，则冲人教育必从新法，海陆兵权必在汉人之手，满人须规定一改籍之制。①

严复的观察是对的，关键是清廷必须拿出诚意重建信任，而这个诚意最具体的表现，就是尽快进行议会选举，构建一个正式的民选国会。然而在这一点上，清廷内部强硬派也就是各位王爷有自己的看法，不愿让步。这就彻底惹恼了南方革命党，还有那些立宪党人，甚至还有北洋系新军将领，他们以为清廷是故意拖延时间，继续耗下去意义不大。12月20日，唐绍仪在第二次谈判中发表了一通他个人赞同共和的看法，这在很大程度上意味着君主立宪越来越不太可能。

唐绍仪这通言论是否有其他背景，不太清楚，但知就在这一天，南北军事强人，湖广总督兼北洋第一军总统段祺瑞指使高级幕僚廖宇春、靳云鹏等与黄兴特别顾问顾忠琛谈判，达成确定共和、优待皇室、先推覆清廷者为大总统、组织临时议会及南北满汉军出力将士各享其应得之优待，并不负战时害敌责任等五项共识，这基本上确定了清廷的结局。

段祺瑞之所以走到这一步，根据他1912年2月26日发布的通电，

① 与陈宝琛书之七，《严复全集》卷八，102页。

其主要原因还是各位王爷的败坏、阻挠，不合作，为清廷计，为皇室计，甚至为满洲贵族大多数人计。段祺瑞认为只有走上这一步："是陷九庙两宫于危险之地，系皆二三王公之咎也。三年以来，皇族之败坏大局，罪实难数。事至今日，乃并皇太后、皇上欲求一安富尊荣之典，四万万人欲求一生活之路而不见许。祖宗有知，能不恫乎？盖国体一日不决，则百姓之因兵燹冻馁死于非命者日何啻数万。瑞等不忍宇内有此败类也。岂敢坐视乘舆之危而不救？谨率全军将士入京，与王公剖陈利害。"①

至此，各位王爷尽管筹组什么宗社党，但其已经很难翻盘，毕竟军队并没有完成国家化，向所有向现代社会转型体制中的军队一样，原本为大清帝国看家护院、保驾护航的新军，竟然成为葬送大清帝国的急先锋，而其反对清帝国的理由，并不是清帝国本身，而是那些不知自重、不知进退、不知妥协的各位王爷。

各位王爷就这样从晚清政治改革的先锋、主力，变成了逆潮流而动的"反革命"、旧人物，成为"最后的王爷"。

一点体会

在过去二十多年间，关于晚清，我还写了不少，比如王爷之外，我也很注意李鸿章、张之洞、刘坤一、袁世凯。我原本计划在这里用一节的篇幅写写我对这几位汉大臣的看法。至于康梁，还有章太炎、刘师培、张謇、孙中山、黄兴、宋教仁等晚清政治人物、学术人物，我也曾下过一点功夫，也本准备在这里写点想法。但是毕竟篇幅有限，与明哲

① 《宣统三年十二月十八日第一军总统段祺瑞致内阁请代奏电》，《辛亥革命》资料丛刊卷八，179页。

兄约定的字数已经在不经意间超过了，所以，我在这里简单说说这几本书的主旨，再简单谈点阅读晚清史料的体会，以免篇幅拖得太长。

这几本书在过去二十年间陆续写成，也曾以别的名字单独或部分出版过。本次汇成一个小系列，主要是明哲兄建议、操持，各册重新定名，也主要来源于明哲兄的智慧。各册具体内容，我就不再重复了，我想补充说明的还是我对晚清史的整体想法。

我一直有一个看法，我们过去很多时候说近代史是中国数千年未有之巨变。李鸿章、梁启超、孙中山等都曾表达过这个意思。但是这个变化的节点究竟是什么时候，则见仁见智，说法不一。我的看法是，这个节点就是甲午战争。甲午战争不仅是中国近代史的转折，更是中国数千年历史的转折。

甲午战争将近代中国的历史截然分成两截。之前的中国，不论从1860年洋务新政开始算起，还是从1840年中英冲突开始算起，甚至从1793年马戛尔尼来华，或者从16世纪中晚期耶稣会士来华，中国对西方因素的接纳都是极端自负的，不论学习了多少西方因素，中国人大致上还是相信“我中华文明”具有恒久价值，中国在近代的落伍，只是局部的，因而那时中国人的口号就是“中体西用”，只是学习西方之“用”，之“末”，而不会在“体”，在“本”上转向西方。中体西用表明中国文明的自信，当然我们后来知道这个自信是建立在虚假的自负上，并不真实。

这样说，主要是因为那时的中国人没有弄清楚“近代”的意义，不明白社会发展是一个整体，不明白工业化必然导致全球化，不明白世界自工业革命开始，已经实质上进入了一个全新的“大殖民时代”，资本主义早期的弱肉强食、丛林法则，就是一种外向的，就是利用力量在全球尽量多地占据市场、资源，而不是画地为牢，孤芳自赏，更不是拒斥外部，光荣孤立。那时的中国，恰恰在这些问题上没有弄明白，不了解世界，更不敢走向世界，不知道贸易的双向意义，更不知道政府的职责不是去从事具体的经营、管理，更不是国家贸易，政府应该定位在立规矩、定制度、监督制度的执行，应该最大限度藏富于民，有意识为现代社会发展培育新阶级、新阶层，以民众的力量开疆拓土，以民众的力量从事国际贸易，政府、军队能够做到的，就是为民众从事的任何有助于社会发展的事情提供保障，直至为贸易，为商人利益，不惜一战。近代中国少数知识精英提出的所谓“商战”，应该从这个意义上去理解。然而那时的中国政府确实不懂这层意思。

中国那时的政治精英不明白这些道理。这些政治精英不了解域外，不知道世界，不知道西方在工业革命之后巨大变化的深层原因，历史意义。走出国门、了解域外的个别人如郭嵩焘却又因其新颖的言论受到旧势力的讨伐，郁郁而终，其思想见解更多的具有思想史意义，而不是转换成现实政治。中国在被迫进入近代之后，再利用国家力量发展现代军事工业、国防方面，由于充分借鉴了西方经验，利用了西方人才、技术，因而让那时的中国人以为在根本制度不变的前提下，中国完全有可能踏上全球化的路，一点都不影响中国分享全球化的好处。而且，更为蹊跷的是，由于国家资本主义的原因，中国在步入近代之初，比同类“后发展”国家如同为东亚国家的日本快许多，这些指标当然主要是指海关数据、海军舰船等硬性指标，或者像后来的GDP，而忽略了社会发展、教育、素养等软性指标。所以那时中国的政治精英很自负自己的发展模式，李鸿章在19世纪70年代在与日本人的接触中，不止一次推销中国的发展经验，对于日本转身向西，脱亚入欧，全面西方化很不以为然。李鸿章是近代中国最具世界眼光的政治精英，他的看法也不过如此。那时的中国人，除了极少数知识精英不合时宜建议朝廷要注意西方富强现象背后制度的、教育的、文化的因素，要将西方的进步作为一个整体去看，而不是有拣择地只要西方的富强，而应充分注意西方富强背后的各种因素。特别是新教育，中国知识精英、政治精英在最初时期都看到中西差异，也似乎明白这些差异的症结在哪儿，但是我们看到中国的政治决策不是像日本那样集中全国力量去办新教育，而是自以为是地“改科举”。

甲午战后有机会回望三十多年发展道路时，人们很明白地看到三十多年时间几乎被白白地耽搁掉了，所谓“先发优势”只是利用国家资本主义垄断了一切，除了那点海军舰船、工厂企业，中国社会、教育、观念，几乎都没有发生什么变化。即便是军队，除了北洋海军具有现代性质，绝大部分陆军，还处在几十年前与太平军作战时的水平，与东西洋的差距并没有因为洋务新政而缩小，反而因东西洋在这几十年间的巨大进步而加大。

痛定思痛。甲午战败是近代中国历史的转折，也是数千年未有之巨变的节点。失败是成功之母，失败并不可怕，可怕的是自负。甲午战争后，中国在大环境压力下，终于放开了国际资本进入中国的限制，终于明白十九世纪以来近一个世纪国际资本东移对于中国的意义。中国面临全面步入工业化、城市化、现代化的机遇，所以我们看到甲午战后中国如火如荼的发展建设，铁路、矿产资源、城市发展、社会发展都在这个新的形势下有了很不一样的进步。一个新的阶级——中国资产阶级，也从原来的买办、小作坊主中发展起来，资本主义终于由萌芽长成了参天大树。与此相对应的，另一个新阶级——无产阶级，也同时出现。无产阶级的意义，不是去推翻什么资本主义，而是离开土地，离开农村，分享工业化、城市化、现代化的成果。

中国资产阶级的发展，必然要求政治权利，所以我们看到晚清十几年的政治变革，大要都在围绕着政治权利如何保护，政府与社会如何协调，所有的改革，归结一句话，就是走出传统，步入现代，重构中国社会。这是我写晚清史的基本思路。